广东改革开放40年研究丛书

广东改革开放40年研究总论

Guangdong Gaige Kaifang 40 Nian Yanjiu Zonglun

蒋斌 王珺 主编

·广州·

版权所有　翻印必究

图书在版编目（CIP）数据

广东改革开放 40 年研究总论/蒋斌，王珺主编 .—广州：中山大学出版社，2018.12

（广东改革开放 40 年研究丛书）

ISBN 978 - 7 - 306 - 06500 - 1

Ⅰ. ①广… Ⅱ. ①蒋…②王… Ⅲ. ①改革开放—研究—广东 Ⅳ. ①D619.65

中国版本图书馆 CIP 数据核字（2018）第 277624 号

出 版 人：	王天琪
责任编辑：	嵇春霞　钟永源
封面设计：	林绵华
版式设计：	林绵华
责任校对：	李艳清
责任技编：	何雅涛
出版发行：	中山大学出版社
电　　话：	编辑部 020 - 84110283，84111997，84110779，84113349
	发行部 020 - 84111998，84111981，84111160
地　　址：	广州市新港西路 135 号
邮　　编：	510275　　　传　真：020 - 84036565
网　　址：	http://www.zsup.com.cn　E-mail:zdcbs@mail.sysu.edu.cn
印 刷 者：	广州家联印刷有限公司
规　　格：	787mm×1092mm　1/16　22.5 印张　380 千字
版次印次：	2018 年 12 月第 1 版　2018 年 12 月第 1 次印刷
定　　价：	96.00 元

如发现本书因印装质量影响阅读，请与出版社发行部联系调换

广东改革开放 40 年研究丛书

主　任　傅　华

副主任　蒋　斌　宋珊萍

委　员　（按姓氏笔画排序）

丁晋清　王天琪　王　珺　石佑启

卢晓中　刘小敏　李宗桂　张小欣

陈天祥　陈金龙　周林生　陶一桃

隋广军　彭壁玉　曾云敏　曾祥效

创造让世界刮目相看的新的更大奇迹

——"广东改革开放40年研究丛书"总序

中国的改革开放走过了40年的伟大历程。在改革开放40周年的关键时刻，习近平总书记亲临广东视察并发表重要讲话，这是广东改革发展史上具有里程碑意义的大事、喜事。总书记充分肯定广东改革开放40年来所取得的巨大成就，并提出了深化改革开放、推动高质量发展、提高发展平衡性和协调性、加强党的领导和党的建设等方面的工作要求，为广东新时代改革开放再出发进一步指明了前进方向，提供了根本遵循。深入学习宣传贯彻习近平总书记视察广东重要讲话精神，系统总结、科学概括广东改革开放40年的成就、经验和启示，对于激励全省人民高举新时代改革开放旗帜，弘扬敢闯敢试、敢为人先的改革精神，以更坚定的信心、更有力的举措把改革开放不断推向深入，创造让世界刮目相看的新的更大奇迹，具有重要意义。

第一，研究广东改革开放，要系统总结广东改革开放40年的伟大成就，增强改革不停顿、开放不止步的信心和决心。

广东是中国改革开放的排头兵、先行地、实验区，在改革开放和现代化建设中始终走在全国前列，取得了举世瞩目的辉煌成就，展现了改革开放的磅礴伟力。

实现了从一个经济比较落后的农业省份向全国第一经济大省的历史性跨越。改革开放40年，是广东经济发展最具活力的40年，是广东经济总量连上新台阶、实现历史性跨越的40年。40年来，广东坚持以经济建设为中心，锐意推进改革，全力扩大开放，适应、把握、引领经济发展新常态，坚定不移地推进经济结构战略性调整、经济持续快速健康发展。1978—2017年，广东GDP从185.85亿元增加到89879.23亿元，增长约482.6倍，占全国的10.9%。1989年以来，广东GDP总量连续29年稳居全国首位，成为中国第一经济大省。经济总量先后超越新加坡、中国香港和台湾地区，

2017年超过全球第13大经济体澳大利亚，进一步逼近"亚洲四小龙"中经济总量最大的韩国，处于世界中上等收入国家水平。

实现了从计划经济体制向社会主义市场经济体制的历史性变革。改革开放40年，是广东始终坚持社会主义市场经济改革方向、深入推进经济体制改革的40年，是广东社会主义市场经济体制逐步建立和完善的40年。40年来，广东从率先创办经济特区，率先引进"三来一补"、创办"三资"企业，率先进行价格改革，率先进行金融体制改革，率先实行产权制度改革，到率先探索行政审批制度改革，率先实施政府部门权责清单、市场准入负面清单和企业投资项目清单管理，率先推进供给侧结构性改革，等等，在建立和完善社会主义市场经济体制方面走在全国前列，极大地解放和发展了社会生产力，同时在经济、政治、文化、社会和生态文明建设领域的改革也取得了重大进展。

实现了从封闭半封闭到全方位开放的历史性转折。改革开放40年，是广东积极把握全球化机遇、纵深推进对外开放的40年，是广东充分利用国际国内两个市场、两种资源加快发展的40年。开放已经成为广东的鲜明标识。40年来，广东始终坚持对内、对外开放，以开放促改革、促发展。从创办经济特区、开放沿海港口城市、实施外引内联策略、推进与港澳地区和内地省市区的区域经济合作，到大力实施"走出去"战略、深度参与"一带一路"建设、以欧美发达国家为重点提升利用外资水平、举全省之力建设粤港澳大湾区，广东开放的大门越开越大，逐步形成了全方位、多层次、宽领域、高水平的对外开放新格局。

实现了由要素驱动向创新驱动的历史性变化。改革开放40年，是广东发展动力由依靠资源和低成本劳动力等要素投入转向创新驱动的40年，是广东经济发展向更高级阶段迈进的40年。改革开放以来，广东人民以坚强的志气与骨气不断增强自主创新能力和实力，把创新发展主动权牢牢掌握在自己手中。从改革开放初期，广东以科技成果交流会、技术交易会等方式培育技术市场，成立中国第一个国家级高科技产业集聚的工业园区——深圳科技工业园，到实施科教兴粤战略、建设科技强省、构建创新型广东和珠江三角洲国家自主创新示范区，广东不断聚集创新驱动"软实力"，区域创新综合能力排名跃居全国第一。2017年，全省研发经费支出超过2 300亿元，居全国第一，占地区生产总值比重达2.65%；国家级高新技术企业3万家，跃居全国第一；高新技术产品产值达6.7万亿元。有效发明专利量及专利综合实力连续多年居全国首位。

实现了从温饱向全面小康迈进的历史性飞跃。改革开放40年,是全省居民共享改革发展成果、生活水平显著提高的40年,是全省人民生活从温饱不足向全面小康迈进的40年。1978—2017年,全省城镇居民、农村居民人均可支配收入分别增长了98倍和81倍,从根本上改变了改革开放前物资短缺的经济状况,民众的衣食住行得到极大改善,居民收入水平和消费能力快速提升。此外,推进基本公共服务均等化,惠及全民的公共服务体系进一步建立;加大底线民生保障资金投入力度,社会保障事业持续推进;加快脱贫攻坚步伐,努力把贫困地区短板变成"潜力板",不断提高人民生活水平,满足人民对美好生活的新期盼。

实现了生态环境由问题不少向逐步改善的历史性转变。改革开放40年,是广东对生态环境认识发生深刻变化的40年,是广东生态环境治理力度不断加大的40年,是广东环境质量由问题不少转向逐步改善的40年。广东牢固树立"绿水青山就是金山银山"的理念,坚决守住生态环境保护底线,全力打好污染防治攻坚战,生态环境持续改善。全省空气质量近3年连续稳定达标,大江大河水质明显改善,土壤污染防治扎实推进。新一轮绿化广东大行动不断深入,绿道、古驿道、美丽海湾建设等重点生态工程顺利推进,森林公园达1 373个、湿地公园达203个、国家森林城市达7个,全省森林覆盖率提高到59.08%。

40年来,广东充分利用毗邻港澳的地理优势,大力推进粤港澳合作,率先基本实现粤港澳服务贸易自由化,全面启动粤港澳大湾区建设,对香港、澳门顺利回归祖国并保持长期繁荣稳定、更好地融入国家发展大局发挥了重要作用,为彰显"一国两制"伟大构想的成功实践做出了积极贡献。作为中国先发展起来的区域之一,广东十分注重推动国家区域协调发展战略的实施,加大力度支持革命老区、民族地区、边疆地区、贫困地区加快发展,对口支援新疆、西藏、四川等地取得显著成效,为促进全国各地区共同发展、共享改革成果做出了积极贡献。

第二,研究广东改革开放,要深入总结广东改革开放40年的经验和启示,厚植改革再出发的底气和锐气。

改革开放40年来,广东在坚持和发展中国特色社会主义事业中积极探索、大胆实践,不仅取得了辉煌成就,而且积累了宝贵经验。总结好改革开放的经验和启示,不仅是对40年艰辛探索和实践的最好庆祝,而且能为新时代推进中国特色社会主义伟大事业提供强大动力。40年来,广东经济社会发展之所以能取得历史性成就、发生历史性变革,最根本的原因就在于党中央的正确领导和对广东工作的高度重视、亲切关怀。改革开放以来，党中央始终鼓励广东大胆探索、大胆实践。特别是进入新时代以来，每到重要节点和关键时期，习近平总书记都及时为广东把舵定向，为广东发展注入强大动力。2012年12月，总书记在党的十八大后首次离京视察就到了广东，做出"三个定位、两个率先"的重要指示。2014年3月，总书记参加第十二届全国人大第二次会议广东代表团审议，要求广东在全面深化改革中走在前列，努力交出物质文明和精神文明两份好答卷。2017年4月，总书记对广东工作做出重要批示，对广东提出了"四个坚持、三个支撑、两个走在前列"要求。2018年3月7日，总书记参加第十三届全国人大第一次会议广东代表团审议并发表重要讲话，嘱咐广东要做到"四个走在全国前列"、当好"两个重要窗口"。2018年10月，在改革开放40周年之际，习近平总书记再次亲临广东视察指导并发表重要讲话，要求广东高举新时代改革开放旗帜，以更坚定的信心、更有力的措施把改革开放不断推向深入，提出了深化改革开放、推动高质量发展、提高发展平衡性和协调性、加强党的领导和党的建设四项重要要求，为新时代广东改革发展指明了前进方向，提供了根本遵循。广东时刻牢记习近平总书记和党中央的嘱托，结合广东实际创造性地贯彻落实党的路线、方针、政策，自觉做习近平新时代中国特色社会主义思想的坚定信仰者、忠实践行者，努力为全国的改革开放探索道路、积累经验、做出贡献。

坚持中国特色社会主义方向，使改革开放始终沿着正确方向前进。我们的改革开放是有方向、有立场、有原则的，不论怎么改革、怎么开放，都始终要坚持中国特色社会主义方向不动摇。在改革开放实践中，广东始终保持"不畏浮云遮望眼"的清醒和"任凭风浪起，稳坐钓鱼船"的定力，牢牢把握改革正确方向，在涉及道路、理论、制度等根本性问题上，在大是大非面前，立场坚定、旗帜鲜明，确保广东改革开放既不走封闭僵化的老路，也不走改旗易帜的邪路，在根本性问题上不犯颠覆性错误，使改革开放始终沿着正确方向前进。

坚持解放思想、实事求是，以思想大解放引领改革大突破。解放思想是正确行动的先导。改革开放的过程就是思想解放的过程，没有思想大解放，就不会有改革大突破。广东坚持一切从实际出发，求真务实，求新思变，不断破除思想观念上的障碍，积极将解放思想形成的共识转化为政策、措施、制度和法规。坚持解放思想和实事求是的有机统一，一切从国情省情出发、从实际出发，既总结国内成功做法又借鉴国外有益经验，既大胆探索又脚踏实地,敢闯敢干,大胆实践,多出可复制、可推广的新鲜经验,为全国改革提供有益借鉴。

坚持聚焦以推动高质量发展为重点的体制机制创新,不断解放和发展社会生产力。改革开放就是要破除制约生产力发展的制度藩篱,建立充满生机和活力的体制机制。改革每到一个新的历史关头,必须在破除体制机制弊端、调整深层次利益格局上不断啃下"硬骨头"。近年来,广东坚决贯彻新发展理念,着眼于推动经济高质量发展,不断推进体制机制创新。例如,坚持以深化科技创新改革为重点,加快构建推动经济高质量发展的体制机制;坚持以深化营商环境综合改革为重点,加快转变政府职能;坚持以粤港澳大湾区建设合作体制机制创新为重点,加快形成全面开放新格局;坚持以构建"一核一带一区"区域发展格局为重点,完善城乡区域协调发展体制机制;坚持以城乡社区治理体系为重点,加快营造共建共治共享社会治理格局,奋力开创广东深化改革发展新局面。

坚持"两手抓、两手都要硬",更好地满足人民精神文化生活新期待。只有物质文明建设和精神文明建设都搞好、国家物质力量和精神力量都增强、人民物质生活和精神生活都改善、综合国力和国民素质都提高,中国特色社会主义事业才能顺利推向前进。广东高度重视精神文明建设,坚持"两手抓、两手都要硬",坚定文化自信、增强文化自觉,守护好精神家园、丰富人民精神生活;深入宣传贯彻习近平新时代中国特色社会主义思想,大力培育和践行社会主义核心价值观,深化中国特色社会主义和中国梦宣传教育,教育引导广大干部群众特别是青少年坚定理想信念,培养担当民族复兴大任的时代新人;积极选树模范典型,大力弘扬以爱国主义为核心的民族精神和以改革创新为核心的时代精神;深入开展全域精神文明创建活动,不断提升人民文明素养和社会文明程度;大力补齐文化事业短板,高质量发展文化产业,不断增强文化软实力,更好地满足人民精神文化生活新期待。

坚持以人民为中心的根本立场,把为人民谋幸福作为检验改革成效的根本标准。改革开放是亿万人民自己的事业,人民是推动改革开放的主体力量。没有人民的支持和参与,任何改革都不可能取得成功。广东始终坚持以人民为中心的发展思想,坚持把人民对美好生活的向往作为奋斗目标,坚持人民主体地位,发挥群众首创精神,紧紧依靠人民推动改革开放,依靠人民创造历史伟业;始终坚持发展为了人民、发展依靠人民、发展成果由人民共享,让改革发展成果更好地惠及广大人民群众,让群众切身感受到改革开放的红利;始终坚持从人民群众普遍关注、反映强烈、反复出现的民生问题入手，紧紧盯住群众反映的难点、痛点、堵点，集中发力，着力解决人民群众关心的现实利益问题，不断增强人民群众获得感、幸福感、安全感。

坚持科学的改革方法论，注重改革的系统性、整体性、协同性。只有坚持科学方法论，才能确保改革开放蹄疾步稳、平稳有序地推进。广东坚持以改革开放的眼光看待改革开放，充分认识改革开放的时代性、体系性、全局性问题，注重改革开放的系统性、整体性、协同性。注重整体推进和重点突破相促进相结合，既全面推进经济、政治、文化、社会、生态文明、党的建设等诸多领域改革，确保各项改革举措相互促进、良性互动、协同配合，又突出抓改革的重点领域和关键环节，发挥重点领域"牵一发而动全身"、关键环节"一子落而满盘活"的作用；注重加强顶层设计，和"摸着石头过河"的改革方法相结合，既发挥"摸着石头过河"的基础性和探索性作用，又发挥加强顶层设计的全面性和决定性作用；注重改革与开放的融合推进，使各项举措协同配套、同向前进，推动改革与开放相互融合、相互促进、相得益彰；注重处理好改革发展与稳定之间的关系，自觉把握好改革的力度、发展的速度和社会可承受的程度，把不断改善人民生活作为处理改革发展与稳定关系的重要结合点，在保持社会稳定中推进改革发展，在推进改革发展中促进社会稳定，进而实现推动经济社会持续健康发展。

坚持和加强党的领导，不断提高党把方向、谋大局、定政策、促改革的能力。中国特色社会主义最本质的特征是中国共产党的领导，中国特色社会主义制度的最大优势是中国共产党的领导。坚持党的领导，是改革开放的"定盘星"和"压舱石"。40年来，广东改革开放之所以能够战胜各种风险和挑战，取得举世瞩目的成就，最根本的原因就在于坚持党的领导。什么时候重视党的领导、加强党的建设，什么时候就能战胜困难、夺取胜利；什么时候轻视党的领导、漠视党的领导，什么时候就会经历曲折、遭受挫折。广东坚持用习近平新时代中国特色社会主义思想武装头脑，增强"四个意识"，坚定"四个自信"，做到"两个坚决维护"，始终在思想上、政治上、行动上同以习近平同志为核心的党中央保持高度一致；注重加强党的政治建设，坚持党对一切工作的领导，不断增强党的政治领导力、思想引领力、群众组织力、社会号召力，提高党把方向、谋大局、定政策、促改革的能力和定力，确保党总揽全局、协调各方。

第三，研究广东改革开放，要积极开展战略性、前瞻性研究，为改革开放再出发提供理论支撑和学术支持。

改革开放是广东的根和魂。在改革开放40周年的重要历史节点，习近平总书记再次来到广东，向世界宣示中国改革不停顿、开放不止步的坚定决心。习近平总书记视察广东重要讲话，是习近平新时代中国特色社会主义思想的理论逻辑和实践逻辑在广东的展开和具体化，是我们高举新时代改革开放旗帜、以新担当新作为把广东改革开放不断推向深入的行动纲领，是我们走好新时代改革开放之路的强大思想武器。学习贯彻落实习近平总书记视察广东重要讲话精神，是当前和今后一个时期全省社会科学理论界的头等大事和首要政治任务。社会科学工作者应发挥优势，充分认识总书记重要讲话精神的重大政治意义、现实意义和深远历史意义，以高度的政治责任感和历史使命感，深入开展研究阐释，引领和推动全省学习宣传贯彻工作往深里走、往实里走、往心里走。

加强对重大理论和现实问题的研究，为改革开放再出发提供理论支撑。要弘扬广东社会科学工作者"务实、前沿、创新"的优良传统，增强脚力、眼力、脑力、笔力，围绕如何坚决贯彻总书记关于深化改革开放的重要指示要求，坚定不移地用好改革开放"关键一招"，书写好粤港澳大湾区建设这篇大文章，引领带动改革开放不断实现新突破；如何坚决贯彻总书记关于推动高质量发展的重要指示要求，坚定不移地推动经济发展质量变革、效率变革、动力变革；如何坚决贯彻总书记关于提高发展平衡性和协调性的重要指示要求，坚定不移地推进城乡、区域、物质文明和精神文明协调发展与法治建设；如何坚决贯彻总书记关于加强党的领导和党的建设的重要指示要求，坚定不移地把全省各级党组织锻造得更加坚强有力、推动各级党组织全面进步全面过硬；等等，开展前瞻性、战略性、储备性研究，推出一批高质量研究成果，为省委、省政府推进全面深化改革开放出谋划策，当好思想库、智囊团。

加强改革精神研究，为改革开放再出发提供精神动力。广东改革开放40年波澜壮阔的伟大实践，不仅打下了坚实的物质基础，也留下了弥足珍贵的精神财富，这就是敢闯敢试、敢为人先的改革精神。这种精神是在广东改革开放创造性实践中激发出来的，它是一种解放思想、大胆探索、勇于创造的思想观念，是一种不甘落后、奋勇争先、追求进步的责任感和使命感，是一种坚韧不拔、自强不息、锐意进取的精神状态。当前，改革已经进入攻坚期和深水区，剩下的都是难啃的硬骨头，更需要弘扬改革精神才能攻坚克难，必须把这种精神发扬光大。社会科学工作者要继续研究、宣传、阐释好改革精神，激励全省广大党员干部把改革开放的旗帜举得更高更稳，续写广东改革开放再出发的新篇章。

加强对广东优秀传统文化和革命精神的研究，为改革开放再出发提振精气神。总书记在视察广东重要讲话中引用广东的历史典故激励我们担当作为，讲到虎门销烟等重大历史事件，讲到洪秀全、文天祥等历史名人，讲到广东的光荣革命传统，讲到毛泽东、周恩来等一大批曾在广东工作生活的我们党老一辈领导人，以此鞭策我们学习革命先辈、古圣先贤。广大社会科学工作者要加强对广东优秀传统文化和革命精神的研究，激励全省人民将其传承好弘扬好，并化作新时代敢于担当的勇气、奋发图强的志气、再创新局的锐气，创造无愧于时代、无愧于人民的新业绩。

广东有辉煌的过去、美好的现在，一定有灿烂的未来。这次出版的"广东改革开放40年研究丛书"（14本），对广东改革开放40年巨大成就、实践经验和未来前进方向等问题进行了系统总结和深入研究，内容涵盖总论、经济、政治、文化、社会、生态文明、教育、科技、依法治省、区域协调、对外开放、经济特区、海外华侨华人、从严治党14个方面，为全面深入研究广东改革开放做了大量有益工作，迈出了重要一步。在隆重庆祝改革开放40周年之际，希望全社会高度重视广东改革开放问题的研究，希望有更多的专家学者和实际工作者积极投身到广东改革开放问题的研究中去，自觉承担起"举旗帜、聚民心、育新人、兴文化、展形象"的使命任务，推出更多有思想见筋骨的精品力作，为推动广东实现"四个走在全国前列"、当好"两个重要窗口"，推动习近平新时代中国特色社会主义思想在广东大地落地生根、结出丰硕成果提供理论支撑和学术支持。

"广东改革开放40年研究丛书"编委会
2018年11月22日

目录

引　言　改革开放、广东经验与中国道路 /1
　一、广东因改革开放而迅速崛起 /2
　二、广东的改革开放为全国提供了宝贵经验 /5
　三、广东的实践诠释改革开放是"关键一招"/10

第一章　历史回眸：广东改革开放 40 年伟大成就 /15
　一、增长的奇迹：见证广东改革开放 40 年 /15
　二、广东改革开放 40 年实践历程 /26

第二章　经济发展：从"三来一补"到创新驱动 /44
　一、改革开放以来广东经济建设历程 /44
　二、改革开放以来广东经济建设成就 /108
　三、改革开放以来广东经济建设经验 /118

第三章　政治稳定：从冲破束缚到法治广东 /127
　一、改革开放以来广东从政府管理到政府治理 /127
　二、改革开放以来法治广东建设 /139
　三、改革开放以来广东政府治理、法治建设经验 /161

第四章　文化繁荣：从"文化沙漠"到文化强省 /164
　一、改革开放以来广东文化建设历程 /164
　二、改革开放以来广东文化建设成就 /179
　三、改革开放以来广东文化建设经验 /190

第五章　社会进步：从社会配套到社会建设 /198
　　一、改革开放以来广东社会建设历程 /198
　　二、改革开放以来广东社会建设成就 /212
　　三、改革开放以来广东社会建设经验 /223

第六章　生态文明：从经济优先到生态优先 /235
　　一、改革开放以来广东生态文明建设历程 /236
　　二、改革开放以来广东生态文明建设成就 /255
　　三、改革开放以来广东生态文明建设经验 /266

第七章　党的建设：从拨乱反正到全面从严治党 /270
　　一、改革开放以来广东党的建设历程 /270
　　二、在改革开放中全面加强党的建设 /274
　　三、改革开放以来广东党的建设经验 /308

第八章　未来展望：在全面建成小康社会和现代化建设新征程中走在前列 /315
　　一、广东深化改革开放的未来发展环境 /315
　　二、广东深化改革开放的优势、挑战和发展目标 /320
　　三、未来引领广东改革开放的路径选择 /326

参考文献 /341

后　记 /344

引　言　改革开放、广东经验与中国道路

习近平总书记指出，改革开放是我们党的历史上一次伟大觉醒，正是这个伟大觉醒孕育了新时期从理论到实践的伟大创造。① 1978 年召开党的十一届三中全会，果断决定把党和国家的工作重点转移到以经济建设为中心的社会主义现代化建设上来，做出实行改革开放的重大决策，实现了具有深远意义的伟大历史转折，拉开了党在新的时代条件下带领人民进行新的伟大革命的序幕。40 年来的改革开放波澜壮阔、沧海桑田，不仅谱写了当代中国最为壮丽的发展篇章，使中国人民的面貌、社会主义中国的面貌发生了历史性变化，深刻改变了中华民族的历史命运和国际地位，还无可辩驳地证明了中国特色社会主义道路的选择是正确的，中华民族伟大复兴的中国梦是一定可以实现的。

广东，是改革开放的排头兵、先行地、实验区，是中国改革开放的精彩缩影和时代进步的先声。40 年来，在党中央的正确领导下，广东历届省委、省政府带领广大干部群众，以敢为人先的大无畏精神，筚路蓝缕，以启山林，在放开搞活、创办特区、对外开放②、发展社会主义市场经济、建设中国特色社会主义上奋力"杀出一条血路"，为全国开路闯关，先行先试，取得了举世瞩目的发展成就，从一个落后的农业省一跃成为连续 29

---

① 参见中共中央文献研究室《习近平关于全面深化改革论述摘编》，中央文献出版社 2014 年版，第 2 页。

② 根据中华人民共和国商务部令 2018 年第 6 号《外商投资企业设立及变更备案管理暂行办法》第三十三条："香港特别行政区、澳门特别行政区、台湾地区投资者投资不涉及国家规定实施准入特别管理措施的，参照本办法办理。"香港、澳门、台湾地区投资企业不属于外商投资企业，但参照外商投资企业管理。因此，本书中有关对外开放的阐述，如"外商""外资"等，涉及香港、澳门、台湾地区投资的内容，是基于参照外商投资企业的角度来进行表述的。

年雄踞全国第一的经济大省。广东改革开放的40年，是解放思想、开拓创新的40年，是先走一步、引领发展的40年，是战胜艰险、坚定自信的40年。广东改革开放的历程充分说明，改革开放是决定当代中国命运的"关键一招"，也是决定实现"两个一百年"奋斗目标、实现中华民族伟大复兴的"关键一招"。

一、广东因改革开放而迅速崛起

党的十一届三中全会召开以后，广东揭开了历史新的一页。40年来，广东在党中央的正确领导和支持下，紧紧抓住各种机遇，加快发展，取得了巨大成就，实现了历史性跨越。

（一）经济持续高速发展，综合实力明显增强

1. 经济总量不断提高

1978—2017年，全省国内生产总值（简称"GDP"）从185.85亿元增加到89 879.23亿元，年均增长17.29%，1989年以来总量连续29年居全国首位；人均生产总值（简称"人均GDP"）从370元增加到81 089元，年均增长14.91%；地方一般公共预算收入从41.82亿元增加到11 315.21亿元，年均增长15.62%，成为全国首个地方一般公共预算收入超万亿元的省份。

2. 产业结构不断调整优化

三次的产业结构从1978年的29.8∶46.6∶23.6调整为2017年的4.2∶43.0∶52.8，现代产业占据主导地位，先进制造业增加值占规模以上工业增加值比重达53.2%，现代服务业增加值占服务业比重达62.6%，主营业务收入超百亿、千亿元的企业分别达260家、25家，世界500强的企业有11家，上市公司总市值达14万亿元。

3. 科技创新成效卓著

加大研发投入力度，推进产学研结合和科技成果产业化，多层次的科技创新体系基本形成。2017年，全省研发经费占地区生产总值比重达到2.65%，有效发明专利量、PCT国际专利申请量及专利综合实力连续多年居全国首位，技术自给率和科技进步贡献率分别达72.5%和58%。高新技术企业迅猛发展，至2017年年底，全省国家级高新技术企业达到3万家，跃居全国首位。

（二）冲破传统计划经济体制，社会主义市场经济体制逐步完善

始终坚持推进体制改革创新，把完善社会主义基本经济制度与发展市场经济很好地结合起来，率先推进各个领域的改革，初步建立起社会主义市场经济体制并不断发展完善。特别是党的十八届三中全会以来，广东承接国家改革试点任务103项，数量居全国前列。供给侧结构性改革系统推进，行政审批制度、投资体制、司法体制、纪检体制等重大改革扎实推进，中国（广东）自由贸易试验区（简称"广东自贸区""广东自贸试验区"）改革创新等经验在全国被复制推广。

1. 对外开放成就显著，开放型经济水平不断提高

改革开放以来，广东对外经济贸易在全国一直处于领先地位。一批优质外资项目落户广东，截至2016年年底，累计实际利用外商直接投资达到7 815.71亿美元。按照"前瞻、全局、务实、互利"的原则，加快推进内地与香港、澳门签署的《关于建立更紧密经贸关系的安排》（Closer Economic Partnership Arrangement，简称"CEPA"）的实施，在CEPA框架下积极实施服务业对港澳地区扩大开放的政策，使之在广东先行先试，着力推进粤港澳紧密合作。全面提升与台湾地区以及东南亚地区的国家的合作水平。加快推进"走出去"战略，对外投资和工程承包快速发展。与东盟、欧洲的交流合作深入开展。积极参与国家"一带一路"建设，加强与欧美发达国家的经贸联系，深化粤港澳合作，构建对外开放新格局取得积极成效。外贸进出口总额连续6年（2012—2017年）超6万亿元，出口占全国比重达27.5%，有效稳住国际市场份额。外贸结构不断优化，一般贸易额超过加工贸易额，服务贸易加快发展。

2. 社会主义民主政治建设成绩卓著，人民群众的主人翁地位日益提高

积极稳妥推进政治体制改革，不断推进社会主义政治制度的自我完善和发展。基层民主政治建设稳步推进，全面推进依法行政，推进公正司法、公正执法。人民代表大会（简称"人大"）工作进一步加强。立法工作向公开化、民主化、专业化、科学化推进。监督工作不断规范和改进，监督实效进一步增强。不断拓宽代表的知情知政渠道，扩大代表对常务委员会（简称"常委会"）活动的参与权，代表履行职责能力明显提高。人民政治协商会议（简称"人民政协"）和人民团体作用进一步发挥，完善

重大事项民主协调制度、决策参与制度和民主监督制度，进一步拓宽参政议政和民主监督渠道。进一步增强工人联合会（简称"工会"）、共产主义青年团（简称"共青团"）、妇女联合会（简称"妇联"）等人民团体联系群众的桥梁纽带作用，广泛听取社会各界意见。村民居民自治制度不断健全。政务、厂务、村务公开工作取得新成果。

3. 社会各项事业全面发展，城乡居民生活水平和生活质量不断提高

发展环境显著改善。经过多年建设，广东的海陆空交通环境良好，全省高速公路贯通所有的地级以上市，与相邻省区的陆路和高速公路通道已全部打通。城乡、区域、经济与社会、人与自然、国内发展和对外开放协调发展。居民消费结构优化，住房、汽车、旅游、保健等成为新的消费热点。人民享有的公共服务明显增加。经济的快速发展使大量外来务工人员在广东安居乐业。社会保障体系加快向城乡居民覆盖，保障能力不断增强。教育、卫生、文化、体育等各项事业迅速发展。

4. 生态文明建设积极推进，生态环境质量明显改善

坚决守住环境保护（简称"环保"）底线，在保持经济中高速增长的同时，实现了生态环境质量总体改善。珠江三角洲（简称"珠三角"）地区大气细颗粒物浓度在国家三大重点防控区中率先整体达标，全省城乡居民饮用水安全得到有效保障，解决环境历史遗留问题取得突破性进展。超额完成国家下达的节能减排目标任务，单位地区生产总值能耗处于全国第二低位。新一轮"绿化广东大行动"持续推进，截至2017年年底，全省森林公园达1 373个、湿地公园达203个，国家森林城市达7个，森林覆盖率提高到59.08%。

40年来，广东不仅自身经济社会发展取得巨大成就，还为全国改革开放和现代化建设做出了重要贡献。具体体现在四个方面：①在体制改革中发挥了"试验田"的作用，为全国推进改革提供了有益的经验。②在对外开放中发挥了重要的"窗口"作用。广东充分发挥毗邻港澳的区位优势，成为我国对外开放、走向世界的前沿。③在现代化建设中发挥了"示范区"作用。广东干部群众敢想敢干、敢闯敢试、敢为人先的精神极大地鼓舞和激励了全国人民，辐射和带动了内地的经济发展。广东对西藏林芝、新疆哈密、广西百色与河池等地区的对口帮扶工作成绩卓著，为全国实现共同发展、共同富裕做出了积极的贡献。④对香港、澳门的顺利回归并保持繁荣稳定发挥了重要的促进作用。与港澳经济合作日益紧密，形成

了经济互补、相互促进、共同发展的格局。对保持香港、澳门的繁荣稳定，彰显"一国两制"伟大构想的成功实践做出了积极的贡献。

广东改革开放的40年，是解放思想、开拓创新、与时俱进、快速发展、人民奔向富裕安康、经济社会全面进步的40年。广东发展道路的意义在于它的成功实践是中国特色社会主义的成功实践。广东的成功不只是一个地区的成功，更是建设中国特色社会主义的成功。从这个角度上说，广东的成功不仅具有区域性意义，即为一个地区实现跨越式发展做出了示范，而且具有全国性、时代性意义，更折射出社会主义初级阶段的本质要求和发展基本规律。事实雄辩地证明：改革开放是决定当代中国命运的关键抉择，是发展中国特色社会主义、实现国家发展与民族复兴的强大动力和必由之路，只有改革开放才能发展中国。

二、广东的改革开放为全国提供了宝贵经验

2018年3月7日，习近平总书记在参加第十三届全国人大第一次会议广东代表团审议时指出，40年来，广东得益于改革开放，创造了很多全国第一，为全国提供了有益经验。

（一）始终坚持贯彻执行中央的路线方针政策

中国特色社会主义理论是中国40年改革开放实践的伟大思想成果，也是改革开放和现代化事业的指导思想。广东作为全国改革开放的实验区，其改革发展每前进一步都离不开中国特色社会主义理论的指引，都是坚定不移地率先实践党的创新理论、坚定不移地贯彻党的路线方针政策的结果。一方面，坚决贯彻落实中央各个时期的改革开放政策不动摇。另一方面，坚决贯彻落实邓小平同志视察南方时发表的重要谈话精神，江泽民同志视察广东时提出的"增创新优势，更上一层楼，率先基本实现社会主义现代化"的要求，胡锦涛同志视察广东时提出的科学发展观的思想，习近平总书记对广东工作提出的"三个定位、两个率先""四个坚持、三个

支撑、两个走在前列""四个走在全国前列""四个方面重要要求"① 等要求。广东在改革开放过程中时刻牢记中央的重任,自觉学习实践邓小平理论、"三个代表"重要思想、科学发展观、习近平新时代中国特色社会主义思想,自觉用党的创新理论武装头脑、指导实践、推动工作,自觉贯彻中央的路线方针政策,自觉增强先行一步的责任意识、大局意识和排头兵意识,努力为全国的改革开放探索道路、积累经验、做出贡献。广东的实践证明,只有始终高举中国特色社会主义伟大旗帜,坚持中国特色社会主义道路和理论体系不动摇,中国的改革开放和现代化事业才能沿着正确的方向阔步前进。

(二) 始终坚持以解放思想引领改革开放

解放思想是正确行动的先导,是扫除思想障碍、引领发展的"法宝",是推动改革开放的强大思想动力。回顾40年的历程,广东每一项改革开放重大举措的出台和实施,都是以解放思想和更新观念来开辟道路;广东每一个巨大变化,无一不是解放思想的结果。从积极支持真理标准问题大讨论,为先行一步的改革开放"杀出一条血路",到引导广东干部群众增强商品经济观念,积极推进市场化取向的改革;从号召全省干部群众以"三个有利于"为标准解放思想,确立社会主义市场经济体制的改革目标,到提出率先基本实现社会主义现代化的战略;从大力推进国有企业(简称"国企")改革,大力发展开放型经济,到放手发展民营经济,实现所有制结构由单一到多元的历史性转变;从率先学习实践科学发展观,自觉更新发展观念,突破传统发展模式,到开展"继续解放思想,坚持改革开放,争当实践科学发展观排头兵"的学习讨论活动,提出以新一轮思想大解放推动新一轮大发展;从认真贯彻落实习近平总书记提出的"三个定

---

① 三个定位:发展中国特色社会主义的排头兵、深化改革开放的先行地、探索科学发展的实验区。两个率先:率先全面建成小康社会、率先基本实现社会主义现代化。四个坚持:坚持党的领导、坚持中国特色社会主义、坚持新发展理念、坚持改革开放。三个支撑:为全国推进供给侧结构性改革、实施创新驱动发展战略、构建开放型经济新体制提供支撑。两个走在前列:在全面建成小康社会、加快建设社会主义现代化新征程上走在前列。四个走在全国前列:在构建推动经济高质量发展的体制机制上、在建设现代化经济体系上、在形成全面开放新格局上、在营造共建共治共享社会治理格局上走在全国前列。四个方面重要要求:深化改革开放、推动高质量发展、提高发展平衡性和协调性、加强党的领导和党的建设。

位、两个率先"要求,到坚定不移地深化改革开放、推动高质量发展、提高发展平衡性和协调性、加强党的领导和党的建设。广东解放思想每前进一步,改革开放和现代化建设就迎来一个新的高潮。无论在改革开放中遇到什么困难和问题,广东始终坚持不争论,坚持实践标准,坚持敢闯敢冒、敢为天下先,尊重和保护广大干部群众从实际出发进行改革创新的积极性和首创精神,用改革创新的办法和思路克服困难、解决困难,在解放思想中统一思想、推动改革发展。广东的实践证明,只有坚持解放思想、开拓创新,改革开放和社会主义现代化事业才能不断地在艰难曲折中开辟前进的道路。

(三) 始终坚持从实际出发

清醒认识社会主义初级阶段的基本国情和改革发展不同时期的阶段性特征,是保证改革开放健康发展的重要依据。改革开放40年来,广东始终坚持从社会主义初级阶段的基本国情出发,结合广东实际和发展过程中呈现的阶段性特征,实事求是地研究新情况、解决新问题、提出新目标、明确新思路,走出了一条既符合中国国情又具有鲜明广东特色的改革发展道路。改革开放初期,广东从毗邻港澳地区的地缘优势出发,主动请求中央允许广东实行特殊政策、灵活措施,在改革开放中先行一步,率先创办经济特区,率先推进各项经济体制改革。党的十四大之后,广东把握深化改革、加快发展的先机,明确提出率先基本实现社会主义现代化战略目标,全面深化推进以建立社会主义市场经济体制为导向的综合配套改革,大力实施"外向带动""科教兴粤""要持续发展"三大发展战略,努力增创体制、产业、开放、科教四大新优势。党的十六大之后,广东进一步加快全面建设小康社会的步伐,提出了"建设经济强省、文化大省、法治社会、和谐广东,实现全省人民的富裕安康"的目标,推动经济社会发展初步转入科学发展的轨道。党的十七大之后,广东把握新世纪新阶段深入贯彻落实科学发展观的历史客观要求,鲜明地提出了"坚持面向世界,服务全国,努力把广东建设成为提升我国国际竞争力的主力省,探索科学发展模式的实验区,发展中国特色社会主义的先行地"的战略目标,积极争当实践科学发展观的排头兵,全面开创科学发展的新局面。党的十八大以来,广东坚持把学习贯彻习近平新时代中国特色社会主义思想摆在首位,统筹推进"五位一体"总体布局,协调推进"四个全面"战略布局,主动适应和引领经济发展新常态，认真谋划改革发展，做出了"1+1+9"的工作部署。广东的实践证明，只有按照中央的精神，从实际出发，明确发展目标，才能不断开创改革开放和现代化建设的新局面。

（四）始终坚持改革和开放相互推动

改革开放是发展中国特色社会主义的强大动力，也是广东40年经济社会快速健康发展的根本原因。广东在改革开放先行一步的探索过程中，坚持以改革统揽全局、推动对外开放，在扩大开放中借鉴国（境）外有益经验，深化体制改革，形成了改革与开放相互促进、相得益彰的局面。正是由于率先实行了集资建设、有偿使用的投资体制改革，才扩大了吸收境外资金的融资渠道；正是积极推进所有制改革，才使"三资企业"成为活跃的市场竞争主体；正是稳步推进行政管理体制改革，逐步建立和完善社会主义市场经济体制，才为扩大开放创造了日益完善的良好投资环境；等等。同时，发挥率先创办经济特区的优势，通过特区"窗口"以开放推动改革，成为广东改革开放的显著特色。广东省委、省政府把扩大对外开放、引进先进技术和管理经验、发展外向型经济作为发挥优势、扬长避短、推动整体经济上新台阶的重要措施。在对外开放中，积极借鉴港澳地区乃至国外的经济法规和管理体制，主动与世界经济接轨，按国际惯例办事，加快建立适应对外开放需要的市场机制、管理体制和社会环境。通过以开放促改革、促发展，实行宽领域、多层次、全方位对外开放，形成了充满竞争活力的对外开放格局和外向带动的经济发展模式，推动经济持续快速发展。广东的实践证明，只有实现改革与开放的协调推进与良性互动，才能加快建立和完善社会主义市场经济体制，才能充分利用国（境）内外的两种资源与两个市场，不断增强发展活力、拓展发展空间。

（五）始终坚持正确处理改革发展稳定的关系

发展是我们党执政兴国的第一要务，改革是推动经济社会发展的强大动力，稳定是改革发展的重要前提和保证。改革开放40年来，广东始终坚持发展是硬道理，坚持以经济建设为中心，坚持用发展的办法解决前进中的问题；形势越是困难和严峻，越是注意抢抓机遇，发展自己。广东多年来狠抓发展不放松，形成"大发展、小困难，小发展、大困难，不发展、更困难"的共识，坚持"不争论、不刮风、不埋怨，有什么问题就解决什么问题"的方针,推动经济社会的发展不断上新台阶。在加快发展的同时,注意把改革的力度、发展的速度和社会可承受的程度统一起来。改革开放初期,广东坚持"对外更加开放,对内更加放宽,对下更加放权"和"有所引进、有所抵制""排污不排外"等方针,一手抓物质文明建设,一手抓精神文明建设,一手抓繁荣发展,一手抓社会稳定,保证改革开放健康发展。进入经济社会转型的关键时期,针对各种社会矛盾暴露较早、较突出的特点,广东明确提出发展是第一要务、稳定是第一责任,坚持在深化改革、加快发展的同时着力加强以改善民生为重点的社会建设和社会管理,促进社会和谐稳定。以推动全省共同发展、共同富裕为目标,建立健全对口帮扶机制,从重点缩小人均收入差距而不是地方经济总量差距入手,大力实施"提升珠三角,带动东西北"战略,推进产业和劳动力的"双转移",促进城乡基本公共服务均等化,构建区域城乡互动、协调发展新格局。以全面提高公民素质为核心,加快科技强省、教育强省、文化大省建设步伐,不断增强文化软实力。以创造良好人居环境为重点,以改善民生为核心,以推动民主政治为保障,扎实推进宜居城乡建设,促进经济与社会协调发展,努力使改革发展成果惠及全省人民。广东的实践证明,只有坚持以人为本,坚持全面、协调、可持续的基本要求和统筹兼顾的根本方法,更加注重民生,让发展成果惠及广大人民群众,确保人民生活水平不断得到改善和提升,才能实现经济社会又快又好的发展,在加快改革开放的同时促进经济协调发展与社会和谐稳定。

(六) 始终坚持加强和改善党的领导

党领导的改革开放既给党的建设(简称"党建")注入了强大活力,也使党面临许多前所未有的新课题、新考验、新挑战。在改革发展征程中,广东各级党组织聚精会神抓好党的执政能力和先进性建设,全面落实"两手抓,两手都要硬",坚持党要管党、从严治党,贯彻为民务实清廉的要求;坚持用马克思主义中国化的最新成果武装党员干部,不断提高干部队伍素质;着力抓理想塑灵魂,抓班子带队伍,抓基层打基础,抓作风反腐败,以党的政治建设为统领,全面推进党的政治建设、思想建设、组织建设、作风建设、纪律建设,把制度建设贯串其中,创造力、凝聚力、战斗力和执政能力不断增强。广东各级党组织成为改革发展坚强的领导核心和战斗堡垒。广东的实践证明,只有坚持党的领导,全面加强党的自身建设,才能保证改革开放的正确方向,引领广大干部群众积极投身改革开放伟大实践并调动他们的热情,为促进改革、发展、稳定提供坚强的政治保证。

三、广东的实践诠释改革开放是"关键一招"

改革开放拉开了波澜壮阔的时代大幕,谱写了风雷激荡的时代壮歌。40年来,广东改革开放的生动实践已经证明并将继续证明,改革开放是决定当代中国命运的"关键一招",也是决定实现"两个一百年"奋斗目标、实现中华民族伟大复兴的"关键一招"。①

(一)全面深化改革开放是实现伟大目标的必由之路

中国发展道路和实践经验已经表明,只有社会主义才能救中国,只有改革开放才能发展中国、发展社会主义、发展马克思主义。改革开放推动中国特色社会主义实践发展取得了举世瞩目的伟大成就,中国人民的生活水平发生了翻天覆地的变化,党和国家、军队等的发展面貌也发生了前所未有的变化,我国经济实力、科技实力、国防实力和综合国力进入世界前列。实践证明,我国过去40年的快速发展靠的是改革开放,我国未来发展也必须坚定不移地依靠改革开放。

在继续开辟中国特色社会主义伟大实践的历史征程中,我国要决胜全面小康,实现伟大的中国梦,需要全面深化改革。正如习近平总书记所说,"改革开放只有进行时,没有完成时"。只有全面深化改革,通过推动和实施一系列体制机制改革和制度创新,才能从根本上奠定决胜全面建成小康社会所需要的各项制度和体制条件;只有全面深化改革,才能创造有利于决胜全面小康社会的内在动力,调动各方面积极性、创造性,真正形成决胜全面建成小康的活力和合力。要实现中华民族伟大复兴的中国梦,必须依靠并拥有持续的经济建设、政治建设、文化建设、社会建设和生态文明建设等全面发展、全面进步的强大的物质文明与精神文明的发展能力和基础,必须依靠更加完善和成熟的中国特色社会主义制度与现代化的国家治理能力和治理体系。这就必须不断通过全面深化改革,破除阻碍国家

---

① 参见中共中央文献研究室《习近平关于全面深化改革论述摘编》,中央文献出版社2014年版,第30页。

和民族发展的一切思想和体制障碍；通过全面深化改革，进一步解放思想、进一步解放和发展社会生产力、进一步增强社会活力，为实现伟大的中国梦奠定科学的制度基础和环境。

（二）全面深化改革开放是解决前进道路上各种困难和问题的根本途径

全面深化改革是解决中国现实问题的根本途径，这是由中国特色社会主义实践所证明的一条根本性经验，也是解决新时代中国特色社会主义面临的新矛盾和新问题的根本途径。40年来，我们用改革的办法解决了党和国家事业发展中的一系列问题。同时也要清醒地看到，中国改革已进入攻坚期和深水区，必须以更大的政治勇气和智慧、更有力的措施和办法推进改革。

改革是一个艰难曲折的过程，是由问题倒逼而产生，又在不断解决问题中得以深化的过程。尽管我国的改革取得了巨大成就，但面对复杂的国际形势，面对全面建成小康社会和实现"两个一百年"奋斗目标的艰巨任务，我们的发展还将面临一系列突出的矛盾和挑战，前进道路上还有不少困难和问题。比如，发展中不平衡、不协调、不可持续问题依然突出，科技创新能力不强，产业结构不合理，发展方式依然粗放，城乡区域发展差距和居民收入差距依然较大，社会矛盾明显增多，教育、就业、社会保障、医疗、住房、生态环境、食品药品安全、安全生产、社会治安、执法司法等关系群众切身利益的问题较多，部分群众生活困难，反腐败斗争形势依然严峻，等等。破解发展中面临的难题，化解来自各方面的风险挑战，推动经济社会持续健康发展，必须坚持运用改革的思维，全方位深层次地全面深化改革。

随着全面深化改革开放的深入发展，全国各地在全面建成小康社会和现代化建设的进程中，已形成了千帆竞发、你追我赶的大局势。在这种逆水行舟、不进则退的环境下，广东必须在引领全面深化改革开放的进程中努力解决存在的薄弱环节，破解发展中的难题，在更高的层面上增创改革发展新优势。正如胡春华同志所指出的，要通过全面深化改革增创广东发展四大新优势。①增创营商环境新优势。要着力打造市场化、法治化、与国际接轨的营商环境，实现由"政策洼地"向"环境高地"转变。②增创创新驱动发展新优势。要深化科技体制改革，把企业作为创新主体的作用发挥出来，把人才作为创新根本的作用发挥出来，把市场作为创新导向和动力的作用发挥出来，加快实现经济发展主要由要素驱动向主要由创新驱动转变。③增创开放型经济新优势。要充分利用好国（境）内外两种资源、两个市场，统筹对内对外开放，加强与欧美等发达国家的直接交流合作，加强与东盟及东南亚国家的经贸往来，不断提高我省对外开放水平；充分发挥毗邻港澳地区的独特优势，扩大对港澳的开放合作；深化对内开放合作，进一步巩固我省区域经济中心地位。④增创产业竞争新优势。要把推动产业转型升级作为根本途径，优先发展现代服务业，提升发展先进制造业，培育发展战略性新兴产业，改造提升传统优势产业，大力扶持一批引领带动产业发展的大型骨干企业，推动产业不断向高端发展，提升产品附加值，建设现代产业体系，实现"广东制造"向"广东创造"转变。

（三）把握好全面深化改革开放的关键点

改革开放是推动发展的制胜法宝。从党的十八大提出深化改革开放，到十八届三中全会对全面深化改革做出总体部署，再到将全面深化改革纳入"四个全面"战略布局，以习近平同志为核心的党中央对全面深化改革的立场坚定不移、认识不断深化。全面深化改革是在我国发展进入转型期的重要历史关头，全面考量我国社会主义初级阶段基本国情和现阶段经济社会发展面临的新矛盾、新问题，认真总结我国改革开放的历史经验，根据最新实践提出来的。对此，必须深刻把握其关键点。

改革开放是一场伟大的社会革命，必须坚持正确方向，沿着正确道路推进。改革开放以来我们取得一切成绩和进步的根本原因，归结起来就是开辟了中国特色社会主义道路，形成了中国特色社会主义理论体系，确立了中国特色社会主义制度。全面深化改革，必须坚定中国特色社会主义道路自信、理论自信、制度自信和文化自信，以更大的政治勇气和智慧，冲破思想观念上的障碍，突破利益固化的藩篱，推动中国特色社会主义制度的自我完善和发展。在坚持中国特色社会主义道路的前提下，坚定不移地推进经济体制、政治体制、文化体制、社会体制、生态文明体制和党的建设制度改革，促进现代化建设各个环节、各个方面相协调，发挥经济体制改革牵引作用，推动生产关系同生产力、上层建筑同经济基础相适应，推动经济社会持续健康发展。

改革开放是前无古人的崭新事业，必须坚持正确的方法论，在不断实

引　言　改革开放、广东经验与中国道路

践探索中推进。40年的改革开放就是不断摸石头、找规律的过程。我国是一个大国，重大改革不能出现根本性失误，一旦出现就无可挽回、无法弥补，所以改革必须试点先行，在实践中摸规律；同时，要继续推进重点领域和关键环节改革。我国国情复杂，地区差异大，经济社会发展具有多层次特征，这就要根据各地实际进行各具特色、富有成效的探索和实践，不断探索路径、积累经验，把改革开放不断引向深入。

改革开放是一个系统工程，必须坚持全面改革，在各项改革的协同配合中推进。改革开放作为一场深刻而全面的社会变革，各方面相互联系、相互影响，必须整体推进才能防止顾此失彼。回顾40年来的改革历程，无论是家庭联产承包责任制启动农村改革，还是扩大国有企业自主权推动城市改革，再到以简政放权为重点改革行政体制，都是循着从局部到全局、从重点到整体的路径推进的。比如，我们现在推进城镇化，城镇化需要土地、户籍、公共服务等各项改革配套齐动，收入分配需要财税、国企、资源等领域的改革，很难单方面推进。因此，全面深化改革必须更加注重各项改革的相互促进、良性互动和协同配合。

稳定是改革发展的前提，必须坚持改革、发展、稳定的统一。历史反复证明，在我们这样一个大国，没有稳定的社会环境，改革和发展就难以推进。过去40年，我们之所以能够有序地推进改革、实现经济社会快速发展，就是因为牢牢把握了稳定这个前提。当前，我国经济体制深刻变革、社会结构深刻变动、利益格局深刻调整、思想观念深刻变化，在给我国发展进步带来巨大活力的同时，也使各种社会矛盾愈发凸显，保持社会稳定显得尤为重要。正确处理改革、发展、稳定的关系，必须坚持把改革力度、发展速度和社会可承受程度统一起来，把改善人民生活作为处理三者关系的结合点，从人民利益出发谋划和推进改革，从群众最期盼、最关切的领域改起，谋民生之利、解民生之忧，满足人民群众过上更好生活的新期待。处理好改革发展稳定的关系，我们就能总揽全局，保证经济社会持续健康发展。

改革开放是亿万人民自己的事业，必须坚持尊重人民的首创精神，坚持在党的领导下推进。过去40年，很多改革成果都是由基层创造出来的。改革开放在认识和实践上的每一次突破和发展，改革开放中每一个新生事物的产生和发展，改革开放每一个方面经验的创造和积累，都是来自亿万人民的实践和智慧。进入全面深化改革新阶段，我们面临的矛盾日益复杂，全面深化改革必须加强和改善党的领导，必须保持党同人民群众的血肉联系，充分反映人民群众的意愿和利益诉求，充分体现人民群众的创新实践，充分汇聚人民群众的智慧，并使改革的成果最大限度地惠及亿万人民群众。

实践发展永无止境，解放思想永无止境，改革开放也永无止境，停顿和倒退没有出路。改革开放只有进行时，没有完成时。在未来深化改革、扩大开放的历史征程中，广东面临的发展机遇和风险挑战前所未有，尤需用好改革开放这"关键一招"，把中国特色社会主义伟大事业继续推向前进。

第一章　历史回眸：广东改革开放40年伟大成就

一、增长的奇迹：见证广东改革开放40年

（一）经济保持多年快速增长，整体结构不断优化

广东改革开放40年来，在经济上最为瞩目的成就当数实现了从经济比较落后的农业省向全国第一经济大省的历史跨越，实现了从计划经济体制向社会主义市场经济体制的历史性转变。

在经济规模方面，全省GDP总量从1978年的185.85亿元（占全国5.1%）增加到了2017年的89 879.23亿元（占全国10.9%），增长了约482倍，1989年以来总量连续29年稳居全国首位。从1998年开始，广东经济总量先后超过了亚洲"四小龙"中的新加坡以及中国香港、台湾地区，若将广东作为一个地区与国际上其他地区进行比较，2017年广东的经济总量居全球第十五位。（表1-1）从人均GDP来看，1978年广东人均GDP仅为370元，甚至低于全国平均水平（385元）；但到了2017年，这一数据已达到81 089元，约为1978年的217倍，是全国平均水平的1.34倍。改革开放以来，广东对全国经济发挥着重要的贡献和支撑作用。截至2017年，广东对全国经济增长贡献率超过10%，全省经济总量超过全国的1/10，财政总收入约占全国的1/15，外贸进出口总值约占全国的1/4，是名副其实的全国第一经济大省。

表1-1　1992—2017年广东与亚洲"四小龙"GDP对比

单位：亿美元

地区	1992年	1997年	1998年	2002年	2003年	2007年	2012年	2017年
中国广东	444	938	1 030	1 631	1 914	4 179	9 040	12 908
韩国	3 382	5 322	3 575	5 759	6 438	10 492	11 295	15 458
新加坡	520	993	850	906	960	1 779	2 765	3 239
中国香港	1 056	1 790	1 694	1 663	1 614	2 116	2 633	3 416
中国台湾	2 199	2 987	2 751	3 011	3 108	3 931	4 741	5 730

注：①广东GDP1998年超新加坡、2003年超香港地区、2007年超台湾地区。
②由于版面篇幅所限，表中仅根据需要列出关键年份的数据。下表（图）同，不再标注。
资料来源：课题组根据广东统计信息网整理与补充。

在增长速度方面，"快"和"稳"两字最能体现广东的特点。1978—2016年，广东GDP平均增速为12.3%，比全国GDP平均增速9.3%高3%。与同处沿海地区的苏、浙、鲁三省相比，20世纪80年代前中期，浙江经济增速曾处于领先地位；但从20世纪80年代后期至90年代中期，广东经济增速追赶并反超浙江。以2008年全球金融危机为拐点，粤、苏、浙、鲁经济增速集体放缓，此后便进入并驾齐驱的态势。（图1-1、图1-2）

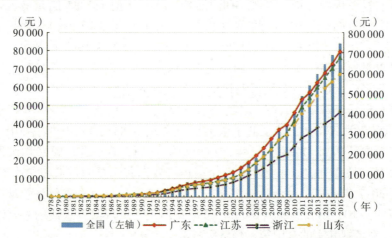

图1-1　1978—2016年粤、苏、浙、鲁及全国GDP总量变动趋势

资料来源：国家统计局编《中国统计年鉴》（1979—2017年），中国统计出版社1979—2017年版。

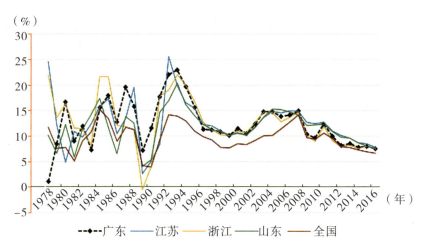

图1-2 1978—2016年粤、苏、浙、鲁及全国GDP增速

资料来源：国家统计局编《中国统计年鉴》（1979—2017年），中国统计出版社1979—2017年版。

在经济结构方面，广东由原来的"二三一"结构转化为"三二一"结构，服务业主导经济增长的特征更加明显。1978年，广东省三次产业结构分别为29.8∶46.6∶23.6，2017年则将其调整为4.2∶43.0∶52.8。这40年中，广东第一产业比重出现两次重要转折。第一次是在2000年，当年广东第一产业占GDP的比重减少到10%以内（9.2%）；第二次是在2010年，当年广东第一产业占GDP的比重减少到5%。同时，随着改革红利的不断累积，创新驱动成为经济主旋律，生产性服务、科技服务、健康服务、电子商务等新兴业态不断兴起，广东第三产业的比重呈逐步提升态势，第三产业占广东GDP的比重于1998年突破40%。此后，该比重一直在40%以上稳步增加。2013年，第三产业占广东GDP的比重为47.8%，首次超过第二产业；2015年，第三产业的比重首次超过50%；2017年，第三产业占比提升到53.6%。服务业在国民经济中的地位不断上升并成为广东经济第一大产业。

（二）对外开放水平不断提高，国际市场不断拓展

对外开放是广东最大的优势，是推动改革进程的重要动力。改革开放40年来，广东始终坚持对内、对外开放，以开放促改革、促发展。改革

开放初期,广东灵活运用中央给予的对外开放先行先试的优惠政策,发挥毗邻港澳的人缘、地缘和区位优势,以经济特区为载体,大力发展外向型经济,与香港形成了"前店后厂"的地域分工模式;同时,创造性地提出了外引内联策略,引进国内外先进技术、生产设备和国(境)外资金,搭建招商引资平台,逐步建立起以外向为主导的经济发展模式。20 世纪 90 年代以来,广东更加注重对外经济合作领域扩大提升和优化外贸结构,对外经济贸易(简称"经贸")不仅在总量上继续支撑全国,而且在结构和模式上也发生了翻天覆地的变化。2001 年中国加入世界贸易组织(简称"WTO")后,面对发达国家先进生产和发展中国家低要素成本生产的双重挤压,广东更加迫切地引进和提升产业技术、创新外贸发展方式,大力发展资本密集型和技术密集型产业。在全球贸易近年来持续低迷的背景下,广东在中国对外开放格局中的地位不仅没有削弱,反而进一步增强,国际市场份额逆势上升。党的十八大以来,广东在新一轮对外开放中的门户枢纽地位进一步增强。从贸易到投资,从"引进来"到"走出去",从建设自贸试验区和粤港澳大湾区到构建稳定、公平、透明和可预期的营商环境,广东对外开放的广度和深度不断拓展,正在逐步构建高水平对外开放新格局。

1. 对外贸易规模长期居全国首位

1978 年,广东进出口总额仅为 15.92 亿美元,2017 年已经达到 9 809.59 亿美元,是 1978 年的约 600 倍,年平均增长率达到 17.9%。进出口总额占全国的比重在 1978 年为 7.71%,之后一直上升,到 20 世纪 90 年代中期的最高峰曾经达到 40% 以上,到 2017 年仍然高达 24.5%,已经连续 31 年居全国进出口总额首位。外向型经济的形成导致广东的外贸依存度长期保持较高的水平。1978 年,广东的外贸依存度仅为 13.81%;此后逐年快速上升,到 2006 年达到历史最高的 184%;之后逐渐回落,2017 年广东外贸依存度仍然高达 75.83%。

此外,广东还在外商直接投资、跨境电商等多个指标上保持全国第一。截至 2017 年 9 月份,广东实际吸收外资累计 4 193 亿美元;2017 年,广东纳入统计的跨境电子商务进出口达 441.9 亿元。两者均居全国首位。

2. 出口商品结构优化

改革开放以来,随着广东工业化进程的推进,广东出口商品的结构变化大致可划分为两个阶段。第一个阶段是 20 世纪 80 年代,以轻纺产品为代表的工业制成品大量出口。20世纪80年代初到90年代初，轻纺产品在广东出口商品中所占比重一直保持在60%多的高水平。第二个阶段是进入20世纪90年代后，第二产业开始转型升级，出口商品结构逐步改善，开始向深加工、高技术含量和高附加值产品转化。其中，以机电产品的增长最为迅速。1990年，机电产品出口仅为63.86亿美元，到2017年高达4 201亿美元，约为1990年的64倍，年均增长11.27%。机电产品出口占总出口的比重从1990年的11.78%增长到2017年的67.8%。

（三）民生保障水平稳步提升，社会治理逐渐完善

党的十一届三中全会以来，我国妥善处理了改革、发展和稳定的关系，以渐进式改革稳步推进社会民生建设。广东作为全国最大的劳务输入省，无论是人口密集程度还是社会保障人员数量均居全国前列，加强社会民生建设，做好社会保障工作，意义十分重大。40年来，广东经济发展速度一直在年均12%左右的高位持续运行，创造了辉煌的经济成就，在良好的经济形势下，政府有能力把越来越多的"真金白银"投入到与人民生活息息相关的交通、教育、医疗以及社会保障等领域。全省大多数贫困地区、偏远地区人民的生活状况得到改善，城乡居民生活水平实现了从贫困到温饱再到总体小康和全面小康的历史性跨越。

1. 居民收入持续提升，改革"红利"惠及广大人民

城镇居民人均可支配收入和农村居民人均纯收入是衡量居民生活质量水平的重要因素，也是考量家庭购买能力的重要方面。40年来，广东人均可支配收入由1978年的412元提升至2017年的33 003元（当年价），近40年间增长了10.5倍（以不变价格计）。人均消费支出由1978年的400元提升至2017年的24 819元（当年价），近40年间增长了8.2倍（以不变价格计）。从全国来看，20世纪90年代以来，广东省城镇居民人均可支配收入和农村居民人均纯收入均高于全国平均水平，两项指标都保持在全国水平的1.5倍左右。2017年，广东居民恩格尔系数为33.51%，比1978年的66.6%降低了33.09%，恩格尔系数已进入联合国粮农组织划定的富裕区。人民生活质量逐步提升。2017年，城镇人均住房使用面积由1978年的5.47平方米增长至33.09平方米，增长了5倍多；农村人均生活用房使用面积由8.73平方米增长至45.27平方米，是1978年的5倍之多。

2. 社会保障体系逐步建立健全

统筹城乡发展步伐加快，新型农村社会养老保险与城镇居民养老保险、新型农村合作医疗与城镇居民医疗保险率先并轨，职工养老保险与城乡居民养老保险实现制度间顺畅衔接，省内流动人员医疗保险关系实现无障碍转移接续。城乡居民普通门诊统筹和大病保险制度全面建立，生育保险待遇项目逐步规范统一。2017年年末，参加城乡基本养老、失业保险、城乡基本医疗、工伤保险和生育保险人数分别达到8 462.03、3 163.67、10 365.07、3 402.03和3 300.89万人。覆盖省、市、县、镇、村的社会保障公共服务组织体系和服务网络全面建成，社会保险信息系统网络覆盖率达93.5%，底线民生信息化核对管理系统初步建立。省、市、县全面建立救助申请家庭经济状况核对机制，基本实现医疗救助即时结算和医疗保险省内异地就医直接结算。

3. 教育卫生事业全面进步

居民受教育程度不断提高，2017年，学龄儿童入学率达到100%，高中毛入学率达到96.48%，高等教育毛入学率达到38.71%，每万人中普通高校在校人数达到175人。医疗卫生条件不断改善，医院及卫生院床位数达到45.30万张，是1978年的5.2倍；卫生技术人员数达到70.99万人，是1978年的5.6倍。

（四）文化改革不断深化，文化产业跨越式增长

改革开放40年来，广东历届省委、省政府团结带领全省人民高举中国特色社会主义伟大旗帜，解放思想、实事求是、与时俱进、开拓创新，坚持社会主义物质文明和精神文明两手抓、两手硬，探索中国特色社会主义文化发展与繁荣，推进广东从"文化大省"到"文化强省"的新跨越，广东呈现出从文化自觉到文化自信再到文化自强的发展轨迹。①

1. 文化产业规模快速增长

改革开放以来，广东文化产业经历了从无到有、从萌动到快速发展的历程。20世纪80年代，广东最早将文化与商业结合，开启文化"市场"之门，演艺娱乐和文化消费多向拓展，新闻出版业紧贴时代变革、探索经

---

① 参见云杉《文化自觉　文化自信　文化自强——对繁荣发展中国特色社会主义文化的思考》（上、中、下），载《红旗文稿》2010年第15、16、17期。

营规律，广播影视业推陈出新、激荡发展潮声，丰富多样的文化产品、文化服务浸润到人们的日常生活中。全省文化产业快速发展，整体实力和竞争力持续提升，占全省 GDP 的比重不断增加，多项数据领跑全国。2003年以来，广东文化产业增加值年均增长 14.6%，文化产业单位数、从业人员数、营业收入、总资产分别占全国的 12.45%、17.8%、34.55% 和 23.27%。2016 年，广东文化及相关产业增加值 4 256.63 亿元，同比增长 16.67%，占全省 GDP 的比重上升到 5.26%，约占全国文化产业总量的 1/7，居全国各省（自治区、直辖市）首位。广东文化产业增加值已连续 14 年排全国第一。经过 40 年的发展，文化产业已成为广东国民经济重要支柱性产业。

2. 发展格局逐渐成形

广州、深圳发挥中心城市的引领辐射作用，着力打造"创意之城""设计之都"，突出发展了一批优势创意文化产业，建设了一批空间集聚、竞争力强的产业集群和园区。珠三角其余各市集中发展创意设计、印刷复制等区域优势文化产业。粤东西北地区积极发展文化旅游、演艺娱乐等区域特色文化产业。全省以珠三角为龙头，粤东西北优势互补、错位发展的格局基本形成。

3. 文化"走出去"初见成效

广东文化产业的快速发展也带动了文化产品的出口。经过 40 年的发展，广东已经成为我国主要的文化产品制造和出口基地。2016 年，广东文化产品进出口额达 437.9 亿美元，其中出口额 418.1 亿美元，居我国各省份榜首，实现贸易顺差 398.3 亿美元。广东全省形成了较为完备的文化出口体系，出口覆盖 160 多个国家和地区，在出版、动漫游戏、创意设计、文化设备制造等领域培育了一批具有国际竞争力的重点出口企业和品牌。其中，仅游戏业出口营收就达 176 亿元，出口的国家和地区 100 多个。全省入选国家 2015—2016 年度《文化出口重点企业目录》的文化企业 43 家，占全国总数的 12%，居全国前列。

4. 文化新业态发展迅速

2016 年，广东数字出版总产值 1 800 亿元，总量位居全国第一。动漫业总产值 400 亿元，占全国的 1/3，形成了集研发、生产、销售"一条龙"服务的产业群。网络音乐总产值约占全国的 1/2，是领跑全国的"火车头"。游戏业总收入 1 345 亿元，占全国总量的 73.4%，占亚太地区的

37.5%，占全球总营收的17.5%。广东还是国内最大的游艺游戏设备生产和演艺设备制造基地，产值占全国的4/5以上。同时，广东发挥互联网大省优势，互联网文化产业发展迅猛。建设了一批大数据、云服务平台，涌现出腾讯、网易、金山、UC、扎客等行业巨头，全国App总榜安装量前三名（微信、QQ、酷狗音乐）均为广东企业。仅酷狗音乐就拥有5.5亿用户和30亿移动客户端、30亿PC端安装量。UC浏览器在全球拥有超过4亿用户，下载量突破20亿次，月页面访问量超2 000亿次，均位列全球第一。同时，物联网、可穿戴智能设备、虚拟现实和增强现实、人工智能等技术也崭露头角。

（五）生态文明建设实现跨越，绿色发展格局逐渐形成

我们要建设的现代化是人与自然和谐共生的现代化。建设生态文明必须以对人民群众、对子孙后代高度负责的态度，全力整治环境污染、保护生态环境，使南粤大地天蓝水碧、万木葱茏。改革开放40年来，广东以正确处理人与自然关系为核心，以解决生态环境领域突出问题为导向，协同推进新型工业化、信息化、城镇化、农业现代化和绿色化，推动形成人与自然和谐发展的现代化建设新格局。

首先，改革开放以来，广东经济福利创造总体上大于环境损害。过去40年，广东主要污染物排放增长速度远低于人均GDP的增长速度。例如，1985—2015年，广东人均GDP增长20.2倍，而废水排放总量、生活污水排放总量、二氧化硫排放总量、工业废水排放总量和工业废气排放总量分别增长了4.43倍、10.4倍、2.33倍、1.21倍、17.3倍，除了工业废气之外，其余污染物总量排放均大幅低于人均GDP增长速度。另外，2006年以来，全省二氧化硫、氮氧化物、氨氮排放和化学需氧量均呈现明显的下降趋势。

其次，广东能源利用效率的提升有效减缓了发展给生态环境带来的冲击。广东是典型的资源能源约束较为严重的省份，但10多年来，广东通过淘汰落后产能，系统推进节能改造项目，促进了全省资源能源使用效率的不断提升，以效率提升来弥补资源总量不足的劣势。从纵向上看，广东能源消费总量和能源强度变化呈现"X"形走势，即随着能源消费总量的不断提升，广东能源消费强度呈现了不断下降的态势。"十二五"时期，广东终端能源消费总量累积上升了19.5%，而万元GDP能耗累积降低了

23%。从横向上看,广东能源使用效率也处于全国先进水平,2015年广东万元GDP能耗较全国平均水平低33%;与相同经济发展水平的省市相比,分别较天津、上海、山东、江苏、浙江、福建低12.8%、5.4%、23.4%、9.6%、9.6%和18.1%。在水资源利用方面,广东通过淘汰高耗水、低产值企业,不断推广应用节水新技术,建立节水型社会等措施,有效促进了全省水资源利用效率的提升。全省用水总量自2010年以后得到有效遏制,总体上呈现下降趋势。2015年,单位GDP水耗达到61吨/万元,单位工业增加值水耗达到37吨/万元。2015年广东水资源消耗强度为全国整体水平的67%。

再次,广东能源消费结构逐步清洁化,为生态文明建设提供了强大的绿色动力。从一次能源消费来看,原煤消费占比从1990年开始呈现持续降低的态势,由1990年的56.5%下降至2017年的39.5%,降幅达到了17%;原煤在终端能源消费中的比重也呈现大幅降低的态势,由1990年的33.6%降低至2017年的8.1%,降幅达到了25.5%;原油消费占比从1990年开始呈现持续降低的态势,由1990年的56.5%下降至2017年的39.5%,降幅达到了17%。与此同时,天然气、电力等清洁能源使用占比逐步提升,天然气使用量从2006年开始逐步提升,到2017年占比达到了8.4%;电力及其他能源消费占比从1990年的不足10%攀升到了2017年的26.2%;在终端能源消费中,电力占比也从1990年的33%上升至54.5%。这说明煤炭等非清洁能源在广东省终端消费中的比重逐年下降,清洁能源在消费中的比重逐步提高,为广东绿色发展提供了强大动力。

最后,广东优质生态产品供给水平不断提升,"广东蓝"享誉全国。"十二五"全省节能减排任务全面超额完成,单位GDP化学需氧量、氨氮排放量、二氧化硫排放量和氮氧化物排放量分别下降44.7%、43.5%、46.3%和49.9%。2016年,广东空气质量连续3年全面达标。全省空气质量优良天数(达标天数)比例达到92.7%,全省平均灰霾天数降至1989年以来最少,全省细颗粒物的年均浓度为32微克/立方米,实现连续3年下降;珠三角地区空气质量继续在三大重点防控区中保持"标杆"水平,细颗粒物的年均浓度为32微克/立方米,比上年下降8.6%。2016年,全省地级城市供水饮用水源水质达标率为98.7%,县级饮用水源水质达标率为97.5%,全省71个国考地表水断面水质优良率为80.3%。2013—2016年,万元国内生产总值能耗累计下降16.4%,万元国内生产总值用水量累计下降25.8%。

（六）城镇体系基本成形，空间格局不断优化

城镇是改革开放事业推进的主要空间载体。40年来，随着改革开放的不断深入，广东的城镇发展变化日新月异，已经初步形成了较为稳定的城镇规模体系，空间发展格局呈现不断优化的趋势。1977年，广东省只有广州、佛山、江门、肇庆、惠州、汕头、湛江、茂名、韶关等9个城市和120个镇，城镇化水平为16.8%（按城镇人口占比算），比全国平均水平还低0.8%，这是改革开放前夕广东城镇化发展的历史基础。到了2017年，城镇化水平已达69.85%，比全国平均水平58.52%高出11.33%，在全国省（自治区）排名第一，仅次于京、津、沪三个直辖市。40年来，伴随着快速的城镇化进程，广东的城市数量也有了较大的变化，大概可以分成三个阶段：1978—1990年为缓慢增长阶段，1991—2000年为加速增长阶段，2001年至今为保持稳定阶段。城市数量由1978年的11个增长到2017年的41个（21个地级市和20个县级市），镇的数量也由1978年的121个增加到2017年的1 126个，逐渐形成大中小城市与小城镇协调发展的城镇体系。其中，广州和深圳常住人口超过1 000万，成为引领区域发展的超大城市。（表1-2）

表1-2 广东省2017年城市（镇）人口规模等级结构（按常住人口计算）

人口规模（万人）	城市（镇）数量（个）	城市（镇）名称			
		珠江三角洲地区	粤东沿海地区	粤西沿海地区	北部山区
>1 000	2	广州市、深圳市			
600～1 000	5	东莞市、佛山市	揭阳市	湛江市、茂名市	
300～600	9	江门市、惠州市、中山市、肇庆市	汕头市、汕尾市		梅州市、河源市、清远市
100～300	14	珠海市、博罗县	潮州市、饶平县、陆丰市、普宁市	化州市、高州市、雷州市、廉江市	韶关市、云浮市、南雄市、五华县

第一章 历史回眸：广东改革开放40年伟大成就

(续表1-2)

人口规模（万人）	城市（镇）数量（个）	城市（镇）名称			
		珠江三角洲地区	粤东沿海地区	粤西沿海地区	北部山区
50～100	20	恩平市、鹤山市、开平市、怀集县、惠东县、台山市、惠来县	徐闻县、海丰县、揭西县	阳春市、吴川市、信宜市	紫金县、龙川县、连平县、罗定市、东源县、英德市、兴宁市
<50	26	龙门县、德庆县、封开县、广宁县、新兴县、四会市	南澳县、陆河县	阳西县、遂溪县	连山县、连南县、始兴县、仁化县、翁源县、蕉岭县、新丰县、平远县、佛冈县、乐昌市、阳山县、连州市、大埔县、和平县、郁南县、丰顺县

数据来源：课题组根据各市2018年统计年鉴整理得出。

从空间发展格局来看，广东已由改革开放初期的体系松散阶段发展到趋向集中的城市群发展阶段。目前，省域城镇发展格局与经济格局呈现相同的"核心-边缘"非均衡的空间分布格局。珠三角地区最为发达，城镇规模大、人口密度高、城镇化水平最高，已形成世界级城市群地域形态，而东西两翼和粤北地区在经济发展、城镇规模和城镇化水平方面与珠三角地区还存在一定差距。进入21世纪以后，广东推出一系列的举措，积极促进省域空间协调发展。例如"大珠江三角洲"与"泛珠江三角洲"、"产业转移"和"劳动力转移"（即"双转移"）、"振兴粤东西北""三大抓手"等发展战略。如今，"振兴粤东西北"战略初现成果，交通区位条件明显改善，粤东、粤西和粤北城市群逐步发育，汕头、揭阳、韶关、茂名、湛江等城市辐射带动能力进一步加强。随着各城市日益密集的人流、物流、资金流、信息流的交换，全省空间结构逐步由"双中心"向多中

心、网络化转变,区域不平衡的局面进一步缩小。(图1-3)

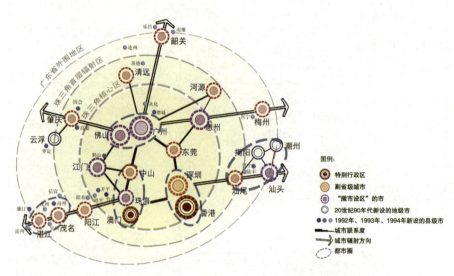

图1-3 广东省域"多中心-网络化"的城镇空间格局示意

资料来源:课题组自绘。

二、广东改革开放40年实践历程

回首广东改革开放走过的波澜壮阔的40年,在改革开放初期"先行一步"过程中"摸着石头过河",到20世纪90年代中后期在融入经济全球化过程中不断学习总结发达国家和地区的先进经验,再到现在在发展模式转型和构建对外开放新格局中"走在前列",广东一直是中国特色社会主义现代化建设道路的探路者和实践者。广东这40年"中国道路"的实践大致可以分为三个阶段。

第一个阶段是1978—1992年。这一阶段面临的核心问题是突破计划经济体制的束缚,解放和发展生产力。在中央政策的大力支持下,广东先行一步,以解放思想引领改革开放,坚持开放与改革互相推动,率先在经济发展和社会主义市场经济体制建设上"杀出一条血路",为我国其他地区的改革开放提供了先进经验和样本示范。

第二个阶段是1992—2012年。这一阶段面临的核心问题是建立和完

第一章 历史回眸：广东改革开放 40 年伟大成就

善社会主义市场经济体制，扩大开放，全面融入经济全球化。在经济全球化的大浪潮下，面对日益复杂的全球经济形势，初步建立的社会市场经济体制出现诸多问题和不适应。面对这些问题，广东率先针对市场经济体制的关键环节，比如企业管理制度、产权制度、财税体制等开启改革，为完善我国社会主义市场经济体制创造了成功经验，为更好地融入经济全球化、参与全球产业竞争和分工创造了有利条件。

第三个阶段是 2012—2018 年。这一阶段面临的核心问题是发展模式转型和全面协调可持续发展，从"引进来"转为"走出去"，构建对外开放新格局。改革开放以来，广东先行一步，也先于全国面临经济转型升级和改革进入"深水区"的挑战。面对这些挑战，广东坚持贯彻党的十八大和十八届三中全会的会议精神，以习近平中国特色社会主义思想为指引，坚持解放思想，深化改革开放，积极转变政府职能，深化行政体制改革，在供给侧结构性改革、创新驱动战略实施、推动区域全面协调可持续发展和构建对外开放新格局方面勇于探索，取得了积极的成果，在开启全面改革开放新征程上继续走在全国前列。

（一）突破计划经济体制的束缚（1978—1992 年）

1978 年，党的十一届三中全会提出把全党的工作重点转移到社会主义现代化建设上来。改革开放的首要任务是发展经济，解决民生需求和经济发展水平之间的矛盾。广东毗邻香港地区，华侨众多，计划经济包袱轻，就自然而然成为中央"先行一步"战略的首选。在中央政策的有力支持下，广东从解放思想起步，"摸着石头过河"，通过建设特区，率先开放，不断推进各项经济体制改革，终于打破计划经济体制的束缚，借助全球产业转移的浪潮融入全球生产网络，开启了快速工业化进程。

1. 解放思想，转变价值观念

党的十一届三中全会召开以后，经济发展和社会主义现代化建设成为当时党和国家工作的重心，这已经在党内和社会各界达成共识，但"文化大革命"时期和计划经济体制时代陈旧和不合时宜的思想观念仍然存在。粉碎"四人帮"以后，1977 年 2 月 7 日的两报一刊社论《学好文件抓住纲》提出的"两个凡是"表述，继续维护"文化大革命"的"左"倾错误，引发了全党范围内关于真理标准的大讨论。1978 年 5 月 11 日《光明日报》发表的《实践是检验真理的唯一标准》一文从理论上否定了"两个凡是"的错误方针,得到了邓小平同志的肯定和支持。党的十一届三中全会对真理标准的讨论做出高度评价,向全党和全国人民提出,要解放思想,努力钻研新情况、新事物、新问题,坚持实事求是,一切从实际出发。

面对改革开放的新征程,首要的就是要解放思想,转变决策者和广大群众的价值观念,突破陈旧思想的束缚。在这一点上,广东走在了全国前面,起了重要的示范作用。在全国关于真理标准的讨论出现以后,时任中共广东省委书记的习仲勋多次组织召开会议,就真理标准展开讨论。党的十一届三中全会召开以后,1979年1月,中共广东省委在广州召开第四届第二次常委扩大会议,贯彻学习中央工作会议和党的十一届三中全会精神。习仲勋同志指出,要充分解放思想,坚持实事求是,要敢于突破"两个凡是"的禁区;坚持实践是检验真理的唯一标准,就是要看我们的言论和行动结果是否有利于生产的发展,是否有利于人民生活的改善,是否有利于实现四个现代化。在他的大力推动下,广东各级领导机关和广大群众广泛开展了真理标准的讨论,为改革开放事业的开展奠定了思想基础。

以此为指引,广东在此后的改革开放实践中,始终以务实的态度开展和推进各项工作,坚持发展才是硬道理。面对改革开放过程中出现的各种误解和非议,广东的做法是"只做不说"或者"先做后说",不随意给改革中出现的新生事物贴标签,而坚持用实践和行动说话。特别是在市场经济是姓"资"还是姓"社"的问题上,广东最早在全国做出表率。1984年,中共广东省委提出要围绕推进以市场为取向的改革,做到"八个破除",其中包括破除把发展社会主义商品经济看成"资本主义"的固定观念。① 在民间,广东各级政府对市场经济转型衍生的各项新生事物始终采取包容和理解的态度,推动了一场确立市场经济价值观的思想解放运动,有力地推动了市场经济文化的形成和传播。

2. 创办经济特区,率先对外开放

借鉴香港、台湾地区以及国外一些国家设立出口加工区的成功经验,1979年6月6日,中共广东省委向中央上报《关于发挥广东优越条件,扩大对外贸易,加快经济发展的报告》,提出实现新体制和试办出口特区的

---

① 参见蒋斌、梁桂全主编《敢为人先——广东改革开放30年研究总论》,广东人民出版社2008年版。

请求，得到了中央的支持。同年7月15日，中共中央和国务院批准广东和福建两省实行特殊政策和灵活措施。其主要内容包括：在国家计划指导下，物资、商业实行新的经济体制，适当利用市场的调节；在规划、物价、劳动工资、企业管理和对外经济活动等方面，扩大地方管理权限；试办深圳、珠海、汕头3个出口特区，积极吸收侨资、外资，引进国外先进技术和管理经验。[1] 这一历史文件拉开了广东改革开放和经济特区建设的序幕，吹响了广东"先行一步"的进军号角。

1980—1981年，广东陆续创办了深圳、珠海和汕头3个经济特区。其目的一方面是积极与国际接轨，更好地吸收和利用外资、国外先进技术和管理经验；另一方面是在特区范围内开展面向市场经济的改革与探索，在对外经济活动中实行更开放的政策，以求找到一条经济发展的新路。为了吸引外商直接投资，以深圳为代表的经济特区进行了一系列的向市场经济转型的探索性体制改革，包括土地管理、用工制度、工资制度、基建管理、住房制度、干部制度等，大都取得了良好的效果。深圳经济特区创办4年，GDP超过了深圳经济特区创办前30年的总和，得到了邓小平、胡耀邦等党和国家领导人的高度肯定。此后，深圳又在金融、财政、税收、物价、社会劳动保险等领域积极进行改革探索，积极与国际惯例接轨，均大获成功，并开始在全国推广。可以毫不夸张地说，广东经济特区自创办起就成为我国改革开放的"试验场"和"排头兵"，充分发挥了改革开放"四个窗口"（技术窗口、管理窗口、知识窗口、对外政策窗口）的作用，有效地推动了由计划经济体制向社会主义市场经济体制的转型，带动实现了中国社会经济发展的历史性大跨越。

经济特区的成功带动了广东的对外开放。改革开放初期，以香港为主体的大量资本开始涌入珠三角地区。珠三角廉价的土地和劳动力与香港的资本和全球城市地位相结合，形成了以"三来一补"为主要形式的"前店后厂"的地域分工模式。广东开始被纳入全球生产网络，成为"世界工厂"，为今后的腾飞打下了良好的基础。此后，广东又进一步加快了对外开放的步伐。1984年，在经济特区的基础上，国务院又开放广州、湛江等14个沿海港口城市。1985年，中共中央、国务院开辟珠江三角洲为沿海经济开放区。到20世纪90年代初，广东已发展成为拥有3个经济特

---

[1] 参见广东档案馆编《图说广东改革开放30年》，广东人民出版社2008年版。

区、2个沿海开放城市、4个经济技术开发区、6个高新技术区、近40个经济试验开发区，21个市都实行沿海开放区政策的省份，形成了多层次、多形式、多功能、全方位的对外开放格局。

3. 探路体制改革，孕育市场经济

中央决定广东先行一步以后，广东就不失时机地开始了一系列的面向市场经济的体制改革探索。在农业领域，广东开始在全省范围内全面推行农村家庭联产承包责任制。到1983年5月，全省98%的农户实行联产承包责任制，农民的积极性得到了极大的提高，大大促进了农业的生产力发展，为日后将农村劳动力从农村解放出来奠定了基础。紧接着，广东开始推进物价与流通领域改革，从放开塘鱼价格开始，逐步放开农产品统派品种，到1992年正式取消粮食统购，彻底打破了农产品的统购包销格局，实现了生产资料和生活消费资料的价格市场化。在工业体制改革方面，广东实行了多方面的改革。例如，扩大企业自主权，实行厂长（经理）负责制和任期目标责任制；推行企业承包责任制，用纳税代替上缴利润；推行企业横向联合，组建企业集团；在全国率先进行股份制经济改革，使企业所有权与经营权分离，独立自主经营，增长了企业的凝聚力。在财政体制方面，为提高各市、县、乡镇的积极性，广东省实行核定收支，省对市、市对县、县对乡镇都采取"层层包干"的政策，对财政有赤字的县实行定额补贴，大大调动了各级政府当家理财的积极性。在外贸体制方面，打破外贸部门一家垄断的局面，放权给地方和工厂企业，实施外贸承包经营责任制，层层落实到人，调动了地方和企业的积极性，到1990年出口创汇突破了100亿元大关。在投资领域，为了加快基础设施建设，解决政府财力不足、投资力度有限的问题，广东改革了高度集中的计划投资体制，引入了市场机制，实施"集资办事，有偿使用"的投资体制改革办法，"以路养路""以桥养桥""以电养电""以水养水"等举措开始在全省推广开来，有效地解决了改革开放初期政府财政资金有限、投资渠道不足的问题，推动了广东基础设施建设的大发展。

与此同时，广东开始着手建立与扩展资金、技术、人才和信息等要素市场，为培育市场经济奠定了良好的基础。在金融市场方面，一方面发展和开拓资金市场，大力发展短期资金拆借市场，逐步开拓长期资金市场和外汇调剂市场；另一方面，发展多种金融机构，探索专业银行企业化改革的路子，全省初步形成以国家专业银行为主体、其他金融机构为补充的多层次、多元化的金融体系。在劳动力市场方面，1984 年，国家正式允许农民自带口粮进城，大批农民涌入城市，成为城市发展建设的主力军。广东适时地进行了劳动用工制度改革，开始在企业推行劳动用工合同制。同时，建立劳务市场，培育专业化经营的劳动服务公司。1988 年，广东省政府颁布《广东省劳务市场管理规定》，全省范围的劳动力市场开始逐渐成形。在土地制度方面，1987 年的"国有土地使用权转让制度"改革打开了城市建设市场化的大门；此后，土地有偿使用制度、土地产权制度、土地征用制度、旧城房屋拆迁等一系列与土地相关的制度开始建立并实施，土地市场开始成形并逐渐规范起来。

4. 放权分权并重，催生"珠三角模式"

1979 年，中央确定从 1980 年起对广东实行"划分收支、定额上交、五年不变"的财政大包干体制，旨在通过"放水养鱼"的方针和政策力挺广东在改革开放和经济建设上"杀出一条血路"。广东又在内部实施省对市、市对县、县对乡镇的逐级分权和财政"层层包干"政策。这一决定对此后广东的发展产生了深远影响。它使各级地方政府都享有较大的财政支配权并成为地方经济的主要推动者，培育了多层次的地方利益主体，逐步形成了省级调控"无为而治"，市、县、区、镇各级地方政府主导经济的格局。

分权与财政改革后，地方政府开始成为推动地方经济发展的主体，GDP 导向的考核机制和地方之间的竞争激发了地方发展的紧迫感和积极性。各级地方政府开始像企业家一样经营城市，在兴办企业、招商引资、市场扩展、改善投资环境、基础设施建设等方面相互竞争，催生了日后全国闻名的"珠三角模式"。在珠三角西岸的顺德市（现为佛山市顺德区）、南海市（现为佛山市南海区）等地，市、县、镇等各级政府通过兴办大量的乡镇企业，开启了乡村工业化的进程，带动了区域的快速发展。顺德市、南海市、东莞市和中山市这"广东四小虎"成为全国瞩目的地方经济发展的标杆。

（二）建立健全社会主义市场经济体制（1992—2012 年）

1992 年邓小平南方谈话和党的十四大后，社会主义市场经济体系建设成为这一时期改革开放的主线。1993—2012 年，广东经济保持持续高速增长，国内生产总值平均每年递增 12.4%，综合经济实力大大增强，人民生活水平有了较大提高，广东开始进入新的发展阶段。这一阶段的主要举措是：①建立和完善社会主义市场经济体制，进一步提升市场机制配置资源的效率；②进一步扩大对外开放，全面融入经济全球化，在广东建立具有较强国际竞争力、高效开放的产业经济体系和良好的外向型经济运行机制；③大力发展专业镇和产业集群，从只注重经济发展开始向社会、文化和生态多领域均衡发展转型，开启科学发展之路。

1. 建立和完善社会主义市场经济体制

经过第一阶段10多年由计划经济向社会主义市场经济的转型，我国计划经济体制虽然支离破碎，但是计划经济在一些领域仍然长期存在，社会主义市场经济体制的框架仍然未能有效搭建起来。市场竞争不公平、国企的权责不明和低效率、乡镇企业的产权等一系列问题已经凸显。1993年，党的十四届三中全会发布了《关于建立社会主义市场经济体制若干问题的决定》（简称《决定》），基于当时对社会主义市场经济的认识，设计了社会主义市场经济的基本框架，确立了社会主义市场经济体制改革的各项任务。围绕《决定》，广东省第八届人大第二次全会做出了力争5年内把全省社会主义市场经济体制和基本框架建立起来的目标设定，按照"整体推进，重点突破"的工作部署，着重加快建立现代企业制度，进行国企、乡镇企业、金融市场等领域的改革，形成可复制、可推广的经验和模式。这一阶段实际上是一个建立市场秩序、规范市场行为、建立和维护市场公平竞争的过程，主要以自上而下的改革为主。在这个背景下，广东在产权、国有企业、房地产、金融市场等领域大胆探索，取得了较为突出的成果，很多成功经验和做法在全国范围内得到了广泛推广。

产权制度是市场经济体制的核心与基础。围绕着建立产权清晰、权责明确、政企分开、管理科学的现代企业制度，广东各地大面积地建立现代企业制度的试点，对企业实施战略性改组，加快国有企业的改制，推进国有资产（简称"国资"）管理体制建设，使企业逐步成为市场竞争的主体。1993年8月，中共广东省委决定让顺德试行以企业改革为中心的综合性全面改革。1993年9月，顺德市委、市政府印发了《关于转换企业机制，发展混合型经济的试行办法》，提出了企业改革的28条操作意见；随后，又出台了《关于企业资产评估暂行办法》《社会养老保险暂行规定》等一系列保障措施，保障了企业产权改革的顺利推进。顺德的主要做法包括：①"转让一批、经营一批、发展一批"；②发展股份制和股份合作制等混合所有制企业；③政企、政资分开，政府从企业中全面退出；等等。经过几年的产权改革探索的实施，顺德取得了良好的效果，为广东进一步推进企业产权改革提供了成功经验。除此之外，深圳、广州等地也针对企业产权改革、发展以公有产权为主体的混合型经济组织、推进企业股份制改造、完善公司治理结构等进行了一系列的探索，形成了一系列可复制可推广的成功经验。

在国资管理和国企改革方面，围绕着国资管理、国企经营、国有经济布局等领域，广东各地也开始了一系列的改革探索。深圳提出了建立国家所有、分级管理、分工监督、企业经营的新型国有资产管理运行体系的"深圳模式"，得到了广东省委、省政府的认可并开始在全省范围内推广。1994年5月，广东成立省国有资产管理局，归省财政厅管理。广东省国有资产管理局成立后，开始针对国有资产授权经营和监管体制进行试点改革。经过十几年的探索，逐渐形成了由政府国有资产管理委员会监管、资产经营公司运营、国有企业具体经营，以产权为纽带的三个层次的国有资产管理体制。2000年5月，广东开始对省属1 546户国有企业实施资产重组，最终成立了3个资产运营公司和20个实行国有资产授权经营的大企业集团。

在金融市场和房地产市场改革方面，20世纪80年代以来，投融资体制改革、资金市场形成、外汇经营和保险市场建设等方面已经取得了一定的成绩，但以直接融资为特征的资本与证券市场建设仍然较为滞后。在这种背景下，广东在银行与资金市场管理，外汇、保险与期货市场管理，证券市场的改革与规范管理等领域进行了改革创新，保障了银行、外汇、保险、期货、证券等金融产业的快速发展。在房地产市场领域，广东在土地招拍挂（招标、拍卖、挂牌）制度、住房制度、商品房市场化、保障性住房建设等多个领域进行了改革探索，为形成市场与保障并重的住房市场体系奠定了基础。

2012年5月9日，在广东省第十一次党代会上，中共广东省委书记汪洋指出，经过30多年的探索与完善，社会主义市场经济体制在广东已经基本建立；但同时指出市场化改革不到位、不彻底、不规范，政府职能越位、错位、缺位仍然同时存在，政府职能不完善的问题仍然十分突出，成为经济社会领域诸多矛盾和问题的体制性根源。未来，广东仍然需要坚持社会主义市场经济的改革方向，通过深化改革开放，增创广东发展的体制新优势。

2. 进一步扩大对外开放，全面融入经济全球化

经过最初10多年的对外开放和特区建设，广东从"三来一补"起步，逐渐被纳入了全球生产网络，对外国际贸易规模越来越大，1978—1991年的进出口总额平均年增长率超过30%。然而，随着经济全球化的深入，广东参与全球产业分工的规模和程度仍然远远不够，亟须通过进一步扩大对外开放，全面融入全球化。1992年，邓小平同志视察广东，提出广东要加快改革开放的步伐，力争用20年时间赶上亚洲"四小龙"。在这个背景下，1992年3月12日，省政府办公厅下发《中共广东省委、广东省人民政府关于进一步扩大对外开放若干问题的决定》，指明了广东20世纪90年代扩大开放要实现的目标：在广东建立具有较强国际竞争力、高效、开放的国民经济体系和良好的外向型经济运行机制。1998年，广东又提出了"扩大开放，发展外向型经济"的战略。1999年2月，省政府办公厅印发了《中共广东省委、广东省人民政府关于进一步扩大开放的若干意见》，进一步细化了"外向带动"战略和"走出去"战略。在我国加入世界贸易组织以后，2002年，广东对外开放战略的重点调整为"利用我国加入世界贸易组织的有利时机，在更大范围、更广领域、更高层次上参与国际经济技术的合作与竞争，使经济管理体制逐步与国际规则衔接"。

在上述方针和战略的指导下，广东在进一步扩大对外开放的基础上开展了一系列的工作，为更好地融入经济全球化奠定了良好的基础。

首先，对不同开放层次的区域经济发展战略进行了调整。开放程度较高的特区和以广州为中心的珠三角地区继续发挥优势，大力引进和发展高新技术产业，调整和优化产业结构；将惠州大亚湾、珠海西区和横琴岛、广州南沙作为进一步扩大开放的重点区域；与珠三角相连的东西两翼逐步开放；西江走廊继续积极引进外资，发展外向型生产基地，扩大对外贸易和劳务出口。

其次，进一步加强与港澳地区的经济合作。改革开放以来，以港澳地区为主的外商直接投资成为珠三角地区发展的重要动力。为了吸引港澳地区企业家投资，珠三角各地政府早期在土地、税收等方面出台了一系列的优惠政策。进入21世纪以后，为了适应经济全球化与区域一体化发展的新形势，广东提出要进一步加强与港澳合作的力度。2004年，CEPA的实施使粤港澳之间在取消关税和非关税壁垒、实现服务贸易自由化、促进贸易投资便利化等方面取得重要进展，使粤港澳之间的经济联系更加紧密。2008年以后，粤港澳区域协作进入新的阶段，三地合作已从单一的产业分工协作延伸至科技教育、基础设施、社会民生等多个领域。2008年年底，国家颁布《珠江三角洲地区改革发展规划纲要（2008—2020年）》，将三地紧密合作的相关内容纳入国家战略。2010年4月和2011年3月，《粤港合作框架协议》以及《粤澳合作框架协议》分别签署，进一步完善了粤港澳之间的合作体制机制。

最后，积极推进外经贸体制改革。为了进一步与国际接轨，广东在继续深化外贸经营管理体制方面进行了一定的改革探索：①深化国有外贸企业改革，创新商业模式，通过资产重组和产权制度改革，推动国有外贸企业建立现代企业制度，开展专业化经营，并尝试使产业与资本结合，建立资本平台；②进出口管理由审批制向备案制过渡，将外贸经营主体扩大至个人，消除生产企业和外贸流通企业的差异；③加快下放外贸经营权，鼓励和扶持外向型民营企业；④实施加工贸易联网监管和外经贸运行监测制度，减少监管环节，简化手续，提高监管效率。

3. 大力发展专业镇和产业集群

20世纪70年代以来，随着经济全球化的不断深入，制造业成本不断上升，跨国公司的全球市场扩张需求增大，发达国家劳动密集型产业开始逐渐向发展中国家转移。改革开放以后，广东在土地、劳动力等方面的要素成本优势使其承接了大量来自发达国家和我国香港地区的劳动密集型产业。20世纪80年代，香港投资企业成为进入珠三角地区的第一批外商投资企业（主要以"三来一补"的企业形式为主），转移产业以纺织服装、五金、塑料等劳动密集型产业为主，利用香港的国际贸易窗口，形成"前店后厂"的地域产业分工模式。进入20世纪90年代，一方面，以台湾投资企业为主的消费类电子产业进入珠三角地区，成为珠三角地区第二大外商投资来源。全球产业转移与本地要素成本优势相结合，推动广东适时地参与到国际产业链的分工中，开始成为全球经济不可或缺的"世界工厂"。另一方面，以顺德、南海和中山为代表的珠三角西岸地区通过逆向工程和模仿创新，产生了一大批内生性的制造企业。无论是外来企业还是内生企业，这些企业在空间上都趋向于集聚，从而形成各类专业镇和产业集群。这些专业镇和产业集群产生了巨大的规模效应，降低了企业的经营成本，促进了企业间的技术溢出，大大提升了珠三角企业在全球产业分工中的竞争力。

珠三角的东岸地区从纺织服装、鞋业、五金等劳动密集型产业起步，经过十几年的发展，逐渐形成了以深圳为龙头，包括东莞、惠州在内的电子信息产业集群，主要产品有电视机、电脑、电话机、手机等，最终发展成为全球重要的电子信息产业制造基地之一；在珠三角的西岸地区，包括广州、顺德、南海、中山、江门和珠海，形成了以电器机械、五金、灯具、家具等为主体的内生型产业集群，此后大多发展成为世界性制造基地。其中，顺德号称"全球家电之都"，中山古镇是全球性的灯具制造基地，南海是"世界陶瓷之都"。在这个背景下，广东出台了一系列针对专业镇和产业集群的发展政策和措施，包括研发补贴、流水线改造、固定资产折旧、技术中心建设等，有效地促进了专业镇和产业集群的产业升级和技术积累。这些专业镇和产业集群的发展促进了广东制造业的技术和人才积累，开拓了国际市场，大大提升了广东出口产品的竞争力，进一步稳固了珠三角地区"世界工厂"的地位，为日后广东的产业转型升级奠定了良好的基础。

4. 向全面协调可持续发展转型

改革开放第一阶段的主题是经济建设，解决物资短缺和人民温饱问题。经过十几年的发展，这个目标基本已经达到，我国基本告别了"短缺经济"时代，人民的生活水平普遍有了较大的提升。为了最大限度解放生产力，广东各地普遍采取的是粗放型的发展模式，发展的质量和效益不高。与此同时，随着经济的进一步发展，生产成本提升、土地资源浪费、区域发展不平衡、贫富差距扩大、民生水平不高、生态承载力透支、环境污染等一系列问题开始凸显。在社会、文化、生态等领域，广东长期以来走在全国的前列，但是仍然无法解决日益凸显的社会、文化和生态问题。在中央提出的以人为本、全面协调可持续发展的"科学发展观"的指引下，广东开始由只注重经济发展向经济、社会、文化全面发展转型，由粗放型增长模式向集约型增长模式转型，由忽视生态环境保护向追求绿色可持续发展转变。

在社会民生领域，从2002年起，广东陆续建立起覆盖城乡劳动者的就业政策体系、职业培训体系、社会保障体系和劳动者合法权益保护体系等，在全国范围内率先实行农村最低生活保障制度。2003年，广东开始实施"十项民心工程"，包括全民安居、扩大与促进就业、农民减负增收、教育扶贫、济困助残、外来务工人员合法权益保护、全民安康、治污保洁、农村饮水、城乡防灾减灾,基本上涵盖了当时广东省群众生产生活中存在的突出问题。2007 年,广东省委、省政府又出台了《中共广东省委、广东省人民政府关于解决社会保障若干问题的意见》,分别就被征地农民、无医保保障的城镇居民、困难企业退休人员、企业退休人员、农垦企业退休职工、华侨农场职工等各类群体的社保问题提出了具体的政策措施和解决办法,基本上覆盖了社会保障的各个方面。①

在生态环境领域,面对日益严峻的生态破坏和环境污染问题,广东在"九五"期间就提出要节约保护资源、加强生态建设和保护治理环境。党的十六大,中央正式提出"科学发展观"以后,生态环境问题在广东更加得到重视。2005 年,《广东国民经济和社会发展第十一个五年规划纲要》(简称"广东'十一五'发展规划")提出实施绿色发展战略,走绿色发展之路,促进经济增长方式转变,建立资源节约型社会和环境友好型社会。2005 年 2 月和 2006 年 4 月,广东又分别颁布了《珠江三角洲环境保护规划纲要(2004—2020 年)》和《广东省环境保护规划纲要(2006—2020 年)》,全面迈出了建设绿色广东的步伐。

在区域协调发展方面,随着珠三角的快速发展,对粤东西北形成了"要素虹吸效应",导致广东区域"核心-边缘"结构的形成。为了促进粤东西北地区的发展,减少区域和城乡差距,广东出台了一系列的区域协调发展战略和政策。1996 年,广东发布的《广东省国民经济和社会发展第九个五年计划纲要》(简称"广东'九五'计划")提出要"实施分类指导、层次推进、梯度发展、共同富裕的区域经济发展战略"。2005 年,广东省委、省政府制定发布了《广东省东西两翼地区经济发展规划意见(2005—2010)》以及交通、能源、水利基础设施规划、工业化和城镇化方面的五个专项规划。2008 年起,广东开始实施产业转移和劳动力转移"双转移"战略,推动珠三角劳动密集型产业向粤东西北地区转移,而粤东西北地区的一部分劳动力向当地第二、第三产业转移,另一部分较高素质的劳动力向发达的珠三角地区转移。

---

① 参见蒋斌、梁桂全主编《敢为人先——广东改革开放 30 年研究总论》,广东人民出版社 2008 年版。

(三)全面深化改革,构建开放型经济新体制(2012—2018年)

经过40年的改革开放,广东的经济实力得到了极大的提升,已经成为全球较为富裕的地区。2017年,广东GDP约为8.99万亿元,已经非常接近排名全球第十一的韩国(2016年,韩国GDP换算成人民币为9.45万亿元)。2016年,广东人均GDP超过11 000美元,已经迈过世界银行设定的中高收入国家和地区的门槛。广东作为中国特色社会主义道路的探路者和实践者,从改革开放初期的"摸着石头过河"到现在已经逐渐摸索出中国特色社会主义发展道路的路径与规律。2012年年末,习近平总书记在视察广东时做出了"三个定位、两个率先"的指示,要求广东努力成为发展中国特色社会主义的排头兵、深化改革开放的先行地、探索科学发展的试验区,为率先全面建成小康社会、率先基本实现社会主义现代化而奋斗。2017年4月,习近平总书记又对广东工作做出重要批示,希望广东坚持党的领导、坚持中国特色社会主义、坚持新发展理念、坚持改革开放,为全国推进供给侧结构性改革、实施创新驱动发展战略、构建开放型经济新体制提供支撑,努力在全面建成小康社会、加快建设社会主义现代化新征程上走在前列。2018年10月,习近平总书记亲临广东视察指导并发表重要讲话,对广东提出了深化改革开放、推动高质量发展、提高发展平衡性和协调性、加强党的领导和党建设等方面的工作要求。广东认真贯彻落实习近平总书记重要讲话精神和对广东工作的系列重要批示精神,开启改革开放和社会主义现代化建设的新征程。

1. 简政放权,继续在全面深化改革中走在前列

虽然我国已确立社会主义市场经济体制,但诸多领域的体制改革存在不到位、不彻底的问题,各行各业都开始出现各种各样固化的利益集团,政府与市场、政府与企业、中央与地方的关系仍然没有完全理顺,改革已经进入"攻坚期"和"深水期"。以习近平同志为核心的新一届党中央领导班子执政以来,一直致力于提高政府现代治理能力。简政放权、放管结合、优化服务协同推进,通过行政体制改革助推政府职能转变,逐步厘清三大关系,以激发市场活力和社会创造力。作为改革开放的先行地,广东一直在行政审批体制改革上走在全国前列,1997年深圳率先试点和2012年全省的先行先试都是广东在行政审批制度改革上的探索。党的十八大召

开以后,广东紧密团结在以习近平同志为核心的党中央周围,统筹推进"五位一体"总体布局,协调推进"四个全面"战略布局,把改革创新贯串于经济社会发展各个领域、各个环节,努力增创发展新优势。广东在新时期应势而动,创新思路,攻坚克难,行政审批制度改革这项关系全局的改革取得了扎实成效,提升了政府公共服务能力。

2012年,国务院下发了《国务院关于同意广东省"十二五"时期深化行政审批制度改革先行先试的批复》,允许广东在行政审批制度改革上先行先试。2014年1月,中共广东省委十一届三次全会通过《中共广东省委贯彻落实〈中共中央关于全面深化改革若干重大问题的决定〉的意见》(简称《意见》)。《意见》强调,要深化行政审批制度改革,最大限度地减少政府对微观事务的管理,市场机制能有效调节的经济活动一律取消审批,基层政府管理更为便利有效的审批事项一律下放。继续精简行政审批事项,到2018年减少50%以上。优化审批流程,压减前置审批环节,研究制定行政审批标准化实施办法,建立统一的行政审批信息管理服务平台,向社会公布实施行政审批办事指南和业务手册。经过几年的探索和努力,广东已经初步形成了"一门式、一网式"政务服务模式,省级网上统一申办受理平台和统一身份认证系统已经建成。与此同时,广东陆续取消了多项行政审批事项,并着力推进行政审批事项标准化,进一步提高了行政管理效率。仅2016年,广东就取消了行政审批事项170项,完成了省级1 173项和市级10 017项行政许可事项标准的编制工作。除此之外,广东还在商事登记制度、"互联网+政务服务"、企业投资管理体制、财税金融体制等方面大胆进行了探索,均取得了良好的效果。

通过简政放权和积极转变政府职能,广东的行政管理效率得到了进一步提升,营商环境得到了全面优化,激发了市场动力和活力,再次在全面深化改革中走在全国前列。

2. 构建高水平的对外开放新格局

党的十八大以来,随着综合国力的增强,我国对外开放进入了新阶段,从以往30多年主要"引进来"的阶段开始过渡到"走出去"阶段。为了应对经济全球化和国际贸易格局变化的新趋势,进一步扩大和深入对外开放,我国提出了"一带一路"倡议。在新的历史时期,广东紧紧把握国家推进"一带一路"建设的机遇,以自由贸易区和粤港澳大湾区建设为契机,加强与欧美发达国家和"一带一路"沿线国家与地区的贸易往来和投资合作，进一步融入经济全球化，努力构建高水平的对外开放新格局。

2014年年底，继中国（上海）自由贸易试验区之后，国务院正式成立以南沙、前海和横琴为主体的中国（广东）自由贸易试验区。广东将自贸区建设与"一带一路"倡议紧密结合起来，一方面以南沙、前海、横琴为试验载体深化与港澳的合作；另一方面以"一带一路"沿线国家和地区为重点贸易扩展对象，深度参与"一带一路"沿线国家交通、能源、电信、公共服务等重大基础设施项目建设，打造高水平对外开放门户枢纽。

2012年12月7—12日，习近平总书记视察广东时，就希望广东联手港澳打造更具综合竞争力的世界版城市群。2017年7月1日，在习近平总书记的见证下，香港特别行政区行政长官林郑月娥、澳门特别行政区行政长官崔世安、国家发展和改革委员会（简称"国家发改委"）主任何立峰、广东省省长马兴瑞共同签署了《深化粤港澳合作，推进大湾区建设框架协议》，粤港澳大湾区建设开始进入实质操作阶段。2017年12月，中央经济工作会议首次提出要科学规划粤港澳大湾区建设，标志着粤港澳大湾区建设开始被纳入国家重大区域发展战略。2018年10月，习近平总书记在视察广东重要讲话中指出，要把大湾区建设作为广东改革开放的大机遇、大文章抓紧做实。

除此之外，广东还在推进外经贸转型升级、构建开放型经济新体制方面进行了探索。在对外投资备案制改革、推动加工贸易转型升级、跨境电子商务管理、拓宽国际合作发展空间等多个方面开展了体制机制的改革创新。

3. 实施创新驱动战略，推进供给侧结构性改革

随着经济步入"新常态"，我国开始进入由注重增加"量"向注重提升"质"转变的新阶段，创新驱动取代要素驱动成为经济增长的新引擎。习近平总书记在对广东工作所做的"四个坚持、三个支撑、两个走在前列"重要批示中，希望广东为全国实施创新驱动发展战略提供支撑。作为我国改革开放的先行地和经济大省，党的十八大以来，广东坚定不移地把创新驱动发展作为经济社会发展的核心战略和经济结构调整的总抓手，围绕国家科技产业创新中心的核心定位，推进珠三角国家自主创新示范区的高标准建设，加快形成以创新为主要引领和支撑的经济体系和发展模式，在建设创新生态系统、促进科技创新与产业相衔接、加速创新空间组织的重构、打造开放创新高地等方面进行了积极的先行探索。

（1）大力推进以促进科技创新为导向的创新体制机制改革，构建良好的创新环境。从2011年广东出台国内首部自主创新地方性法规《广东省自主创新促进条例》到2014年广东出台《中共广东省委 广东省人民政府关于全面深化科技体制改革加快创新驱动发展的决定》，再到《广东省人民政府关于加快科技创新的若干政策意见》（简称"粤12条"），强化企业的创新主体地位，极大地激发了社会主体的创新创业热情。

（2）积极打造开放创新空间载体，推动创新资源在空间上的有效集聚。2016年，广东提出以珠三角国家自主创新示范区建设为主体，在全省构建"1+1+7"创新空间格局。2017年，广东进一步提出要以深圳、东莞、广州为主体打造"广深科技创新走廊"，构建"一廊十核多节点"的创新空间格局。

（3）大力推进"科金产""三链融合"，加强金融对创新的支撑作用。广东先后出台了《关于广东金融业促进创新驱动发展的若干意见》《广东金融生态环境建设指导意见》等政策文件，旨在加强金融对创新创业的支撑作用，降低了创新创业的风险。

（4）引进国内外知名创新机构和平台，集聚创新要素和资源。党的十八大以后，广东调整全省科技机构体制和布局，组建了新的广东省科学院，启动7所高水平大学建设，继续深化省部产学研合作，联合中科院创建珠三角国家大科学中心。同时，顺应对外直接投资（FDI）的新趋势，着力引导世界500强企业和全球著名科技创新型企业在粤落地生根，苹果公司等一大批跨国高科技公司纷纷在广东设立研发机构。

在实施创新驱动战略的同时，广东还积极推进供给侧结构性改革，加快实现新旧动能转换。2016年，在中央推进供给侧结构性改革的号召之下，广东率先出台了首个省级供给侧结构性改革总体方案，包括1个总体方案、5个行动计划。其中，行动计划具体包括去产能、去库存、去杠杆、降成本、补短板等5个方面，简称"三去一降一补"。经过一年的实践，供给侧结构性改革取得了令人瞩目的成绩。在去产能方面，压减钢铁落后和过剩产能307万吨，超额完成2016年压减127万吨的目标任务。通过多种方式实现国有关停类"僵尸企业"市场出清2 394户。在降成本方面，广东全力推动7个方面35项政策措施落地，全年帮助企业减负超过2 000亿元。广东在供给侧结构性改革中领先全国，获得了全国政协委员、国务院发展研究中心原副主任刘世锦的充分肯定，并倡议将"广东经验"在全国范围内进行推广。与此同时，广东还坚定不移地推进结构调整和转型升级，初步形成装备、汽车、航空、船舶、电子等产业链齐全的先进制造业体系，新能源汽车、工业机器人、无人机等新兴产业蓬勃发展，2016年入围世界500强的企业已经达到11家。

4. 践行五大发展理念，统筹推进"五位一体"建设

改革开放40年以来，我国逐渐从只注重经济发展转变为着力推动经济社会全面发展，再到现在转变为更加关注人的全面发展升级。党的十八大提出，必须更加自觉地把全面协调可持续作为深入贯彻落实科学发展观的基本要求，全面落实经济建设、政治建设、文化建设、社会建设、生态文明建设"五位一体"总体布局。2015年10月29日，党的十八届五中全会首次提出创新、协调、绿色、开放、共享五大新理念。广东在践行五大理念、统筹推进"五位一体"建设方面开展了一系列卓有成效的工作和探索。

在社会建设方面，党的十八大以来，广东省委、省政府坚持民生优先，不断加大民生投入，围绕百姓最迫切、最直接、最关心的需求出台了一系列改革举措，不断加大就业、物价、收入分配、社会保障、住房等方面的投入，使改革开放的成果更多地惠及人民，取得了丰硕的成果。广东的民生保障投入已经多年位居全国前列，就业保障体系和社会保障体系日趋完善，基本能够覆盖全体城乡居民。教育、医疗等公共服务保障水平大幅度提升，社会治理体系不断完善，平安广东建设不断推进，都实实在在地增加了群众的幸福感。

在文化建设方面，广东全面实施文化强省战略，着力推动文化改革发展。广东文化工作的地位作用凸显，文化发展的成果共享面更广，人民群众的文化生活日益丰富。首先，公共文化设施网络日趋完善。全省建有县级以上公共图书馆145个、文化馆146个、乡镇（街道）综合文化站1 602个、博物馆201个、行政村（社区）文化室37 191个。每万人拥有公共文化设施面积1 281.5平方米，位居全国前列。其次，文化精品创作繁荣发展。开展"广东省青年创作扶持计划"和"中国梦""海上丝绸之路"主题创作计划等，推广委约创作、项目推动等创作组织方式，成功推出一批思想性、艺术性、观赏性俱佳的岭南精品力作，如音乐剧《烽火·冼星海》、民族交响套曲《丝路粤韵》、舞剧《沙湾往事》等。再次，文化市场和产业体系日益完善。动漫、网络游戏、网络音乐、娱乐、演出、艺术品、互联网上网服务等行业市场规模稳居全国前列，发展质量显著提升，文化产业成为广东省重要国民经济支持产业和战略性新兴产业。最后，文化改革创新不断发展。深化文化领域行政审批制度改革，编制权责清单，推行行政审批标准化，网上办事大厅建设不断完善。广东省被评为全国文化体制改革先进地区。

在生态文明建设方面，党的十八大以来，广东在生态保护、环境治理和节能降耗等方面也施行了一系列的政策，取得了良好成效。全省单位地区 GDP 能耗累计下降 16.41%，用年均 3.5% 的能耗增长支撑年均 7.9% 的地区 GDP 增长速度，单位 GDP 能耗一直保持在全国第二低位。2016 年，全省单位 GDP 能耗下降 3.6%。广东能耗水平在全国各省市中居于优中之前列。2017 年上半年，全省单位 GDP 能耗同比下降 3.91%。

在统筹区域城乡发展方面，党的十八大以来，省委、省政府针对区域发展不平衡这个制约广东经济社会发展最大的瓶颈，统筹实施"珠三角优化发展"和"粤东西北振兴发展"战略，有序推进新型城镇化和城乡一体化，推动形成珠三角和粤东西北两大板块协调发展的经济新格局，区域发展差异系数由 2012 年的 0.66 调整为 2016 年的 0.653。随着珠三角发展规划纲要深入实施，2013—2016 年，珠三角地区 GDP 年均增长 8.5%。其中，2016 年 GDP 达 67 841.85 亿元，人均 GDP 达到 11.43 万元。根据世界银行评价标准，2016 年已经达到高收入国家水平。粤东西北地区紧紧抓住交通基础设施建设、产业园区提质增效、中心城区扩容提质"三大抓手"和全面对口帮扶等方面条件，持续推动自身进入振兴发展轨道。目前，粤东西北地区内联外通条件不断改善，交通建设突飞猛进，实现县县通高速，珠三角地区和粤东西北地区产业共建如火如荼。

第二章 经济发展：从"三来一补"到创新驱动

一、改革开放以来广东经济建设历程

（一）第一阶段：先行先试，大胆探索（1978—1992年）

1978—1992年，面对传统计划经济体制方面的巨大阻力，广东以"杀出一条血路"的勇气和担当试办经济特区，以价格改革和打破流通为突破口，率先改革经济管理体制，拉开了改革开放先行一步的序幕。

1. 先行一步，初步探索（1978—1984年）

（1）实行特殊政策和灵活措施。改革开放前，广东经济面临严峻形势。为了加快促使广东经济早日走出困境，广东采取主动姿态，向中央要权，搞活地方经济。时任中共广东省委第一书记习仲勋争取到让中央把广东作为改革的突破口，使扩大地方自主权这一共识从理论探讨变成了可以在广东操作的实际行动。1978年10月，习仲勋同志在中央工作会议中谈到经济管理体制问题，希望中央能给广东更大的支持，同时多给地方处理问题的机动余地。12月18—22日，习仲勋同志列席了具有划时代意义的党的十一届三中全会。1979年1月，中共广东省委召开第四届第二次常委扩大会议，习仲勋同志传达了党的十一届三中全会和中央工作会议精神。他明确指出："我省毗邻港澳，对于搞四个现代化来说，有很有利的条件。我们可以利用外资，引进先进技术设备，搞补偿贸易，搞加工装备，搞合作经营。中央领导同志对此已有明确指示，我们要坚决搞，大胆搞，放手搞，以此来加快我省工农业生产的发展。"1979年4月8日，习仲勋同志

第二章 经济发展：从"三来一补"到创新驱动

在中央工作会议时说："从实际工作来看，我认为现在仍然是权力过于集中，这个问题并没有解决。现在地方感到办事难，没有权，很难办。希望中央给点权，让广东先走一步，放手干。"

1979年4月，中央工作会议上，广东省富有创意的提议得到赞同和支持。会议决定发挥广东毗邻港澳、华侨众多的优势，让广东在改革开放中先走一步。同年7月15日，中共中央、国务院批准广东实行特殊政策和灵活措施。其主要内容有：外汇收入和财政实行定额包干，5年不变的办法；在国家计划指导下，物资、商业实行新的经济体制，适当利用市场调节；在计划、物价、劳动工资、企业管理和对外经济活动等方面，扩大地方管理权限；试办深圳、珠海、汕头3个出口特区。这一历史性文件拉开了广东改革开放和经济特区建设的序幕，吹响了广东"先行一步"的进军号。

为了实施特殊政策和灵活措施，广东不断清除"左"的思想影响，端正经济工作的指导思想。广东广大干部群众紧紧把握解放思想、实事求是这一马列主义、毛泽东思想和邓小平理论的精髓，坚持一切从实际出发，解放思想，更新观念，并以此为先导，不断推动改革开放，促进社会生产力的发展。1981年4月，中共广东省委提出"对外更加开放，对内更加放宽，对下更加放权"。此后，广东省委、省政府围绕"进一步解放思想，大胆改革，更加开放"这个主题，要求各地用足用活中央给予广东的特殊政策和灵活措施。广东大胆实践，不断开拓创新，在全国改革开放中起到了先走一步的探路作用。

（2）成功创办经济特区。

1）广东成为改革突破口。试办经济特区是中共中央、国务院实行改革开放与推进社会主义现代化建设战略部署的组成部分，是建设有中国特色社会主义的一项重要试验。但当时国家苦恼的是寻找改革开放的突破口，通过局部试验，在试验中筛选出对中国实行社会主义制度有价值的东西。广东迫切需要利用这个千载难逢的时机，创造性地提出模仿国外现有的出口加工区，圈出一块地建设贸易合作区。国家欣然接受了这一提议，授权广东先行一步，从外国经验中筛选出对中国有用的东西，探寻到使改革开放促进经济增长的方法和模式。在这个意义上说，选择深圳作为特区试验场其实是一种典型的经济社会成本—收益分析的理性结果，并不是随机选择。① 中央选择广东作为改革的突破口，有其必然性。第一，广东毗邻港澳地区，处于祖国南部，远离政治中心——北京，即使与国外交往造成精神污染，也并不必然造成政治或经济上的混乱。第二，当时广东在全国的经济地位并不太高，无论是重工业还是国家财政收入，广东所占的比重均不高，即使走了弯路也不会有多大风险，波及的范围也不大。第三，广东自古以来都是通往世界的窗口，因此也最有条件试验国外先进技术和管理经验。第四，广东是全国华人华侨较多的省份之一，这些华人华侨与广东群众使用相同的方言，并保持着密切的私人关系，对吸引投资大有裨益，这可能也是最重要的原因。

2）在蛇口建立我国内地第一个出口加工区。1979年1月，中共中央、国务院批准了广东省和交通部的联合报告——《关于我国驻香港招商局在广东宝安建立工业区的报告》。同时，广东省与交通部共同签订了开发经营蛇口工业区的协议。这是我国设立的第一个利用外资成片开发的工业区，蛇口工业区成为中国改革开放的"试验场"。1979年5月，广东省制定了《关于香港招商局蛇口工业区海关边防管理试行办法》。1979年6月，蛇口工业区破土动工，开始兴建。1979年7月，中共中央、国务院决定在深圳、珠海、汕头和厦门试办特区。1979年11月18日，广东省、深圳市、招商局三方签署了《关于经营蛇口工业区的内部协议》，对蛇口工业区的建立目的、范围和经营管理，土地和土地使用费以及税收、职工、工资、外汇管理、电力供应、供水、粮食供应等均做了明确规定。② 1979年7月8日，蛇口轰然响起填海建港的开山炮，被称为改革开放的"第一炮"。作为中国对外开放的第一个窗口，蛇口工业区已被载入史册，并为我国改革开放和创办特区提供了宝贵经验。

3）广东经济特区正式创立。1979年4月，在中央工作会议各组召集人汇报会议上，习仲勋同志提出，允许在毗邻港澳的深圳、珠海以及重要侨乡汕头各划出一块地方，单独进行管理，作为华侨、港澳同胞和外商的投资场所，按照国际市场的需要组织生产，初步定名为"贸易合作区"。

---

① 参见舒元等《广东发展模式——广东经济发展30年》，广东人民出版社2008年版，第40页。

② 参见朱玉《对外开放的第一块"试验田"蛇口工业区的创建》，载《中共党史研究》2009年第1期。

第二章 经济发展：从"三来一补"到创新驱动

邓小平同志对广东富有新意的设想表现出赞许的态度。他说："广东、福建实行特殊政策，利用华侨资金、技术，包括设厂，这样搞不会变成资本主义。"[①] 当谈到配套资金时，邓小平更是直截了当地说："中央没有钱，可以给些政策，你们自己去搞，杀出一条血路来。"[②] 在给贸易合作区命名意见不一时，邓小平深思熟虑后说："还是叫特区好，可以划出一块地方，叫作特区。陕甘宁开始就叫特区嘛！"[③] 1979年7月15日，中共中央、国务院批转广东省委、福建省委的两个报告，即《中共中央、国务院批转广东省委、福建省委关于对外经济活动实行特殊政策和灵活措施的两个报告》。中央和国务院决定，对广东、福建两省的对外经济活动给予更多的自主权，以充分发挥两省的优越条件，扩大对外贸易，抓紧当前有利的国际条件，先走一步，把经济尽快搞上去。原则上同意两省试行在中央统一领导下大包干的经济管理办法，在计划、物资供应、物价政策等方面也实行新的经济体制和灵活政策。同时决定，先在深圳、珠海两市划出部分地区试办出口特区，待取得经验后，再考虑在汕头、厦门设置特区。中央认为，这是一个极为重要的决策，对加速我国的四个现代化建设有重要意义。

4）经济特区的改革试验。中国设立经济特区的目标在于进行史无前例的经济体制改革试验，在特区内实行一系列不同于国内其他地区的特殊政策和管理体制，以求找到一条打破陷入僵化的计划管理体制、尽快把经济搞上去的新路。我们将重点考察深圳这一特区样板在经济体制上的试验。

试验首先从大规模的城市基建开始。在传统基建体制下，要实现通电、通水、通车、通电信异常困难，平整土地亦非易事。深圳"杀出了一条血路"：率先在基建中引入市场机制，开放建筑市场，实行开发性建设；利用银行贷款，运用边投资边收益，再投资以扩大收益的"滚雪球"式的办法解决建设资金问题；允许内地乃至国外设计、施工队伍进入深圳，逐

---

① 中共中央文献研究室：《邓小平年谱 1975—1997》（下），中央文献出版社 2004 年版，第 506 页。
② 中共中央文献研究室：《邓小平年谱 1975—1997》（下），中央文献出版社 2004 年版，第 510 页。
③ 中共中央文献研究室：《邓小平年谱 1975—1997》（下），中央文献出版社 2004 年版，第 510 页。

步开放建筑材料市场，推出了"设计搞评选，施工搞招标"确保工期、造价、质量的工程大包干，实行工资奖金"上不封顶、下不保底"的分配制度，给承包单位极大的自主权，结果在深圳国贸大厦建设中创造了3天建成一层楼的"深圳速度"。深圳基建体制改革的成功为深圳全面引入市场机制开辟了道路。

深圳在招商引资领域广泛开展对外经济合作，大力发展外向型经济。特区的经济体制改革按照与国际市场接轨的方向逐步深入，经历了一个从生产要素市场改革到产品市场改革、从局部改革到全面改革的发展历程。企业招聘及工资制度是深圳引进外资后首先碰到的问题，由于外资企业有一定的经营期限，不适用"铁饭碗"制度，于是制定了合同工制度。企业根据需求自主招工，工人根据自愿原则签订合同。如何取得土地建厂房是外资引进后面临的另一个重要问题。深圳创造性地提出收取土地使用费。在计划经济时代，企业根据国家批准的基建项目向当地政府提出使用土地的请求，并经过与农民协商和政府批准后支付一定的用地费用，取得土地使用权。土地使用费的提出，意味着土地所有权是国家的，使用权是企业的，后来就形成了以土地使用权转让为内容的土地市场。

随着招商引资工作的开展，特区很快面临着外汇管理问题。在特区建设初期，深圳于1985年创造性地成立外汇调剂中心，按照"管住两头，开放中间"的原则进行管理。具体表现为到中心调剂的外汇，一头是看其来源是否正当，另一头是看其用途是否正当，调剂价格可由双方协定。这是全国第一个外汇调剂中心，事实上是一个汇率自由浮动、货币自由兑换的外汇市场。在这样招商引资、对外开放的过程中，深圳到1986年已经初步形成了资金、劳动力、土地、技术、信息等生产要素市场。

深圳在经济管理体制上的改革和创新涉及很多方面。例如，创新融资制度，改革投资管理体制，改革外汇管理体制，改革土地管理和经营模式，建立劳动力市场，改革和建立新的行政官员治理制度，获得地方立法权，完善工资决定和福利分配机制，改革商品定价体制，等等。这些领域的试验对中国其他地区的经济体制改革和开放进程具有重要的参考价值。我们今天在中国经济中观察到的许多新体制和新规范，几乎都能在40年前的深圳找到它们的影子。

（3）农村经济体制改革。农业是国民经济的基础，也是社会主义现代化建设的基础。广东农业经济长期落后，广东遵循中央的战略部署，首先进行的是农业改革,以支持其他领域的改革。

1)全面推行农村家庭联产承包责任制。在1978年之前,广东的农村组织与全国其他地区一样,基本沿袭了20世纪60年代初形成的人民公社管理体制,其特点是"一大二公""政社合一""三级所有,队为基础"。在农业改革进程中,广东在前几步为了缓和人们对国家统购制度的抵触情绪,与许多其他省份一样,以合同取代强制性的定额,给予农民讨价还价的余地。在1978年11月,广东要求推广"三定一奖"(定工、定产、定成本,超额奖励)的生产责任制;1978年年底,中共广东省委进一步提出实行"五定一奖"(定劳动、定地段、定成本、定分工、定产量,超额奖励)的生产责任制。实行生产责任制的生产队,由于强化管理,经济效益增长明显,农民收入明显提高。直到1980年,地方改革者仍不清楚,究竟改革是仅停留在生产组这种形式上,还是可以进一步彻底的非集体化,将生产指标落实到单户家庭。因为联产责任制只能到组,组内依旧存在着平均主义的倾向。然而,在1979年年初,广东部分地区已经悄悄进行了非集体化的改革。惠阳地区紫金县(现属于河源市)就是农业非集体化改革的典型。广州杨箕村也搞起了"包产到户",广州从化县(现为广州市从化区)江埔公社也有3个生产队尝试联产承办责任制。这些地方推行"包产到户"责任制后都取得了明显的经济成效,包产到户迅速蔓延起来。实行包产到户后,在粮食生产持续快速增长的同时,农业剩余劳动力被解放出来,对农副产品的生产和农村工业的发展大有裨益,农民收入来源和收入结构也相应发生变化。农贸市场伴随着农村的非集体化而不断扩大,手工业和制造业重新放开,农民增加了用于市场直接销售的生产。千百万农民的收入从此超过了贫困线,农民的收入来源结构得到了丰富。1978年,广东农民人均纯收入为193元,其中48.4%来自集体劳动,39.8%来自家庭副业,剩下的11.8%来自其他各类工作。1982年,农村人均收入为382元,其中40%来自集体劳动,47.5%来自家庭副业。

家庭联产承包责任制和重新放开市场被广东农民称为"第二次解放"。它带给农民的除了增加家庭财富的机会,还有自由,农民可以按照自己的意愿和方式选择工作的时间和地点。与此同时,农村剩余劳动力可以去乡镇企业打工,可以进城销售农产品,从而极大地提高了城镇居民日常消费品的数量和质量。到了1984年,农村改革的浪潮推动了大规模的城市改革。

2）大力发展乡镇企业。广东乡镇企业是在农村手工业的基础上，随着农业合作化和人民公社化运动而逐步发展起来的。在1984年3月国家正式将公社改为"镇"、将生产大队改为"乡"之前，广东已开始大力发展乡镇企业。乡镇企业作为特定时期我国产生的一种独特的企业组织形式和企业制度，具有强大的生命力，伴随着农民和城镇居民对工业消费品的需求增长而呈爆炸式增长，国有企业扩大生产以尽可能满足这些需求。广东乡镇企业的异军突起有力地推动了全国乡镇企业以及工业经济的腾飞。纵览全国，在20世纪80年代，全国乡镇企业一半以上的产量来自广东、福建、浙江、江苏和山东这5个省。这些省份的投资和技术主要来自香港、台湾地区和海外华侨华人。①

广东乡镇企业在自身发展过程中已逐步形成了自己的特色：①因地制宜地形成各具特色的发展模式。从发展实践来看，具体分为三种不同地区和类型。一是珠江三角洲腹地。该地区乡镇企业发展比较早，基础条件好，具有一定的规模和技术水平。着重发展骨干企业和外向型企业，并向系列化生产和集团化经营方面发展，其中位于珠江三角洲的顺德、南海、东莞和中山尤为显著，被誉为广东"四小虎"。这"四小虎"尽管同处珠江三角洲的腹地，但其发展路线存在显著差异：顺德坚持"三个为主"，即坚持以集体经济、镇办工业和骨干企业为主发展经济；南海实行"五个轮子"一齐转，三大产业齐发展；中山以地方国有经济为龙头，带动全市经济稳步均衡发展；东莞坚持工农并重，"三来一补"遍地开花。二是粤东、粤西沿海和内地一部分条件较好的地区。这类地区既不具有珠江三角洲那样的地理位置和经济优势，也不具有粤北山区那样的资源优势，因此，乡镇企业在这类地区逐步发展，但缺少骨干企业和外向型企业。三是山区、半山区和丘陵地区。这类地区木材、矿产等资源丰富，但地区交通不便，人才缺乏，乡镇企业发展缓慢。②积极参与国际市场竞争，发展外向型经济。广东乡镇企业凭借其毗邻港澳和众多海外华侨的优势，积极利用外资和引进技术，以优异的出口产品参与国际市场竞争，发展外向型经济，并取得突破性进展。（编者注：1990年，广东乡镇企业出口创汇达25亿美元，比上年增长超过20%，成为1986年以来全国乡镇企业出口创汇的"五连冠"。1991年，广东乡镇企业中，外向型企业有1.9万多家，年

---

① 参见傅高义《邓小平时代》，生活·读书·新知三联书店2013年版，第434页。

第二章 经济发展：从"三来一补"到创新驱动

出口创汇达 34.74 亿美元，占全省创汇总额的 1/4，继续稳居全国各省乡镇企业出口创汇的首位。在全国乡镇企业出口 11 个行业中，广东省在 4 个行业中名列第一，其中，轻工出口占全国的 47.1%，服装出口占全国的 32.1%，畜产品出口占全国的 21.4%，工艺品出口占全国的 17.7%。①

（4）价格改革。1978 年以前，广东农产品价格体制存在两大弊端：①价格体系严重不合理。这种不合理表现在许多农产品价格严重背离价值且不反映供求关系，农产品内部之间比价和农产品与工业产品比价严重不合理。②农产品价格管理权限过分集中。这种不合理表现在由中央和省直接定价管理的农产品品种多达 118 种。市、县物价部门和企业几乎没有定价权、调价权。广东以农产品价格作为改革传统价格体制的突破口，率先在全国有计划地放开价格。1978—1984 年，价格改革调放结合、以调为主。该阶段价格改革的主要目标在于冲破传统的统购统销模式。在价格形式的变通上，广东将国家单一计划价格改为国家定价（计划固定价）、计划浮动价、议价和集市贸易价等多种价格形式。在多种价格形式中，国家计划定价所占的比重不断缩小，其他各种形式所占的比重有所扩大。实行改革后，广东的物价水平出现了低—高—中—平的发展过程。（编者注：据统计，广东物价经历了由高于全国水平到接近全国水平并进而低于全国水平的过程。广东价格改革重点又出现阶段性变化，1985—1991 年开始呈现出由"放调结合，以放为主"，再发展到"放、调、管结合，以管为主"发展阶段，成功地探索出一条"放调结合、分类改革、双轨过渡、新产新价、放中有管、分步推进"的改革之路，取得了"起步早、目标明、放得开、搞得活、控得住、效果好"的成效。）

（5）国有企业体制改革。国有企业是国民经济结构的基石，我国长期以来实行高度集中的计划经济管理模式，使企业自负盈亏的改革举步维艰。广东为了搞活经济，在改革开放初期，逐步开展企业体制改革，就如何增强企业活力进行了从"放权让利"到"两权分离"的初步探索，为后续改革积累了宝贵经验。

1）扩大企业自主权试点。改革开放前，国有企业不仅受到产量指标的限制，还受到工资指标和原材料指标的限制。这些指标都是为适应控制

---

① 参见李龙《广东乡镇企业发展的几个特色及其理论思考》，载《中山大学学报（社会科学版）》1993 年第 1 期。

全国性的大计划体系而制定的,以致各项指标名目繁多,扼杀了企业领导人致力提高效率的灵活性。广东清远县(现为清远市)对国有工业企业试行"超计划利润提成奖",拉开了企业改革的序幕。清远县委、县革委会从1978年10月开始在4家国有企业中试行"超计划利润提成奖"的办法,扩大企业自主权,使奖金与企业的经济效益挂钩。这一措施调动了职工的积极性,见效很快,生产大幅度增长,利润成倍增加。1979年开始,该办法在17家国有企业全面铺开。1980年4月,该县进一步改革工业管理体制,撤销局一级工业机构,充实各专业公司,清远县经济委员会对人、财、物、产、供、销实行统一管理,并相应扩大企业的经营管理权限。清远县经济委员会统一对县财政实行上缴利润承包,企业则对经济委员会承包,开创国有企业承包之先河。1982年5月8日,省政府要求各地区、各部门要结合"实际情况,总结经验,统一思想,把推广清远经验深入下去"。清远经验不仅受到全国各地的关注,还引起了中央的重视。1982年12月,第五届全国人大第五次会议通过的政府工作报告指出:"广东省清远县试行由县经委统一领导全县企业的经济活动,几年来已取得很好的效果。"清远经验是工业管理体制改革迈出的第一步,对广东乃至全国的经济体制改革的深入发展起到了积极和促进的作用。

2)推行经济责任制。1981年4月,国务院提出工业企业逐步建立和实行工业经济责任制的要求。根据国务院的规定,1981年,广东提出了"包、联、通、创、学"(承包、联合、流通、创新、学先进)五字方针,推行以"包"字为主要内容的各种盈亏包干责任制。具体形式为:①实行全行业利润大包干;②对微利企业实行定额上交包干,超额留成,减收自负;③对因任务不足而造成利润下降的企业实行计划分成;④对一部分企业实行利润与福利金、奖金挂钩;⑤对集体所有制企业实行从统负盈亏改变为自负盈亏;⑥对县级企业推广清远经验,实行"超计划利润提成奖"。实行包干的行业再将包干的利润(亏损)总额和超收分成比例,根据不同情况,采用不同形式分别包给所属企业。企业内部也要建立车间、班组经济责任制。经济责任制推行后,企业开始有了一定的自主权,有利于企业改进经营管理,调动企业和劳动者的积极性,促进社会生产力的发展。试行利润大包干后,各行业取得明显的经济成效。

3)实行"利改税",进一步完善放权让利。为了进一步完善放权让利,将企业的责、权、利规范化,我国1983年开始实施"利改税",即将国有企业过去上缴国家的利润改为上缴所得税,税后利润由企业支配。改革分两步进行,即1983年6月至1984年9月的"利改税"第一步改革和1984年10月以后的"利改税"第二步改革。广东从1983年6月起,对国有企业实行"利改税"第一步改革,并在中等城市小型企业的划分标准、核定企业留利水平和人均留利额三方面比全国更放宽一些。"利改税"第一步改革的基本特点是税利并存。凡有盈利的国有大中型企业,根据实现的利润,按55%的税率缴纳所得税;税后利润一部分上缴国家,一部分按国家核定的留利水平留给企业。"利改税"第二步改革从1984年10月1日起实施。1984年9月,国务院决定进一步改革税制,实行完全的以税代利,即从税利并存阶段过渡到完全的以税代利阶段。按照这一精神,广东从第四季度起,对国有企业实行"利改税"的第二步改革,从税利并存逐步过渡到完全征税。实行"利改税"是中共中央、国务院在经济体制改革方面的一项重大决策。它通过设置税种、改善税制,较好地发挥了税收杠杆对经济的调节作用,既保证了国家有稳定的收入,也有利于扩大企业自主权,调动企业和职工的积极性,把经济搞活。

2. **总结经验,全面展开**(1984—1992年)

1984年10月,党的十二届三中全会通过《中共中央关于经济体制改革的决定》,标志着经济体制改革进入了以城市改革为核心的全面改革探索阶段。按照中央的决定,广东在各个领域展开改革,广东所有制结构的改革迈开了较大步伐,以公有制为主体、多种经济成分并存的格局初步形成;对外开放继续扩大,初步形成了多层次、宽领域的对外开放格局,为继续深化改革和扩大开放奠定了有利的基础。

(1)加快非公有制经济发展。改革开放后,党中央逐渐为非公有制经济扫除制度障碍。1982年,党的十二大报告指出:"在农村和城市都要鼓励劳动者个体经济在国家规定的范围内和工商行政管理下适当发展,作为公有制经济的必要的有益的补充。只有多种经济形式的合理配置和发展,才能繁荣城市经济,方便人民生活。"1982年12月,第五届全国人大第五次会议把发展和保护个体经济写入《中华人民共和国宪法》,这是我国第一次通过宪法确立了个体经济的法律地位。1984年10月,党的十二届三中全会通过的《中共中央关于经济体制改革的决定》为私营经济的存在与发展扫除了思想上的障碍。1987年,党的十三大科学地阐述了社会主义初级阶段理论以及基本路线,提出以公有制为主体、大力发展有计划的商品经济，确认私营经济是公有制经济必要且有益的补充。1988年第二次修改宪法，党中央明确了个体经济和私营经济是"社会主义公有制经济的必要补充"，明确了私营企业的法律地位。

党的十一届三中全会后至1982年，是广东非公有制经济的恢复时期。这一时期，非公有制经济的主要成分是个体工商户，创业者主要是农民和城市待业者。广东个体工商户由1979年年底的1.56万户发展到1982年年底的25.16万户。这一时期的个体经济具有强烈的试验色彩，扮演"边际的、填补空白的角色"。1983—1991年，私营企业成为该阶段非公有制经济的主要成分。

广东对个体私营经济实施分类指导，引导其向生产型、外向型发展，在沿海地区推广发展"三来一补"企业的经验，在山区引导人们利用山区资源发展农副产品加工业。到1988年年底，全省个体工商户达到99.27万多户。1989—1991年，广东省注册登记的私营企业分别达到16 226户、21 736户和25 763户。① 从社会商品零售总额增长速度与其比重变化看，1978—1990年，国有经济的消费品零售总额年均增长率为16.79%，集体经济的消费品零售总额年均增长10.87%，而非公有制经济的消费品零售总额年均增长速度为46.19%，大大超过国有经济和集体经济。从绝对数来看，1990年，非公有制经济的消费品零售总额已分别超过国有经济和集体经济，跃居首位。1980—1990年，广东工业总产值平均增长速度为18.5%，其中非公有制经济年均增长52.76%。从构成比例来看，非公有制工业经济比重则由2.07%升到26.27%，为社会经济发展注入了蓬勃的活力。

（2）改革完善财政体制机制。广东财政围绕经济建设这个核心，不断做大经济"蛋糕"，在改革开放中迈出重要一步。广东财政体制在"特殊政策、灵活措施"的政策指引下不断前进。1980年，广东财政包干是作为一项特殊政策和灵活措施出现的，但同时又是财政管理体制的一项重大改革。1980—1987年，中央对广东实行"定额上缴"的财政大包干体制；1988—1993年，则改为"上缴额递增包干"，每年递增9%。省对市、县的财政包干，在开始前5年基本采取收入分成的办法，并没有层层分包到

---

① 参见王业兴《广东非公有制经济发展的历史变迁及其影响》，载《华南理工大学学报（社会科学版）》2009年第5期。

第二章 经济发展：从"三来一补"到创新驱动

市（地）、县，这影响了地方促产增收的积极性，也未能充分发挥市（地）一级财政的作用。从 1985 年起，省对市（地）、县实行层层包干。包干体制延伸到乡镇一级，形成一级对一级包干的新格局。其实质是赋予地方各级政府更大的财政自主权，财政调节经济、促进经济和社会事业发展的职能作用得到了较好的发挥。在处理国家与企业的分配关系上，政府通过"放水养鱼""先予后取"，搞活了企业。运用财税政策等间接手段扶持能源、交通等基础设施建设。对电力行业实行目标承包，支持公路部门贷款建桥、集资修路、收费还款。财政包干以后，地方政府发展经济、增收节支、自求平衡的积极性被调动起来了，实现了经济发展与财政增收的良性循环。

（3）改革基础设施投资体制机制。道路交通、通信等基础设施建设滞后，成为制约广东快速发展的"瓶颈"，要改善投资环境、保证广东经济的快速平稳运行，就必须突破这一制约，改善落后的基础设施状况。大规模的基础设施建设需要大量的资金投入，巨额的投资在计划体制下无法解决，只能另辟蹊径。

基础设施建设具有投资大、建设周期长、折旧慢、投资回收慢等特点，国家和省财力又有限，难以满足大规模的资金需要。为了解决这个实际难题，广东省委、省政府在改革中寻找出路，在全国率先提出了"基础产业商品化"的发展思路，制定了一系列与之配套的政策措施。通过市场化改革，广东建立起以市场为基础的基础设施发展新机制，为基础设施建设的腾飞奠定了坚实基础，在实践中取得了空前的成功。

1981 年，广东省委、省政府决定采用贷款建桥、收费偿还的办法为公路建设筹集资金。"以路养路""以电养电"可以说是广东在基础设施建设方面的一个创举，它一举打破了基础设施建设完全由国家计划统管、资金由财政全包的计划经济投资体制。广东开始把市场机制引进基础设施建设领域，采取合理确定基础设施使用市场价格的办法，坚持"谁投资谁受益"的原则，通过贷款、集资、合资等多种形式，使基础设施建设从单一的政府行为转为社会行为，筹集了大量建设资金，推动了全省基础设施建设迅速发展。

"收费还贷"只是缺乏建设资金时的一种无奈选择，随着市场观念的逐步确立，广东在基础设施建设方面的探索也在进一步深化。为了使基础设施建设有稳定的投资渠道，使之与经济发展同步并适当超前，广东从

"以电养电""以路养路"开始,各级政府逐步把能源、交通、通信作为一项重要的产业来经营。于是,修桥、铺路、办电厂不再仅是善长仁翁的善举,而是一种投资。投资基础设施不仅要还本,还要有利润。于是,公路、桥梁、电厂、通信设施等项目也不再是单纯的建设项目,而是经营项目,于是也就有合资、合作、股份制等多种形式的经营基础设施建设的企业。

随着改革开放的深入,广东在基础设施建设上逐步实现了两个多元化。一是资金来源和投资主体的多元化。资金来源上逐步形成了依靠内、外两个资本市场的格局;在资金筹措、税收、价格、土地使用等方面,在法律规定的范围内提供优惠条件,鼓励社会各界及境外投资者投资基础设施建设,着力培育起了多元化的投资主体。二是投资方式的多样化。不仅有政府投入、银行或银团贷款的投入形式,还有外资、民间资本的投入形式,形成了政府、外资、民间资本多元化主体介入。"政府投资、政策集资、社会融资、个人捐资、银行贷款、利用外资"的多元化投资体制,大大加快了广东基础设施建设的步伐。

(4) 推进金融体制改革试点。金融是现代经济运行的核心,随着改革开放的深入推进,金融市场的稳定发展已成为国民经济健康运行的重要基础。广东金融业改革亮点纷呈,有不少改革在全国处于领先地位且实践证明是正确的。

1) 迅速恢复银行业。党的十一届三中全会以后,广东迅速恢复了"文化大革命"时期停滞的银行业。1979年7月9日,中国银行广州分行正式从人民银行广东省分行中分离出来,并设立国家外汇管理局广东省分局,成为中国银行内部的一个机构。1979年8月,农业银行广东省分行恢复建制。1980年6月,建设银行广东省分行与省财政厅分设,经广东省人民政府批准,在全国建行系统内率先运用存款发放贷款,开展了真正的银行自主经营的信贷业务。1984年4月,设工商银行广东省分行,人民银行专门行使中央银行职能,原由人民银行办理的工商信贷和城镇储蓄业务由工行办理。到1984年年底,四大国有银行基本上完成了业务恢复,给广东的经济起飞注入了源源不断的信贷资金。1986年11月,中国人民银行同意广东全省作为金融体制改革的试点省。1986年下半年开始出现的城市信用社不断增加。银行业的迅速恢复加上先行一步的对外开放政策,促进了广东金融组织的创新。外资银行、股份制银行、城市商业银行相继在

第二章 经济发展：从"三来一补"到创新驱动

广东落户或成立，大大促进了广东的信贷业务发展。

2）"深交所"先"出生"再"领证"。广东证券市场发展走在全国前列。1991年7月成立的深圳证券交易所（简称"深交所"）是全国两大证券交易所之一。20世纪80年代中后期，随着深圳经济特区经济发展对资金需求的急速扩大，迫切需要进一步建立股票市场，深圳证券交易所的筹备工作被提上工作日程。1990年11月22日，在中央尚未批准的情况下，深圳正式启动深圳证券交易所。1990年12月1日，在没有举行正式仪式和没有新闻媒体宣传的情况下，深圳证券交易市场悄然开始试营业。1991年4月11日，在试运行5个多月后，深圳证券交易所正式得到中国人民银行总行的批文，对其地位予以"追认"。在某种程度上说，如果没有深圳领导人的胆识和策略，没有他们在还没有批文的情况下灵活解读运用特区的试验权，就没有深圳证券交易所。

3）建立首个外汇市场。深圳经济特区外汇调剂中心是中华人民共和国最早成立的外汇市场，它的成立颇费周折。20世纪80年代初期，深圳外向型经济蓬勃发展。1985年，深圳出口额达到其GDP的53.9%，出口量大，外汇留成多，但没有合法的外汇交易市场，企业间外汇余缺无法通过正常渠道调剂。一时间，外汇黑市交易猖獗，严重干扰了特区的金融秩序。深圳急切希望建立一个合法的外汇交易市场。1985年11月9日，深圳市政府颁布《深圳经济特区外汇调剂办法》，宣布深圳经济特区外汇调剂中心成立，这时的调剂中心并没有得到人民银行总行和国家外汇管理局的正式批准。深圳经济特区外汇调剂中心的成立在全国是首创，引起社会各界议论。值得欣慰的是，深圳经济特区外汇调剂中心正常运作，不仅极大地缓解了外汇的供求矛盾，打击了黑市交易，还调动了企业扩大出口的积极性，促进了特区的外贸发展。1988年5月，国家外汇管理局正式下文批准设立深圳经济特区外汇调剂中心，并颁发外汇调剂经营许可证，诞生两年之久的深圳经济特区外汇调剂中心终于得到合法的地位。深圳经济特区外汇调剂中心的建立，改变了我国外汇全部由中央统一调配和使用的管理体制，使地方具有了调配使用外汇的权力，这是深圳经济特区通过自己的制度创新和实践绩效向中央要来的权力。

（5）创新土地出让方式。改革的不断深入促使市场经济日渐形成，以往通过行政拨付、无偿使用的土地使用制度显然已经不能适应市场经济发展的需要。土地无偿使用制度的弊端也愈加明显：①城市土地浪费严重；

②国家财政无法从土地使用中获益,反而由于城市建设而加重财政负担,建设资金无法形成良性循环。为稳妥推进土地使用制度改革,为全国积累经验,深圳市政府于1987年选出了3块地,按照由易到难的顺序,作为协议、招标、拍卖这三种有偿出让方式的试点。1987年10月,深圳在全国首创以协议方式有偿出让土地不久将《深圳经济特区土地管理暂行规定》修改为《深圳经济特区土地管理条例》(简称《条例》),原规定"土地使用权不能转让"修改为"土地使用权可以有偿出让、转让、抵押"。《条例》得到了省政府的审定通过。深圳接着又通过公开招标和拍卖方式有偿出让土地使用权。这一系列举措极大地冲击了我国原有的土地管理体制,在国内外引起了强烈反响。此后,深圳取消了行政划拨土地的做法,所有建设用地都以有偿、有期限形式供应,并加大了公开拍卖、公开招标土地使用权的土地数量。深圳的一系列土地使用制度的变革为我国土地使用制度改革积累了宝贵的经验,并直接推动了我国宪法关于土地使用条款的修改。1988年4月,第七届全国人大第一次会议根据我国改革开放的形势和深圳经济特区的实践,通过了《中华人民共和国宪法修正草案》,将原宪法的"任何组织或个人不得侵占、买卖、出租或以其他形式非法转让土地"修改为"任何组织或个人不得侵占、买卖或者以其他形式非法转让土地。土地的使用权可以依照法律的规定转让"。

(二)第二阶段:深化改革,重塑新优势(1992—2018年)

1. 改革新征程,增创新优势(1992—2002年)

1992—2001年,在邓小平南方谈话的指引下,广东掀起了深化改革、扩大开放、加快发展的热潮,率先开展构建社会主义市场经济体制的探索实践,为全国构建社会主义市场经济体制提供了重要参考。2001年,我国加入世界贸易组织,广东的开放发展也踏上了新征程。广东在各个领域都开展了突破性改革,取得了显著成效。

(1)开启新征程,确立新目标。

1)邓小平视察南方开启改革新征程。20世纪80年代末,我国经济经过近10年的强劲增长后,经济体制改革遭遇了第一次大的危机——通货膨胀日益加剧,全国各地爆发了恐慌性提款和抢购,一些人认为是市场化改革导致了这场危机。这使加速前行的我国经济遇上"急刹车",同时也大大延缓了经济体制改革步伐。在中国改革开放向何处去的重要历史关

第二章 经济发展：从"三来一补"到创新驱动

头，为给中国改革找到一条正确的航向，我国改革开放和现代化建设总设计师、时年 88 岁的邓小平同志于 1992 年 1 月 18 日至 2 月 21 日到武昌、深圳、珠海、顺德、上海等地视察。一路走来，他大讲改革开放，反复强调改革就是要搞社会主义市场经济，党的基本路线要管一百年，动摇不得。他说："不坚持社会主义、不发展经济、不改善人民生活，只能是死路一条，基本路线要管一百年，动摇不得。只有坚持这条路线，人民才会相信你、拥护你。谁要改变三中全会以来的路线，老百姓不答应，谁就会被打倒。"他鼓励深圳继续向前迈步，改革开放的胆子要大一点，敢于试验，不能像小脚女人一样。看准了的就大胆地试、大胆地闯。深圳的重要经验就是敢闯。

邓小平同志抓住 1991 年思想争论和交锋的要害，尖锐地指出："改革开放迈不开步子，不敢闯，说来说去就是怕资本主义的东西多了，走了资本主义道路。要害是姓'资'还是姓'社'的问题。判断的标准，应该主要看是否有利于发展社会主义社会的生产力，是否有利于增强社会主义国家的综合国力，是否有利于提高人民的生活水平。"

1992 年 2 月 4 日，《解放日报》头版发表了题为《十一届三中全会以来的路线要讲一百年》的重要评论，在全国拉开了宣传、阐发邓小平同志南方谈话精神的序幕。文章发表后，在国内外引起很大反响。1992 年 3 月，党中央向全党传达了邓小平同志南方谈话精神后，新华社转发了《深圳特区报》长篇通讯《东方风来满眼春》，栩栩如生地向全国人民传播了邓小平同志视察深圳的活动和谈话内容。中央和全国各地报纸纷纷发表言论，宣传邓小平的谈话精神。随着邓小平南方谈话精神在全国的传播，深化改革得到全面拥护，反对改革的声音开始消退，改革的政治氛围再次被转变。1992 年也因此被称为"改革开放年"。我国改革开放和现代化建设所取得的辉煌成就，可以说正是这一场思想解放运动的伟大成果。

邓小平南方谈话明确地回答了那些年经常困扰和束缚人们思想的许多重大认识问题，使人们从"凡事要问一问姓'社'姓'资'"的束缚中解脱出来，激发起亿万民众极大的积极性，催生出强大的物质力量；鼓励深化改革，为处于经济体制改革可能毁于一旦的关键时期的中国指明了改革发展方向,被誉为是"拯救中国的第二次革命,重燃改革生机"。① 从此,我国走上了发展中国特色社会主义市场经济的道路,迈入了全方位加快改革开放发展的新时期。

2)确立广东改革开放发展新目标。1992年邓小平同志看到深圳、珠海、顺德经济发展的可喜成绩,对广东寄予厚望:我国的经济发展总要力争隔几年上一个台阶,力争用20年的时间赶上亚洲"四小龙"。② 这为广东的改革开放发展确立了新目标。1992年召开的党的十四大充分体现了邓小平同志的思想,明确提出把建立社会主义市场经济体制作为我国经济体制改革的目标,从而为进一步深化改革指明了方向。广东省委、省政府根据邓小平同志南方谈话的精神和中央关于深化改革、扩大开放的要求,颁布了《关于进一步扩大对外开放若干问题的决定》,提出了20世纪90年代扩大开放的基本目标和相应的政策措施。在邓小平同志南方谈话和党的十四大精神鼓舞下,广东省各地各条战线放开手脚、真抓实干,大刀阔斧地率先推进改革,在各个领域都取得了突破性进展。1994年6月,江泽民同志在视察深圳时指出,中央对发展经济特区的决心不变,中央对经济特区的基本政策不变,经济特区在中国改革开放和现代化建设中的地位和作用不变。这坚定了广东坚持改革开放发展的决心,为广东加快改革开放发展指明了方向。

(2)实施三大发展战略,增创新优势。继邓小平对广东提出新希望之后,中央也对广东制定加快改革开放发展新方略加强了指导。1992年党的十四大报告专门提及广东,指出努力用20年时间使广东及其他有条件的地方成为我国基本实现现代化的地区。为此,广东在当年11月召开的中共广东省委六届八次全体(扩大)会议上指出,追赶"四小龙"、率先基本实现现代化目标与建立社会主义市场经济体制改革发展目标是一致的。基于广东的现实基础,广东应该而且有可能率先建立社会主义市场经济体制基本框架。1993年5月召开的广东省第七次党代会在报告中明确了实现这一目标的总体思路、阶段性战略部署和面临的挑战。1995年后,

---

① 参见罗纳德·哈里·科斯、王宁著《变革中国:市场经济的中国之路》,徐尧、李哲民译,中信出版社2013年版,第161~162页。
② 参见邓小平《在武昌、深圳、珠海、上海等地的谈话要点》,见《邓小平文选》第三卷,人民出版社1993年版。

第二章 经济发展:从"三来一补"到创新驱动

广东面临来自自我、竞争对手和外部环境的三大挑战。粗放型低效发展模式下,广东宏观管理体制改革、微观改革及各项配套改革都滞后于江浙沪等省市,全球产业升级需要广东进一步调整加工产业,特别是亚洲金融危机带来的震荡,影响了广东的出口和利用外资,威胁着广东的外向型经济发展。1997年9月召开的党的十五大要求经济特区及先发地区积极在体制创新、产业升级、扩大开放等方面继续走在前面,为全国的发展发挥示范、辐射和带动作用。1998年3月,"两会"期间,江泽民同志在广东代表团审议会议上希望广东"增创新优势,更上一层楼"。1998年5月,广东省第八次党代会提出大力推进经济体制和经济增长方式两个根本转变,增创体制新优势,突出抓好"外向带动""科教兴粤"和"可持续发展"三大发展战略,以确保经济持续健康快速发展。

一个战略的制定有其时代背景和阶段性烙印,需要与时俱进地不断调试。广东在20世纪90年代确立的这些发展战略与广东当时的发展基础、中央赋予的使命及发展趋势需要密切相关。用20年赶上"四小龙"、基本实现现代化战略目标,需要广东加快改革发展、率先建立社会主义市场经济体制基本框架,需要广东实现发展方式的根本转变,需要广东抓好"外向带动、科教兴粤、可持续发展"三大发展战略。外向带动内部改革深化,更好地利用国际资源和市场。科教兴粤既是广东的创新发展之路,也是广东实现可持续发展的必由之路。可持续发展要求体制转变和发展方式转变。这些共同构成广东实现追赶战略和现代化战略目标的路径、根本保障和基础。三大发展战略是广东跨世纪改革开放发展的战略,是广东增创新优势的战略。

为确保经济的持续、快速、健康发展,广东制定的三大发展战略取得了一定的成效。1992—2002年,广东积极抓住经济全球化的日益深入和中国加入WTO的历史发展机遇,加快发展外向型经济,取得了较好的成绩。

大力发展开放型经济,建立广东区位新优势:①继续发挥毗邻港澳、华侨众多的优势,提高广东经济特区的整体素质,建立特区的新优势。特区还在加快参与国际经济合作和与国际接轨等方面进行了大胆探索。②实施外向带动战略,加速市场国际化,已形成以亚洲市场为主,发展非洲,开拓欧美、南美市场的多元化格局。外向带动战略的实施,使广东经济形成三个"三分之一"的格局,即外贸出口、利用外资、涉外企业税收分别占全省GDP、全省建设资金、全省税收的1/3。在进出口贸易方面,1992

年广东外贸进出口总值为648.03亿美元，2002年增长到2 210.96亿美元，年均增长13.06%。其中，外贸出口总额从1992年的333.25亿美元增长到2002年的1 184.63亿美元，年均增长13.52%。广东外贸总额及出口总额均占到全国的35%，一直居于主导地位。广东外贸经济的增长对全国外向型经济增长有明显的拉动作用。广东的外商投资企业截至2002年年底共计95 698家。2002年，外资企业出口总额为696.5亿美元，占全省出口总额的58.79%。① 广东对外开放水平的不断提高、外向型经济的迅速发展带动了全省经济的高速增长。

科教兴粤成为广东经济抢占新优势制高点的关键，也带动了广东高新技术产业的快速发展。为调整产业结构、加快高新技术产业发展，广东率先成立了加快高科技成果产业化的科技风险投资有限公司。广东高技术产业从20世纪90年代初起步，"九五"时期以来，广东高技术产业发展迅猛。1995—2003年，全省高技术产业产值和增加值年均增速都在27%以上，科技人力投入年均增速达31.2%，科技经费、专利申请两项指标更是以年均高达50.8%和46.7%的速度增长。② 经过近10年的发展，广东高技术产业不但实力明显增强、科技创新能力快速提升，而且对全省经济的贡献率也逐年提高，已成为广东经济新的重要增长点及经济发展的主要支撑力量之一。1998年，广东的科技产出指标、专利申请量和高新技术产值占全国的比例均居全国首位；综合科技实力则排在北京、上海之后，居全国第三位。2002年，广东共有高技术企业2 013家，占全国的17.8%，居第一位；居第二位的是江苏，江苏高技术企业为1 386家；再次是浙江，浙江高技术企业为1 139家。2002年，广东高技术产业实现总产值4 532.33亿元，占全国的30%，居第一位，相当于居第二位的江苏的高技术产业总产值（1 846.04亿元）的2.5倍。广东的增加值、销售收入、利

---

① 参见郑晶、李艳《广东省外向型经济发展特征分析》，载《企业经济》2006年第3期。

② 广东高技术产业主要分布于电子及通信设备制造业、电子计算机及办公设备制造业这两大信息技术行业，2003年，这两大行业的总产值占广东高技术产业总产值的比重分别为53.7%和40.7%，合计占94.4%；其次是医药制造，占3.7%。这三大行业共计占98.1%，基本反映了广东高技术产业的全貌。信息化学品制造业、医疗设备及仪器仪表制造业、公共软件服务业等其他行业规模仍非常小，所占比重共计只有1.9%。根据国家统计局制订的《高技术产业统计分类目录》，高技术产业包括新《国民经济行业分类》中的医药制造、航空航天器制造、电子通信设备制造、计算机制造、医疗仪器设备制造等行业大中类中的58个行业小类。（参见国家统计局编《中国统计年鉴2004》，中国统计出版社2004年版。）

润分别占全国的 26.5%、29.8%、23.4%，均居全国第一。（表 2-1、表 2-2）

表 2-1　2002 年全国与部分省（直辖市）高技术产业基本情况

基本情况	企业数（家）	当年价总产产值（亿元）	增加值（亿元）	销售收入（亿元）	利润（亿元）
全国	11 333	15 099.29	3 768.58	14 614.25	741.07
广东	2 013	4 532.33	998.68	4 359.79	173.57
江苏	1 386	1 846.04	468.92	1 789.33	72.22
上海	833	1 427.85	274.78	1 451.84	54.65
北京	679	1 090.59	241.85	1 121.91	79.62
天津	480	934.00	274.44	953.28	51.01
浙江	1 139	760.90	191.68	730.04	64.46
福建	342	748.05	180.32	723.70	48.26
山东	528	655.36	176.76	646.92	27.13

资料来源：国家统计局编《中国统计年鉴 2003》，中国统计出版社 2003 年版。

表 2-2　2002 年全国与部分省（直辖市）高技术产业科技活动情况

活动情况	科技机构（个）	科技人员（万人）	科学家、工程师（万人）	科技经费（亿元）	研发经费（亿元）	专利授权数（件）
全国	1 374	27.4	17.35	316.89	186.97	1 851
广东	213	4.23	3.46	96.61	63.38	882
江苏	183	2.58	1.36	27.27	12.14	117
上海	80	1.63	1.25	34.32	16.56	61
北京	48	1.30	0.94	26.54	20.80	18
天津	51	0.50	0.28	11.12	8.08	10
浙江	63	0.67	0.44	7.10	4.68	69
福建	44	0.58	0.45	6.51	4.20	60
山东	81	2.31	1.53	21.42	12.28	157

资料来源：国家统计局编《中国统计年鉴 2003》，中国统计出版社 2003 年版。

（3）逐步解决沿海地区与内地山区发展的差距。改革开放以来，广东凭借先行一步的改革优势，经济高速增长。1996年全省GDP达到6 519亿元，占全国的9.6%，比上年增长10.7%，提前实现总量比1980年翻三番的目标。但是，基于自然条件的差异和社会历史原因，特别是改革开放给各地区的机遇有别，省内区域经济发展不平衡，区域差异扩大。1998年，珠三角地区28个市、县为全省GDP贡献了72.5%，粤东西北地区的总量贡献不足三成，区域差距较大。珠三角经济发展迅速，除了区位优势因素外，20世纪80年代以来，特别是邓小平同志视察南方后的1992年和1993年，广东经济发展如虎添翼，但各项投资、优惠政策几乎都集中在珠三角地区，导致广东省区域相对差异达到最大化。之后，随着政府宏观调控，相对差异减小，1994年后，随着市场经济体系的全面启动，资金、技术、信息等又再次倾向于经济效益最优地区，导致地区差异又有所回升。为了率先基本实现现代化，省委、省政府提出"分类指导、层次推进、梯度发展、共同富裕"的指导思想，把全省划分为珠江三角洲、东西两翼和山区三个不同类型的地区，提出"中部地区领先、东西两翼齐飞、广大山区崛起"的发展战略。全省开展"扶贫攻坚大会战"，实行对口扶持，加快了贫困地区的脱贫奔康步伐。①

（4）探索构建社会主义市场经济体制。自党的十四大确立建设中国特色社会主义市场经济体制发展目标以来，广东深化改革开放、抢抓机遇，加快发展，初步建立起社会主义市场经济体制的基本框架。② 下面主要阐述国有（乡镇）企业产权体制改革和社会保险制度改革，探寻广东率先探索构建社会主义市场经济体制的机制与路径。

1）探索产权体制改革，增强企业活力。随着价格改革的启动，价格管制这一不利于市场交易的计划体制障碍被逐步清除，但经济体制中阻碍

---

① 参见陈永红《广东改革开放30年的光辉历程及伟大成就报告》，见百度文库（https://wenku.baidu.com/view/17818c05bed5b9f3f90f1ca5.html），2012年2月26日。

② 社会主义市场经济体制的基本框架是：以公有制为主体、多种经济成分并存的所有制体系，以资本为纽带的国有资产监督管理和运营体系，以市场为基础的价格体系，以商品市场为基础、要素市场为支柱的市场体系，与国际惯例接轨的国民经济核算和企业财务会计体系，以中介组织为主体的社会监督服务体系，以按劳分配为主和多种分配方式相结合的分配体系，社会供给与自我保障相结合的社会保障体系，以间接手段为主、面向全社会的经济管理调控体系，适应社会主义市场经济体制需要的法规体系。

第二章 经济发展:从"三来一补"到创新驱动

市场秩序建立和企业运营效率提升的障碍还存在,国企经营承包责任制、价格双轨制、利润留成制、税制不统一、区别对待等都成为制约企业发展的障碍,企业发展严重缺乏活力,国企亏损面不断加大,政府的经济负担也不断加重。据当时的报道,国企的亏损面1988年为10.9%,1989年升至16%,1990年为27.6%,1993年超过了30%,1995年达到了40%。1994年,国家部委联合对上海、天津、沈阳和武汉等16个大城市的调查,发现这些城市国企的亏损面高达54.6%。① 广东顺德的国有企业、乡镇企业隐藏的问题可以说明上述国企亏损问题的成因,这也是顺德发起国企改革的原因。顺德企业具有"三个为主"的特征,即以工业为主、以集体企业为主、以骨干企业为主。比如,华宝集团在20世纪90年代初已经声名远扬,1988年生产了国内第一台国产分体壁挂式空调,1993年产值已经达到20亿元,成为当时空调业的第一品牌。但弊端也很多,据原中共顺德市委书记陈用志同志回忆:"当时的许多企业表面上看起来很辉煌,但到账面上一看,就没有什么了。有些企业没钱就贷款,有钱就分红,欠下债务就跑了。有一些企业负责人大手大脚,项目没奠基就坐奔驰了。"一些企业负责人更是让亲戚在境外开个公司,与国内业务联系紧密,这样,一公一私,一个负责盈利,一个负责亏损,亏的当然是国有企业,这就叫"厂外有厂,账外有账"。顺德1993年3月有市属和乡镇企业共978家,调查显示有259家达到破产边缘,所欠银行21亿元贷款均成为不良资产。"厂长负盈,企业负亏,银行负债,政府负责","有钱分光,没钱就贷,还钱下届",这些顺口溜是当时顺德国企情况的真实写照。顺德市政府在当时上报给省政府要求改革的报告中这样描述当时的经济现状:"辉煌的成果,惊人的包袱。"②

此外,国企还有其他一系列经营管理机制方面的问题。例如,美的集团面对家电业的激烈竞争,想要通过提升管理团队的待遇来激励管理人员、留住人才,但方案未得到镇领导的批准。③ 究其原因,为全民所有的

---

① 参见罗纳德·哈里·科斯、王宁著《变革中国:市场经济的中国之路》,徐尧、李哲民译,中信出版社2013年版,第175页。
② 林德荣著:《可怕的顺德:一个县域的中国价值》,机械工业出版社2009年版,第69页。
③ 该领导表示:"你一个保安队长的工资,比我公安局局长工资还高,我怎么做?"对此,何享健说:"企业的薪酬制度都做不了主,怎样管理企业?怎样留住人才?"(参见林德荣著《可怕的顺德:一个县域的中国价值》,机械工业出版社2009年版,第60~61页。)

国企其实是"所有者缺失",产权不明确,企业控制权、决策权缺乏,企业缺乏自主经营权,激励机制不足。企业运营机制不完善,缺乏自主发展的权利和空间,就难以及时把握瞬息万变的市场机遇,难以形成竞争力。企业运营低效、活力不足,出现亏损就在所难免。计划经济体制下发展起来的国企体制僵化、效率低下,不改革是没有出路的。

企业改革改到深处是产权。为了减少政府负担,在隐患还未完全爆发前解决问题,顺德提出"靓女先嫁"的产权制度改革,对市属公有制企业及乡镇企业采取了联合、兼并、重组、转让、破产等方式的改制。改革乡镇企业产权关系,调整和完善所有制结构,采取多种形式改造公有制企业,使企业产权多元化,大力发展混合所有制企业,创新公有制的多种实现形式。当时要把华宝集团转让给香港的一家企业,因各类反对声音太大而搁置,但美的集团、格兰仕集团、广东锻压机床厂等企业转制都顺利实施了。当然,并非所有的企业转制都是一转就灵的,市场风险不会因为企业是私企就绕道而行,但对于竞争性行业的企业而言,明晰的产权具有较强的决策经营自主性,有利于企业及时、灵活地应对市场风险,是企业建立现代企业制度的必备条件。

1993年下半年,顺德在全国率先开启了以企业产权制度改革为核心的综合改革。改革目标:①转换企业机制,创建一个"产权清晰、自主经营、利益共享、风险共担"的企业发展模式。②建立以股份制为主要形式的多种经济成分并存的混合所有制经济,以优化产权结构和公有资产结构。顺德按照"抓住一批、放开一批、发展一批"的方针,通过全面清产核资,界定产权关系,明晰产权归属,转换企业经营机制,使大部分企业实行了股份制和股份合作制,建立了政企分开、政资分离的公有资产监管营运模式,初步建立起现代企业制度。"抓住"的是高科技企业、大企业以及关系民生、带有专营性质的企业;"放开"的是那些扭亏无望、资不抵债的企业,以及一般竞争性行业的企业。这些改革举措符合党的十五届四中全会通过的《中共中央关于国有企业改革和发展若干重大问题的决定》有关精神。截至1996年年底,顺德市企业转制改革基本完成。在市、镇两级1 001家国有企业中,政府独资、控股、参股的企业163家,员工

第二章 经济发展：从"三来一补"到创新驱动

持股企业 566 家，企业经营者持股和拍卖兼并的企业 272 家。① 顺德产权制度改革，不但解放了企业，使企业真正做到自主经营、自负盈亏，调动了企业积极性，造就了一批日后成为行业引领者的企业，而且使政府从承担企业债务负担的重压中解放出来，专注于自身职能工作，最终解放了生产力，为社会主义市场经济体制基本框架的建立奠定了基础。

企业产权改革使国企实现了投资主体多元化、国有经济得以发展壮大，带动一批企业发展壮大。实践证明，顺德的产权制度改革方向是对的，其经验被迅速推广到全省，影响了全国。国家层面推开的中小国企产权改革始于 1998 年。因为随着其他所有制企业的快速发展，市场竞争日趋激烈，国有企业面临的挑战日益严峻。到 1997 年，国有独立核算工业企业中亏损企业的亏损额比 1987 年上升 10 多倍，相当一部分企业不能正常发放工资和退休金。国企改革急需推进，广东国企改革为全国改革提供了借鉴。

1998—2002 年，广东国企改革在三方面实现了突破：①通过国有中小企业改革，上百万家国有、集体中小企业改制退出公有制序列；②通过国有大中型困难企业的政策性关闭破产，5 000 多家扭亏无望的困难企业退出市场；③通过再就业中心和基本保障线政策，托管、安置了近 3 000 万名下岗职工，建立了国企职工的流动机制。1998 年，东莞成立了"企业产业交易服务中心"，把该年年底发布的《东莞产权交易管理规定》作为企业产权交易的指南和依据，当时主要是服务于国企和乡镇集体企业。1999 年 6 月，广州产权交易所成立。② 而此时，顺德已进入为促进企业产权改革的全面综合配套改革阶段。国企改革的深化，带来了国有经济的持续健康发展，促进了社会主义市场经济体制的进一步完善。

顺德企业产权改革并非一蹴而就的。顺德改革的持续实施得益于广东省委、省政府和广东经济体制改革研究会、广东经济学会的大力支持。当时，人们对国有企业产权制度改革的认识存在很大分歧。广东经济学界有

---

① 参见郑年胜主编《迈向行政管理现代化——顺德行政体制改革实践》，广东人民出版社 2002 年版，第 6～8 页。

② 2005 年，该产权交易所被广东省国有资产监督管理委员会选为从事企业国有产权转让的产权交易机构。

权威专家撰文说:"顺德的改革是搞私有化。"① 这篇文章被送到了中共中央政治局委员手上。顺德触及产权的改革由此引发很大争论。广东省内主持和支持顺德改革的人都感到了较大的压力,顺德的改革也因此一度陷入了困境。在此困难时刻,广东经济学会的曾牧野、张元元、宋子和等学者自发组织到顺德调研,调研报告表明了顺德改革的成效。当时的广东省经济体制改革委员会派出专家小组全面总结顺德的做法和经验,向省委做出汇报,并帮助顺德完善改革方案,指示顺德既要保障改革继续推进,也要防止国有资产流失。1995年8月,在中共广东省委书记谢非同志的支持下,广东省体制改革研究会和广东经济学会在东莞举办了加快中小企业改革高级研讨会。会上,大多数与会者对顺德改革都加以肯定,并向省委、省政府上报了《关于加快中小企业改革的意见》,从理论上为顺德改革提供支撑,省政府批转了这份报告。这进一步解决了思想认识问题,促成了以企业产权改革为切入点的改革共识,对深化广东国有中小企业改革起到了重要的推动作用。1995年秋,省委书记谢非指派省体制改革委员会和省委政策研究室组织调查组,赴顺德调查研究,并召开省委常委会议,听取调查汇报。与会者肯定了顺德的产权制度改革,省委正式做出向全省推广顺德产权制度改革经验的决定。广东的企业产权改革在这样的情境下得以顺利推进。②

2) 积极探索股份制试点改革,创新国有资产监管体制。自20世纪90年代中期开始,广东确立了国企改革的方向——建立"产权清晰、权责明确、政企分开、管理科学"的现代企业制度,制订建立现代企业制度试点改革方案,选择175家企业作为试点单位,进行股份制改革。针对国企产权模糊、出资人缺位的问题,以产权制度改革为核心,以公司制为形式实施改革。广东的公司制改革自20世纪80年代起已在试点,在90年代形成改革高潮,逐步完善并形成了由国资、外资和民资共同参股的混合所有制经济。实践表明,作为现代企业一种重要的资本组织形式的股份制及其治理架构,有利于使所有权与经营权相分离,有利于国有企业形成相对自主独立的控制权,有利于转变国企经营机制、提高国有资本效益,是公有

---

① 转引自王珺、赵祥编著《先行者的探索:广东改革开放40年》,广东经济出版社2018年版,第124页。
② 参见黄挺著《改革思行录》,红旗出版社2008年版,第8~10页。

第二章　经济发展：从"三来一补"到创新驱动

制的一种有效实现形式。

广东的国企改革一直坚持"抓大放小"的方针，促进了广东国有经济和经济整体的高速发展。对于国有大中型企业，按规范的公司制进行改造，深圳还推出了"深发展""深能源"等一批大型国企向国际招标。广州、佛山和惠州等地实施集团发展战略，通过调整重组，发展了一批大型骨干型国企，包括广汽集团、珠江啤酒集团、佛山塑料集团和佛山照明股份有限公司等大企业，这些改革促进了支柱产业大发展。同时，广东的国企改革还注重深化企业内部改革，健全公司内部治理结构。针对国有中小企业在改制中遇到的种种政策性阻力和问题，为加快改革步伐，1997年12月，广东省政府出台了《关于加快放开公有小企业的通知》，鼓励各地放开搞活中小企业，鼓励国有小微企业从实际出发、大胆创新，选择改制的具体形式，不搞"一刀切"。该文件还要求各地加强领导，抓好配套改革，妥善安置职工和离退休人员。截至20世纪90年代末，全省85%以上的中小企业实行了改制、转制。

深圳率先创新国有资产监管运营体系。国企改革中，如何有效监管国有资产也是一个重大课题。国资监管问题是一个世界性难题。随着广东国企改革进入到整体推进阶段，改革创新国资监管体制和运营机制的问题就变得越发突出了。为此，省委、省政府很重视，省经济体制改革委员会也在积极探索。1994年，深圳开创出"国资委—运营机构—企业"三层次架构的国有资产管理和运营体系。该架构解决了长期困扰国企改革发展的政企、政资不分和出资人虚位的问题，但由于认识不一致，有的地方成立了国有资产监督管理委员会（简称"国资委"）但不久又撤销了，有的地方没有搞起来。由于阻力较大，这项改革进展缓慢。国资管理体制问题没有解决，大型国企体制改革也未得到深化。1996年起，顺德在实施公有企业产权制度改革的同时，还实施了公有资产管理制度改革，建立起三个层次的公有资产管理架构。第一个层次，市、镇政府分别成立公有资产管理委员会（2001年改为公有资产管理办公室），负责市、镇公有资产的宏观管理与监督；第二个层次，根据公有资产状况和经济发展需要，设立若干公有资产的管理经营公司，保障公有资产的保值和增值；第三个层次，针对公有独资企业、控股企业和参股企业，根据现代企业制度要求，设立董事会、监事会和股东会，建立起责权分明、相互制约的公司法人治理架构，拥有公有资产管理委员会授权占用的公有资产的法人财产权，通过自主经营、自负盈亏、照章纳税，保障公有资产的保值和增值。这三个层次的公有资产管理架构分别负责公有资产产权管理、资产运营及企业经营管理。至于企业的行业管理、社会事务管理等，顺德是按照专业化和属地化原则，由行业协会或企业所在地相应的组织进行管理，并逐步向社会化和社区化过渡。广东的国资监管改革为国家层面的改革提供了经验。

3) 率先探索农村股份制改革。起始于农村的中国改革一经开启就引发了中国历史性的变化，从家庭联产承包责任制到乡镇企业的崛起，改革彻底改变了中国农村的生产关系，改变了农村的经济构成。随着乡镇企业的不断发展壮大，一条中国式的农村工业化道路被开辟出来。由此导致原先以简单的行政手段进行的乡村管理模式逐渐被需要运用多种手段进行管理的复杂化模式所取代。在先行一步的珠三角地区，家庭联产承包后，农民的生产积极性被充分激发出来，一部分有能力的农民苦于没有更多的"用武之地"；而一些承包了土地的农民"洗脚上田"，成为经商者或从事第二、第三产业，厌恶种地的农民弃耕、厌耕，土地被荒置。这就出现了"有人没田耕、有田没人耕"的土地经营状况，土地资源没有发挥更大的作用。此外，土地分包经营，承包金过低，不利于壮大集体经济，不利于提高农民二次分配收入，也不利于办好农村社会福利事业。随着招商引资的推进，还出现了土地市场供不应求的情况。这些问题都严重制约着农村经济的发展，阻碍着工业化进程，亟待寻求新的经济发展模式。

1994年年初，中共广东省委书记谢非到南海西樵山召开农村股份合作制现场会，明确表示富裕地区的农村可以学南海，希望将南海模式推广到其他珠三角地区。此后，南海模式很快风靡珠三角地区，佛山、广州、深圳等地的农村地区相继进行了土地股份制改革，推动了工业化进程。

继南海率先改革之后，顺德也不断探索深化农村综合改革。1993年8月和1994年2月，顺德市委、市政府先后发布了《中共顺德市委、市政府关于深化农村改革的决定》《关于改革村委会建制，推行农村股份合作制的若干政策规定》，正式拉开了顺德农村综合改革的序幕。顺德的改革措施包括：①改革村委会建制。以原管理区为单位设置村委会和股份合作社，实行两个牌子、一套人马。②推行农村股份合作制。做好清产核资，把原生产队的财产并归股份合作社，股份金额量化入社，制定股份合作社管理办法。③进行土地承包制的改革与完善。实行"三改"，即改长期承包为3~4年的短期承包，改分包为投包，改分散承包为连片承包。要求

第二章 经济发展：从"三来一补"到创新驱动

股份经济合作社在发包土地前要规划好农田保护区、工业开发区和商业住宅区，以利于集体经济发展。

随着城乡一体化、城镇化和市场经济体制改革进程的加快，顺德农村股份合作社又出现了新矛盾和新问题。比如，村民自治后村民参与动机强化与村级民主管理体制相对滞后的矛盾，股份合作制内在的制度缺陷与农村产权制度改革深化的矛盾，等等。为解决这些新问题和矛盾，顺德于2001年7月通过了《中共顺德市委 顺德市人民政府关于进一步深化农村体制改革的决定》，开启了第二阶段的深化改革：突破保守僵化思想，转变观念，实施村改居、转变村委会职能、股权固化、资产量化的产权市场化改革以及资源集约化、区域集约化、发展建设集约化等提高资源配置效率的改革。顺德的改革探索特别是第二阶段的改革触及农村管理体制的根本性改革，最能体现顺德人不断与时俱进、开拓创新的改革精神，为全省的改革提供了经验，对我国现行农村管理体制改革探索提供了一个方向。顺德实施的一系列综合改革使顺德连续多年高居全国百强县前列，促进了顺德的工业化、城镇化进程，成就了一批本土企业家和国内外著名企业，奠定了顺德的制造业基础，营造了其法制化的营商环境。

此外，广东的股份合作制改革模式还有广州市天河区探索建立的"社区型股份合作制"。这类股份合作制最初是在村级农民集体通过明确集体资产、规范收益分配的前提下自发组织起来的，不同地区的股权结构的设置有很大差别。广州市天河区在1987年间就有十几条村进行股份合作制试验，股权结构设置包括集体积累股、社员分配股。集体积累股主要由集体资产清产核资而来，一般占60%以上；社员分配股是由集体资产拆分给社员的，一般占40%以下，有分红权，但不能公开流通和私下转让。天河区社区型股份合作制是城镇化进程的产物，是城中村在适应快速发展的城镇化要求而由当地开创的一种集体经济发展模式。不论是社区型还是土地型农村集体经济，股份合作的股权设置都充分尊重了集体和社员的利益。集体是最大股东，具有控股权，实际掌握着合作制经济实体的控制权和发展权；社员利益同时得到充分体现，农民有权参与经营管理、利益分享并进行监督。该制度明确了农村利益结构，完善了农村利益分配关系，规范了集体资产的治理结构，促进了农村集体经济发展模式从粗放型向集约型转变，通过要求股份合作社承担社区服务和社会管理等公共职责，以"三提五统"方式提供社区教育、治安、水利工程及道路和困难人群救助等公共产品和服务，从而改善了乡村治理状况，保证了农村集体经济发展服务农村的基本宗旨。①

肇始于工业化、城镇化的广东农村土地股份制改革是一次制度创新，是农村体制改革的阶段性探索，符合时代要求。农村股份合作制的改革与完善，表面上是农村社区合作经济组织形式的改变，实质是农村分配机制的改革与完善，是明晰农村产权制度、维护与保障农民利益的政策创举；改革农村区域建制、加大农村区域重组力度以及改造"城中村"等一系列改革，打破了妨碍城镇化的制度约束，促进了资源的集约利用，为加快城镇化提供了制度支持。农村体制改革涉及利益关系大调整、管理体制大转变、发展路向大变革，是体制创新之路。顺德实施的农村综合体制改革经验表明，农村体制改革是一项政治性强、涉及面广、影响深远的社会系统工程，改革需要综合协调，各个方面相互促进、不可分割，任何孤立、单项的改革都无法取得根本性成功；农村体制改革是一个系统的、动态的过程，改革需要不断完善。②只有与时俱进，不断适应经济社会发展的趋势变化和要求，在改革、发展与稳定中求得内在的平衡，才能把握改革的主动权，赢得改革的成功。经过近20年的农村股份合作制改革，随着城市更新和功能的升级，农村股份合作制特别是城中村的股份合作制又面临许多新的不适应以及新矛盾和问题，需要尽快解决与完善。但不管怎样，农村体制改革都是我国市场经济体制改革的重要组成部分，面对新的历史时期和发展新态势，需要进一步通过与村集体股份合作社及其成员进行互动化、科学化、民主化的探讨和决策，不断改革创新体制机制。

2. 继往开来，改革迈入"深水区"（2002—2012年）

伴随着经济快速发展，广东多年蝉联全国第一经济大省，但在经济规模快速扩张的同时，广东经济社会发展存在的结构性、深层次矛盾也日益凸显。广东经济的快速增长严重依赖资源要素的高投入和高消耗，经济发展的土地、资源和环境的约束日益趋紧，长期增长潜力遭到透支。此外，改革开放以来，广东各地政府过度关注本地区的经济发展速度，把有限的

---

① 参见刘炜《农村集体经济产权的股份制改革及其优化》，载《华南农业大学学报（社会科学版）》2006年第3期。

② 参见郑年胜主编《迈向行政管理现代化——顺德行政体制改革实践》，广东人民出版社2002年版，第139～187页。

资源大多数用在经济建设上,专注于追求任期内的经济增长,导致一些重要的政府职能缺失。一些本应主要由政府提供的公共产品,如医疗、卫生、教育等被推向了市场,政府的公共服务和社会管理职能发挥不充分,导致公共产品和公共服务供给不足,文化、教育、卫生和社会保障等社会事业发展滞后。这又反过来进一步限制了居民消费能力的提升和消费需求的增长,导致经济发展出现投资依赖症,加大了经济转型升级的难度。这些问题的存在,意味着广东的改革逐步迈入"深水区",需要对经济社会发展中长期存在的深层次问题进行解剖并找到解决问题的方法。

(1) 推进珠三角转型升级与一体化发展。

1)《珠三角改革发展规划纲要(2008—2020年)》颁布。广东在经济规模快速膨胀的同时,其发展也存在不少突出的结构性问题。特别是2008年国际金融危机的爆发,导致广东经济发展的内外环境恶化。为了应对挑战,2009年年初,国家发改委牵头制定了《珠三角改革发展规划纲要(2008—2020年)》(简称《纲要》),赋予珠江三角洲地区更大的自主权,支持广东率先探索经济发展方式转变、城乡区域协调发展、和谐社会建设的新途径与新举措,要求广东通过进一步深化改革走出一条生产发展、生活富裕、生态良好的文明发展道路,为全国的科学发展提供示范。《纲要》颁布实施以来,珠三角一体化作为一项国家规划,成为广东省和珠三角九市政府工作的重点任务,广东省委、省政府采取了一系列措施推动着珠三角一体化。其具体措施包括三个方面。①设定一体化的发展目标。国家发改委代表中央政府在《纲要》中明确了珠三角的战略定位和发展目标,提出了涵盖五大建设、九个方面的重点,并从地区生产总值、人均地区生产总值、城镇化水平三个量化指标方面对珠三角2012年要实现的中期目标、2020年要实现的长期目标做出了具体的规定。②完善一体化工作机制。广东省和珠三角九市政府均设立了实施《纲要》领导小组及其办公室,以更好地集中和调度人、财、物、政等各方面资源。建立了领导小组成员全体会议、领导小组组长碰头会、专项工作协调会等会议制度,形成了自上而下的垂直领导体系。领导小组为议事协调机构;办公室为领导小组的日常工作机构和办事机构,承担统筹规划、组织协调、监督评估等职能。广东省委、省政府采取了"横向任务包干"与"纵向任务包干"相结合的方式落实工作责任,分解《纲要》的指标和任务。③完善结果导向的一体化政绩考核机制。为了保证《纲要》所设定的目标落到实处,广东省建立了一套完善的贯彻实施《纲要》的考核问责机制，对各级政府和部门推进区域一体化工作进行结果导向的政绩考核。广东省政府于2009年年末专门出台了《实施〈纲要〉评估考核办法（试行）》。这套绩效考核体系与传统的政绩评价体系不同，它采用定量与定性考核结合的形式，通过设置不同的考核项目和权重，评估考核珠三角各市和各单位贯彻实施《纲要》的工作情况。

2）现代产业体系建设。为了应对珠三角发展所面临的严峻挑战，《纲要》提出的另一项重要任务就是构架现代产业体系。为此，广东省政府于2010年9月正式印发了《广东省现代产业体系建设总体规划》，大力推进产业转型升级。广东将现代产业500强项目建设和战略性新兴产业的培育工作作为现代产业体系建设的两大工作抓手。现代产业500强项目覆盖面广，涉及战略性新兴产业、先进制造业、现代服务业、优势传统产业和现代农业，在具体工作过程中各有侧重。战略性新兴产业以自主创新和产业化为重点，重点发展新电子、新能源汽车、新光源"三新"产业，要求在规划期内形成3～5个产值超千亿元的战略性新兴产业集群。为了达成建设现代产业体系的目标，广东制定了一系列配套政策措施，强化对现代产业体系建设的财税、金融、土地和人才等方面的支持，形成了配套完善的政策扶持体系。其具体内容如下：第一，加大财税支持力度。统筹安排省级财政性专项资金、国家预算内资金和产业专项资金，重点支持现代产业500强项目建设。设立现代产业500强项目财政专项资金，"十二五"期间，每年安排10亿共50亿元支持现代产业500强项目建设。设立战略性新兴产业发展专项资金，"十二五"期间每年安排20亿共100亿元重点支持引导发展战略性新兴产业。第二，完善投融资政策。对被列入《广东现代产业发展指导目录》的投资项目，享受国家和省鼓励类产业产品相关支持政策。建立现代产业资金导向机制，500强项目企业享受省直通车服务，在规划布局、审批核准及重点项目安排、资金补助和贷款贴息等方面给予支持。拓宽民营经济准入范围和领域。限制人均投资低于10万元的新建劳动密集型制造业项目进入珠三角核心区，推荐金融机构对500强项目优先给予信贷支持。推动中小企业发行集合债券，鼓励500强项目企业发行企业债券、短期融资融券和中期票据，支持500强项目企业上市融资。争取与国家联合设立新兴产业创业投资基金，争取国家支持募集建立若干产业投资基金。第三，落实土地支持政策。对于指导目录范围内的项目,优先安排用地;对于自主创新能力强的项目,优先安排在高新区落户。第四,加强人才引进和培养。对500强项目引进的产业化领军人才、企业博士后人才、创新团队和高级管理人才、入选创新科研团队和领军人才引进计划的人才,在专项工作经费、住房补贴等方面给予优先支持,加快技能人才培训网络平台、技能人才培训示范基地建设,引导和扶持各高等院校、职业技术院校围绕建设现代产业体系调整优化学科专业设置。以现代产业体系为依托,大规模推进职业教育校企合作,保障校企合作法制化、常态化。第五,加强自主创新。通过产学研相结合等方式建设国家级和省级重点工程实验室、工程技术中心、企业技术中心以及共性技术创新平台。大力推进企业与高校深度合作,共建相关领域重点实验室、工程技术研究开发中心,合作开展相关领域科学研究和促进科研成果转化及产业化,支持企业与科研院所合作承担国家重大科技项目。建立完善包括技术标准、管理标准和工作标准在内的现代产业标准体系,对指导目录内的领域优先制定相关标准。制定本地首台(套)重大装备认定办法,建立使用本地首台(套)重大装备风险补偿机制。推进政府对自主创新产品的采购和订购,支持引进一批满足发展现代产业体系需要的关键领域专利核心技术。第六,深化企业改革。加快国有企业产权多元化改革,支持行业龙头、优势企业兼并重组,在省属国有企业进行现代服务业兼并重组试点,在现代物流等现代服务业领域组建一批龙头企业。完善国有企业法人治理结构,在省属企业建立规范的董事会制度。鼓励工业企业将属于第三产业的业务从企业经营范围中分离出来,成立专业服务业企业。

(2)推进省内产业转移与区域经济协调发展。

1)广东区域经济发展失衡情况。① 进入21世纪以来,伴随着整体经济的快速发展,广东省内部不同区域之间经济发展失衡的问题日益凸显,呈现了典型的"中心—外围"区域经济发展格局。广东的理论界和政府部门将全省划分为4个经济区域,即经济发达的珠江三角洲经济区,以及经济发展相对落后的北部山区经济区和东、西两翼经济区。② 作为广东省经

---

① 参见赵祥著《产业集聚、扩散与区域经济协调发展》,广东人民出版社2013年版。
② 珠江三角洲经济区包括广州、深圳、珠海、佛山、江门、中山、东莞、惠州和肇庆九市。北部山区经济区包括河源、清远、梅州、韶关和云浮五市。东翼经济区包括粤东的汕头、潮州、揭阳与汕尾四市,西翼经济区则包括粤西的湛江、茂名和阳江三市。

济发展的中心区，改革开放以来，珠江三角洲经济区的工业化和城镇化水平快速提高，产业和人口集中度不断提高，成为全国重要的经济发达地区之一，而作为外围地区的北部山区与东西两翼经济区工业化和城镇化进程缓慢，与珠三角地区之间的经济差距不断扩大。

珠三角地区土地面积为5.48万平方公里，占全省土地面积的比重约为30.5%。2000年，珠三角地区生产总值为8 422亿元，占全省的比重为75.22%；东翼、西翼与山区的生产总值分别为1 067亿元、951亿元和756亿元，三者合计占全省的比重为24.78%，与珠三角地区的差距明显。到2007年，珠三角地区生产总值增加为25 760亿元，占全省的比重上升为79.84%；东翼、西翼与山区的生产总值分别为2 077亿元、2 327亿元和2 100亿元，三者合计占全省的比重下降为20.16%，与珠三角地区的差距进一步扩大。上述经济总量上的差距实际上是投资、出口和消费在广东省各区域之间不均衡分布的结果。2007年，珠三角全社会固定资产投资占全省的比重为74.2%，外贸出口占全省的比重为95.9%，社会消费品零售总额占全省的比重为73.71%；而东西北地区这三项指标合计分别仅占全省的25.8%、4.1%和26.29%。

从产业发展的视角来看，珠三角地区工业化进程在全省处于领先地位，全省80%以上的工业产出集中在珠三角；而东西北地区工业化进程缓慢，占全省工业增加值的比重不足20%。2000年，珠三角占全省工业增加值的比重为80%，东翼为9.5%、西翼为6.1%、山区为4.4%，东西北地区增加值合计占全省工业增加值的20.1%；到2007年，珠三角占全省工业增加值的比重上升为84.8%，而东翼为4.3%、西翼为4.9%、山区为6%，东西北地区增加值合计占全省工业增加值的比重下降为15.2%。

从人均指标来看，2000年珠三角人均GDP最高，达到20 278元；东翼、西翼和山区分列第二、第三和第四位，人均GDP分别为7 294元、7 099元和5 344元。珠三角人均GDP相当于水平最低的山区的3.8倍。到2009年，珠三角仍然是人均GDP最高的地区，达到了67 407元。其余各区域的位次有所变化，西翼位列第二，人均GDP为18 816元；山区上升为第三位，人均GDP为16 726元；东翼则从第二位下降为第四位，人均GDP为16 665元。珠三角人均GDP相当于水平最低的东翼的4.04倍。虽然东西北地区的人均GDP排位有所变化，但广东区域经济发展的基本格局没有实质性的变化。

第二章 经济发展：从"三来一补"到创新驱动

2）广东推进省内产业转移的做法。从 20 世纪 90 年代后期起，珠三角地区产业和人口高度集聚所引致的拥挤成本开始显现，在市场力量的作用下，产业自发向外转移的现象逐渐增多。一些劳动密集型、低附加值产业为了降低成本纷纷向外转移，珠三角边缘地区（主要包括江门、惠州、清远和肇庆）是这些产业转移的主要目的地。不少以陶瓷、金属制品、纺织服装、玩具和鞋子等为生产内容的企业成批向肇庆、惠东、清远和河源等地转移，并在当地迅速形成较大的生产规模。随着产业向粤东西北地区转移，粤东西北地区的经济步伐开始加快。与此同时，广东省政府也有意识地将推进产业从珠三角向粤东西北地区扩散作为解决区域发展失衡问题、促进区域经济协调发展的重要手段，不断出台多项鼓励产业区际扩散的政策措施，对产业区位的市场选择过程进行干预，加快珠三角产业向粤东西北地区转移。

为了推进省内区域经济协调发展，自 2005 年起，广东省出台了一系列政策措施，鼓励产业从珠三角中心区向粤东西北地区转移。2005 年 3 月，省政府出台了《关于我省山区及东西两翼与珠江三角洲联手推进产业转移的意见》（简称"22 号文"），该文件第一次在全国确立了欠发达地区承接产业转移的"园区化"模式，有力地推动了大规模集群式产业转移的进程。其基本做法是：在省政府的统一协调下，粤东西北地区与珠三角地区有关地方政府在自愿的基础上签订合作协议，联手推进珠三角的产业扩散。按照合作协议，由粤东西北地区的地方政府在本地经国务院、省政府批准设立的开发区、工业园区、高新技术产业开发区或土地利用总体规划确定的建设用地中，整体或部分划出一定面积的土地设立产业转移园区，主要用于承接珠三角地区的产业扩散。珠三角合作方负责园区的规划、投资、开发、建设和招商引资等工作，粤东西北地区合作方负责提供园区建设用地，并进行园区外部基础设施建设；合作双方按约定比例分享园区内企业缴纳的流转税和所得税中的地方留成部分。这种产业转移园制度的实施，创建了一种珠三角和粤东西北地区的利益共享机制，有助于引导各地政府从竞争走向合作，不仅在很大程度上推进了广东省内产业的区际扩散，也使产业扩散呈现出集群化、园区化的特点，提高了欠发达地区的土地利用效率和产业集聚水平。此后，广东省有关部门相继出台了《广东省产业转移工业园认定办法》《关于支持产业转移工业园用地若干意见》《广东省产业转移工业园外部基础设施建设省财政补助资金使用管理办法》《关于我省山区及东西两翼与珠江三角洲联手推进产业转移中环境保护工作的若干意见》等一系列与"22号文"相配套的政策文件，在全省范围内大力推进产业转移园建设。到2008年，广东省又出台了《中共广东省委 广东省人民政府关于推进产业转移和劳动力转移的决定》以及7个配套文件，省财政在5年内投资400亿元用于实施产业和劳动力的"双转移"战略，在大力推进区际产业扩散的同时，努力促进粤东西北地区剩余劳动力由农业向第二、第三产业转移。2008年，美国次贷危机爆发后，为减小全球性经济衰退对区际产业扩散的负面影响，2008年11月，广东省决定从2009年起4年内每年安排5亿元产业转移专项奖励资金，用于奖励向粤东西北地区转移的珠三角地区企业；重点抓好粤东西北地区示范性产业转移园区建设，将原计划2009—2012年作为重点产业转移园专项资金安排的60亿元提前至2009年支出，并从2009年起4年内每年支出7亿元用于粤东西北地区的劳动力培训。

在上述一系列鼓励性政策措施的推动下，广东省内区际产业扩散呈现出集群化、园区化和规模化的特点，产业扩散的步伐加快。截至2011年年底，广东全省共建立了35个产业转移工业园。2011年1—6月，全省产业转移工业园共实现产值1 420.99亿元，缴纳税费61.26亿元，同比分别增长104.3%和44.8%。园区经济的持续快速发展，一方面有力地拉动了欠发达地区的经济发展，另一方面也有力地促进了珠三角地区产业的升级转型。

（3）进行公共财政体制改革。随着市场经济的快速发展，政府以往深度介入经济活动带来的负面影响日益显现，财政投资办企业不仅造成经济、社会秩序混乱，还带来了财政管理体制上的混乱，财政部门的职务犯罪数量大幅度上升，财政部门不得不对财政资金的安全问题给予高度重视，进而开始建立财政资金监管体系。自2001年起，开始全面实施公共财政制度，进一步深化改革，建立和完善公共财政体系，进一步从制度上规范财政与各部门单位的账户、资金、工资津贴和行政事业单位财产管理的关系；通过公共财政制度向市县、乡镇一级的延伸，推动公共服务向农村延伸；贯彻落实农村税费改革，取消农业税，切实推行农村义务教育，更加注重社会公平；广泛利用信息化技术手段，推进财政改革，加强财政管理和财政监督。这次改革的具体措施如下：①推进省级国库集中支付改革。2003年1月，开始全面启动省级国库集中支付改革试点工作。截至

第二章 经济发展：从"三来一补"到创新驱动

2005 年年底，先后将 111 个部门共 401 个预算单位纳入省级国库集中支付改革试点，改革覆盖到所有一级预算单位，并初步实现了与省人大财政经济改革委员会的联网。同时，各级财政部门结合本地区实际情况，陆续开展改革试点。2004 年，进行省级预算管理和国库集中支付系统整合改革。②全面推行预算管理改革。2000 年，开始部门预算改革，省级财政 2000 年选择了省委办公厅、省府办公厅、省监狱管理局等 7 家单位作为部门预算改革试点单位。2001 年，进一步扩大试点范围，省级部门预算试点单位达到 27 个。2002 年，省级部门预算改革全面铺开，按时完成了 102 个省直单位的部门预算编制并提交省人民代表大会审批。2003 年，所有地级市和绝大部分县（县级市、区）都已开展改革工作。2004 年，广东省级继续深化和完善部门预算改革，加强了项目支出预算管理，选择了省信息产业厅和省残疾人联合会作为试点，实行项目预算滚动管理。2005 年，项目预算滚动管理在试点的基础上全面推开，所有省级单位都试行项目预算滚动管理。③进行财政支出绩效评价。2003 年，开展财政支出绩效评价试点。2004 年，设立了全国第一个省级财政支出绩效评价机构，省财政厅率先设立全国第一家绩效评价处，对政府部门财政支出的 500 万元以上项目的专项资金实行了绩效评价，对各地区开始实行专项资金的绩效预算。2003 年，对 14 个由省财政扶持的各 3 000 万元的民营科技园建设补助资金的使用效益进行评价。2004 年，开展了老区小学改造和山区公路建设等项目的绩效评价。2005 年，全面铺开了部门预算单位对 2004 年度完成的 500 万元以上项目或跨年度项目进行自我绩效评价工作。通过绩效评价，广东率先在全国建立了基于绩效预算和评估的财政管理新机制。④完善财政资金监管体系。2004 年，开展省直党政机关事业单位经营性资产清理工作，按照省委、省政府的部署，分宣传发动、清理核查、资产处置、规范管理四个阶段组织实施。在开展了基础性工作之后，省财政厅成立了行政事业资产管理处和行政资产物业管理中心，将资产管理纳入日常管理。2004 年年底，省财政会计服务中心成立，开展省级财务核算集中监管改革具体实施工作。改革的主要内容是在保持预算单位的资金使用权不变、财务管理权不变、会计核算权不变（"三权不变"原则）的情况下，通过"两统一，一系统"（统一预算单位会计核算规程，统一预算单位会计核算软件，建立一个"大集中"模式的财务核算集中监管系统），实现财政部门对财政资金使用全程进行实时、直接、无"盲点"监管。⑤

注重财政资源分配的公平性。在财政资源分配上,这一时期的改革措施更加注重社会公平导向。具体内容包括:大力推进农村税费改革,大幅度减轻农民负担,并最终取消农业税;加强农村义务教育的投入,免收农村贫困家庭子女书杂费到普遍免农村子女书杂费,免费安排农村贫困家庭子女读职业技术学校;加强对农村、农业、农民的投入和支持,村村通公路、改水、改灶、改房,粮食直补,加大农村小型水利建设的投入;支持建立新型农村合作医疗和困难救助制度;解决"四难"(读书难、看病难、就医难、打官司难),实施城市最低生活保障、下岗职工再就业培训等。

(4)进行商事登记制度改革。商事登记制度作为国家管理市场、调控经济的基础性制度,经过多年发展,相关的登记法规已逐步完善。但由于长期受计划经济的影响,现行商事登记制度与经济社会的新发展要求仍待磨合。广东省积极开展了商事登记改革方面的探索。2012年3月,国家工商总局(现为国家市场监督管理总局)向广东省工商行政管理局(简称"广东省工商局")下发了《关于支持广东加快转型升级、建设幸福广东的意见》。该意见明确提出:"支持广东省在深圳经济特区和珠海经济特区横琴新区开展统一商事登记制度改革试点,在保障各类商事主体登记的地位平等、规则公平、标准统一等方面积极探索、积累经验。"广东省商事登记改革试点逐步推开。

1)主要举措。2003年,广东省工商局发布《关于改革企业登记注册工作的若干意见》等文件,首次提出"试行企业法人资格和经营资格相分离的登记制度";并明确提出,符合企业法人条件、经营项目需前置审批而暂未取得批准文件的,经企业申请,可核发企业法人营业执照,经营范围可核"筹办",待企业完备前置审批手续后,再据以核定经营范围。企业法人因重组改制或经营不善或丧失经营能力而停止经营,企业要求保留企业法人资格、取消经营资格的可予核准,原经营范围予以删除,改核"仅供清理本企业债权债务使用"。这些改革措施可以说是新时期广东商事登记改革迈出的第一步,为后续改革的推进积累了经验。

2008年,广东省工商局下发《关于全力支持创业带动就业的意见》等多项改革政策文件,推行登记注册"零首期"、允许困难企业延期出资等改革措施,进一步放宽住所、经营范围登记条件,被誉为工商"新政",引起社会强烈反响。2012年,根据国家工商总局文件精神,广东省工商局多次召集深圳、珠海两市企业登记部门研究和启动商事登记制度改革试

第二章　经济发展：从"三来一补"到创新驱动

点工作，积极指导佛山市顺德区和东莞市大朗镇的商事登记改革试点工作。2012年10月30日，深圳市人大常委会通过了《深圳经济特区商事登记若干规定》，并于2013年3月1日起实施。为确保横琴新区商事登记改革试点顺利推进，广东省工商局代拟了《珠海经济特区横琴新区商事登记管理办法》，并于2012年5月经珠海市政府常务会议审议通过，以"政府令"形式颁布实施。2012年5月28日，横琴新区工商局挂牌成立，当日颁发了横琴新区第一张商事登记营业执照。根据省委、省政府的要求，广东省适度扩展了商事登记试点范围。2012年5月16日，东莞市政府办公室印发《东莞市商事登记制度改革试点工作实施方案》，确定在该市大朗镇开展改革试点。2012年6月15日，省政府批复同意东莞开展商事登记制度改革试点。2012年7月30日，佛山市顺德区人民政府印发《顺德区商事登记制度改革实施办法》，进一步明确商事登记改革的有关内容及操作。

2012年8月，国务院印发《关于同意广东省"十二五"时期深化行政审批制度改革先行先试的批复》（简称《批复》），明确支持广东进行改革试点，推进行政管理体制改革，完善社会主义市场经济体制。2012年11月23日，国家工商总局同意将广东省试点地区扩大至深圳市、珠海市、东莞市和佛山市顺德区，明确同意试点地区可以根据改革实际相应调整营业执照部分登记事项的登记方式；同时要求广东工商部门要在省委、省政府的领导下，坚持统筹规范，注重市场主体登记与监管制度改革的整体推进，继续改革创新、先行先试，为建立和完善中国特色社会主义商事登记制度积累实践经验。按照《批复》的精神，2012年11月29日，珠海市人大常委会审议通过了《珠海经济特区商事登记条例》，将登记改革试点范围扩大至全市，定于2013年3月1日起实施。2012年12月3日，东莞市正式在全市推行商事登记制度改革。

深圳市、珠海市横琴新区、佛山市顺德区、东莞市大朗镇四地商事登记改革试点，既有较强的统一性，也体现了一定程度的差异性。四地改革的基本原则均是"宽入严管"，改革的落脚点均在于探索与广东经济社会发展相适应的市场主体登记、审批及监管制度。但是，4个地区的经济社会发展状况不尽相同，具体的改革举措也存在一定的差异性，总体而言，这4个地区的改革可划分为特区模式和非特区模式两种类型。特区模式以深圳和珠海为代表，上述两地均有特区立法权，均就商事登记改革进行了特区立法。非特区模式以佛山市顺德区和东莞市大朗镇为代表，这两个地区无特区立法权，先后以地方政府规范性文件的形式就商事登记改革事项予以明确。相对来说，特区模式的改革措施力度更大、更超前，具有较强的前瞻性；非特区改革模式则更多地注重改革前后的衔接性、稳定性，兼顾企业的现实需求。

4个地区商事登记制度改革相同的内容主要包括：企业登记注册与经营项目审批相分离（包括相关经营范围登记改革）；有限责任公司注册资本实行认缴制；企业住所与经营场所登记相分离，允许"一址多照"和"一照多址"，进一步放宽企业场所登记条件，简化场所证明；改革年检验照制度；建立商事主体信息公示与信用信息监管平台；明确商事登记机关与有关行政许可审批部门的监管职责，创新监管体制；等等。

4个地区商事登记制度改革存在差异的内容主要包括：在经营场所的审批方面，深圳和珠海横琴保留了经营场所的前置审批许可；佛山顺德和东莞大朗则将其统一归属于经营项目许可的范畴，并作为登记的后置审批许可。在经营范围登记上，深圳和珠海横琴规定了商事主体的经营范围通过章程载明，营业执照不具体显示[①]；佛山顺德和东莞大朗保留登记经营项目，登记机关实行较为宽松的核定政策，允许按照《国民经济行业分类》中的门类或大类表述。从改革适用范围来说，深圳和珠海横琴明确所有商事主体按照改革模式进行；佛山顺德和东莞大朗则考虑企业实际需求，允许市场主体自行选择改革模式或传统模式进行登记。此外，深圳和珠海横琴还提出公司秘书制度，佛山顺德和东莞大朗暂无该制度设计。珠海横琴提出个体工商户豁免制度，深圳、珠海横琴、东莞大朗提出全流程电子化登记年检改革，深圳和佛山顺德提出营业执照、组织机构代码和税务登记三证合一制度，等等。

2）广东商登记制度改革的成效。广东商事登记制度改革以来，随着各项改革举措的落地，各类市场主体的活力得到了充分的激发，社会投资创业热情进一步迸发，新登记企业数量增长迅速。截至2012年11月底，珠海市横琴新区、佛山市顺德区、东莞市大朗镇共发出商事改革后营业执照4 798张，其中珠海市横琴新区591张、佛山市顺德区1 461张、东莞

[①] 珠海横琴在经营范围栏加注"一般经营项目自主经营，许可经营项目凭许可批准文件或者许可证件经营"。

市大朗镇2 746张。其中,横琴新区企业新登记数与去年同期相比增长了4倍多,占横琴原有729户企业的81%。顺德区新登记有限公司同比增幅达27.2%,大朗镇新登记市场主体增幅达79%。截至2012年11月底,全省企业实有户数达152.2万户,比上年年末增长10.2%。其中,私营企业实有户数达124.9万户,比上年年末增长12.7%。① 商事登记制度改革降低了市场准入门槛,极大地改善了投资环境。商事登记改革降低了对企业名称、注册资本、住所、经营范围等事项的要求,有效地减轻了企业的办事成本。企业登记注册与经营项目审批相分离的制度设计更是破解了前置审批限制,在很大程度上简化了企业登记注册手续和环节。实行商事登记改革的地区办照明显提速,登记时间普遍缩短至3个工作日内,部分业务实现了当天办结,企业办事有了良好的心理预期。

商事登记制度改革破解了"审批难"的困局,对推动行政审批制度改革发挥了积极的作用。企业登记是行政审批制度中的一个重要环节,广东省在商事登记方面先行先试,既积极推动了相关领域行政审批制度改革,又为深化企业登记制度改革创造了十分有利的条件。2012年8月,国务院批准广东省"十二五"时期在行政审批制度改革方面先行先试,广东又成为我国行政审批制度改革的先行者和探索者。

商事登记制度改革推进了部门职能转变,提升了工商部门市场监管效能。商事登记改革所确立的"谁审批、谁监管"及强化行业监管原则,强调行政管理要从过往侧重事前许可审批向加强事中和事后的监管转变,加快政府职能转变,着力构建"宽入严管"的新制度体系。同时,商事登记改革放宽了登记注册门槛,降低了准入成本,也是政府切实转变职能、还权于市场的重要举措。在这种转变过程中,市场主体的自我约束意识得到了增强,有利于引导市场主体依法登记、守法经营,进而推进企业信用体系建设。这有助于解决长期以来困扰工商行政管理部门"管什么"和"怎么管"的问题,促进工商部门合理配置行政执法资源,提升市场监管效能。

3. 践行中国梦,重塑发展优势(2012年至今)

党的十八大以来,中国特色社会主义进入新时代。广东省坚持以习近平总书记"三个定位、两个率先""四个坚持、三个支撑、两个走在前

---

① 参见尚平等《广东商事登记改革探索与实践》,载《中国工商管理研究》2013年第1期。

列"和"四个走在全国前列""四个方面要求"的重要讲话精神和系列指示批示精神来统揽工作全局，坚持改革不停步、开放不止步，统筹推进五位一体总体布局，协调推进四个全面战略布局，在推进供给侧结构性改革、实施创新驱动发展战略、建设粤港澳大湾区等改革征程中继续努力走在全国前列。

（1）从"三个定位、两个率先""四个坚持、三个支撑、两个走在前列"到"四个方面重要要求"。2012年12月7—11日，刚就任中共中央总书记的习近平就把广东作为地方考察的首站。习近平总书记视察广东，首要时代背景是党的十八大的胜利召开。党的十八大报告勾画了在新的历史条件下全面建成小康社会、加快推进社会主义现代化、夺取中国特色社会主义新胜利的宏伟蓝图。习近平总书记在广东视察时提出的"三个定位、两个率先"总目标要求所涉及的中国特色社会主义、改革开放、科学发展、全面建成小康社会、社会主义现代化5个关键词也正是党的十八大报告的主旨，"三个定位、两个率先"实际上是党的十八大精神在广东的具体化。

习近平总书记在讲话中如此回顾和强调广东的改革开放在全国发展大局中所起的作用："广东在改革开放中长期走在全国前列，党中央在研究推进全国改革开放的过程中，始终注意广东的实践和经验，鼓励广东大胆探索、大胆实践。1992年春，邓小平同志在广东发表了著名的南方谈话，要求广东20年赶上亚洲'四小龙'，并且说两个文明建设都要超过它们，这才是有中国特色的社会主义。2000年春，江泽民同志在广东考察时提出了'三个代表'重要思想。2003年春，胡锦涛同志在广东考察时提出了科学发展的要求。这一切都不是巧合，而是说明广东多年来敢闯敢试的探索和实践，为理论创新提供了丰厚土壤……30多年来，中央始终要求广东在改革开放中发挥排头兵作用、窗口作用、实验作用，广东不负中央重托，敢为天下先，经济社会发展取得举世瞩目的成就，综合实力实现历史性跨越，创造了举世瞩目的'广东奇迹'。广东改革开放的实践和成就，为全国改革开放和社会主义现代化建设做出了重大贡献。"①

展望未来，中国面临前所未有的机遇和挑战，仍然需要广东先行先

---

① 参见胡健、岳宗《改革不停顿　开放不止步——习近平总书记考察广东纪实》，载《南方日报》2012年12月13日。

第二章 经济发展：从"三来一补"到创新驱动

试，为全国的经济社会建设探路。习近平总书记对广东期望殷殷："希望广东全面深化经济体制改革，继续深化行政体制改革，加强和创新社会管理。希望广东积极发挥经济特区的带动作用，落实好粤港、粤澳合作框架协议，联手港澳打造更具综合竞争力的世界级城市群……面向未来，全面建成小康社会要靠实干，基本实现现代化要靠实干，实现中华民族伟大复兴要靠实干。广东广大干部群众一定能够在党的十八大精神指引下，解放思想、脚踏实地、埋头苦干，在全面建成小康社会、加快推进社会主义现代化生动实践中创造新的更大的业绩。"[①]

习近平总书记对广东提出了"三个定位、两个率先"的总目标要求：广东要努力成为发展中国特色社会主义的排头兵、深化改革开放的先行地、探索科学发展的实验区，为率先全面建成小康社会、率先基本实现社会主义现代化而奋斗。

1)"三个定位、两个率先"。"三个定位"即"发展中国特色社会主义的排头兵、深化改革开放的先行地、探索科学发展的实验区"。这"三个定位"实际上也是广东自改革开放以来一直扮演的角色。在新的发展阶段，习近平总书记要求广东加大先行先试力度，继续在发展中国特色社会主义、深化改革开放和探索科学发展方面走在前列。要求广东成为发展中国特色社会主义的排头兵，就是要求广东不能只在个别指标、个别方面成为排头兵，而是要在政治、经济、文化、社会、生态等方面都走中国特色社会主义道路，都成为排头兵。要求广东成为深化改革开放的先行地，就是要求广东继续发挥敢为人先的精神，在深化改革开放方面加大先行先试力度，要敢于突破现有政策、体制和既得利益格局的限制，率先探索实行一些前所未有的政策和做法。要求广东成为探索科学发展的实验区，就是要求广东通过改革实验寻求新的发展模式和路径。党的十八大报告强调，在当代中国，坚持发展是硬道理的本质要求就是坚持科学发展。在传统发展方式难以为继、新的发展方式还未出现的情况下，仍然要把发展放在第一位，发展带来的问题只有在发展中才能解决；但发展要符合市场经济规律，要符合自然和社会发展规律，要实现"五位一体"的平衡发展。"三个定位"之间具有内在的逻辑联系，如果说成为"排头兵"是要实现的

---

① 参见胡健、岳宗《改革不停顿　开放不止步——习近平总书记考察广东纪实》，载《南方日报》2012年12月13日。

目标的话，成为"先行地"和"实验区"就是实现目标的手段和路径。"三个定位"的核心就是要求广东在后危机时代找到建立新发展方式以及与之相适应的体制机制的道路。

"两个率先"即"率先全面建成小康社会、率先基本实现社会主义现代化"。"两个率先"紧密承接"三个定位"而来，是广东在认清、践行自身定位之后预期可达成的总体奋斗目标。全面建成小康社会、基本实现社会主义现代化都是我国经济建设"三步走"战略中的重要步骤。20世纪80年代，邓小平同志首先提出中国社会发展的"三步走"战略：第一步，1981—1990年，实现国民生产总值比1980年翻一番，解决人民的温饱问题；第二步，1991年至20世纪末，国民生产总值再增长1倍，人民生活达到小康水平；第三步，到21世纪中叶，人民生活比较富裕，基本实现现代化，人均国民生产总值达到中等发达国家水平，人民过上比较富裕的生活。此后，中央又根据变化了的实际不断细化这个战略构想。江泽民同志在党的十六大报告中提出："根据十五大提出的到2010年、建党一百年和新中国成立一百年的发展目标，我们要在本世纪头二十年，集中力量，全面建设惠及十几亿人口的更高水平的小康社会，使经济更加发展、民主更加健全、科教更加进步、文化更加繁荣、社会更加和谐、人民生活更加殷实。……经过这个阶段的建设，再继续奋斗几十年，到本世纪中叶基本实现现代化，把我国建成富强民主文明的社会主义国家。"党的十八大再次重申，确保到2020年全面建成小康社会，实现国内生产总值和城乡居民人均收入比2010年翻一番的目标。习近平总书记对广东提出的"两个率先"要求就是希望广东发展先行一步，率先完成全面建成小康社会目标，并在此基础上进一步率先迈向基本实现社会主义现代化的新征程，这种要求正是党的十八大报告中"鼓励有条件的地方在现代化建设中继续走在前列，为全国改革发展做出更大贡献"重要论述的体现和具体化。

2）"四个坚持、三个支撑、两个走在前列"。2014年5月10日，习近平总书记在河南考察时首次明确提出新常态概念，此后又在不同场合阐述了新常态的基本特征，系统提出五大发展理念、供给侧结构性改革等重大理论观点，形成了一整套新理念新思想新战略。2017年4月4日，广东省第十二次党代会召开前夕，习近平总书记专门对广东工作做出批示，充分肯定党的十八大以来广东的各项工作，希望广东坚持党的领导、坚持中

第二章 经济发展：从"三来一补"到创新驱动

国特色社会主义、坚持新发展理念、坚持改革开放，为全国推进供给侧结构性改革、实施创新驱动发展战略、构建开放型经济新体制提供支撑，努力在全面建成小康社会、加快建设社会主义现代化新征程上走在前列。习近平总书记对广东"四个坚持、三个支撑、两个走在前列"的批示要求，是在新常态的大背景下提出的，是对"三个定位、两个率先"的继承与深化。

习近平总书记对广东工作的重要批示，解决了在新常态下广东经济怎么干的问题，批示从战略和全局高度为广东发展把脉定位，完全符合广东实际。党的十八大以来，广东认真贯彻落实"三个定位、两个率先"的总目标要求，部署实施创新驱动发展战略和粤东西北振兴发展战略、推进珠江西岸先进装备制造产业带建设、加快推动外经贸转型升级、实施质量强省战略等系列工作，为全国推进供给侧结构性改革、实施创新驱动发展战略、构建开放型经济新体制提供了很好的支撑，在全国发展大局中发挥了重要作用，广东的做法与习近平总书记的批示精神高度一致。从这个意义上讲，"四个坚持、三个支撑、两个走在前列"与"三个定位、两个率先"一脉相承，是对广东与时俱进的新的更高要求。

"四个坚持"是广东改革发展的旗帜、方向和原则。党的领导是做好一切工作的根本保证；中国特色社会主义是必须牢牢把握的正确方向；新发展理念是经济发展新常态下必须始终遵循的战略指引，指明了"十三五"乃至更长时期我省的发展思路、发展方向和发展着力点；改革开放是决定广东事业兴衰的"关键一招"。"三个支撑"是广东的使命担当和发展路径。供给侧结构性改革作为当前和今后一个时期经济工作的主线，创新驱动发展战略作为经济社会发展的核心战略，构建开放型经济新体制作为统筹国内国际资源、拓展发展新空间的关键，关系改革发展全局，是广东把握、适应和引领经济发展新常态的必由之路。广东是中国经济大省、科技产业大省和外经贸大省，发挥"三个支撑"作用是广东义不容辞的使命和责任。广东要把供给侧结构性改革作为经济工作的主线，在振兴实体经济、推动制造业转型升级等方面做出表率、发挥支撑作用。要把创新驱动发展战略作为经济社会发展的核心战略，打造国家科技产业创新中心，加快形成以创新为主要引领和支撑的经济体系和发展模式。要服务国家外交战略，提高把握国内国际两个大局的自觉性和能力，加快构建开放型经济新体制，推动外经贸向更高层次跃升，当好代表国家参与国际竞争的主力军。"两个走在前列"是广东发展的奋斗目标，广东必须争取各方面工作都走在前列，不仅要在时间节点上体现率先，更要在发展质量和结构效益特别是结构调整上体现率先。

3)"四个走在全国前列"。2018年3月7日，习近平总书记参加第十三届全国人大第一次会议广东代表团审议并发表重要讲话，要求广东继续深化改革扩大开放，认真落实新时代党的建设总要求，在构建推动经济高质量发展的体制机制、建设现代化经济体系、形成全面开放新格局、营造共建共治共享社会治理格局上走在全国前列。习近平总书记重要讲话是做好新时代广东工作的强大思想武器和科学行动指南，广东对照"四个走在全国前列"要求，科学谋划、扎实推进广东工作，做出了"1+1+9"的工作部署。

4)"四个方面重要要求"。2018年10月22—25日，习近平总书记亲临广东视察指导并发表重要讲话，充分肯定广东工作，高度评价改革开放40年广东取得的成绩和创造的经验，要求广东高举新时代改革开放旗帜，以更坚定的信心、更有力的措施把改革开放不断推向深入，并对广东深化改革开放、推动高质量发展、提高发展的平衡性和协调性、加强党的领导和党的建设等四个方面提出了具体要求。

(2) 全面深化改革。党的十八届三中全会以来，广东按照中央决策部署，紧紧抓住经济体制改革这个核心，结合自身实际，在企业投资体制改革、行政审批制度改革、创新发展、国企改革等重点环节和关键领域持续发力，以重点领域改革牵引带动全面深化改革，更加注重落实中央的顶层设计，强化改革的系统性、整体性和协同性，全面深化改革取得了明显进展，对重塑广东发展新优势起到了积极的推动作用。

1) 企业投融资体制改革。新一轮投融资体制改革首先意味着政府要加快转变职能，要从传统的管控过多的领域中把自身解放出来，更加注重机制设计和监管框架的规范，更加重视发展公私合作伙伴关系，更加注重运用社会力量来实现对经济的调控和治理。党的十八届三中全会提出深化投资体制改革，确立企业投资主体地位，强调要建立透明规范的城市建设投融资机制。党的十八大以来，广东大力推进投融资体制改革，在企业投资体制改革以及运用市场化办法提高财政资金使用效益和撬动社会资本方面探索出了许多具有示范意义的经验做法。

为进一步提高投资管理效能，广东在全国率先开展企业投资管理体制改革试点。2013年印发《广东省企业投资管理体制改革方案》《广东省企业投资项目管理分类改革目录（暂行）》等文件，取消省管权限内企业投资项目核准，规定除需报国家核准的项目外，对广东省核准权限内的28类项目进行分类改革，其中不涉及公共资源开发利用的项目一律取消核准而改为备案管理。2015年，在总结试点经验的基础上，发布《广东省企业投资项目实行清单管理的意见（试行）》以及企业投资项目准入负面清单、行政审批清单、政府监管清单3份清单。

广东此轮企业投资体制改革重点围绕如下方面推进：①实行投资项目备案制，压缩前置审批事项，规范审批流程和标准，配套建设便捷高效的网上备案和行政审批系统，推行网上备案和"并联"审批。2015年3月开始全面实行企业投资项目网上备案。②实行企业投资项目负面清单管理，建立项目准入、行政审批、政府监管3份清单。负面清单管理改革直面政府自身存在的问题，在准入环节放权，在准入后强化监管，理顺了企业投资活动中市场作用和政府作用的关系。③加强事中事后的协同监管。放宽准入限制和压减前置审批条件，并不意味着政府可以放手不管了，监管压力将从事前转移到事中事后环节，对协同监管提出了很高要求。广东同步推进行政审批制度改革、工商登记制度改革、市场监管体系和社会信用体系建设，依托全省统一的网上办事大厅建设行政审批在线监管平台，一定程度上解决了监管协同问题。

广东的企业投资管理体制改革成效明显，企业投资项目备案数量占全部企业投资项目数量的比例2011年为60%，目前在90%以上，基本建立起以备案制为主的企业投资准入管理体制。企业投资审批事项较改革前压减30%左右。备案及行政审批效率的大幅提高，有力支撑了广东的投资增长。2012—2016年，全省固定资产投资年均增长15.1%。

2）财税体制改革。党的十八届三中全会对新一轮财税体制改革做了部署，广东认真贯彻落实中央全面深化改革的战略部署，2014年出台《广东省深化财税体制改革率先基本建立现代财政制度总体方案》，推动率先基本建立现代财政制度。具体改革包括：①预算管理制度改革。2015年，印发实施《广东省人民政府关于深化预算管理制度改革的实施意见》，提出开展零基预算、推进项目库改革、建立跨年度预算平衡机制等。主要开展了如下工作：推进零基预算改革，推进项目库管理改革，建立跨年度预算平衡机制，规范专项资金管理，完善转移支付制度。②省以下财政事权和支出责任划分改革。2014年起，广东开始新一轮省以下财政事权和支出责任划分改革。2017年3月印发《广东省省级与市县财政事权和支出责任划分改革实施方案》，明确了省级与市县财政事权和支出责任划分改革的目标任务及实施路径。③税收体制改革。2012年以来，按照中央部署，广东主要围绕优化税制结构、完善地方税体系、改进税收征管体制等重点领域推进税收制度改革。第一，全面推开营业税改征增值税试点；第二，探索建立符合实际的地方税收体系；第三，改进税收征管体制。④财政投入和资源配置方式改革。广东通过实施股权投资、设立政策性引导基金等方式，提高财政资金使用效益，加快在公共服务领域推广运用PPP模式。

3）科技体制改革。近年来，面对日益严峻的经济下行压力，广东把自主创新提高到前所未有的高度予以强调，不断改革完善科技创新的体制机制，以创新驱动引领经济发展方式转变。2012年以来，广东大力实施创新驱动发展战略，修订《广东省自主创新促进条例》，制定《广东省促进科技成果转化条例》，先后出台《中共广东省委　广东省人民政府关于全面深化科技体制改革加快创新驱动发展的决定》《广东省人民政府关于加快科技创新的若干政策意见》《关于加快建设创新驱动发展先行省的意见》等文件，并大力推进珠三角国家自主创新示范区和全面创新改革试验省建设，出台《珠三角国家自主创新示范区建设实施方案（2016—2020年）》《广东省系统推进全面创新改革试验行动计划》等，向科技体制改革要红利，许多创新性做法属国内首创，有力促进了广东的创新型经济建设。

一是深化科技管理体制改革。2012年以来，广东紧紧围绕科研项目和资金管理改革推进科技管理体制改革，加快实现由科技计划管理向科技创新治理转变。①实施科技业务管理阳光再造行动。②着力构建新型科技业务体系。推动创新链、资金链、产业链融合发展，归并原有16项财政专项资金，重新整合设立五大财政专项资金，重构确立"511"新型科技计划体系。③以新机制、新模式组织实施新一批重大科技专项。紧密结合广东转型升级的重大科技需求，重点解决制约传统产业转型升级和战略性新兴产业培育发展的关键核心技术瓶颈问题。截至2016年年底，已取得53项国际领跑技术和181项国内领先技术，形成了一批自主核心技术和科技成果，产生了109件重点创新产品。

二是建立科技创新的市场导向机制。主要采取了如下措施：①强化大型企业和高新技术企业的创新骨干作用。实施大型工业企业研发机构全覆盖行动，重点推动年产值5亿元以上的大型工业企业全部设立研发机构。

大力培育发展高新技术企业，建立培育后备库，落实高新技术企业认定税收优惠、研发费加计扣除等优惠政策。2016年全省高新技术企业数量达到19 857家，是2012年的近3倍。②在国内率先探索实施企业研发准备金补助、科技创新券、创新产品与服务远期约定政府购买等普惠性政策措施，充分发挥市场在科技研发、技术服务等方面的决定性作用。截至2016年年底，全省绝大多数地市启动了科技创新券补助工作。省财政厅2015年和2016年共安排1.2亿元创新券后补助资金，带动各市投入超过2.5亿元，发放创新券3.67亿元，受惠中小企业及机构近5 000家。③构建科技企业孵化育成体系。制定全省新型研发机构发展规划，对新型研发机构初期建设、研发投入、研发仪器购置以及研发骨干团队引进等给予财政资金补助，大力发展新型研发机构，为破解科技创新与经济发展"两张皮"的顽疾提供了重要方向。截至2016年年底，广东建有华大基因、深圳光启研究院等新型研发机构共计180家。大力发展科技企业孵化器，建立完善扶持政策体系，在全国率先建立孵化器风险补偿机制，科技孵化器发展势头迅猛。截至2016年年底，全省各类科技企业孵化器达634家，国家级孵化器达83家，孵化器总数跃居全国第一。在孵企业2.6万家，累计毕业企业超1.1万家；全省地级以上市基本实现科技企业孵化器全覆盖，珠三角多个地市70%的区（县）实现覆盖。以科技"四众"促进"双创"，大力发展创客空间、创业咖啡、创新工场等一批低成本、便利化、全要素、开放式的众创空间，鼓励大中型企业和投融资机构联合创办专业化、市场化众创空间。截至2016年年底，全省纳入统计的众创空间达500家，其中178家纳入国家级孵化器管理体系，数量居全国第一。

三是深化高校和科研院所体制改革。为进一步增强原始创新能力，广东加快推进高校和科研院所建设，不断改革科研体制机制。①以深化改革为抓手，推进高水平大学建设。2015年以来，先后出台《中共广东省委　广东省人民政府关于建设高水平大学的意见》《关于加强理工科大学和理工类学科建设服务创新发展的意见》等，部署推进理工科大学和理工类学科建设、高校科研机制体制改革工作。②推进科研院所体制改革。广东以新机制、新思路整合全省优质科研创新资源，在2015年6月成立了新的广东省科学院，探索建立现代院所制度，致力于把省科学院打造成为高层次人才集聚高地、产学研合作与科研成果转化应用的组织载体、创新驱动发展的枢纽型高端平台。

四是完善科技成果转化激励机制。2012年以来,广东注重从地方立法层面为科技成果转化提供保障,着力健全科技成果转化的激励机制。①加快下放科技成果使用、处置和收益权。2016年12月出台《广东省促进科技成果转化条例》,重点对科技成果使用权、处置权和收益权进行了细化规定。②提高科研人员成果转化收益比例。③开展经营性领域技术入股改革试点。2015年7月,出台《广东省经营性领域技术入股改革实施方案》,下放科技成果转化处置权和收益权,提高科技成果转化收益中对科技人员奖励的比例。

五是知识产权体制改革。2012年以来,广东实施最严格的知识产权保护制度,不断完善知识产权体制机制,推动广东知识产权保护水平不断提升。①探索开展知识产权综合改革试点。2016年,广东成为全国首批引领型知识产权强省试点省,全面启动知识产权综合管理改革,《中国(广东)自由贸易试验区条例》也提出探索建立统一的知识产权管理和执法体制。②建立完善司法保护机制。深入推进知识产权审理审判机制改革,全面启动知识产权民事、刑事、行政案件"三合一"改革试点,2016年省内有一般知识产权案件管辖权的基层法院数量调整至32个。设立广州知识产权法院并积极推进建设。③健全知识产权维权援助体系和纠纷解决机制。④建立完善知识产权运营机制。国家知识产权运营公共服务平台金融创新(横琴)试点平台正式挂牌成立,并推出全国首个"知识产权易保护"模式。

4)金融体制改革。2012年以来,广东贯彻落实中央关于金融体制改革的决策部署,围绕实施"创新驱动发展"战略和"粤东西北振兴发展"战略、产业转型升级、开放发展等核心工作,加快推进金融改革创新,有力地支撑了广东经济社会持续健康发展。

一是建立完善金融服务创新发展的体制机制。2012年以来,广东金融对自主创新的支持力度不断加大。特别是2016年,在全国率先出台金融服务创新驱动发展一揽子政策,从拓宽多元化融资渠道、建设金融平台和机构体系、完善金融保障机制等三方面提出具体的政策措施。在10个国家级高新区开展金融、科技、产业融合创新发展工作试点,探索设立科技金融综合性服务中心、科技保险、科技小贷、科技担保资金池、科技金融基金等新模式,取得积极成效。建设广州、前海、南海金融高新区三大区域股权交易中心,省部共建"中国青创板",设立科技银行、开展知识

第二章 经济发展：从"三来一补"到创新驱动

产权质押融资，探索投贷联动的创新服务。大力发展创业投资，广州、深圳、佛山、东莞、中山、珠海、江门等珠三角城市创新创业引导基金总规模已达500亿元；加快发展风险投资，目前已有近5万家VC/PE机构集聚深圳，注册资本约3万亿元。强化资本市场对技术创新和科技企业的支持，截至2016年年底，已有1 200多家珠三角中小企业在新三板进行股权融资，258家珠三角高新技术企业在主板市场融资4 022亿元，融资额比上年增长46%。

二是建设珠三角金融改革创新综合试验区。2012年，珠三角九市和梅州、湛江两市获批建设珠江三角洲金融改革创新综合试验区；2014年，广州南沙获批开展深化粤港澳台金融合作改革创新；2015年4月，中国（广东）自由贸易试验区挂牌，开展跨境金融等系列金融改革创新。江门、梅州分别获批建设全国小微企业信用体系建设试验区和全国农村信用体系建设试验区，汕头获批建设华侨经济文化合作试验区。广东充分运用国家赋予的各项先行先试政策，稳步推进金融改革创新。创建全国首个"互联网"众创金融示范区，建设国内首条民间金融街，设立全国首家民营银行暨互联网银行。广州、深圳区域金融中心有效发挥辐射带动作用，自贸区金融创新政策加速落地，出台实施广州南沙"金改15条"和深圳前海深港现代服务业合作区金融创新政策以及广州南沙、珠海横琴新区外汇管理改革试点实施细则，自贸区版资金池、双向发债及金融机构境外贷款等跨境人民币业务深入开展。推出粤港电子支票联合结算、金融IC卡跨境支付等金融服务创新。截至2016年年底，广东自贸区入驻金融机构和创新型金融企业超过5万家，居全国各自贸区首位。广东金融高新区初步建成辐射亚太的现代金融产业后援基地。汕头华侨试验区成立广东华侨金融资产交易中心，广东金融高新区股交中心"华侨板"运营中心挂牌企业477家。江门、梅州信用体系建设经验获得复制推广。

三是加快发展普惠金融。为缓解中小微企业和农村地区融资难、融资贵问题，广东积极创新有效服务中小微企业和农户的金融手段和措施。①加强对中小微企业金融支持和服务。筹建前海微众银行等民营银行，筹建商业银行小微支行，设立小微企业专营中心。组建粤科科技金融集团，打造科技金融综合服务平台。在广州、佛山、珠海、东莞、中山等地发展创新创业金融街，建设广州、前海、南海金融高新区三大区域股权交易中心。②加强中小微企业征信体系建设，推动银企对接合作，建设广东省中小微企业信用信息和融资对接平台。各地政府加强"对接平台"应用,设立风险补偿基金、企业助保金和融资专项资金,为符合产业扶持条件的中小微企业提供融资增信手段和资金支持。③推动农村普惠金融发展。2014年发布《广东省开展农村普惠金融试点方案》,提出在粤东西北和惠州、江门、肇庆等15个市开展试点,大力推进以建设县级综合征信中心、信用村、乡村金融(保险)服务站、乡村助农取款点,推广农村产权抵押担保贷款、"政银保"合作农业贷款、妇女小额担保财政贴息贷款、金融扶贫贷款等"八项行动"为主要内容的农村普惠金融建设,打通农村金融服务的"最后一公里"。

5)土地制度改革。党的十八届三中全会《中共中央关于全面深化改革若干重大问题的决定》提出,在符合规划和用途管制的前提下,允许农村集体经营性建设用地出让、租赁、入股,实行与国有土地同等入市、同权同价;缩小征地范围,规范征地程序,完善对被征地农民合理、规范、多元保障机制;保障农户宅基地用益物权,改革完善农村宅基地制度。这些要求明确了农村土地制度改革的方向和任务。2012年以来,广东按照中央部署要求,重点围绕农村土地征收、集体经营性建设用地入市、土地确权、"三旧"改造等领域,推进新一轮土地制度改革,取得了积极成效。

一是开展农村土地征收、集体经营性建设用地入市改革试点。2015年3月,佛山南海被列为全国33个农村土地制度改革试点之一,承担农村集体经营性建设用地入市改革试点任务。2016年10月,根据国家部署,同步推进农村土地征收制度和农村集体经营性建设用地入市改革。改革前,农村集体经营性用地流转缺乏上位法支持,集体土地手续不完善,许多土地难以报建,价格被严重抑制,抵押融资困难。为此,佛山南海制定了《广东省佛山市南海区农村集体经营性建设用地入市试点实施方案》,在此框架下配套制定入市管理、资产交易、财务管理、抵押融资、综合整治、产业载体项目管理等方面的11份政策性文件,形成相对完整的政策体系。目前,佛山南海改革需突破的相关法律条文也得到全国人大的授权,已初步建立起城乡统一的建设用地市场,逐步实现农村集体建设用地与国有建设用地"同权、同价",集体土地权能得到进一步释放。

二是土地确权颁证。农村土地确权是新时期加快农村改革发展的重要基础性工作,是深化农村产权制度改革、推动土地规范流转、促进土地适度规模经营、发展现代农业的重要途径。按照国家部署,2014年广东启

第二章 经济发展：从"三来一补"到创新驱动

动农村土地承包经营权确权工作，在全省18个县和6个镇开展确权试点。2015年在试点基础上全面铺开，2016年在全省范围推进土地确权工作。

三是开展"三旧"改造制度创新。"三旧"改造是广东在全国率先探索出的节约用地的一套有效模式。广东新增建设用地资源日趋紧张，全省建设用地面积从1996年年初的2 102万亩（1亩≈0.066 7公顷。下同，不再标注）增加到2015年的2 986.21万亩，年均增加约44.21万亩。按照广东省现行土地利用总体规划，国家批准广东至2020年建设用地总规模为3 027万亩，目前已所剩不多。在土地开发强度比较高的珠三角地区，各类用地指标即将消耗殆尽。过分依赖新增建设用地的发展方式已不可持续，积极推动"三旧"改造，深度挖潜存量土地，对缓解广东土地供需矛盾、保障经济社会持续健康发展意义重大。2012年以来，广东继续执行2009年出台的《关于推进"三旧"改造促进节约集约用地的若干意见》；2016年9月，针对"三旧"改造过程中出现的新情况新问题，出台《广东省人民政府关于提升"三旧"改造水平促进节约集约用地的通知》，围绕加强规划管控引导、完善收益分配机制、改进报批方式、完善部门配套政策等方面，对原有政策进行了细化补充。

四是耕地保护和补偿制度改革。广东探索创新基本农田保护模式，率先建立基本农田保护经济补偿机制，实施基本农田归并整合，促进了耕地保护，保障了粮食安全。2012年9月，在总结珠三角地区经验的基础上，广东在全国率先建立基本农田保护经济补偿机制。以往土地收入分配主要集中用于土地整治、水利建设、高标准农田建设和基础设施建设等，没有直接补贴到户。实施基本农田保护经济补偿对农民进行直接的经济补偿并明确了相关权利义务，调动了基层保护耕地的积极性。为落实"占优补优、占水田补水田"要求，结合精准扶贫、南粤古驿道保护性开发、社会主义新农村建设等工作，广东提出由省财政投入资本金，通过提质改造已储备耕地、改造旱地和可调整园地或养殖水面以及复垦土地等三种途径，以市、县政府为主体垦造水田的新思路。

6）国企国资改革。[①] 上一轮国有企业改革成立了国资委，基本解决了国有企业多头管理的问题，国有企业经济布局、政企关系、经营机制和

[①] 本部分较多参考、引用了李成的综述性成果。（参见李成《对表中央精神 突出广东特色 稳步推进国有企业改革发展》，载《广东经济》2017年第3期。）

经营绩效均在逐步优化，国有企业改革已经取得了很大的进展。但是，改革并没有完全到位，还存在一些突出问题：股份制改革不到位，基本上是在国有企业集团的二级、三级企业进行股份制改革，很多大的国有集团公司股份制改革并未到位；垄断行业改革不彻底，非公资本准入门槛高。2012年以来，特别是党的十八届三中全会以来，广东认真贯彻落实中央关于国资国企改革的决策部署，从分类管理、试点先行到全方位"瘦身健体"，再到供给侧结构性改革中集中发力，深入推进国有资产重组和国有企业改革，理直气壮地做强做优做大国有企业，取得明显成效。2016年，广东国资监管企业资产总额6.76万亿元，增长10.6%，位居全国第二；总体资产负债率64%，下降2%；实现营业收入1.41万亿元，增长5.7%，位居全国第三；实现利润总额1 503.53亿元、增长1.8%，位居全国第二；上交税费1 385.1亿元，约占广东财政总收入的13.3%。广东国有企业改革的总体思路是"四个坚持"：坚持优胜劣汰，着力优化国有资本布局结构；坚持市场导向，有效激发国企核心竞争力；坚持平等竞合，务实稳妥推进混合所有制改革；坚持创新发展，不断促进国有经济提质增效。

一是开展国有企业改革试点。从20家省属企业集团的104家候选企业中遴选出50家企业开展改革试点。通过组建国企改革发展基金、引入战略投资者、员工持股、创新分配激励机制、改革选人用人方式、整合政策资源扶持、项目培育等系列措施，不断优化试点企业体制机制。①引入战略投资者，设立国企重组发展基金。②打造行业单打冠军。一方面，着力提升试点企业本身的素质。50家试点企业中分出战略性新兴产业、关键基础产业、现代服务业、传统优势产业等各领域，立足自身做优增量盘活存量，把企业发展的基础扎牢。另一方面，依托省属国有企业全部资源优势，以国企重组发展基金为纽带，整合撬动系统内资金、技术、人才等各类资源，向试点企业注入同类或产业链上下游资源；试点企业以市场机制整合省属企业同类资产，开展跨地域、跨所有制的并购重组，打造细分行业的"单打冠军"。③推动试点企业资产证券化发展。鼓励具备条件的试点企业通过多种方式上市；利用省属企业上市平台，通过定向增发、资产置换等形式注资上市公司；通过发行多元债务融资工具进行直接融资，培育新的上市资源。至2017年3月底，已有16家企业完成基金入股和员工持股，3家企业登陆"新三板"。

第二章 经济发展：从"三来一补"到创新驱动

二是扎实推进国有企业供给侧结构性改革。国有企业改革是供给侧结构性改革的重要内容。广东结合供给侧结构性改革重点任务的落实，在国有企业系统内大力推进"去降补"工作，进一步优化国有资本布局，提升企业创新能力和竞争力。①推动国有"僵尸企业"出清重组。出台《广东省人民政府关于全省国企出清重组"僵尸企业"促进国资结构优化的指导意见》《省属国企出清重组"僵尸企业"促进国资结构优化的实施方案》等系列文件，把国有"僵尸企业"划分为关停企业和特困企业两大类，分类施策。对于关停企业，通过"兼并重组一批、关闭破产一批"；对于特困企业，通过"兼并重组盘活一批、资本运营做实一批、创新发展提升一批、关闭破产退出一批"。截至2016年年底，国有关停类"僵尸企业"实现市场出清2 394户、国有特困企业实现脱困427户，妥善安置职工1.7万多人。其中，省属企业完成国有关停企业出清重组406户，实现国有特困企业脱困171户，妥善安置职工4 000多人。②启动去库存工作。组建省属国企专业化住房租赁平台，在肇庆、佛山、汕头、清远、东莞开展租赁试点，业务规模预计超70万平方米。③推进降杠杆、降成本工作。在广晟公司、广东省交通集团有限公司、广州交通投资集团有限公司开展市场化债转股试点。各省属企业采取有效措施降成本，成本费用同比降幅超10%的企业有6户，其中广物控股集团成本费用降幅达45.7%。

三是推进混合所有制改革。党的十八届三中全会后，混合所有制改革成为新一轮国企改革的重要内容。广东先后出台《中共广东省委 广东省人民政府关于全面深化国有企业改革的意见》《关于深化省属国有企业改革的实施方案》等文件，均明确提出通过引入战略投资者、员工持股、股权投资基金入股、非国有资本进入公共项目等方式推进混合所有制改革。2014年5月，广东出台《广东省国资委关于规范省属企业发展混合所有制经济的意见》，以成为公众公司为主要路径，以整合产业链为抓手，侧重增量，重点在二、三级企业，通过搭建与非国有资本对接平台、引导各类资本支持公共项目建设等多种形式，有序推进混合所有制改革。除了在50家试点企业开展混合所有制改革试点外，还分别于2014年2月和2014年9月举办了两次省属企业与民间资本对接会，向社会发布省属企业234个招商项目，涉及基础性、传统竞争性、新兴金融创投、高端技术服务等方面的17个行业。截至2016年年底，全省（不含深圳）国家出资正常经营混合所有制企业4 258户，比2013年增加了724户，增长20.5%。

四是创新体制机制,推动国有企业加快创新发展。出台《广东省省属企业实施创新驱动战略加快转型升级的指导意见》,重点建立七个机制。①综合排名和单项奖励机制。每年依据企业创新驱动和转型升级情况进行综合排名。对改善明显、综合排名靠前的企业进行考核单项加分,并分别设立创新驱动转型升级优秀奖、进步奖。②项目跟投机制。省属企业具备跟投条件的创新项目,原则上项目负责人、骨干员工要出资参与项目投资。③放宽对创新企业(项目)国有股东超股比担保的限制,支持创新企业融资,保障创新企业发展。④容错机制。严格落实"三个区分"原则,营造警示违纪者、惩治贪腐者、宽容失误者、鼓励探索者的良好氛围。⑤集团对下属企业的清单管理机制。目前,省属企业已全部制定对下属企业的权责清单。⑥创新项目贴息机制。每年在省级国有资本经营预算中安排专项资金,对创新驱动和转型升级的重大项目和平台建设投入予以贴息支持。2016 年,省属企业国资预算安排 2 000 万元,以贷款贴息方式助推省属企业加快可研成果产业化。⑦超额研发投入后补助制度。每年在省级国有资本经营预算中安排专项资金,对省属企业研发费用的增长部分给予一次性的奖励性后补助,鼓励企业加大创新投入。截至 2016 年年底,省属企业拥有高新技术企业 58 家,拥有国家级实验室、技术中心等各类研发机构 193 个。

(3)高水平对外开放。党的十八大以来,广东充分发挥经济外向度高的优势,实施更加积极主动的开放战略,着力推动新一轮对外开放,倒逼深层次改革和结构性调整,加快构建广东对外开放新格局,开放型经济发展水平不断提升。党的十八大报告在深入分析国际国内形势基础上确立了新一轮对外开放的基点和方向,这也是广东推进新一轮对外开放要遵循的方向和追求的目标。广东按照国家部署,加大先行先试力度,以参与"一带一路"建设、自贸区建设、外经贸转型升级、涉外投资贸易管理体制机制创新等为重点,着力推动新一轮对外开放取得突破。

1)积极参与"一带一路"建设。国家提出"一带一路"建设倡议后,广东积极对接国家的倡议,在全国率先出台《广东省参与建设"一带一路"的实施方案》,对广东参与"一带一路"建设进行总体谋划和部署,以基础设施的互联互通、经贸投资合作等为重点,务实推进与"一带一路"沿线国家的合作,取得显著成效。

一是加强基础设施的互联互通。基础设施的互联互通是基础。广东充

第二章 经济发展：从"三来一补"到创新驱动

分发挥区位优势，面向沿线国家，构筑联通内外、便捷高效的海陆空综合运输大通道。①加强港口建设，推进与沿线国家港口间的互联互通。加强广州港、深圳港、珠海港、湛江港、汕头港等港口建设，建立完善集疏运体系，开通面向沿线国家的航线，增加与沿线国家的班轮航线密度。积极参与沿线国家港口建设和投资运营，与沿线国家港口建立合作机制。截至 2016 年年底，广东省港口开通国际集装箱班轮航线 291 条，其中挂靠"一带一路"国家的航线 234 条；广东省港口与国际港口缔结友好港 64 对，其中与"一带一路"国家结对 16 对；广州国际航运中心加快建设，广州已开通 87 条国际集装箱班轮航线、105 条内贸航线。2016 年 6 月，全球最大的干散货运输企业中远海运散货运输有限公司在广州正式挂牌成立。马士基、达飞、地中海等全球前 21 名班轮巨头均在广州港开展业务。②加强空中通道建设。着力加强广州国际航空枢纽建设，提升深圳机场国际化水平，增加至沿线国家的国际航线和航班。截至 2016 年年底，广州通过白云机场与世界 200 多个城市或地区建立了航线直通网络，其中国际及地区航点达 85 个。③加强陆路互联互通。加快广州大田、东莞石龙铁路集装箱中心站建设，畅通与沿线国家的陆路大通道。东莞石龙开通"粤满俄""粤新欧"班列及"中韩快线"，每周常态化开行 1 班次"粤满俄"、3 班次"粤新欧"国际班列和 3 对往返"中韩快线"固定班列。

二是加强经贸投资合作。①提高经贸合作水平。进一步巩固与沿线国家的良好经贸合作基础，扩大与沿线国家贸易规模，优化贸易结构。通过产业园区建设带动国际产能合作，稳步推进中俄贸易产业园、广东—马六甲皇京港及临海工业园、沙特（吉赞）—中国产业集聚区、伊朗格什姆自贸区、埃塞俄比亚—广东工业园、中白工业园广东光电科技产业园等重点产业合作园区建设。走出去开展外经贸工作，在沿线国家筹建经贸代表处，设立商会。筹办广东 21 世纪海上丝绸之路国际博览会（简称"海丝博览会"），充分发挥中国进出口商品交易会即广州交易会（简称"广交会"）、中国国际高新技术成果交易会（简称"高交会"）等平台在推进与沿线国家经贸合作中的作用。截至 2016 年年底，广东在海外设立的境外经贸代表处达 23 个，驻外机构基本覆盖欧美主要发达国家、东南亚和太平洋岛国；成立海外广东国际商会 12 个、双边企业家理事会 18 个，分别比 2012 年增加 43.3% 和 38.5%，基本覆盖世界主要目标市场和新兴市场国家。2014 年起，在全国首创并连续 3 年成功举办广东 21 世纪海上丝绸之路国际博览会，3届博览会共达成签约项目1 831个、签约金额5 833亿元。2013—2016年，广东与沿线国家签订经贸合作项目1 599个，协议金额886.1亿美元；对沿线国家进出口总额达6 310.6亿美元，年均增长6.4%。②扩大双向投资规模。支持广东企业赴沿线国家投资，在现代农业、先进制造业、现代服务业和跨国经营等方面开展深度合作。华为技术有限公司、中兴通讯股份有限公司、美的集团等企业在沿线国家初步完成战略布局和品牌输出，中广核集团、粤电集团、广晟公司等参与沿线国家基础设施建设和资源开发取得初步成效。截至2016年年底，广东企业在"一带一路"沿线国家协议设立884家企业，协议投资146.6亿美元，占全省的16.2%；实际投资39.1亿美元，占全省的5.7%。

三是加强重大合作平台建设。广东加快推进3个自贸片区、中新（广州）知识城、佛山中德工业服务区、汕头华侨经济文化合作试验区等建设，着力打造"一带一路"重大合作平台。加快推进广州南沙、深圳前海和珠海横琴3个自贸片区建设，借助港澳紧密联系国际市场的优势，打造与欧美发达国家、葡语系国家对接的高端合作平台，致力于将自贸试验区打造成高水平对外开放门户枢纽。

2）推进外经贸转型升级。广东经济开放度高，外经贸可持续发展对广东至关重要。党的十八大以来，广东坚持稳份额、调结构、增效益，大力推进外经贸转型升级，在国际大环境趋紧的情形下，基本保住了市场份额。2017年，货物进出口总额达6.8万亿元，占全国的1/4。

一是优化外贸结构。广东大力调整优化外贸结构，加快壮大一般贸易和服务贸易，支持民营企业开拓国际市场，推动外贸格局加快从以外资企业和加工贸易为主向以民营企业和一般贸易为主转变，着力增强开放型经济的根植性。①大力发展一般贸易。加强外贸转型升级示范基地、科技兴贸创新基地、机电和高新技术产品出口基地建设，不断扩大一般贸易规模，一般贸易进出口占进出口总额比重从2012年的33.5%上升至2016年的43.4%，加工贸易进出口占比从2012年的53.8%下降至2016年的38.8%。②支持民营企业开拓国际市场。设立专项资金，支持民营企业积极应用电子商务开拓国际市场和开展国际贸易活动。2017年，民营企业进出口3.14万亿元，同比增长14.5%，占进出口总额比重达46.1%。③大力发展服务贸易。推进广州、深圳服务贸易创新发展试点，支持企业扩大技术、文化、中医药、运输等领域服务进出口，规范建设服务贸易示范

第二章 经济发展：从"三来一补"到创新驱动

园区和特色服务出口基地，深入推进粤港澳服务贸易自由化，大力发展服务外包业务。2016年，广东服务贸易进出口约1万亿元，占全省外贸总额的比重为13.8%，比2012年提高4%。④巩固传统市场、开拓新兴市场，外贸市场结构趋于多元化。对中国香港地区的传统外贸市场渠道依赖有所减弱，2016年对香港进出口占进出口总额的19.5%，比2012年下降3.6%；进一步巩固欧盟、美国等传统市场份额，2016年对欧盟、美国进出口占比分别为10.9%、12.4%，分别比2012年提高1.2%和1.3%；加大对东盟等新兴市场的开拓力度，2016年对东盟进出口占比12.1%，比2012年提高2.7%。

二是增进外贸效益。贸易交换的是商品，背后体现的是生产力水平。广东着力从供给侧入手增进外贸效益，支持出口生产企业加大研发投入、发展自主品牌，形成以技术、品牌、质量、服务为核心的综合竞争新优势。①扩大一般贸易中高端产品出口。抓好科技兴贸创新基地等建设，培育新型出口主导产业，提高一般贸易项下高技术含量、高附加值和自主品牌、自主经营产品的出口比重。②深入推动加工贸易转型升级。制订加工贸易转型升级三年行动计划和《广东省促进加工贸易创新发展实施方案》，支持引导加工贸易企业加强技术改造、研发创新和自主品牌培育，延长加工贸易产业链和价值链。2016年，加工贸易"委托设计+自主品牌"方式出口占比达71%，比2012年提高16.3%。

三是培育发展外贸新业态。广东大力培育发展跨境电子商务、外贸综合服务、市场采购贸易等新业态，新的贸易增长点不断涌现。①加快发展跨境电子商务。全面推广跨境电子商务出口业务，推进中国（广州）、中国（深圳）跨境电子商务综合试验区建设。支持跨境电子商务产销对接及采购平台、跨境电子商务公共海外仓服务平台和跨境电子商务通关、物流、供应链管理等支撑服务平台，以及跨境电子商务金融服务体系建设；建立并完善跨境电子商务监管措施，推进通关便利化。2016年，广东跨境电子商务进出口228亿元，增长53.8%，规模居全国首位。中国跨境电商70%的邮政包裹来自广东。②推动外贸综合服务企业和市场采购贸易发展。先后认定46家广东省外贸综合服务试点企业，对试点企业给予通关、出口退税、检验检疫、融资服务等便利化措施，支持试点企业完善线上服务平台、创新商业模式和整合供应链，为广大中小微企业开拓市场提供集成服务。2016年，46家外贸综合服务企业合计进出口2330.2亿元，增长

4.5%。支持和指导广州、深圳、佛山、珠海、中山等地以旅游购物方式先行先试开展市场采购贸易。2016年,全省旅游购物出口2 746.4亿元、增长87.5%。

四是外资利用和对外投资水平。①提高外资利用水平。广东坚定不移地推进外商投资管理体制改革,建设市场化法治化国际化营商环境,着力稳定利用外资规模,提高利用外资质量。特别是近年来,瞄准欧美等发达国家、世界500强企业以及细分行业的冠军企业,以先进的装备制造业为主,通过走出去在目标国举办经贸洽谈会、建立境外驻华商务机构和我驻外商务机构、建立重大合作载体等方式开展产业招商和精准对接,不断扩大引进高端产业、优质项目和先进技术,扩大外资利用规模,优化利用外资结构。2016年,广东实际利用外资233.5亿美元,下降13.1%,吸收欧美发达国家实际投资增长14.1%。2013—2016年,广东实际利用外资1 019.8亿美元。②提高对外投资水平。广东积极参与"一带一路"建设,同时着力加强与欧美发达国家的直接经济联系,支持企业到欧美等发达国家设立研发中心、开展并购、建立生产基地等,提高企业整合全球资源的能力。华为技术有限公司、美的集团、珠海格力电器股份有限公司、中兴通讯股份有限公司、TCL集团股份有限公司、广晟公司、粤电集团等一批有实力的企业开始走向全球,实现跨国经营。截至2015年年底,广东共设立境外企业6 492家,遍及全球129个国家和地区;境外投资存量601.2亿美元。2016年,新增对外协议投资282.8亿美元;对外实际投资206.8亿美元,增长94.3%。

3)建设自由贸易试验区。2014年12月,国务院批复同意设立中国(广东)自由贸易试验区。广东一直把自贸区建设视为改革开放的头号工程。自2015年4月挂牌以来,基础设施建设和制度创新等各方面均取得较大进展,创造了不少先行示范经验。

一是总体战略部署。自贸试验区的实施范围116.2平方公里,涵盖3个片区:广州南沙新区片区(广州南沙自贸区)60平方公里(含广州南沙保税港区7.06平方公里),深圳前海蛇口片区(深圳蛇口自贸区)28.2平方公里(含深圳前海保税港区3.71平方公里),珠海横琴新区片区(珠海横琴自贸区)28平方公里。广州南沙新区片区重点发展航运物流、特色金融、国际商贸、高端制造等产业,建设以生产性服务业为主导的现代产业新高地和具有世界先进水平的综合服务枢纽。深圳前海蛇口片区重点

第二章 经济发展：从"三来一补"到创新驱动

发展金融、现代物流、信息服务、科技服务等战略性新兴服务业，建设我国金融业对外开放试验示范窗口、世界服务贸易重要基地和国际性枢纽港。珠海横琴新区片区重点发展旅游休闲健康、商务金融服务、文化科教和高新技术等产业，建设文化教育开放先导区和国际商务服务休闲旅游基地，打造促进澳门经济适度多元发展新载体。按海关监管方式划分，广州南沙新区片区和深圳前海蛇口片区内的非海关特殊监管区域重点探索体制机制创新，积极发展现代服务业和高端制造业；广州南沙保税港区和深圳前海保税港区等海关特殊监管区域试点以货物贸易便利化为主要内容的制度创新，主要开展国际贸易和保税服务等业务；珠海横琴新区片区试点有关货物贸易便利化和现代服务业发展的制度创新。

二是政策创新及其绩效。开展制度创新是设立自由贸易试验区的初衷。自挂牌以来，广东自贸试验区在国际化市场化法治化营商环境、粤港澳合作、金融创新等重点领域进行了多项政策创新和改革探索，先后推出两批共66项改革创新经验在全省复制推广，跨境电商、智能化监管两项制度创新案例入选全国最佳实践案例，商务部提出的21项可复制改革试验经验中有一半来自广东。

第一，建设国际化市场化法治化营商环境。对标世界银行营商环境评价体系和营商环境先进地区，在法治建设、贸易和投资便利化、市场准入和监管等方面加快推进制度创新，不断提高营商环境国际化市场化法治化水平。①加强法治建设。南沙自贸片区在辖区法院重点建设商事审判庭、知识产权审判庭和商事调解中心，获批成立自贸试验区检察院，在全国率先推行港澳籍人民陪审员参审案件，建立涉港澳案件行业协会先行调解机制，完善司法保障体系。前海蛇口自贸片区对标香港法治环境加强立法，开展法治改革创新试点，加强国际法治合作，全面打造社会主义法治示范区。珠海横琴自贸片区以国际公信力为重点加强司法行政体系建设。实施类似案件判决制度，将其纳入庭审辩论程序，规范法官自由裁量行使权，提升裁判结果的预见性。深化法官评鉴制度，引入国际高标准法官评价体系，开展自律型的法官综合评鉴和特定案（事）件评鉴，提高司法公信度。在全国率先推出"知识产权易保护"合作模式，成立国际知识产权保护联盟，设立国家知识产权局专利检索咨询中心七弦琴国家平台代办处，健全知识产权司法保护与行政执法、海关保护之间的协作衔接机制，推进知识产权运营公共服务平台建设，大幅提升知识产权创造、运用、保护和管理能力。全国首家内地与港澳合伙联营律师事务所正式开业,来自内地、澳门、香港三地的20多名律师为三地的商事主体提供跨境法律服务。②构建现代化治理机制。南沙自贸片区推进明珠湾管理局和产业园区管理局两个法定机构建设。前海蛇口自贸片区探索市场化政府运营模式。前海管理局与招商局集团共同组建合资公司,建立起以法定机构为主导的"政府职能+前海法定机构+蛇口企业机构+咨委会社会机构"的市场化政府治理新格局。成立前海蛇口自贸片区综合行政执法局,整合城市管理、土地监察、环境水务、劳动监察等执法资源,构建与国际化新城区建设相适应的综合执法体制。③促进投资和贸易便利化。实施以负面清单为核心的投资管理体制改革,对外商投资实施"准入前国民待遇加负面清单"管理模式。"一照一码"改革拓展至海关、商务等8个部门,深入推进商事登记窗口与银行网点一体化改革试点,进一步拓展商事主体电子证照卡功能,推出全国首个具有单位结算卡功能的电子证照银行卡;试行"一颗印章管审批",实现企业注册与公安、税务、海关、检验检疫等部门的相关证照"一门式"审批,在全国率先实现1个工作日内"十三证三章"联办。以"智慧口岸"为突破口促进贸易便利化。国际贸易"单一窗口"2.0版上线运行,实现口岸多部门业务"一点接入、一次申报、一次办结"。"三互"机制进一步完善,在全国率先推出"互联网+易通关"、检验检疫"智检口岸"、全球质量溯源体系、"智慧海事"系统、政府购买查验服务等改革,有效缩短了通关时间,降低了企业成本。④加强事中事后监管。3个自贸片区均充分利用大数据、云计算等先进信息技术,搭建统一的市场监管和信用监管平台,建立违法失信惩戒机制,着力加强事中事后监管。南沙自贸片区建设了统一的市场监管和企业信用信息平台。截至2017年3月底,该平台共归集了工商、质监、食药监等各类监管信用信息110余万条,连通区内36个部门和9个镇街,把违法失信信息纳入平台并向社会公开。前海蛇口自贸片区利用大数据构建社会信用体系、建设私募监管信息平台、开发建设前海廉情预警平台等,构建事中事后监管体系。横琴自贸片区大力推进商事主体诚信建设,推行商务信用信息公开、商品出入境监管、索证索票、横琴诚信店、先行赔付、建设工程实名制等制度,建立行政管理信息共享、市场化综合信用评价和企业失信联合惩戒等"三大机制",全面构建以信用监管为核心的新型市场监管体系。建立了建设工程诚信评价和黑名单制度,对于存在行贿受贿行为、项目转

第二章 经济发展：从"三来一补"到创新驱动

包、违法分包等问题的承建单位及其工作人员，视情节采取列入黑名单、诚信扣分、限制参与建设工程项目投标等措施。

第二，深入推进粤港澳合作。广东自贸试验区在CEPA框架下，加快体制机制创新，推动粤港澳在现代服务业开放发展、服务要素流通等领域深化合作，进一步提升了粤港澳合作层次和水平。①进一步扩大对港澳服务业开放。广东自贸试验区在CEPA框架下探索对港澳更深度的开放，进一步取消或放宽对港澳投资者的资质要求、股比限制、经营范围等准入限制，允许港澳服务提供者在自贸区内开展金融、交通航运、商贸、科技等服务。南沙自贸片区着力推动粤港澳科技联合创新和港澳重大科技成果在南沙产业化，建设香港科技大学霍英东研究院和粤港澳（国际）青年创新工场以及粤港澳联合创新基地，强化南沙综合服务枢纽功能，吸引港澳企业入驻。2016年，在南沙自贸片区落户的港澳投资企业共有952家，总投资额约148.24亿美元，其中香港投资企业占绝大多数。前海蛇口片区探索深港服务业深度合作实现路径，推进粤港澳服务贸易自由化省级示范基地建设。全面拓展政策空间，实施"万千百十"工程。建成前海深港创新中心并投入使用，加快建设前海深港基金小镇。打造香港现代产业城，降低香港投资企业进入内地金融市场的准入门槛。在前海蛇口片区，香港金融和现代服务业企业占所有香港投资企业总量的一半以上。截至2016年年底，香港投资背景企业累计达到4 233家，89.9%的香港投资企业分布在金融、现代物流、信息服务、科技及其他服务业。横琴片区推进粤澳合作产业园等一批重大项目建设，吸引港澳企业入驻，推动澳门青年创业谷项目发展。②促进服务要素便捷流动。广东自贸试验片区着力在国际人才港建设、通关便利化等方面加强体制机制创新，消除粤港澳要素流动障碍，进一步促进粤港澳深度融合。一方面，打造国际人才港。南沙自贸片区出台港澳和外籍高层次人才认定办法，分类制定急需引进的高层次人才评价标准，制定完善高层次人才签证及居留政策，优化高层次人才创新创业激励政策。前海蛇口片区推进深港人才特区建设，对于包括港籍高端人才在内的国内外人才，仅按15%的标准征收个人所得税。积极拓展人才空间，打通高端人才双向流动通道，推动注册税务师、注册会计师等十多类香港专业人士在前海直接执业，构建前海人才工作联盟。横琴自贸片区加快建设国家级人才管理改革示范区，实施《横琴新区特殊人才奖励办法》，全面落实港澳居民个税差额补贴政策，推进横琴新区精英人才评审，实施精英人才安居工程。在全国率先研究制定人力资本出资管理办法，出资人可以用研发技能、管理才能等人力资本出资入股。探索促进人才通关便利化措施，打造海外高端人才"出入境、停居留"便利环境，推行横琴人才绿卡。另一方面，促进粤港澳口岸通关便利化。创新粤港澳口岸通关模式，加快推进一体化监管方式，推进建设统一高效、与港澳联动的口岸监管机制。深化港珠澳大桥跨界通行政策车辆规管及通关便利化政策研究。横琴口岸实现了与澳门 24 小时通关，推动粤港澳游艇"自由行"和澳门机动车便利入出横琴政策落地。横琴片区对出口供澳建材实施"一次申报、分批出境"监管模式，单批次货物通关时间从 20 多分钟缩短为 3～5 分钟，企业成本降低 75%；简化 CEPA、ECFA"《海峡两岸经济合作框架协议》"项下货物原产地证明提交标准和直接运输认定，促进内澳贸易便利化。前海蛇口自贸片区推进深港陆路跨境快速通关，入区货物通关时间缩减 70% 以上。发行深港两地"互通行"（前海）卡，促进深港交通高效率衔接。

第三，加强金融改革创新。广东自贸试验区挂牌两年多来，围绕金融业对外开放、跨境人民币业务、外汇管理改革、跨境投融资便利化、培育发展新业态等领域，大力推进金融领域开放创新，有力支撑了自贸区及区域实体经济的发展。①扩大金融业对外开放。前海作为我国"金融业对外开放试验示范窗口"，在金融业对外开放上走在前列。2016 年 1 月，首家台湾投资法人银行玉山银行正式开业。在 CEPA 框架下，多家突破性的金融机构落户前海片区。2015 年 3 月，前海首家消费金融公司招联消费金融有限公司开业；2016 年 6 月，获批成立全国首家外资控股基金管理公司恒生前海基金管理有限公司。②推进跨境人民币业务创新。广东自贸试验区着力推进跨境人民币业务创新，探索境外个人投资者投资境内金融市场的有效方式，深化外汇管理体制改革，增强跨境金融服务能力，逐步提升境外投资者参与区内要素平台交易的便利化水平。③促进跨境投融资便利化。其一，推进外汇管理改革，进一步简化外汇资金池管理，支持中小型跨国公司对境内外成员企业资金进行集中运营管理，拓宽融资渠道。其二，开展全口径跨境融资宏观审慎管理，有效打通境内、境外两个融资市场。其三，试行资本项目限额内可兑换，符合条件的区内机构在限额内自主开展直接投资、并购、债务工具投资、金融类投资等交易。

第四，培育发展新业态。支持符合条件的内地和港澳地区机构在自贸

第二章 经济发展：从"三来一补"到创新驱动

试验区设立金融租赁公司、融资租赁公司，开展飞机、船舶和海洋工程设备等的融资租赁业务。支持商业保理等新产业新业态发展。南沙片区致力于打造全国融资租赁第三极，大力开展单船租赁、单机租赁、跨境租赁等创新业务，率先落实自贸区内外资融资租赁试点改革，推进自贸区内外资融资租赁统一管理改革试点。挂牌至2017年4月底，融资租赁企业从30余家增加到279家，合同额从2014年年底的90亿元增长到2016年年底的1 000亿元以上，增长超过10倍；通过SPV方式累计引入并交付使用15架飞机，融资租赁企业数量和业务规模超过全市八成，成为国内重要的飞机租赁集聚中心。前海片区大力推动融资租赁产业发展，出台国内首个融资租赁行业规范。截至2016年年底，前海融资租赁企业总数为1 820多家，注册资本超4 000亿元。深圳98%以上的租赁企业都集中在前海，前海深港跨境融资租赁产业发展生态圈已具雏形。

第五，积极参与"一带一路"建设。广东把贯彻国家自贸试验区战略与"一带一路"倡议充分结合起来，着力加强与沿线国家的互联互通建设，优化走出去和引进来的体制机制，大力推进国际产能合作，参与"一带一路"建设取得新突破。截至2017年3月底，广东自贸试验区累计在境外投资项目450个，中方协议投资额219亿元。

南沙自贸片区以港口建设和互联互通为突破口，大力加强与沿线国家的经贸联系。大力推进国际枢纽港建设，截至2017年4月底，累计开通74条国际班轮航线、28条内贸航线及28个"无水港"，开通3条国际邮轮航线，建成香港机场—南沙快船海运通道，海铁联运、穿梭巴士、"无水港"等多式联运集疏运体系辐射到整个泛珠三角地区。同时，推动建立沿线城市港口联盟，深化与汉堡、不来梅等欧洲港口城市枢纽型合作关系，与马来西亚巴生港自贸区、韩国仁川港湾公社签订合作框架协议，与世界自由区组织、迪拜机场自贸区等机构建立了直接联系。与国家发改委共同设立国际产能和技术合作中心，打造"一带一路"沿线国家国际产能合作新平台。

前海自贸片区建立重大合作平台，加快在沿线国家进行产业布局。推动国家国际产能合作论坛暨中国对外投资合作洽谈会永久落户前海。与印度尼西亚、白俄罗斯（现称为"白罗斯"）、阿联酋、印度等多个沿线国家签订合作协议，支持招商局集团、中集等企业加快在沿线国家布局发展。推动招商局集团建成太子湾国际邮轮母港，支持其在全球18个国家、

35个港口布局港口网络。截至2016年年底，23个沿线国家在片区投资设立218家企业，注册资本累计49.63亿元。前海企业累计在沿线国家设立企业35家，中方协议投资额为12.13亿美元。

横琴自贸片区联合澳门参与"一带一路"建设，加快打造中拉国家经贸合作平台，构建对外开放新格局。制定促进中拉经贸合作12条政策措施，配合澳门建设中国与葡语系国家商贸合作服务平台。建设横琴中拉经贸合作园，重点发展智能硬件、虚拟现实、3D打印、云计算等产业，打造中国首个"科创+"国际科创示范平台和融合岭南文化、拉美文化的科创W.E.社区，全方位构建中拉合作中拉商品国际交易平台、中拉跨境电商合作平台、中拉金融合作服务平台等"三大平台"和中拉休闲旅游文化交流中心、中拉企业法律服务中心、中拉政策研究与创新中心"三大中心"，为中拉双方的文化交流、旅游交流、跨境电商、经贸服务、现代商服等提供载体与平台。在墨西哥、西班牙等地成功设立了经贸代表处。清华企业家协会天使基金硅谷办公室"横琴自贸片区驻硅谷经贸代表处"正式挂牌成立。

二、改革开放以来广东经济建设成就

（一）国内国际竞争力大幅提升

1978年以来，作为先行先试的试验区，广东始终坚持改革开放，在经济方面取得了举世瞩目的巨大成就。过去40年，广东经济保持快速增长，总量实现跨越式发展，并持续发挥对全国经济增长的重要贡献和支撑作用。

1. 经济规模实现跨越式发展

1978年，广东地区生产总值仅185.85亿元。2017年，广东地区生产总值达到89 879.23亿元。从总量看，广东GDP实现了几次大跨越，2000年首超1万亿元，2007年达到3万亿元，2011年则跨上5万亿元的新台阶，2015年超过7万亿元。从经济规模占全国比重看，所占比重几乎比改革开放初期翻了1倍。1978年，广东经济总量占全国比重仅为5.1%，低于江苏和山东。从1989年开始，广东经济规模拉开了与苏、浙、鲁之间的差距。到2006年，广东GDP总量占全国比重达到峰值，为12.12%，接近全国1/8的水平，此后逐步回落至10.5%。2017年，广东GDP为89 879.23亿元，占全国总量的10.9%，所占比重几乎比改革开放初期翻

第二章 经济发展：从"三来一补"到创新驱动

了1倍。

广东经济规模从1998年开始，接连超过新加坡以及中国香港和台湾地区，并对韩国形成紧逼之势。广东与亚洲"四小龙"相比，经济结构相似，外向度高。但与亚洲"四小龙"在1960年前后即开始经济起飞相比，广东经济起步时间整整晚了20年。1993—2012年，广东GDP年平均增长13%，明显高于同期亚洲"四小龙"3.7%～6%的平均增速，甚至显著高于亚洲"四小龙"在20世纪60年代经济起飞时10%左右的增速。广东只用了10年时间，GDP相继超过新加坡以及中国香港和台湾地区，实现了经济总量对亚洲"四小龙"的三连超。1998年，广东GDP超过新加坡，实现对亚洲"四小龙"的首次超越；2003年，广东GDP超香港；2007年，广东GDP超过台湾。至此，广东GDP已超过亚洲"四小龙"中的3个。到2012年，广东GDP不但接近韩国的总量，还遥遥领先其他"三小龙"，GDP为新加坡和香港地区的3倍多、接近台湾地区的两倍。

2. 经济增速维持又快又稳的增长态势

1978—2016年，广东GDP平均增速为12.3%，全国GDP平均增速为9.3%。"九五"时期，广东年均增长11%；"十五"期间，广东年均增长13%，增幅高于"九五"时期的2%，也高于全国"十五"时期的平均增长水平；"十一五"时期，广东GDP年均增速达12.4%；"十二五"时期，广东主动适应和引领经济发展新常态，GDP年均增速达8.5%，尽管回落3.9%，但该期间经济增长质量和效益综合指数却加速提升。

以2008年全球金融危机为拐点，广东经济增速开始减缓，虽然经过2009年短期的经济刺激，增长速度短暂回升，但又重新回落。此后维持中高速增长态势，GDP增长率2010年为12.2%，2011年为10%，2012年为8.2%，2013年为8.5%，2016年为7.5%。

（二）人民生活水平显著提高

当前，广东社会发展呈现整体向好的良好态势。人民生活得到持续改善，群众分享更多改革"红利"。2017年，全省居民人均可支配收入33 003.3元，基本公共服务覆盖面与服务水平快速提升，热点民生领域持续改善；社会善治格局崭露头角，以大数据和信息化为核心的政务服务、综治维稳平台建设全国领先，多元共治的基层社区治理模式创新硕果累累，社会大局和谐稳定。

1. 居民收入突破"3万元"关口

2016年,广东居民人均可支配收入突破3万元,达30 295.8元,同比增长8.7%。其中,城镇常住居民人均可支配收入37 684.3元,增长8.4%;农村常住居民人均可支配收入14 512.2元,增长8.6%。[①] 两者的增长速度都高于同年度GDP 7.5%的增速。按照世界银行2015年的最新收入分组标准划分,广东收入实现从"中等偏下"收入等级向"中等偏上"的跃升。(图2-1)广东2016年的居民可支配收入若按照美元计算,约合4 385美元,位于世界银行划定的中等偏上(4 126～12 735美元)等级;而2015年的收入数据(27 859元,约合4 032美元)依然处在中等偏下(1 045～4 125美元)等级。[②]

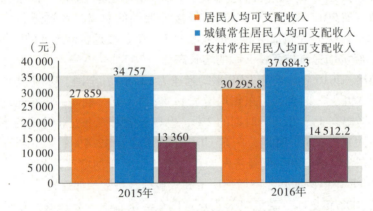

图2-1 2015—2016年广东省居民人均可支配收入情况

资料来源:广东省统计局《2016年广东经济运行情况分析》,见广东统计信息网2017年2月7日发布。

---

① 参见王丽莹、周媛媛、徐可《2016年广东经济运行情况分析》,见广东省统计局信息网 (http://www.gdstats.gov.cn/tjzl/tjfx/201702/t20170216_355474.html),2017年2月7日。

② 世界银行将国家或经济实体划分为4个收入档次,分别为低收入国家、下中等收入国家、上中等收入国家和高收入国家。这一分类标准非常明确且每年调整一次。按世界银行公布的数据,2015年的最新收入分组标准为:低于1 025美元的是低收入经济体,1 026～4 035美元的是中低收入经济体,4 036～12 475美元的是中高收入经济体,高于12 476美元的是高收入经济体。(参见International Monetary Fund-Research Dept. "World Economic Outlook, Uneven Growth: Short and Long-Term Factors". Washington, DC: International Monetary Fund, 2016.)

2. 人均可支配收入位居"第二集团"

2016年，广东居民人均可支配收入比全国居民收入高出近6 500元，排名第六位；与第二经济大省的江苏相比，相差近2 000元；与GDP总量排名第三的浙江相比，居民人均可支配收入差距超过8 000元。2016年，浙江的GDP总量为46 485亿元，排名第三；但其居民人均可支配收入超越了直辖市天津，仅落后于上海、北京两个直辖市，以38 529元位居第三，正在向"4万元俱乐部"冲刺。（图2-2、表2-3）

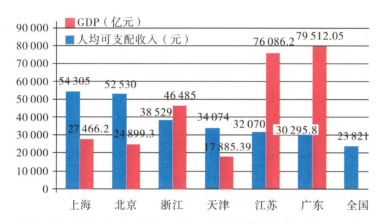

图2-2 全国及多省（直辖市）2016年居民人均可支配收入和GDP情况

资料来源：《2016年上海市国民经济和社会发展统计公报》（上海市统计局，见中国统计信息网2017年3月6日发布）、《2016年北京市国民经济和社会发展统计公报》（北京市统计局，见中国统计信息网2017年3月6日发布）、《2016年浙江省国民经济和社会发展统计公报》（浙江省统计局，见中国统计信息网2017年3月6日发布）、《天津市2016年国民经济和社会发展统计公报》（天津市统计局，见中国统计信息网2017年3月15日发布）、《江苏省2016年国民经济和社会发展统计公报》（江苏省统计局，见中国统计信息网2017年3月6日发布）、《2016年广东国民经济和社会发展统计公报》（广东省统计局、国家统计局广东调查总队，见中国统计信息网2017年3月6日发布）、《中华人民共和国2016年国民经济和社会发展统计公报》（中华人民共和国国家统计局，见国家统计局网站2017年2月28日发布）。

表 2-3　广东省城乡居民可支配收入的增长情况

单位:%

时间	前 30 年增速 (1986—2016 年)	前 10 年增速 (2006—2016 年)	前 5 年增速 (2011—2016 年)
农村居民	6.35	8.45	8.58
城镇居民	7.48	7.28	6.97

资料来源：广东省统计局、国家统计局广东调查总队《2016 年广东国民经济和社会发展统计公报》，见中国统计信息网 2017 年 3 月 6 日发布。

3. 基本消除绝对贫困

自 2009 年开始，经过连续 6 年的奋斗，广东省政府使 249.2 万相对贫困人口脱贫致富，基本消除绝对贫困。其间，广东共实施两轮"双到"扶贫，通过整合各方资源，共帮扶 5 978 个贫困村，解决 50.7 万相对贫困户、249.2 万相对贫困人口的脱贫致富问题，完成农村危房改造 56.82 万户和"两不具备"村庄 6 万余户搬迁安置。2016 年，广东省出台《关于新时期精准扶贫精准脱贫三年攻坚的实施意见》，脱贫攻坚各项工作扎实推进，当年就成功实现了减贫 50 万相对贫困人口的目标。2015 年，国家扶贫标准提升至 2 855 元，按购买力平价方法计算，相当于每天 2.2 美元，高于 1.9 美元的国际极端贫困标准。而广东农村贫困人口脱贫标准已提高至年人均可支配收入 4 000 元（2014 年不变价），高于国家扶贫标准以及联合国国际极端贫困标准，广东已经基本消除绝对贫困。①

贫困居民的生存状态和生活品质有了较大的改善与提升。在耐用消费品方面，城镇与农村贫困居民呈现不同变化趋势。城镇居民最低收入户拥有耐用消费品的数量变化不大，甚至有下降的趋势。对比 2012 年与 2015 年城镇常住居民家庭"低收入户"耐用消费品的数据，可见：在代步交通工具方面，家用汽车数量从 2012 年的 5.55 辆/百户上涨到 2015 年的 15.09 辆/百户，是增长最迅速的耐用消费品；在家用电器方面，除了电冰箱拥有量有所提升以外，洗衣机与彩色电视机拥有量下降，空调、热水

---

① 参见汤凯锋、胡新科《广东省扶贫办副主任：完善精准扶贫政策支持体系确保全面打赢脱贫攻坚战》，载《南方日报》2016 年 3 月 30 日。

器、微波炉等也有了不同程度的下降。① 城镇低收入家庭家用电器等耐用消费品数量下降的原因可能在于居住条件、家庭规模、智能技术的变迁。这些使城镇家庭的生活节奏和方式发生了改变。农村居民最低收入家庭拥有耐用消费品数量提升较快，广东农村低收入居民在生活品质的改善方面也有了较大的提升。②

（三）建立开放型经济体系

1978年，党的十一届三中全会做出改革开放的伟大历史抉择，翻开了中国经济社会发展的历史新篇章。我国的开放实践走出一条从沿海到内地、从经济特区到沿海港口城市到沿边内陆省会城市、从贸易领域商品市场到投资领域要素市场逐步扩大的发展路径，实现了对内、对外开放的相互促进以及引进来和走出去的有机结合。在40年的开放发展中，广东实现了若干重大跨越，每一次跨越都是发展的里程碑。

国家推行对外开放战略是广东开放发展的先决条件。1978年，党的十一届三中全会提出了"对外开放、对内搞活经济"的方针。1980年，中央决定在4个经济特区进行对外开放试点。1984年，党的十二届三中全会通过了《中共中央关于经济体制改革的决定》，确定了全国对外开放的统一部署。当年，中央开放了14个沿海港口城市，次年将珠江三角洲、长江三角洲和闽南厦漳泉三角洲列为开放区，至此初步形成了东部沿海开放发展的区域格局。

1988年2月，中共中央、国务院原则批准广东进行全面改革、扩大开放的综合试验方案。首先，开放发展全面深入展开。广东进出口贸易也迅速增长，外贸总额首次突破1 000亿美元关口，从1989年的355.78亿美元增长到1995年的1 039.72亿美元，年均增长16.6%。实际利用外资从24亿美元增长到121亿美元，利用外资额占全国（481.33亿美元）的1/4。其次，坚持发展外向型经济。广东采取"以外经促进外贸发展，以外贸增强外经实力"的策略和"两头在外，以进养出"等措施，积极发

---

① 参见广东省统计局、国家统计局广东调查总队编《广东省统计年鉴2016》，中国统计出版社2016年版。

② 参见广东省统计局、国家统计局广东调查总队编《广东省统计年鉴2016》，中国统计出版社2016年版。

展外向型经济。最后，广东省各类开发区发展成为新的增长亮点，形成全方位对外开放的新格局。1984年，国务院开始设立国家级开发区。1984年4月，国务院决定进一步开放沿海14个港口城市，并且批准在沿海地区设立经济技术开发区。广州、湛江经济技术开发区属于1984年国务院批准设立的全国首批经济技术开发区。1987年，深圳特区沙头角镇创办我国第一个保税工业区的雏形。1991年，经国务院批准，正式设立为深圳沙头角保税区，同时获得批准设立的还有深圳福田保税区，正式揭开了广东保税区发展的序幕。1993年，国务院又批准设立惠州大亚湾和广州南沙经济技术开发区。另外，广东省设立6个国家级高新区：广州高新技术产业开发区、深圳高新技术产业园区、珠海高新技术产业开发区、佛山高新技术产业开发区、惠州仲恺高新技术产业开发区、中山火炬高技术产业开发区。到20世纪90年代初，广东已拥有3个经济特区、2个沿海开放城市、4个国家级经济技术开发区、6个高新技术区、近40个经济试验开发区，21个市都实行沿海开放区政策，全省形成了多层次、多形式、多功能的全方位对外开放新格局。

1992年年初，邓小平同志视察南方，提出广东今后要加快经济发展的步伐，力争用20年的时间赶上亚洲"四小龙"，基本实现现代化。1994年6月，江泽民同志向广东提出"增创新优势，更上一层楼"的要求。响应中央号召和部署，广东又掀起新一轮深化改革、扩大开放、加快发展的热潮。首先，继续发展开放型经济，实施外向带动战略，加速市场国际化，形成以亚洲市场为主，发展非洲，开拓欧美、南美市场的多元化格局。继续发挥毗邻港澳、华侨众多的优势，提高广东经济特区的整体素质，建立特区的新优势。特区还在加快参与国际经济合作和与国际接轨等方面大胆进行探索。其次，推动外向型经济再上新台阶。广东积极实行"引进来"与"走出去"相结合战略，对外经济贸易持续发展。出口商品结构得到优化，高新技术产品、机电产品和高附加值产品出口比重提高。加工贸易健康发展，一般贸易稳步增长。多元化出口市场格局初步形成。境外加工贸易、对外承包工程和劳务合作进一步拓展。粤港澳台经贸合作再上新台阶，举办了多届粤台经贸合作交流会。建立粤港合作联席会议制度和粤澳高层会晤制度，与香港特别行政区联合举办了粤港台经济合作论坛。

随着我国加入WTO，广东的三资企业原来享受的优惠政策逐步取消。为了继续保持经济特区对外商的吸引力，中央政府批准允许深圳在金融、

第二章 经济发展：从"三来一补"到创新驱动

物流、码头等20个领域内享受一定的政策优惠。尽管如此，广东过去主要依靠税费减免的优势明显弱化，加上长江三角洲地区的后发优势，一定程度上承受着优质外资项目北上的压力。在国外，世界各国逐步放松对外汇市场和资本市场的管制，国际资本流动的规模和速度大幅提高。在两种力量的共同作用下，这一时期广东外商直接投资总量在波动中增长。为了巩固广东对外开放的优势，广东制定了一系列举措。2005年，广东确定的外向带动战略进一步深化为经济国际化战略，这是政府开放发展理念的重大变化，标志着化被动为主动、提高开放发展质量的时代已经到来。这一期间推行的政策主要有两个方面：①全面实施CEPA，巩固、提升广东与香港地区合作中的政策优势。2004年，CEPA正式实施，香港的374类货物获准以零关税进入内地，18个服务行业得以提前进入内地。2005年CEPA二期实施，新增713类货物和8个新市场领域。CEPA虽是宏观层面的制度安排，广东却是该协议最大的受惠者。②推动"泛珠三角"区域经济合作，提高开放发展的纵深性。2003年提出"泛珠三角"合作理念。2004年"泛珠三角"区域经济合作正式运作。（表2-4）此后，泛珠三角区域合作与发展论坛、泛珠三角区域经贸合作洽谈会等平台运行良好。

表2-4 广东2001—2015年对外经济主要指标

年份	外商直接投资额（亿美元）	进出口总额（亿美元）	高新技术产品贸易额占比（%）	一般贸易额占比（%）	来料加工贸易额占比（%）	进料加工贸易额占比（%）	外商投资贸易额占比（%）	私营贸易额占比（%）
2001	129.72	1 764.87	24.68	22.36	25.91	46.02	55.88	1.67
2002	131.11	2 210.92	28.73	21.87	24.26	47.53	58.17	3.87
2003	155.78	2 835.22	32.97	22.99	20.36	49.84	61.61	7.90
2004	110.12	3 571.29	35.12	23.16	18.59	50.10	63.43	10.04
2005	123.64	4 280.02	35.99	23.79	16.10	52.15	65.11	11.89
2006	145.11	5 272.07	36.65	25.85	13.95	51.70	65.48	13.87
2007	171.26	6 340.35	36.15	27.57	14.13	49.49	64.42	15.40
2008	191.67	6 834.92	39.94	29.07	13.96	47.07	64.20	15.87

(续表 2-4)

年份	外商直接投资额(亿美元)	进出口总额(亿美元)	高新技术产品贸易额占比(%)	一般贸易额占比(%)	来料加工贸易额占比(%)	进料加工贸易额占比(%)	外商投资贸易额占比(%)	私营贸易额占比(%)
2009	195.35	6 111.18	41.64	32.53	12.74	45.51	62.58	18.97
2010	202.61	7 848.96	41.32	34.21	10.77	46.08	61.73	21.47
2011	217.98	9 133.34	39.77	35.12	8.88	46.71	60.20	23.70
2012	235.49	9 839.47	41.41	33.46	6.92	46.94	58.05	27.12
2013	249.52	10 918.22	43.51	33.78	5.46	42.78	54.23	32.52
2014	268.71	10 765.84	39.41	38.61	5.63	42.70	54.70	32.58
2015	268.75	10 227.96	41.63	42.15	5.32	37.74	53.06	34.40

注：①外商直接投资额是指实际利用的外商直接投资金额。
②贸易额均为进出口贸易额。

资料来源：广东省统计局、国家统计局广东调查总队编《广东统计年鉴》(2002—2016 年)，中国统计出版社 2002—2016 年版。

2008 年，全球金融危机对广东开放发展影响深远。由于欧美发达国家贸易保护主义抬头，广东的开放环境日趋复杂，摩擦高发、矛盾多元。对外依存度较高的广东不仅承受世界经济疲软、国际市场需求低迷、贸易保护主义不断升级的外部压力，还面临国内要素价格上涨、综合成本不断上升等问题，特别是传统劳动密集型产业转型升级的压力陡然增加。相比上一阶段，这一阶段的外商直接投资额的增长速度、高新技术产品贸易占比的增长速度、进料加工贸易占比的下降速度都明显放缓。为了克服这些负面影响，通过开放发展战略的调整加快促转型、调结构的步伐成为这一时期的主要任务。广东提出了"两个布局、三项建设"的规划，即优化外贸国际市场布局和外贸国内市场布局，加快外贸转型基地建设、贸易平台建设和国际营销网络建设。其中，外贸转型基地建设是重中之重，广东希望通过示范基地的培育，促进出口产品向产业链高端延伸，逐步形成以技术、质量、品牌、营销、服务为核心竞争力的出口新优势，加快促进外贸转型升级，实现从外贸大省向外贸强省的转变。这一时期，广东加工贸易

第二章　经济发展：从"三来一补"到创新驱动

开始逐步从"来料加工"向"科技改变生产"转变。根据广东省商务厅 2012 年的数据，2011 年年底，全省从事加工贸易业务的企业结构中，技术密集型企业达 6 669 家，占 23%，比重较 2008 年提高了 3.8%；资本密集型企业达 10 453 家，占 36.1%，比重较 2008 年提高了 6%；与此同时，劳动密集型企业比重较 2008 年下降了 9.8%。不仅如此，全省加工贸易企业集约化明显。全省加工贸易企业总数由 2008 年的 3.3 万家减少为 2011 年的 2.9 万家，但同期的加工贸易出口额由 2 613 亿美元上升为 3 115 亿美元，企业平均出口规模增长 36%，出口额超亿美元的大型加工贸易企业数量明显增加。与此同时，在全球金融危机期间，广东推出了备受瞩目的"腾笼换鸟"和"双转移"战略，作为开放发展战略阶段性转变的典型。"腾笼换鸟"就是改变粗放型的增长方式，为高质量的开放发展腾挪空间。这一战略的效果是显著的，在此期间投资广东的企业很多是世界 500 强企业，代表了当今世界最具活力、最富竞争力和发展能力最强的产业力量，其先进的经营理念、扎实的环保措施、具特色的企业文化与和谐的用人体系将为广东今后的转型升级发挥引领作用。在这一时期，为加快产业转型升级，扩大先进技术和关键设备的进口便成为广东开放发展新的举措。2011 年，广东在全国率先出台《关于促进进口的若干意见》，还印发了《广东省鼓励进口产品和技术目录（2011 年补充版）》，将国家鼓励进口目录的 421 项增加到 1 008 项。在稳定出口的同时积极扩大进口规模。自 2012 年起，广东设立促进进口专项资金，为期 3 年，对省内企业进口先进技术设备和国内短缺资源性产品给予支持。不仅如此，广东还充分利用高交会及其海外分会等平台，加强与韩国、新加坡、以色列、欧盟等国家或组织的科技交流合作，多渠道促进先进技术装备和产品的进口。

党的十八大以来，国家层面构建了以"一带一路"为重点的对外开放新格局，先后批复成立了中国（广东）自由贸易试验区、中国（天津）自由贸易试验区、中国（福建）自由贸易试验区、中国（上海）自由贸易试验区及粤港澳大湾区。在新的历史时期，广东把握机遇、肩负使命，充分利用对外经济联系紧密和有利的地缘人缘条件，深度参与"一带一路"建设，巩固战略枢纽、经贸合作中心和重要引擎的地位，在服务国家建设大局中拓展对外开放空间、赢得新的发展机遇，开放发展进入一个全新的时代。总体来看，这几年广东开放发展及政策推进的最大特点是指向性明显、配合度高，政策内容更加务实、注重长远。首先，主动顺应新形势下对外开放的新要求，加快自由贸易区建设，共同建立产业转移园区等开放合作的平台，打造适应经贸合作的各种载体，切实提升广东对外合作的层次。其次，配合"一带一路"倡议，广东正在更高视野、更大范围内构筑新一轮对外开放新格局。2013年10月以来，广东加快境外布局，在欧洲、北美、东盟、中东地区的11个国家和地区相继设立了广东省驻外经贸代表处，为推动企业"走出去""引进来"搭建了新的良好平台。广东自2014年起，每年举办广东21世纪海上丝绸之路国际博览会。最后，在深化粤港澳合作上，开放程度更加深入、政策推进更加灵活。基于自贸区作为粤港澳深度合作示范区的定位，广东在深化粤港澳合作方面有了更好的平台。例如，香港交易所设立前海联合交易中心，与内地监管当局和机构深度合作，利用香港的独特优势新建一个扎根内地、服务实体、合规守法的大宗商品现货市场，打通金融进入实体经济的渠道，弥补市场空缺，助推供给侧改革。

三、改革开放以来广东经济建设经验

改革开放以来的40年里，广东取得了举世瞩目的成就，积累了宝贵的经验。改革开放创造了巨大的生产力，现代化建设进入新的阶段。庆祝改革开放40周年，最重要的是系统地总结历史经验，将"摸着石头过河"的经验上升为规律性认识，继续解决那些尚未根本解决的深层次问题，进一步创新和发展中国特色社会主义道路和理论体系。

（一）解放思想，大胆实践

习近平总书记指出："解放思想是前提，是解放和发展社会生产力、解放和增强社会活力的总开关。没有解放思想，我们党就不可能在十年动乱结束不久做出把党和国家工作中心转移到经济建设上来、实行改革开放的历史性决策，开启我国发展的历史新时期；没有解放思想，我们党就不可能在实践中不断推进理论创新和实践创新，有效化解前进道路上的各种风险挑战，把改革开放不断推向前进，始终走在时代前列。"① 大胆实践，敢闯敢试，是发展中国特色社会主义的重要法宝，也是广东40年发展实践得来的宝贵经验。

---

① 习近平著：《习近平谈治国理政》，外文出版社2014年版，第92页。

第二章 经济发展：从"三来一补"到创新驱动

广东的改革开放是以解放思想为发端的。从历史上看，社会变革无一不以解放思想为先导。广东40年改革开放的历史就是一部不断解放思想、开拓创新的历史。回顾改革开放以来的历史进程，广东在实践上的每一个重大发展、工作上的每一个重大进步都是与解放思想分不开的。不解放思想，一切从本本出发，改革就无从谈起。正是以解放思想、实事求是的思想路线为指导，全省上下才打破了思想上的僵化状态，深刻地总结了历史经验，全面地分析了基本国情、省情，科学地制定了改革开放和现代化建设的一系列方针政策。

在改革开放初期，习仲勋同志主政广东时，具有伟大转折意义的党的十一届三中全会做出把党的工作重点转移到经济建设上来、实行改革开放的重大决策。面对广东经过"文化大革命"内乱、经济濒临崩溃的严峻形势，习仲勋同志旗帜鲜明地带领广东干部群众积极参与和深入开展真理标准问题大讨论，促进广大干部群众摆脱了长期"左"倾错误思想的严重束缚，重新确立解放思想、实事求是的思想路线。习仲勋同志亲自主持和推动广东各条战线拨乱反正，平反了一系列冤假错案，把广东的工作重点迅速转移到以经济建设为中心的正确道路上来，为广东改革开放的启动奠定了坚实的思想和组织基础。党的十一届三中全会的召开实现了伟大的历史性转折。1979年4月，中央赞同和支持广东发挥毗邻港澳、华侨众多的优势，让广东在改革开放中先走一步，并正式批准广东实行特殊政策和灵活措施。为了实施特殊政策和灵活措施，广东不断清除"左"倾思想影响，端正经济工作的指导思想。广东广大干部群众紧紧把握解放思想、实事求是这一马克思主义活的灵魂，坚持一切从实际出发、解放思想、更新观念，并以此为先导，不断推动改革开放，促进社会生产力的发展。

改革每前进一步，就要消除一个思想障碍；每消除一个思想障碍，改革就前进一步。比如农村改革之初，有人把家庭联产承包责任制说成资本主义复辟；特区刚建立时，也有人说，特区除了五星红旗是社会主义的外，其余全是资本主义的；长期以来，市场经济被视为洪水猛兽，被斥为社会主义的异端；还有些人认为，非公有制经济是资本主义土壤，搞股份制和股份合作制就是搞资本主义，就是所谓的私有化。可见，不解放思想，不冲破传统观念，不打破思想枷锁，不抛弃"左"的教条，改革就无从谈起。

大胆实践、具有敢闯敢试的创新精神是发展中国特色社会主义的重要法宝。广东从计划经济转向市场经济没有成功的先例可循。广东充分利用中央赋予的特殊政策,创造性地制定了许多改革措施,大胆探索。在实践中逐步明确市场化改革目标,统一设计改革方案,有序推进制度创新,按照建立社会主义市场经济基本框架的要求进行规范。

深圳经济特区的腾飞就是广东大胆实践、敢闯敢试的典范。1980年8月,第五届全国人大常委会第十五次会议通过《广东省经济特区条例》,这标志深圳等经济特区的正式诞生。按照中央和广东省的部署,先集中力量把深圳经济特区建设好,深圳起步最早。①开始城市基础硬件建设和软件建设。1979年率先建设蛇口工业区,1980年开始大规模城市基础设施建设,建设一批工业区,引进一批外资和先进技术,工业开始起步;建设深圳大学、图书馆等文化设施与文化机构,文化事业开始起步;制定城市建设和经济社会发展总体规划,改善特区管理体制,制定完善有关配套法规。②以市场为取向,以基本建设管理体制和价格体制改革为突破口,在全国率先在工资制度(1979年)、基建体制(1980年)、劳动用工制度(1980年)、价格体制(1982年)、企业体制(1983年)、劳动保险制度(1983年)以及政府机构(1981年)等方面进行改革。③在对外开放方面,创办蛇口工业区(1979年),先后开放文锦渡(1978年)、蛇口码头(1981年)、梅沙(1984年)、沙头角(1984年)、赤湾(1984年)、大亚湾(1985年)等口岸;开放金融业,引进一批境外银行。④提出"时间就是金钱,效率就是生命"等理念。这些局部性改革冲破了传统计划经济体制的束缚,为特区进一步对外开放和建设扫除了一定障碍,并对全国经济体制改革产生重要的示范效应。

邓小平同志指出,看准了的,就大胆地试、大胆地闯。深圳的重要经验就是敢闯。这既道出了深圳经济特区的成功诀窍,又讲出了一个深刻的道理。这就是进行社会主义现代化建设,一是要解放思想,二是要大胆实践。这是深圳经济特区建设实践成功经验的根本点。深圳改革开放和现代化建设的每一个重大步骤无一不是解放思想、大胆地试、大胆地闯的结果。深圳经济特区正是敢于解放思想,敢试敢闯,结果闯出了发展的新路子,闯出了发展的新局面,成为全国改革开放的一面旗帜。深圳经济特区实践所形成的最大优势就是敢闯敢试的创新精神、先人一步的开放意识。通过深圳经济特区的实践,我们可以得到以下启示:①改革开放的胆子要大一些,敢于尝试;②解放思想是用足、用好、用活政策的关键;③改革

第二章 经济发展：从"三来一补"到创新驱动

开放重在实践；④改革开放要允许试验，允许犯错误。

新时代新征程要求进一步解放思想，坚持真理、修正错误，勇于改革、勇于创新，永不僵化、永不停滞，在深入研究新情况、不断解决新问题的实践中不断提高攻坚克难、化解矛盾、驾驭复杂局面的能力，在新时代更好地坚持和发展中国特色社会主义。

（二）紧扣发展，创新制度

习近平总书记在党的十九大报告中指出，发展是解决我国一些问题的基础和关键。马克思主义认为，人类社会的发展是自然的历史过程，生产力的发展是人类社会发展的最终决定力量。我国目前处于并仍将处于社会主义初级阶段，解放和发展生产力仍是建设中国特色社会主义的第一要务。党的十八大报告强调，在当代中国，坚持发展是硬道理的本质要求就是坚持科学发展。在传统发展方式难以为继、新的发展方式还未出现的情况下，仍然要把发展放在第一位，发展带来的问题只有在发展中才能解决。邓小平同志指出，社会主义的首要任务是发展生产力，逐步提高人民的物质和文化生活水平。习近平总书记指出，全面建成小康社会，实现社会主义现代化，实现中华民族伟大复兴，最根本、最紧迫的任务还是进一步解放和发展生产力。

发展是以经济建设为中心的实质。发展是体现社会主义本质、发挥社会主义制度优越性的内在规定，是顺利实现全面建成小康社会的战略目标、不断提高人民的物质文化生活水平的根本途径，也是应对日趋激烈的国际竞争、自立于世界民族之林的可靠保证。经济发展是政治进步、文化繁荣、社会稳定的物质基础，只有经济实力和综合实力不断增强，推动社会全面进步、促进人的全面发展的目标才能顺利实现。而改革开放的根本目的正在于解放和发展社会生产力，进而推动社会的全面进步、促进人的全面发展。

改革开放伊始，中央就明确提出，改革开放的根本目的是解放和发展生产力，凡是不利于生产力发展的体制性障碍都应当清除。从这一根本目的出发，判断是非、正误和取舍的标准只能是"三个有利于"的标准，尤其是"生产力标准"。改革开放的根本判断标准只能是"生产力标准"。是否改革，为何改革，改革什么，如何改革，如何评价改革开放的正误、得失和成败，都有一个判断标准问题。

理论与制度创新为改革方向的深化和建设实践的发展提供了极大的支持和力量。改革之初，针对计划经济体制的弊端，人们曾先后提出计划调节与市场调节相结合、以计划经济为主、以市场调节为辅的策略；其后又提出大力发展商品经济，建立有计划的商品经济体制，这是关于体制改革目标认识的第一次飞跃。随着改革的深化和实践的发展，人们又进一步提出，计划与市场都是资源配置的手段，我国应该大力发展社会主义市场经济，建立社会主义市场经济体制，这是关于经济体制改革目标的又一次飞跃。这两次飞跃，不仅使经济体制改革的目标更加科学、明确、具有中国特色，还使与改革目标相关的若干重大理论问题有了重大突破和发展。例如，公有制与市场经济是否相容的问题，社会主义市场经济条件下以按劳分配为主、多种分配形式并存的问题，公有制实现形式多样化的问题，等等。40年改革的实践证明，始终坚持制度创新是改革取得成功的保证，今后必须坚定不移地继续深化改革，推进各方面体制创新，加快重要领域和关键环节改革步伐，全面提高开放水平。

（三）统筹协调，有序推进

习近平总书记指出："改革开放是一场深刻而全面的社会变革，每一项改革都会对其他改革产生重要影响，每一项改革又都需要其他改革协同配合。要更加注重各项改革的相互促进、良性互动、整体推进、重点突破，形成改革开放的强大合力。"[1]

改革的实施要遵循从易到难、由点到面、逐步深化的渐进过程。因此，改革之初，广东"摸着石头过河"，从实际出发，大胆探索，注重实效，边实践边总结经验。改革之初只是确定一个大致的思路：以解放和发展生产力为根本任务，以调动广大人民群众的积极性、创造性，提高人民生活水平为出发点。具体改革方略是：先从比较容易推进并能较快取得成效的领域入手，即首先从农村改革入手，然后推进到城市改革；同时先从经济体制改革开始，然后推进到政治、科技、教育、文化等领域；并且先通过试点取得经验，再逐步推开，即自上而下，从小到大，从点到面，从易到难，考虑各方面的承受程度，因地制宜，因势利导，积少成多，逐步推进。

----

[1] 习近平著：《习近平谈治国理政》，外文出版社2014年版，第68页。

第二章 经济发展：从"三来一补"到创新驱动

广东改革以农村为起点和突破口。我国体制改革的重点部分是国有经济和城市经济，但是改革是从农村开始的，然后从农村转入城市。这主要是基于以下原因：农民的生存问题是当务之急；农村初步的改革只在于改变经营方式和放松管制，比较容易进行；农村的改革很容易见效，而且不需要国家支付成本；农村的改革不会引起社会动荡；农村的改革可以为城市改革探路。农村最初的改革主要是变革土地的经营方式，给农民以生产经营自主权。包产到户的推行有效地调动了农民的生产积极性，改变了农业生产长期停滞不前的被动局面。而与此同时，在全省范围内调整农业发展方针，改变农业"以粮为纲"和农村"以农唯一"的经济格局和产业结构。接下来是改革商品流通体制和价格管理体制。价格改革是市场流通和经济体制改革的关键。广东的经济体制改革就是以价格改革和搞活城乡流通为突破口的。在短短的几年时间里，广东成功地实现了由计划经济走向市场经济的价格闯关。

改革有时并不以人们的意志为转移，步步向前推进：允许非农产业实行个体经营；发展多种经营和商品生产；允许非农业个体经济；允许农业包产到户（同时实行政社分开）；允许雇请帮手和徒弟；允许开办私人企业，雇工人数可以超过8个人。有些改革的内容已经超出了农村的范围。在农村率先改革的同时，进行国有企业和城市经济管理体制改革的试点，为以城市为中心的整个经济体制改革做准备。在改革开放的前20年，改革基本上是城乡分开进行的。这是因为城乡产业性质和所有制关系不同，更重要的是因为城乡事实上处于隔离状态，表现为二元经济社会结构。但是，随着改革的深入，无论是土地制度的改革、户籍制度的改革、就业制度的改革还是社会保障制度的建立，无论是为了深化改革还是为了科学发展，都必须统筹城乡改革。

国有经济体制改革也是以渐进的方式逐步向前推进的。在农村改革取得重大成果和城市改革试点取得初步经验的基础上，改革的重点由农村转入城市，转向国有经济体系的改革。改革千头万绪，问题非常之多，困难非常之大，因而不容许一步到位。改革是以渐进的方式进行的。总的来说，是由易到难，由浅入深，由局部到整体。从逐步允许个体、私营等各种非公有制经济存在到国有企业的改革，从调整权力和利益的再分配到变革企业经营方式，从变革经营方式到变革企业制度和产权制度，从竞争性领域到垄断行业，从工商企业到金融企业，从国有企业改革到整个经济体制改革和政府职能的转变,从调整计划和市场的关系到建立市场经济体制。

因此,广东改革发展的基本经验是积极而稳步地向前推进:由农村到城市,由易到难,由浅入深,由局部到整体,由内部到外部。广东各地区生产力发展水平、各领域各环节体制基础都不平衡,只能在整体规划的前提下,分领域、分部门、分地区、分行业,有重点、有步骤地不平衡推进。改革先从农村起步后向城市拓展,实现城乡改革相结合,微观改革与宏观改革相配套,对内搞活与对外开放紧密联系、互相促进。从先行地区到整体推进。广东的改革先由经济特区探索试验,逐步推广到珠三角、沿海开放地区乃至全省各地,许多改革实践为全国提供了宝贵的经验。例如,深圳经济特区率先提出在全国建立社会主义市场经济体制的改革目标,坚持制度创新,以现代市场经济和国际惯例为标准来推动每项改革;顺德的综合改革试点和南海的土地股份合作制改革等举措为全省借鉴和推广,并为全国提供了新鲜经验。先从经济领域展开经济体制改革,取得进展后逐步展开政治体制、教育体制、文化体制等领域的相互协调改革。重大的改革举措根据不同情况,有的先制订方案,在经济体制的相关方面配套展开;有的先在局部试验,取得经验后再推广。既注意改革的循序渐进,又不失时机地在重要环节取得突破,带动改革全局。

广东任何一次改革的步骤并不都是事前设计好的,但是指导思想是明确的,就是必须处理好改革、发展和稳定的关系。改革是坚定不移的,但改革的过程不能导致经济停滞和社会动荡。渐进式改革并不是没有缺点和弊端,每一次阶段性的和局部的改革都有可能为以后的改革和整体的改革造成新的阻力和困难。但这是不可避免的,改革不可能一蹴而就,改革是一个自然史的过程。

(四)以开放促改革、促发展

建设社会主义必须坚持对外开放,借鉴人类文明的共同成果。邓小平同志指出,社会主义要赢得与资本主义相比较的优势,就必须大胆吸收和借鉴人类社会创造的一切文明成果,吸收和借鉴当今世界各国包括资本主义发达国家的一切反映现代社会化生产规律的先进经营方式、管理方法。

1. 以开放促改革

改革开放40年里,广东不仅经济社会发展取得了非凡成就,还在其发展和转型过程中积累了许多成功的经验,值得认真总结。其中,非常重要的一条就是处理好了开放、改革、发展三者之间的关系:开放促进了改革和发展,深化的改革又进一步促进和扩大了开放;发展是改革开放的目的,良好的经济社会发展又为进一步的改革开放奠定了基础和信心。广东的改革和开放同时并举。以开放带动改革,以改革促进开放。改革和开放就如同车之两轮、鸟之双翼,成为推动广东经济社会发展的主要动力。开放是广东发展的强大推动力和优势,没有开放,就没有广东的今天。

比如,作为改革开放的先锋,深圳等经济特区成立,为以改革促开放树立了标杆。改革开放初期,中央决定成立深圳等经济特区,深圳等经济特区成为我国对外开放的"试验田"。深圳等经济特区正是利用中央给予的政策和毗邻香港的区位优势,积极用好国内、国际两个市场、两种资源,率先通过中外合资、中外合作、外商独资等形式吸收了大量的资金、技术、人才和管理经验。正是由于初步实现了社会主义与资本主义国家和地区最进步的东西的有效结合,才促进了深圳经济的迅速发展和社会的全面进步。因此,没有开放就无所谓真正意义的改革。对外开放既是改革的主要动力,也是改革的重要手段。以开放促进改革是深圳等经济特区的一条重要经验。这些特区的成立和成功运行,为全国的改革开放提供了先行先试的经验,并在冲破传统体制的束缚中做出了不可磨灭的贡献,是我国以开放促改革的经典性案例。

再比如,在吸引外资方面,改革开放初期,国家资金非常短缺,外资的进入弥补了这个缺口。而外资的进入除了带来新的技术以外,还带来了新的经营理念和先进的管理方式。这对刚刚从计划经济体制开始转型到有计划商品经济的广东及全国来说是全新的,也是非常宝贵的借鉴。尤其是有的外资企业与公有企业合资嫁接后,切断了企业与政府(包括乡镇政府)间的脐带,摆脱了许多行政干预,劳动、人事、分配、进出口经营和投资等方面的自主权落实到位,内资企业可以直接学习外资企业的治理制度、管理理念,为现代企业制度的建立奠定了基础,大批企业逐步走上按照现代企业制度要求改革、按照国际惯例运营的轨道。

2. 开放也是改革

李克强总理在2015年3月5日第十二届全国人大第三次会议上的《政府工作报告》中提出:"开放也是改革。必须实施新一轮高水平对外开放,加快构建开放型经济新体制,以开放的主动赢得发展的主动、国际竞争的主动。"这样的提法，其含义是深刻的，并且在广东诸多的战略举措中得到了体现。

比如，成立广东自贸区本身就是一种大胆的改革举措。犹如当年的经济特区，以其先行先试的实践引领中国改革开放的方向一样，今天的自贸区作为新的历史条件下中国经济特区的一种新形式，将继续以其先行先试的率先实践和时代赋予的崭新功能，承担起中国社会深化改革的时代使命。在促进投资和贸易便利化方面，广东自贸区实施以负面清单为核心的投资管理体制改革，对外商投资实施"准入前国民待遇加负面清单"管理模式，目前90%以上的外商投资项目已实现备案管理。"一照一码"改革拓展至海关、商务等8个部门，深入推进商事登记窗口与银行网点一体化改革试点，进一步拓展商事主体电子证照卡功能，推出全国首个具有单位结算卡功能的电子证照银行卡；试行"一颗印章管审批"，实现企业注册与公安、税务、海关、检验检疫等部门的相关证照"一门式"审批，在全国率先实现1个工作日内"十三证三章"联办。在推进跨境人民币业务创新领域，广东自贸区着力推进跨境人民币业务创新，探索境外个人投资者投资境内金融市场的有效方式，深化外汇管理体制改革，增强跨境金融服务能力，逐步提升境外投资者参与区内要素平台交易的便利化水平。

第三章 政治稳定：从冲破束缚到法治广东

一、改革开放以来广东从政府管理到政府治理

改革开放 40 年来，我国不断推进国家治理体系和治理能力现代化，努力实现从"管理"到"治理"的转变。众所周知，管理的主体是政府，治理的主体还包括社会组织和个人。此变化有助于扩大人民民主、实现社会公平正义。

广东在政府治理方面敢为人先，取得突破性进步，行政体制改革循序渐进，法治政府、阳光政府、服务型政府建设方面措施得力，决策日益科学民主，执法公正文明，政务公开逐步推进，行政监督和问责制度逐步强化，各类社会矛盾逐渐得以化解。

（一）行政体制改革循序渐进

20 世纪 80 年代以来，为建立与社会主义市场经济体制相适应的行政管理体制，我国先后开展了 7 次政府机构改革（1982 年、1988 年、1993 年、1998 年、2003 年、2008 年、2013 年），转变政府职能，取得了重大进展。

1980 年 12 月，在中共中央、国务院的领导下，广东省人民政府体制改革办公室成立，这是全国第一个省级体制改革领导机构，在促进政府职能转变和行政管理方式创新、建设服务型政府方面先行先试。20 世纪 90 年代初，各级政府加强了为外商投资、企业和社会服务的功能。政府的服务意识日渐增强，服务方式不断创新，服务领域逐步扩伸，政府服务的硬件建设也取得重大进展，服务型政府建设向纵深发展，探索建立与社会主义市场经济、民主政治与和谐社会全面适应的行政管理体制。

行政审批制度改革是行政体制改革的重点。1998年8月,深圳市政府常务会议通过各部门审批制度改革方案,政府部门原有的审批事项由737项减少为310项,减幅高达57.8%,原有的核准事项由371项改为321项。改革速度之快、幅度之大,开创国内行政审批制度改革的先声。

1999—2004年,广东按照简政放权的总体思路,完成三轮行政审批制度改革,取消省一级行政审批许可事项2 200多种,占项目总数的一半以上。21个地级以上市中,行政审批项目减幅在40%以上,还废止一批规范性文件。2005年5月,省政府办公厅印发《广东省2005年行政审批制度改革工作方案》,要求省直部门在第三轮行政审批事项清理的基础上加强制度建设,完善审批管理监督制度,规范行政审批行为;省政府还发布了《广东省第一批扩大县政府管理权限事项目录》,将214项审批权下放或委托给县(市)管理,各地行政审批制度改革工作取得积极进展。2006年《广东省人民政府关于若干临时行政许可事项的决定》出台,进一步推进行政审批制度改革。

紧接着,深圳、汕头、梅州等地启动第四轮审批制度改革。佛山市市级审批事项仅41种。各地、各部门建立行政信息公开制度,对于保留下来的行政审批项目,明确审批依据、程序、条件、时限、收费标准等内容,并通过各种渠道向社会公开。同时,注重加强窗口办事制度建设,制定部门内部审批流程操作管理规定和管理工作制度,等等。通过上述措施,行政关系逐步理顺,管理重点逐步下移,权力运行机制逐步完善,机关的办事透明度和办事效率明显提高,行政运作日趋畅顺。广大企业和民众从中得到了实实在在的实惠。

2012年8月,国务院批准广东在深化行政审批制度改革方面先行先试,广东于当年年底公布了三批省级行政事项审批改革目录,出台了改革方案及行政审批事项目录管理办法。《广东省行政许可监督管理条例》亦于2015年1月1日起施行。

为改变以往行政执法体制各自为政、多头执法、重复执法、执法扰民、执法缺位等不良现象,广东又先行对之进行改革。

2002年,广东被确定为全国3个综合执法试点省份之一,严格按照决策、执行和监督相协调的原则,从全面清理整顿行政执法队伍、实行"两个相对分开"①、整合行政执法机构、加强规范管理方面入手,构筑了实行综合行政执法的基本框架,使执法开始呈现综合化、区域化的发展态势,推动政府社会管理能力和水平的不断提高。

2005年,广东在综合执法试点工作中首次引入绩效评估,着手探索政府绩效评估制度建设,在交通、文化市场、国土资源、环境保护、安全生产、动物防疫监管等领域平稳推进综合执法工作。例如,将交通领域的7支执法队伍、文化市场领域的3支执法队伍、海洋渔业领域的3支执法队伍分别整合为1支,改变了多头执法的现象。

随着改革的不断深入,政府绩效评估与管理成为一项提高工作效率和改善服务质量的重要抓手。2007年,深圳成立市长挂帅的市政府绩效评估委员会,建立政府绩效评估指标体系,创建"政府绩效评估电子监察系统",将各项评估指标按工作成绩优劣分为"红""黄""蓝""绿"4个级别,从行政业绩、行政效率、行政执行力、行政成本4个方面设置24个指标对政府各部门进行综合评估,从经济调节、市场监管、社会管理、公共服务4个方面设置42个指标对区政府进行评估,并对政府重大工作实施专项评估。此举在强化政府绩效管理、推进政府绩效提升、落实执政为民等方面发挥了重要作用,在社会上产生积极反响,有人指出这是"一场静悄悄的行政管理革命"②。

2007年10月,党的十七大做出了加快行政管理体制改革、建设服务型政府的战略决策。建设服务型政府成为中国行政体制改革、政府职能转变的目标选择。中共中央、国务院发布《关于深化行政管理体制改革的意见》,要求通过改革,实现政府职能向创造良好发展环境、提供优质公共服务、维护社会公平正义的根本转变,实现行政运行机制和政府管理方式向规范有序、公开透明、便民高效的转变,以建设人民满意的政府。广东以此为契机,多举并行,力促由经济建设型政府向公共服务型政府转变。

（二）法治政府建设目标的提出

法治政府是指依法治理的政府或法律之下的政府,其本质为"一切行

---

① 即制定政策、审查审批等职能与监督检查、行政处罚、行政强制等职能相对分开,技术检验职能与监督处罚职能相对分开。
② 《绩效评估:一场静悄悄的行政管理革命》,载《深圳特区报》2008年6月10日。

政活动只能在法律的规范和制约下进行,从而保证行政权力的运用符合法律所集中体现的意志和利益,并防止行政权力的扩张和滥用,实现和保障公民、法人和其他组织的合法权益"①。其内涵主要包括有限政府、责任政府、阳光政府和服务政府等方面。

在我国,法治政府的概念从提出到践行有个不断完善的过程。1997年,党的十五大报告中提出"依法治国,建设社会主义法治国家"的治国方略。1999年,第九届全国人大第二次会议通过《中华人民共和国宪法修正案》,将"依法治国,建设社会主义法治国家"写入宪法。同年,国务院出台《关于全面推进依法行政的决定》,首次明确提出"依法行政"的基本要求。2002年,党的十六大将发展社会主义民主政治、建设社会主义政治文明作为全面建设小康社会的重要目标之一,明确提出"加强对执法活动的监督,推进依法行政"。2004年,国务院发布《全面推进依法行政实施纲要》,提出"经过十年左右坚持不懈的努力,基本实现建设法治政府的目标"。2005年3月,国务院总理温家宝在第十届全国人大第三次会议上所做的政府工作报告中强调,要努力建设服务型政府,创新政府管理方式,政府的主要职能是经济调节、市场监管、社会管理和公共服务。2006年3月,《中华人民共和国国民经济和社会发展第十一个五年规划纲要》明确要求,加快建设服务政府、责任政府、法治政府。党的十七大做出了加快行政管理体制改革、建设服务型政府的战略决策。2008年2月23日,胡锦涛同志在中央政治局第四次集体学习时强调,建设服务型政府对推动科学发展、促进社会和谐具有十分重要的意义,服务型政府建设已经成为中国行政体制改革、政府职能转变的目标。

广东在推进法治政府建设方面努力先行先试。2008年12月16日,深圳市委、市政府联合发布《深圳市法治政府建设指标体系(试行)》,将法治政府建设的原则、纲要进行科学的分解和量化,形成包括12个大项、44个子项、225个细项的可量化、可考核、可评估的指标体系。这在全国为首例,为全国其他各地加快法治政府建设提供了范例。2009年1月,国

---

① 马凯:《加快建设中国特色社会主义法治政府》,载《求是》2012年第1期。

第三章 政治稳定：从冲破束缚到法治广东

务院法制办下文，向全国各地区、各部门加以推广。①

2010 年，国家正式出台《国务院关于加强法治政府建设的意见》，提出提高行政机关工作人员特别是领导干部依法行政的意识和能力、加强和改进制度建设、坚持依法科学民主决策、严格规范公正文明执法、全面推进政务公开、强化行政监督和问责、依法化解社会矛盾和纠纷等方面的任务。

为全面推进依法治省，为建设幸福广东提供法治保障，2011 年 1 月，省委办公厅发布《法治广东建设五年规划（2011—2015 年）》（简称《五年规划》）。这是广东省"十二五"期间法治建设的纲领性文件，标志着广东在健全重大行政决策机制、完善行政规范性文件的监管机制、创新行政执法工作的约束机制等方面均取得较大进展，走到了全国前列。

在有限政府方面，《五年规划》提出进一步健全领导干部学法用法制度，模范遵守宪法和法律，严格在宪法和法律范围内活动，各级党委应"支持各级政府依法行政""强化政府法律顾问工作，防范法律风险，维护行政运作安全，健全法治广东宣传教育联席会议制度，整合资源、上下联动，构建法治广东宣传教育大格局"，突出做好领导干部的普法工作，提高社会主义法治理念和法律素质，促进守法和依法办事。

在责任政府方面，《五年规划》提出建立健全决策权、执行权、监督权既相互制约又相互协调的权力结构和运行机制，把党内监督、人大监督、行政监督、法律监督、政协民主监督、舆论监督有机结合起来，形成纵向联动、横向配合的监督机制，并对行政行为的事前监督、事中监督、事后监督三个方面提出具体规划。

在阳光政府方面，《五年规划》要求深入推进政务公开工作，加大阳光政务建设力度，加强诚信制度建设，提高政府公信力，开展阳光村务活动，健全村务公开、财务公开、民主理财、民主评议村干部等各项制度，以及着重抓好教育系统的阳光校务、依法治校等工作。

在服务型政府方面，在行政管理领域积极推进相对集中政府规章草拟权、行政许可权、行政处罚权、行政复议权、政府法律事务处理权工作，

---

① 参见《深圳市在全国率先制定法制政府建设的指标体系》，见中国人民政治协商会议广东省委员会编《敢为人先——改革开放广东一千个率先》（政治卷），人民出版社 2015 年版，第 502～505 页。

加强政府管理创新，提高行政效能；在社会服务领域大力推进社会管理和公共服务创新，具体包括推进基层社会管理体制改革，理顺政府与城乡自治组织的关系，完善社区管理体制，构建社区公共资源共享机制和综合治理机制，创新治安管理与城市管理、市场管理、行业管理等有机结合的新模式，规范政府直接提供、委托社会组织提供和政府购买公共服务等方式，形成多元化的公共服务供给模式等。

自2013年起，开展考评工作。出台《广东法治政府建设评价指标体系》，规定年度考核标准、考评办法，对地级以上市年度法治建设工作进行考评，促使各地加大工作力度、提升工作水平。还把法治建设作为考核领导班子情况的重要内容。省委组织部在组织省管领导班子年度考核民主测评和群众满意度评价中，设置"依法办事""遵规守矩"等评价项目，使考核成为提升干部法治素质的有力保障。

为贯彻落实中共中央、国务院2015年12月印发的《法治政府建设实施纲要（2015—2020年）》，2016年8月，广东省委、省政府印发《广东省法治政府建设实施纲要（2016—2020年）》。这是我省首次以省委、省政府文件的形式出台部署法治政府建设的重要文件，规划了2016—2020年省法治政府建设的纲领目标和行动路线，对确保广东"十三五"时期完成"法治政府基本建成"战略目标有重要的保障意义。该文件提出，到2018年，珠三角地区各级政府率先基本建成职能科学、权责法定、执法严明、公开公正、廉洁高效、守法诚信的法治政府；到2020年，全省基本建成法治政府，依法行政工作水平处于全国前列。

（三）政府网络化治理取得成效

广东转变政府职能聚焦在大力加强公共服务方面。1995年，南海市提出以信息化推动现代化的发展战略，西樵区（现为佛山市南海区西樵镇）率先建成区级电算化电脑培训中心，对全区1 300多名会计人员和机关工作人员，医院、银行、学校的在职人员，以及农村45岁以下的干部进行全面培训。1997年，西樵区又在全省范围内率先实行农村财务电算化，为日后实施信息化管理奠定了良好的基础。1998年，西樵区建成了覆盖全区的政务骨干光纤网络，实现国际互联网宽带接入，村村通光纤，户户可上网。

2001年4月，西樵区财政结算中心管理系统推出。该系统包括票据管

第三章 政治稳定：从冲破束缚到法治广东

理、预算管理、固定资产管理、合同管理、工资管理、资金管理、会计核算、领导查询、系统管理、账套初始化十大功能模块，整合了基层财政管理的职能，涵盖财务管理、核算与会计监督等工作，实现区领导、单位负责人、财政部门实时在线查询有关单位的资金、资产管理与会计核算的结果，在强化财政管理职能和预算约束、加强财政资金管理、规范财务行为、防范腐败现象等方面成效显著。它实现了政府当家、财政管家、部门管事，政府一盘棋、财政一盘账的管理；有利于强化财政管理职能，加大对资金和资产的调控能力，使财政监督贯串于财政收支的各个环节，受到社会各界的广泛关注，被誉为"乡镇财政管理信息化的一场革命"①，国家有关部门给予充分肯定。

2001年，佛山建成上联省、横联市直党政各单位，下联各区、镇（街道）、村（社区）的电子政务专网平台。市区各部门基本建立了本部门的办公局域网，在互联网上建有独立的网站，发布政务信息，提供便民服务，公务员基本实现人手一台电脑、每人拥有一个公务员电子信箱，基本建成电子政务安全防范体系，有效地保证了电子政务网络和信息安全。全市建成各类业务应用系统近千个，基本实现业务处理信息化和网络化，全市构建包括资源网在内的各类政务网站500多个，网络数量和质量处于全国前列，政府网站已实现从信息发布型向综合管理服务型的转变。

随即，全省各地学习推广佛山市南海区的经验，加强面向基层和群众的"窗口"机构的建设和管理，大力推行电子政务、"网上问政""网上行政"，推行"一站式服务"和"一个窗口对外"，实现政务服务向规范有序、公开透明、便民高效转变。深圳、顺德等地大力整合行政资源，推进公共服务"系统集成"，从多头服务转向集中服务。顺德将原来分散在各部门23个服务点的事务集中到行政服务中心，集中办公，群众办事再不用东奔西走，挨个"跑部门"，房地产租赁审批时长从15个工作日缩短为1个工作日，宅基地审批时长从24个工作日缩短为10个工作日。云浮市云安县（现为云浮市云安区）将23个服务窗口集中到社区服务中心，为企业提供"一站式"服务。中山市政府投资1600多万元，建设"中山市行政服务在线"，41个部门共509种审批事项517个流程纳入"网上并

---

① 张晓军：《乡镇财政管理信息化建设是财政管理的一场革命》，载《广东财政》2003年第9期。

联审批"系统。珠海市通过建立行政服务中心,提供"一站式"行政审批窗口服务,由"分散审批"向"集中审批"转变,群众和企业办事"一站办结"。汕头市濠江区政府各部门实施的行政许可项目、行政审批项目及相关收费项目全部可通过政务服务平台办理,优化服务流程,实现多部门并联审批。

各地政府利用现代网络科技,试行预约服务、网上预审、网上年检、网上申报和审批代码证等服务,节约行政成本以及企业、群众的办事成本,提高了办事效率。

（四）大力推进政府信息公开

进入21世纪,中国政府逐渐推进政府信息公开,以满足公民的知情权。公众可通过政府公开的信息,对行政权力运行进行全过程的监督和制约,可有效地防止权力腐败,标志着我国正式走进"阳光政府"时代,在国家民主法治建设中具有里程碑意义。

广东政府信息公开工作亦走在了全国前列。早在2002年11月6日,广州市人民政府公布《广州市政府信息公开规定》（简称《规定》）,对政府信息的含义、公开权利人和义务人所对应的主体、政府信息公开的原则进行规范,就立法宗旨、公开原则、公开内容、公开方式、公开程序、法律监督、法律救济、法律责任等问题做了详细规定。对于政府主动公开信息的内容,明确了事权、财权、人事权、行政处理决定、内部信息等类别,并明确地规定了不予公开的信息内容。关于公开的方式,有政府网站、媒体、电子触摸屏、服务热线、新闻发布会等。对于公开的程序,含申请的内容、期限、信息的确认、收费等。对于信息公开的监督,明确了不定期检查、开展评议听取意见、举办民主议政日活动、设置投诉电话和信箱等方式。

《规定》是我国首部系统规范政府信息公开行为的法律文件,开创了从地方政府向透明政府转变的制度化、法治化进程,为全国性政府信息公开立法及其他地区政府信息公开的地方立法提供了参考和借鉴。

2005年12月29日,广东省人民政府第三十一次常务会议通过《广东省政府信息公开规定》,明确规定政府信息内容,包括管理规范与发展规划、与公众密切相关的重大事项、公共资金的使用和监管、政府机构和人事以及法律规章规定应当公开的其他政府信息等五大类。在"公开的原则"部分,增加了全面和便民原则,更有利于指导政府信息工作的开展。在信息公开形式上,增加了便民手册、服务指南等方式,更有利于政府信息的传递。随后,省政府又印发了《广东省人民政府政务公开内容目录》《广东省政务公开考核办法(试行)》《广东省违反政务公开厂务公开村务公开条例责任追究的暂行办法》《关于在全省各乡镇推行政务公开意见》《关于在县级以上政权机关全面推行政务公开制度的意见》。以上法规的出台,从制度上保障了政务公开工作的全面实施。

2006年8月,深圳市通过《深圳市政府信息公开规定》。总则部分明确提出信息公开责任单位和第一责任人的概念,即市、区人民政府办公厅(室)负责组织和指导市、区政府工作部门和街道的政府信息公开工作,各政府部门行政首长为本单位政府信息公开第一责任人。对于不公开的内容,增加了"与行政执法有关,公开后可能影响检查、调查、取证等执法活动或者会威胁个人生命安全"等,更注重个人权利的保护。在"公开方式"方面,要求网站及时公布和更新内容。此外,还规定了确立政府信息公开申请登记制度。对于申请答复的内容,规定答复期限为10个工作日,并且规定了电子答复的方式。对于不予公开政府信息提出异议时,规定相关单位有举证责任,说明不予公开的理由、法律依据等。

2007年,国务院公布《中华人民共和国政府信息公开条例》。该条例从广东政务信息公开制度建设和实践中吸取了经验。该条例含总则,公开的范围、方式和程序,监督和保障,附则,计5章38条。2010年5月,广东印行《广东省依申请公开政府信息工作规程(试行)》,对全省各级行政机关处理依申请公开政府信息工作的程序问题做了详细规定。

广东以财政预算信息公开为重点,深度推进政务公开。2001年,首次向省人大提交部门预算的政府部门有7个,2002年扩展至27个。2003年,全省102个省直部门全都提交了预算报告,开支流向明确到"项"。2004年,全省102个部门预算报告,每个预算表后附文字说明,内容包括部门的机构设置、部门职能、人员构成、收入预算说明、支出预算说明等。2010年3月,省政府办公厅印发全省政务工作要点,首次列明全省稳步推进财政预算信息公开,这也是我国第一个省级行政区提出试行预算公开改革。继2009年广州市首开先河在市财政厅官网公开该市114个政府部门年度预算后,省财政厅于2010年3月首次在网站上发布省2009年财政预算执行情况和2010年预算,自觉接受人民群众的监督。

到2010年，全省21个地级以上市、119个县区政府均成立了政务公开工作领导和监督小组，建立健全"党委统一领导、政府主抓、政府办公厅（室）组织协调、纪检监察机关监督检查"的政务公开领导体制和工作机制，制定政务公开的具体规定和政府信息发布制度，建立政府门户网站与政府新闻发言人制度，及时通过新闻发布会权威发布相关政务信息。据2010年上海财经大学发布的《中国财政透明度报告》，广东省级财政透明度和省级部门行政机关透明度分别排在全国第三、第四名。

（五）"大部制"改革与政府机构重组

1992—1995年，顺德以政府职能转变为核心，对行政机构进行较大规模的撤并，被外界称为中国"大部制"改革的萌芽，是"中国最早的'大部制'改革"。[①]

1992年2月，省委、省政府决定以顺德为全省的综合改革试验县。1992年3月，国务院批准顺德撤县设市。1993年，经省委批准，中共顺德市委、市政府换届，对机构设置进行改革，建立"一个决策中心，五位一体"的市领导架构，即市委常委会为顺德市工作的决策中心，市人大常委会主任、市长、市政协主席、市纪委书记均任市委常委。撤销归口机构，全部撤销部、委、办，减少中间层次，提高办事效率；性质相同或相近的机构，实行合并或合署办公；撤销原来的经济管理部门，按照管理的需要，成立新的管理机构，赋予新的职能。1993年3月13日，顺德市委办公室、市政府办公室合二为一，标志着这场改革告一段落，初步建立了层次精简、人员精干、职责分明、运转协调、富有效率的全新行政管理体系，为后续改革奠定了坚实基础，促进了顺德经济的快速健康发展。2006年，顺德成为国内首个地区生产总值突破千亿元的县域经济体。

为落实中央关于地方政府机构改革的指示精神，2009年年初，广东将深圳、顺德、广州和珠海等地列入"创新行政管理体制先行先试地区"，并下发《关于深圳等地深化行政管理体制改革先行先试的意见》。稍后深圳、顺德、广州等地"大部制"改革方案陆续出台。深圳市设置31个工作部门，比之前减少15个机构，精简幅度达到1/3。广州市政府工作部门

---

① 参见中共顺德区委宣传部、珠江商报社编《见证与突破：顺德改革开放三十年回眸与前瞻》，广东人民出版社2008年版，第110页。

和办事机构从49个精简为40个。顺德将原来的41个党政机构统一整合为16个大部门，精简幅度近2/3，初步建立起决策权、执行权、监督权既相互制约又相互协调的运行机制，为广东乃至全国县域深化行政管理体制改革、建设服务型政府提供了经验和示范。

2010年1月，广东公布《广东省委办公厅省政府办公厅关于富县强镇事权改革的指导意见》，推进新一轮"简政放权"体制改革，扩大县级政府管理权限，将部分经济社会管理权下放到县级。广东的行政体制改革从中心城市到地级市，再到县、到镇，全方位展开。

2011年5月，省政府公布《广东省县镇事权改革若干规定（试行）》，确定了县镇事权改革的范围、原则和总体要求，规范了简政放权、扩大县镇行政管理职权的具体情形，规定了县镇事权调整的具体途径和程序，及调整后相关行政职权的行政救济机制，设定了县镇权改革的职责分工和监督检查措施，明确了违反该规定的法律责任。该规定为全省县镇事权改革提供了制度支撑。

为全面推进"大部制"改革工作的进行，中共中央政治局2013年8月27日会议审议通过《中共中央国务院关于地方政府职能转变和机构改革的意见》。会议强调，要深化政府机构改革，坚持精简统一效能原则，推进机构和职责整合，规范机构设置，加强机构编制的刚性约束力，坚决查处机构编制违规违纪行为；要充分发挥地方政府积极性，鼓励地方因地制宜、从实际出发进行改革探索，大胆创新。

2013年9月，广东省人民政府公布《广东省卫生和计划生育委员会主要职责内设机构和人员编制规定》。根据该规定，广东省卫生和计划生育委员会（简称"卫计委"）设主任1名、副主任4名，并设20个内设机构，比此前省卫生厅与省人口和计划生育委员会的总机构数少了3个。该规定还对省卫计委取消、下放、划转、增加、加强的职能予以明确。此前由省发改委承担的省深化医药卫生体制改革（简称"医改"）工作领导小组办公室的职责，划入省卫计委。省卫生厅承担的起草有关药品、医疗器械的地方性法规、规章草案，依法拟订有关标准和技术规范，以及拟订食品安全检验机构资质认定条件和检验规范等职责划归省食品药品监督管理局；省卫计委将负责食品安全风险评估和食品安全标准制定，并会同省食品药品监督管理局等部门制订、实施食品安全风险监测计划。此前一直由省计划生育委员会（简称"计生委"）研究拟订人口发展战略、规划及人口政策的职责划归省发改委承担,而省卫计委的职责更多是拟订计划生育政策,研究提出与计划生育相关的人口数量、素质、结构、分布方面的政策建议等。此外,该规定还明确取消了省卫计委的全国计划生育家庭妇女创业之星、全国十佳自强女孩评选等达标、评比、评估和相关检查活动,以及新生儿疾病筛查、母婴保健技术服务执业许可证核发等17项职责。

2013年9月,广东省新闻出版局和省广播电影电视局将整合为省新闻出版广电局,行政编制120名,其中局长1名、副局长4名、省版权局专职副局长(副厅级)1名,即厅级干部职位有6个,削减了40%。在整合原有职能的基础上,取消20项职责,下放13项职责,增加10项职责。例如,取消了对期刊出版增刊的审批,取消了广播电视新闻采编人员资格认定的审核以及管理广播剧的审核;针对进口影视作品审查,取消用于广播电台、电视台播放的影视节目进口审查,并入行政许可事项"用于广播电台、电视台播出的境外广播电视节目审核"实施;将省内报刊在本省设立记者站(除广州、深圳外)审批下放到地级市政府,将市属及以下期刊、报纸变更刊期审批下放地级以上市政府;同时,增加了音像和电子出版物复制单位设立审批,地级市、县级广播电台、电视台变更台标审批,设置卫星电视广播地面接收设施审批等10项职责。

2014年1月8日,广东省"大部制"改革在"第六届中国地方政府创新奖"评比中,从全国入围的25个参评项目里脱颖而出,荣登榜首。紧接着,广东又有了大动作。2月26日,省政府官网发布省发改委、经济和信息化委员会(简称"经信委")、商务厅的"三定"方案。新设商务厅,并入原省外经贸厅职能。省发改委将原省物价局职责纳入,掀起广东省机构改革的"第三波"。新设省商务厅,与商务部对接,将原省外经贸厅职责划入省商务厅,并把经信委商贸流通管理、经济协作职责划入省商务厅。新设商务厅内设机构18个。新增了市场规划与建设处、市场秩序与调节处和电子商务处3个机构。省商务厅将加强统筹国际、国内市场,外贸与内需融入同一个部门,广东将进入内外贸一体化新时代。省物价局职责划入省发改委,发改委新增了省人口计生委研究拟订人口发展战略、规划及人口政策职责以及经信委节能减排综合协调职责。发改委行政编制从174名增加到260名。省经信委的职能"缩水",划出4项职能,增设了广东省大数据管理局。

第三章　政治稳定：从冲破束缚到法治广东

二、改革开放以来法治广东建设

40年来，广东依法治省工作成效显著。经历了起步到高潮，从重视特区立法到全面立法的过程，在市场经济、教育、科学、文化、医疗、服务行业、环境资源保护、人大自身、政府权力规范等领域立法依次展开。同时，加强政府法制工作，不断健全司法体制，完善法律监督机制，普法教育深入人心，切实推进广东法治工作的进展。

（一）先行推进依法治省

依法治国是中国国家治理的基本方略，中央对先行先试的广东寄予厚望。1993年3月，全国人大常委会委员长乔石在第八届全国人大第一次会议期间，对广东代表团提出加快立法的要求。1993年4月，乔石同志在广东视察，再次讲道："在市场经济体制建立过程中，广东可以成为立法工作'试验田'，先行一步。"随后，广东明确提出"建立社会主义市场经济、民主法治和廉政建设三个机制"，建设社会主义民主政治，实行"以法治省"。此后，全省依法治省工作经历了试点、全面启动到深化发展的过程。

1993—1995年，是广东依法治省工作试点探索阶段。1993年5月，广东省第七次党代会报告提出高度重视并认真推进政治体制改革，建设民主政治，实行依法治省。1993年年底，广东把深圳市确定为依法治省工作试点市。1995年12月，全省各市人大常委会主任座谈会在深圳召开，总结推广深圳市依法治市工作的试点经验。

1996年8月，省委召开常委扩大会议，讨论通过《中共广东省委关于进一步加强依法治省工作的决定》，标志着依法治省工作正式启动。9月，省第八届人大常委会第二十四次会议通过《关于在依法治省工作中充分发挥地方各级人大常委会作用的决议》，要求各级人大常委会在依法治省工作中积极发挥主导作用。10月，成立依法治省工作领导小组，省委书记任组长，省人大常委会主任、省长、省政协主席任副组长，领导小组办公室设在省人大常委会。1997年1月8日，省依法治省工作领导小组召开第一次会议，做出全面推进依法治省的工作部署。随后，全省地级以上市、各县（市、区）领导小组及其办公室相继成立。

1999年8月，省委召开全省依法治省工作电视电话会议，总结推广深圳市"党委统揽全局、各方积极推进、狠抓贯彻落实"的经验，同时提出加快实现广东政治生活、经济生活、社会生活法治化，率先建立文明法治环境。

2000年7月，省委在深圳召开全省依法治省工作经验交流会，会议提出以率先基本实现社会主义现代化为总目标总任务统揽依法治省，全面部署率先建立文明法治环境的八项工作任务。2002年5月，省第九次党代会提出要率先建立文明法治环境，增创环境新优势。2004年9月，省委第九届第五次全会提出建设法治社会的目标要求。2008年6月，省委第十届第三次全会提出民主法治是落实科学发展观的根本保障，提出全面推进依法治省、加快法治广东建设的目标任务。同年7月，省委召开全省依法治省工作会议，全面部署法治广东建设的工作任务，努力为广东争当实践科学发展观排头兵创造良好的法治环境。2009年4月，省委、省政府召开全省依法治省工作暨法治城市、法治县（市、区）创建动员大会，部署和启动创建活动。

至2010年，广东依法治省工作基本实现了既定的目标任务，为深入贯彻落实科学发展观、加快广东转型升级、促进社会和谐、建设幸福广东创造了良好的法治环境。

2011年1月，省委第十届第八次全会审议通过《法治广东建设五年规划（2011—2015年）》。该文件的第一部分与第二部分提出法治广东建设的指导思想、总体目标和基本原则，计划到2015年初步建成地方立法完善、执法严格高效、司法公正权威、法治氛围良好、社会和谐稳定的法治省。该文件的第三部分对法治广东建设进行全面规划部署，提出八项主要任务：切实提高各级党委依法执政能力，完善推动我省科学发展、促进社会和谐的法规规章，基本建立法治政府，深入推进公正司法，强化对权力的制约与监督，大力推进社会管理和公共服务创新，推进基层民主法治建设，深入开展法治广东宣传教育。该文件的第四部分提出加强法治广东建设的组织保障，这是落实规划的关键和途径。该文件为新时期广东的法治建设指明了方向。

（二）地方立法的全面进展

地方立法是我国法制体系的重要组成部分。1978年党的十一届三中全会总结中华人民共和国成立以来的经验教训，提出必须"发展社会主义民主，加强社会主义法制"，强调"应当把立法工作摆到全国人民代表大会及其常务委员会的重要议程上来"。1979 年，第五届全国人大第二次会议通过重新修订的《中华人民共和国地方各级人民代表大会和地方各级人民政府组织法》（简称《地方组织法》），对我国立法体制进行了重大改革，规定县级以上地方各级人民代表大会设立常务委员会，赋予省、自治区、直辖市人大及其常委会制定地方性法规的权限。1982 年、1986 年两次修改的《地方组织法》进一步规定，省、自治区的人民政府所在地的市和经国务院批准的较大的市的人民代表大会根据本市的具体情况和实际需要，在不同宪法、法律、行政法规和本省、自治区的地方性法规相抵触的前提下，可以制定地方性法规。

具体到广东来说，1981 年、1992 年，全国人大及其常委会通过专门决议，先后授权广东省、深圳市人大及其常委会根据具体情况和实际需要制定所属经济特区的各项单行经济法规。于此背景下，广东省的地方立法工作平稳起步。

改革开放初期，广东地方立法仍处于探索、积累经验的起步阶段，立法步伐不快，数量不多。1984 年 10 月以前，广东省地方立法的重点是适应创办经济特区的需要，优先抓好经济特区立法，同时兼顾全省改革开放和经济社会发展的需要。比较重要的法律法规有 5 个。

（1）《广东省经济特区条例》（1980 年）。这是这一时期经济特区立法最重要的成果，为我国首部有关经济特区的立法。该条例规定了建立经济特区的宗旨、经济特区的性质和任务、经济特区的基本方针和政策等内容，为 3 个经济特区的建设提供了有力的法制保障，为经济特区的建制和运作构建了蓝图。本条例分六章。第一章为总则，指明设立经济特区的目的是"鼓励外国公民、华侨以及港澳同胞及其公司、企业，投资设厂或者与我方合作设厂、举办企业和其他事业"，"特区为客商提供广阔的经营范围，创造良好的经营条件，保证稳定的经营场"。第二章规定了客商在特区投资设厂，举办各种经济事业的程序。第三章规定了为客商在特区设厂、举办各种经济事业提供多种优惠。第四章为特区的劳动管理，规定"各特区设立劳动服务公司"。特区企业聘用中国职员和工人，或者由当地劳动服务公司介绍，或者经广东省经济特区管理委员会同意，由客商自行招聘，由企业考核录用，与职工签订劳动合同。第五章规定了特区的组织管理权限。第六章为附则。

(2)《广东省经济特区入境出境人员管理暂行规定》(1981年)。该规定的适用对象是：从各经济特区境内的国家对外开放口岸和对外开放的特区专用口岸进入特区，或从特区出境的外国人、华侨、港澳同胞、台湾同胞。它规范了3个经济特区的边防检查制度，在保障符合条件的人员及行李物品等顺利入出境和防止违反边防检查规定、非法出入境方面发挥了重要作用。

(3)《深圳经济特区土地管理暂行规定》(1981年)。第一章为总则。第二章规定了土地的经营管理。第三章规定了土地使用年限和土地使用费。第四章规定了客商用地范围内按合同或协议书规定应承担建设的供电、供水、排水、下水道、煤气通管和电信设备等公共设施，须按城市规划要求修建。该立法突破了当时宪法规定的国有土地的使用权不得转让的限制，将土地使用权与所有权分开，确定特区土地有偿使用和转让制度，不仅促进了深圳经济特区的经济发展，还为我国宪法和土地管理法的修订提供了有益经验，成为全国土地产权制度改革的催化剂，被称为"在广东省地方立法的探索阶段，最具有创新性的一项立法"①。

(4)《广东省经济特区企业劳动工资管理暂行规定》(1981年)。该规定明确了特区外资企业、中外合资企业、合作企业雇佣职工实行合同制，并由企业同员工签订劳动合同。劳动合同内容包括：职工的雇佣、解聘和辞职，生产和工作任务，劳动服务费和奖惩规定，工作时期及假期，劳动保险和生活福利，等等。该规定填补了我国"三资"企业在劳动关系方面的立法空白。

(5)《深圳经济特区涉外经济合同规定》(1984年)。该规定对深圳经济特区涉外经济合同的订立和主要内容，合同履行和违约责任，合同的变更、解除和终止，合同的管理和监督，合同纠纷的调解和仲裁等内容做了规定。这部法规为我国制定涉外经济合同法提供了最为直接的立法经验。

上述单行法规的制定，对规范投资环境和促进经济特区的健康发展起到了强有力的保障作用。其体现了两个显著特点：①在没有先例可循的情况下，充分把握立法与经济发展的辩证关系，大胆探索地方立法的新领

---

① 刘恒等：《走向法治：广东法制建设30年》，广东人民出版社2008年版，第18页。

第三章 政治稳定：从冲破束缚到法治广东

域。②针对出现的新情况、新问题，秉持"敢闯敢试"的精神，充分运用中央给予的"特殊政策、灵活措施"，开展先行性、试验性立法，为国家和兄弟省市的立法摸索道路、积累经验。

此外，广东为适应社会管理的需要和当时的治安形势，还制定了计划生育、物价管理、城市建设管理、河道堤防管理以及处理偷渡外逃、禁止贩毒吸毒、取缔嫖宿卖淫活动、禁止赌博等方面的有关法规。

广东实行改革开放，经济发展迅猛，各项法律法规尚不健全，给犯罪分子以可乘之机，犯罪活动五花八门，犯罪手段不断翻新，各类经济犯罪案件大幅上升，金额越来越大。多年来，广东都是全国经济犯罪高发地。据统计，每年广东立案打击经济类的犯罪案件是 5 000～6 000 起，占全国的1/10。在其他领域，各种利益冲突、矛盾激化案件剧增，严重影响社会稳定。

面对新情况、新问题，加强预防、打击与立法管治，多管齐下势在必行。1988 年 5 月，中共广东省委书记林若在广东省第六次党代会上提出："要把我省经过实践检验切实可行的政策，经过立法程序，形成地方性法规。特别要抓紧制定保证党政领导机关廉洁、完善经济管理、保障社会治安等方面的法规。"① 随后，广东大胆探索地方立法新领域，开展先行性立法，为随后广东地方立法的快速发展创造了条件。

20 世纪 80 年代中期以后，广东地方立法出现了高潮。

在规范市场主体行为方面，制定有《广东省经济特区涉外企业会计管理规定》（1985 年）、《广东省经济特区涉外公司条例》（1986 年）、《深圳经济特区涉外公司破产条例》（1986 年）。其中，《广东省经济特区涉外公司条例》即为加强对特区外资设立的公司的管理而立，以便确认其法律地位，保障其合法权益。该条例涉及涉外公司的设立、变更和解散等问题。

在维护市场秩序方面，通过了《广东省矿产资源开发管理暂行条例》（1985 年）、《广东省技术市场管理规定》（1986 年）、《广东省土地管理实施办法》（1986 年颁行，1991 年修正）、《广东省森林管理实施办法》（1987 年）、《深圳经济特区抵押贷款管理规定》（1990 年）、《广东省渔业

---

① 林若：《搞好综合改革，推进社会主义现代化建设——在中国共产党广东省第六次代表大会上的报告（一九八八年五月二十日）》，见广东省档案馆编《改革开放三十年重要档案文献·广东》，中国档案出版社 2008 年版，第 579 页。

管理实施办法》（1990年）等。其中，《广东省土地管理实施办法》是国内首部实施土地管理法的地方法规，计26条，对全省的土地管理机构、土地权属管理、国家建设用地的征用、用地审批、土地保护等方面做出具体规定。

在公民权利保障方面，制定有《广东省保护妇女儿童合法权益的若干规定》（1985年）、《广东省普及九年制义务教育实施办法》（1986年）、《广东省劳动安全卫生条例》（1988年）、《广东省经济特区劳动条例》（1988年）、《广东省青少年保护条例》（1989年）、《广东省保护公民举报条例》（1989年）、《广东省保护消费者合法权益条例》（1989年）、《广东省维护老年人合法权益条例》（1991年）等。其中，《广东省劳动安全卫生条例》分总则，劳动合同，职工招用，调动（流动）、辞退和辞职，工作时间、休息时间和休假，劳动报酬，职业技术培训，劳动纪律，社会劳动保险和劳动安全卫生，工会和民主管理，劳动争议处理，法律责任，附则，等等，共12章69条。该法为保障职工的合法权益、维护用人单位的用人自主权提供了法律依据。

在行政权力监督管理方面，制定了《广东省人民代表大会常务委员会关于加强对罚款、收费的监督管理的决议》（1985年）、《广东省人民代表大会常务委员会关于执行〈广东省物价管理暂行条例〉第二十五条有关罚款问题的决定》（1985年）、《广东省行政事业性收费管理条例》（1991年）、《广东省统计管理条例》（1992年）等。以上法规是广东省在制度约束权力方面的可贵探索。

在环境资源保护方面，重点在水资源领域展开，制定有《广东省水土保持工作管理规定》（1986年）、《广州市饮用水源污染防治条例》（1987年）、《广东省实施〈中华人民共和国水法〉办法》（1991年）、《广东省东江水系水质保护条例》（1991年）。上述立法初步奠定了广东省水资源领域的立法体系。

自20世纪90年代起，广东加快地方立法步伐。省人大常委会和广州市、深圳市、珠海市、汕头市及3个民族自治县人大常委会紧紧围绕全省改革和发展的重大决策，加强地方立法，积极探索，不断推进立法工作的科学化、民主化，反映人民的愿望，维护人民的根本利益，回应经济、政治、文化和社会等各方面的要求，完善地方政府行政权力运行机制和市场运行监管机制，从而促进改革与发展，推进广东社会主义法治建设。

第三章 政治稳定：从冲破束缚到法治广东

从立法内容来看，该时期广东的地方立法主要有如下领域。

1. 人大自身立法

20世纪90年代以后，省人大着力加强地方立法机制建设，推进立法工作科学化民主化进程。1993年首次委托专家起草地方性法规草案，1997年首次登报公布法规草案征求社会意见，1998年首次召开新颁布法规的新闻发布会，1999年举行全国首次立法听证会，2000年首次聘请立法顾问。2001年2月19日，省人大常委会通过《广东省地方立法条例》，对立法计划和法规起草，省人民代表大会立法权限和程序，省人民代表大会常务委员会立法权限和程序，较大的市的地方性法规、民族自治县自治条例和单行条例批准程序，法规解释、适用和备案等方面做出规定。2003年首次向社会公开征集立法项目和法规草案稿；2005年修订《广东省地方立法条例》，建立法规草案三审程序；2006年在全国率先制定立法指引制度，即《广东省法规草案指引若干规定（试行）》。这些开拓性立法尝试为国家法制的完善提供了丰富的素材。

同时，完善民主立法，公开立法制度，健全立法工作协调机制，省人大常委会先后出台《关于进一步加强立法协调工作的意见》和《关于进一步加强与较大的市地方立法协调工作的意见》，省人大常委会与省政府及各较大市的立法协调工作得到了明显加强。规范立法技术与工作程序，总结多年来地方立法的实践经验，出台立法技术与工作程序规范，推动立法工作的科学化、规范化和制度化。广东还注重加强立法工作机构和队伍建设，成立省人大常委会法制工作委员会，增设了两个法规处，充实省人大立法力量，确保了立法工作的连续性和专业化。此外，省人大常委会还研究建立广东省"十一五"时期地方立法项目库，探索开展了两个行政许可规定的立法后评估工作。通过上述措施，广东地方立法的科学性得到增强，工作机制逐步完善，立法过程更加协调顺畅。

2. 市场经济立法

该时期，广东地方立法紧紧围绕促进地方经济发展这一主题展开。

在规范市场主体地位方面，率先出台了有关公司、个人合伙、合作企业、期货市场和劳务管理的法规和规章；在规范市场中介组织方面，率先在经纪人管理、房地产业管理、典当业管理、拍卖业管理和劳务中介机构管理等领域进行立法。制定《深圳经济特区有限责任公司条例》（1993年）、《深圳经济特区股份有限公司条例》（1993年）、《广东省公司条例》

（1993年）、《广东省个体工商户和私营企业权益保护条例》（1994年）、《深圳经济特区合伙条例》（1994年）、《深圳经济特区国有资产条例》（1995年）、《广东省私营企业权益保护条例》（1995年）、《广东省股份合作企业条例》（1999年）、《深圳经济特区国有独资有限公司条例》（1999年）、《深圳经济特区商事条例》（1999年）。其中，《广东省公司条例》开创了我国现代企业制度法制保障的先河，促进了现代企业制度的建立，为国家公司法的制定提供了宝贵的立法经验。

在促进市场体系发展、维护市场经济秩序方面，率先就农村社区经济承包合同管理、农村承包合同纠纷仲裁、国有土地使用权公开招标拍卖、建设工程造价管理、房地产出让转让及开发经营、个体工商户及私营企业权益保护、电子交易、企业信用信息公开、食品安全监管等内容进行立法。制定有《广东省征地管理规定》（2000年）、《广东省商品房预售条例》（2000年）、《广东省商品交易市场管理条例》（2002年）、《广东省电子交易条例》（2002年）、《广东省实施〈中华人民共和国招标投标法〉办法》（2003年）、《广东省实验动物管理条例》（2010年）、《广东省专利条例》（2010年）、《深圳经济特区加快经济发展方式转变促进条例》（2011年）、《广东省自主创新促进条例》（2011年）、《珠海经济特区商事登记条例》（2012年）、《广东省建设工程造价管理规定》（2014年）、《广东省商事登记条例》（2015年）、《中国（广东）自由贸易试验区管理试行办法》（2015年）等。其中，《广东省专利条例》细化了激励专利创造的具体措施，明确了促进专利应用的具体方法，规范了专利行政保护的办案程序等。《广东省自主创新促进条例》明确鼓励研究开发与成果创造、推动创新成果转化与产业化、强化创新型人才建设与服务、加大自主创新激励与保障力度等方面的制度，是我国第一次在立法层面明确了自主创新的概念和提出覆盖自主创新全过程的法规制度，对广东乃至全国转变经济发展方式都有积极意义。

3. 教育、科学、文化、医疗、服务行业立法

科学、教育、文化、医疗等领域的立法步伐加快。主要有《广东省发展中医条例》（2000年）、《广东省爱国卫生工作条例》（2003年）、《广东省促进科学技术进步条例》（2004年）、《广东省文化设施条例》（2005年）、《广东省非物质文化遗产保护条例》（2011年）、《广东省公共文化服务促进条例》（2012年）、《广州市历史文化名城保护条例》（2015年）

等。其中,《广东省非物质文化遗产保护条例》就明确资金来源、规范保护单位和代表性传承人的认定及其权利义务等内容做了规定,完善对非物质文化遗产(简称"非遗")的传承、传播和其他保护措施。《广东省公共文化服务促进条例》在公共文化服务提供、基层公共文化设施建设、激励与保障制度等方面做了规定。

4. 环境资源保护立法

随着广东社会经济的快速发展,环境资源方面亟须解决的问题日益迫切。此方面的立法主要有《广东省机动车排气污染防治条例》(2000年颁行,2010年修订)、《广东省野生动物保护管理条例》(2001年)、《广州市固体废物污染环境防治规定》(2001年)、《广东省节约能源条例》(2001年颁行,2010年修订)、《广东省地质环境管理条例》(2003年)、《广东省城市绿化条例》(2004年)、《广东省环境保护条例》(2004年)、《广东省采石取土管理条例》(2008年)、《广东省森林公园管理条例》(2010年)、《广东省饮用水源水质保护条例》(2011年)、《广东省水土保持条例》(2016年)等。其中,《广东省节约能源条例》明确了节能目标责任制和评价考核制度,强化了节能管理和激励措施。《广东省森林公园管理条例》对森林公园的规划、建设、利用、管理和资源保护等做了规定。

5. 规范政府权力立法

这方面的立法主要有《广东省农民负担管理条例》(1996年)、《广东省规章设定罚款限额规定》(1996年)、《广东省行政执法队伍管理条例》(1997年)、《广东省各级人民政府执法监督条例》(1997年)、《深圳经济特区政府采购条例》(1998年)、《广东省各级人民政府行政执法监督条例》(1998年颁行,2016年修订,更名为《广东省行政执法监督条例》)、《广东省行政机构设置和编制管理条例》(2000年)、《广东省行政复议工作规定》(2003年)、《广州市政府信息公开规定》(2003年)、《广东省政务公开条例》(2005年)、《广东省人民政府法律顾问工作规定》(2014年)等。

6. 社会保障领域立法

改革开放的最终目的是提高人民的生活水平。生产力发展到一定程度,国家必定着手立法以保障民生。它涉及面广,直接关系到人民群众的切身利益,关系到社会的和谐稳定。在社会保障领域的系列立法,成为这一时期广东地方立法的另一大亮点。主要制定有《广东省法律援助条例》（1999年通过，2006年第一次修订，2016年第二次修订）、《广东省分散按比例安排残疾人就业办法》（2000年）、《广东省母婴保健管理条例》（2004年）、《珠海市社会养老保险条例》（2005年）、《广东省老年人权益保障条例》（2005年）、《广东省工资支付条例》（2005年）、《广东省预防未成年人犯罪条例》（2006年）、《广东省实施〈中华人民共和国妇女权益保障法〉办法》（2007年）、《珠海市见义勇为人员奖励和保障条例》（2007年）、《广东省粮食安全保障条例》（2009年）、《广东省实施〈中华人民共和国就业促进法〉办法》（2009年）、《广东省燃气管理条例》（2010年）、《广东省突发事件应对条例》（2010年）、《广东省工伤保险条例》（2011年）、《广东省农村扶贫开发条例》（2011年）、《深圳市保障性住房条例》（2011年）、《深圳经济特区人口与计划生育条例》（2012年）、《广州市社会医疗保险条例》（2013年）、《广东省职工生育保险规定》（2014年）、《广东省社会保险基金监督条例》（2016年）等。其中，《广东省粮食安全保障条例》是我国首部全面系统地规定粮食安全保障工作的法规，是国家粮食安全生产制度建设的里程碑，首次在法律层面提出食品召回制度，为全国的食品安全立法进行了有益的探索。《广东省突发事件应对条例》着眼于控制、减轻和消除突发事件引起的社会危害，规范突发事件应对措施，以保护人民生命财产安全。

该时期广东地方立法呈现5个明显特征：①坚持中国共产党的领导，在立法工作中贯彻以人为本、立法为民的指导思想。在立法选题和立法内容上充分关注、反映民意和民生，重视代表人民群众的根本利益和诉求。②在保证立法质量的前提下，立法数量逐渐递增。③立法领域逐步拓宽。④先行性、自主性和试验性立法占有相当大的比例，制定了诸多在全国有首创意义的地方性法规和政府规章。⑤不断完善立法程序和立法技术，立法制度逐步健全。

随着社会经济发展，广东一些地方法规出现与法律、行政法规规定不协调、相抵触、相冲突的情况，或者不适应经济发展需要，难以操作，一定程度上又制约了经济的发展。因此，广东省人大常委会于2009年着手对现行地方法规进行全面清理，制定了《广东省地方性法规清理工作若干规定（试行）》，明确规定了启动机制、原则和内容、主体、程序、方法及对清理结果的处理等；出台《关于全面清理本省地方性法规的工作方案》，具体规定了指导思想、清理原则、清理范围、工作分工、工作步骤和工作时限等，促进地方立法工作进一步完善。

(三) 加强政府法制工作

1993年5月，省政府下发《关于全面加强政府法制工作的通知》；1993年10月，省政府转发《国务院关于加强政府法制工作的决定》，强调"在机构改革中，省、市、县各级政府法制局和法制工作任务较重的部门的法制机构只能加强，不能削弱"。2000年，广东省政府法制局升格为广东省政府法制办公室，成为广东省政府主管法制工作的直属机构。根据1989年省政府《关于建立和健全政府法制工作机构的通知》要求，县级以上各级政府和执法任务较重的省政府部门陆续组建法制机构。2007年12月，省机构编制委员会办公室（简称"省编办"）下发《关于加强县级政府法制工作机构建设的意见》，统一了县区政府法制机构的名称、组织机构和机构规格，并要求各地适当充实相关工作人员。

广东重视完善政府立法程序。1985年，省政府颁布《关于拟订地方性法规程序的规定》，首次就拟订地方性法规和规章的职责范围及原则要求，拟订地方性法规、规章年度计划及其组织实施，组织法规、规章的起草、调查研究、协调修改、报送审核、审定批准、颁布实施等程序加以规范。1993年8月，省政府颁布《广东省人民政府制定规章规定》，进一步规范了省政府制定规章及拟订地方性法规程序。1994年12月，省政府颁布《广东省人民政府规章和法规草案审批程序》，规定省政府颁布规章，提请省人大及其常委会审议。1996年9月，省政府办公厅发出通知，规定从1996年10月1日起，省政府规章统一由省政府以"粤府令"形式发布，并在《南方日报》和《广东政报》全文公布。

广东积极推进依法行政工作。1999年12月，省政府转发《国务院关于全面推进依法行政的决定》。2000年4月，省政府发出通知，在全省各级行政机关中开展"依法行政年"活动。2002年4月，政府发出《中共广东省委办公厅、广东省人民政府办公厅关于在县级以上政权机关全面推行政务公开制度的意见》，要求在全省县级以上政权机关全面推行政务公开制度。2004年8月，省政府下发《广东省人民政府关于贯彻落实国务院全面推进依法行政实施纲要的意见》，确立"率先建设以依法行政为核心的文明法治社会环境，率先建立法治政府"的总目标，明确推进依法行政、建设法治政府的目标、任务、措施、年度重点和具体要求；同年11

月，省政府办公厅印发通知，明确省有关单位全面推进依法行政中的职责分工。2007年9月，省政府召开全省市县（区）政府依法行政工作会议，发出《广东省人民政府关于加快推进市县（区）政府依法行政的意见》，就夯实基层依法行政基础、提高基层政府依法行政能力、加快全省建设法治政府进程做出全面规划和部署。

广东省的依法行政工作还重视建立科学、民主、依法决策机制。2001年6月，省政府办公厅修订并重新发布《广东省人民政府规章和法规草案审批程序》。2005年，省政府对《广东省人民政府工作规则》做出重大修订，增设"实行科学民主决策"和"推行依法行政"两章，明确省政府重大决策的范围和做出重大决策的具体规则和程序，规定重大决策和重要行政措施都必须事前交由政府法制机构进行合法性论证。2007年9月，省政府下发的《广东省人民政府关于加快推进市县（区）政府依法行政的意见》，规定凡重大决策必须经过调查研究、听取民意、专家咨询、合法性论证和领导集体民主讨论等环节，坚持"四不决策"[①]原则。2006年1月，省第十届人大常委会做出《广东省人民代表大会关于修改〈广东省地方立法条例〉的决定》，对地方性法规的制定程序又做出修订完善。

全省各市、县、区政府陆续制定或修订工作规则，进一步规范行政决策事项和决策权限，完善行政决策的程序规则和责任制度。至2007年年底，全省21个地级以上市均建立了政府领导集体决策制度，20个市以地方立法或规范性文件的形式出台行政决策方面的专门规定，15个市建立了政府法律顾问制度和政府法律顾问室，20个市建立了政府决策专家咨询论证制度，19个市建立了政府决策合法性审查制度，18个市建立了政府决策公开听取公众意见制度，15个市建立了政府决策听证制度，16个市建立了政府决策跟踪反馈和后评估制度，17个市建立了政府决策责任追究制度。全省121个县（市、区）中，已建立政府领导集体决策制度的有116个，出台行政决策方面专门规定的有95个，建立政府法律顾问制度的有57个，建立政府决策专家咨询论证制度的有72个，建立政府决策合法性审查制度的有108个，建立政府决策公开听取公众意见制度的有83个，建立政府决策听证制度的有77个，建立政府决策跟踪反馈和后评估

[①] 即不经过认真调查研究的不决策、不经过科学论证的不决策、不符合决策程序的不决策、不符合法律法规的不决策。

制度的有 65 个，建立政府决策责任追究制度的有 83 个。① 全省涉及教育、公共交通、自来水、污水处理等收费和重大项目招投标等关系到人民群众切身利益的重大事项普遍纳入了决策听证范围，并通过媒体公布公证结果。

2008 年，《广东省行政机关规范性文件管理规定》出台，建立了规范性文件统一事前审查制度，审查重点逐步从合法性审查向合理性审查过渡。重在加大审查内容深度，扩大审查文件广度，完善审查发布制度，强化审查监督力度，健全公众参与制度，提高规范性文件清理力度。《广东省政府规章立法后评估办法（征求意见稿）》亦向社会公布，含评估机关、评估原则、评估内容、评估结果的效力等内容；同时，印行《广东省政府法制机构规范性文件审查工作规范化评价标准》和《广东省政府法制机构规范性文件审查工作指导意见》。同年，省政府出台《广东省行政执法责任制条例》，进一步推进行政执法、行政责任法制化。

2010 年，省政府又大幅度修订《广东省人民政府工作规则》，明确重大决策的范围和具体规则与程序，以保障行政决策合法、科学、民主。同年，广州出台《广州市重大民生决策公众征询工作规定》和《广州市重大行政决策程序规定》。自此，广州市市民参与决策有了制度和程序保障。深圳公布《深圳市人民政府重大行政决策法律审查办法（征求意见稿）》，向社会公众广泛征询意见。

自 2013 年起，广东着力推进全省政府法律顾问工作和制度建设。政府法律顾问将对政府的重大行政决策、重要行政行为、粤港澳合作提供法律意见，为政府立法和制定、审查规范性文件提供法律意见。2014 年，省政府制定出台《广东省政府法律顾问工作规定》，推动该项工作制度化、规范化。2015 年，省府办公厅下发相关通知，明确省、市、县三级政府加快设立政府法律顾问室的具体要求。2016 年，省和 21 个地级以上市、116 个县（市、区）设立了政府法律顾问室。

---

① 参见《广东改革开放纪事》编纂委员会编《广东改革开放纪事（1978—2008）》，南方日报出版社 2008 年版，第 324 页。本节其他数据和素材，除特别注释外，均来源于此书，以下不再注释。

(四) 健全公正司法体系

省政法机关着力规范执法行为,推进司法改革,加快建立健全权责明确、相互配合、相互制约、高效运行的司法体制,促进司法公正,维护社会公平和正义。

1994年,广东各级人民法院在全国率先设立城市小额钱债法庭。审判机关从1999年10月起全面实施最高人民法院颁布的《人民法院五年改革纲要》,在全国率先推行庭前交换证据,实行举证时限、庭前固定证明和诉讼请求,以及再审诉讼暂行规定等制度。2009年,省法院制定《广东省高级人民法院关于广东法院在整体工作上争当全国法院排头兵的指导意见》和《广东省高级人民法院关于贯彻人民法院第三个五年改革纲要(2009—2013)若干意见》,两份文件描绘了全省法院5年的改革蓝图,各级法院围绕总体部署,认真履行职责,切实开展各项工作。2008年,全省司法机关全面推行"阳光司法",以提高执法公信力,省法院以"推进阳光执行,大力破解执行难"为突破口,省检察机关坚持推行"阳光检务"。2010年1月,省法院、省检察院在全国率先联手出台《广东省高级人民法院 广东省人民检察院量刑程序指导意见》。该指导意见对量刑程序进行改革:第一,明确了量刑建议权;第二,规定了相对独立的量刑程序;第三,要求裁判文书说明影响量刑的各种情节、理由,提高判决的说理性和公信力。此举最大限度地保障了被告人的合法权益。2011年,省法院出台《关于为"加快转型升级,建设幸福广东"提供司法保障和司法服务的若干意见》,为幸福广东建设保驾护航。

2013年,广东被确定为全国7个司法改革试点省份之一。2014年,广东正式启动司法体制改革试点工作,探索建立法院、检察院人财物统一管理制度。完善法官、检察官、审判(检察)辅助人员和司法行政人员职务序列管理制度,健全司法人员职业保障机制,并确定深圳、佛山、汕头、茂名4个市为试点市,2016年全面铺开。司法责任制和司法权运行机制基本完善,司法人员分类管理和"员额制改革"成效明显,司法人员职业保障制度改革及时兑现,形成人财物省级统管改革格局。同时,坚持深化司法公开改革。省法院实现审判流程、执行信息、裁判文书和庭审直播公开平台全覆盖,省检察院案件信息公开系统全面运行,构建开放、动态、透明、便民的阳光司法机制;建立防止党政领导干部干预司法活动制度，出台《广东省领导干部干预司法活动、插手具体案件处理的记录、通报和责任追究实施办法》。

具体来说，在刑事审判方式改革方面，1994年，广东全面推行合议庭责任制。1996年3月，第八届全国人大第四次会议通过修改后的《中华人民共和国刑事诉讼法》，并于1997年元旦起施行。省法院据此深入开展刑事审判方式改革：一是庭前只进行程序性审查，对案件事实的认定必须通过庭审；二是控、辩、审职责分明，法官处于主导地位，法庭质证和辩论，在控、辩双方之间展开；三是只就起诉人指控的事实进行审理，对证据不足的不能认定有罪；四是引导自诉人依法履行举证责任，充分保护被害人的合法权利；五是适用简易程序。自2006年7月1日起，按照最高人民法院的要求，死刑二审案件实现全部开庭审理。2007年1月1日，最高人民法院如期收回死刑案件核准权，本省法院规范死刑二审案件开庭审理程序，强化指导监督，对贯彻落实"严格控制和慎重适用死刑"政策提出具体意见，同时积极推行死刑案件的证人和鉴定人出庭制度。2009年，深入贯彻宽严相济的刑事政策，积极推动量刑规范化试点工作。2011年，开展简易审、简化审、量刑规范化、未成年人前科封存等制度改革。2012年起，在深圳、广州开展刑事案件速裁程序试点，适用速裁程序审理的案件当庭宣判率近九成，办案周期显著缩短。

在民事审判方式改革方面，1990年省法院下发《关于审理民事案件加强举证责任和发挥法律功能若干程序问题的意见（试行）》，细化规定当事人的举证以及庭审形式。其后，最高人民法院先后制定下发《人民法院五年改革纲要》（1999年）和《人民法院第二个五年改革纲要》（2004年），以及《最高人民法院关于民事经济审判方式改革问题的若干规定》（2011年），指导全国法院开展民事审判方式改革。省法院的改革措施主要有：①推进立案工作改革，健全审判流程管理制度，建设立案、信访两个"文明窗口"。各地法院先后推行远程立案、异地受理、巡回立案、预约立案、预约接访、网上电话查询咨询、诉讼指引、诉讼风险告知、双休日立案和当值法官制度等10项便民利民措施。②增强审判的公开性、透明度，全面深化庭审方式改革。明确庭审的程序、基本要求、开庭举证等。③改革与完善证据制度，规定举证时限、庭前交换证据、举证指导等。④实行繁简分流，规定适用简易程序审理案件的范围、事理程序等。2007年《中华人民共和国民事诉讼法》进行重大修改，涉及审判方式的修改主要是：确立申请再审审查"上提一级"，再审立案事由从原来的5项细化为15项，明确申请再审案件的审查程序及期限。2009年，全省积极应对金融危机，对涉及金融危机的新类型案件、疑难案件，实行集中管辖，统一协调，统一司法标准，对其中的敏感案件、群体性纠纷案件进行平稳处理。2011年，开展小额钱债纠纷简易审、普通程序简化审等制度改革。2013年，在全省推进行政案件跨区划集中管辖改革，在广州率先实施。按生态区划指定广州市、潮州市、茂名市、清远市中级人民法院及有关基层法院，分别对珠三角和粤东西北地区环境公益诉讼集中管辖。

在行政审判方式改革方面，1990年10月1日，《中华人民共和国行政诉讼法》正式施行。此前，广东确定广州等5个中院和广州市荔湾区法院等12个基层法院作为试点，探索《中华人民共和国行政诉讼法》的具体施行问题。广东于此方面的改革措施主要有：①落实被告举证责任，明确被告听举证据都必须在法庭上出示，并且由双方当事人互相质证，经审查属实才能作为定案的根据；②规范庭审活动的操作，实行案件排期开庭，庭前进行证据交换，庭上做好质证和认证工作，法庭辩论必须围绕被诉具体行政行为是否合法，由诉辩双方陈述意见，进行辩论；③强化合议庭的职能，改革案件审批制度，逐步扩大合议庭直接裁决案件的范围，对合议庭独立行使审判权实行有效监督。

在人民检察院方面，1989年8月省人民检察院在全国首先设立反贪污贿赂工作局，做到举报、侦查、预防工作一体化。自2005年9月12日起，广东全面实施最高人民检察院颁布的《最高人民检察院关于进一步深化检察改革的三年实施意见》，不断推进主诉、主办检察官办案制，推行公诉与审查批捕方式、检务公开、专职检委会等制度改革，开展人民陪审员、人民监督员试点工作。2009年8月，省检察院出台《广东省人民检察院关于改革创新工作机制促进全省检察工作开展的意见》，提出省各级检察机关未来两年重点完善的10项改革措施，含阳光检务、办案流程管理、未成年人刑事案件办理、轻微刑事快速处理和量刑辩论、检察人员分类管理等层面。2011年，省检察院制定《关于服务和保障广东"十二五"规划实施的指导意见》《"十二五"时期广东检察工作发展规划纲要》。2012年起，积极推进检察机关提起公益诉讼试点工作，率先在广州、深圳等六市开展。

改革开放以来，省检察机关提出以围绕经济建设为中心开展工作。

第三章 政治稳定：从冲破束缚到法治广东

1990年12月，省检察院做出《广东省人民检察院关于检察工作保护和促进经济发展的决定》。规定严格区分经济生活中十个方面罪与非罪的界限，要求各级检察机关树立检察工作自觉为经济建设服务的指导思想，把是否有利于改革开放和经济发展作为衡量和检验检察工作的重要标准。

在打击严重经济犯罪活动中，检察机关加强综合治理，为企业排忧解难。针对发案单位暴露出来的规章制度、经营管理、安全防范不健全和人员素质等问题，检察机关开展检察建议活动，协助企业建立和健全各项规章制度，堵塞各种漏洞，改善和加强企业管理。实际工作中，认真执行"一要坚持、二要慎重、务必搞准"的方针，谨慎对待改革开放中出现的新情况和新问题，严格区分罪与非罪的界限。

在法律服务方面，广州市法律援助中心于1995年10月成立，成为全国首个由政府设立的法律援助机构；次年11月，省司法厅成立全国首家省级法律援助中心。2000年以后，将法律援助所需经费列入财政预算。2007年，取消了受援人的"低保"要求，享受民政部门社会救济的人员申请法律援助无须提交经济困难证明。

广东注重加强律师机构建设。1992年，广东的律师管理形成了由司法行政机关的行政管理与律师协会的行业管理相结合的体制。至2005年，21个地级市都成立了律师协会，共有团体会员（律师事务所）1 100多家、个人会员（律师）1.1万多名，均居全国前列，广东成为名副其实的律师大省。[①] 为加强法律援助工作，切实帮助困难群众解决"打官司难"的问题，广东在全国率先建立公职律师制度。2002年8月，省编办会同有关部门下发通知，明确公职律师事务所按市、县（市、区）行政区域设置，定位为财政核拨事业单位，归口同级司法行政机关管理。公职律师承办同级政府交办的法律事务，指导、协调各政府部分公职律师的法律业务，协助同级法律援助机构承担部分法律援助案件，负责公职律师职业道德和执业纪律的教育等工作。至2016年，全省已设立公职律师事务所129家，发展公职律师909人；构建起"农村一小时、城市半小时法律援助服务圈"，约4 000万人被纳入法律援助覆盖范围。

广东还改革公证运行机制。公证机构多由原来的行政体制转为事业体

---

① 参见王俊、刘洪群《广东省律师协会成立25周年纪念大会召开》，载《广州日报》2005年12月26日。

制，部分建立了独立核算法人财产制度，摆脱了行政体制的束缚，确立了公证处的法人地位。广东公证工作蓬勃发展，业务总量较大，年办证量在百万件以上，居全国前茅。

（五）完善法律监督机制

广东省积极推动党内监督和人大、政协、政府有关机关、司法机关等方面监督的有机结合，探索建立联动监督机制，提高监督的整体效能。

1998年，中共广东省委开通了专为人大代表、政协委员向省主要领导反映社情民意的"直通快车"。它首开全国先河，被誉为"社会主义民主与法制建设的先锋之车"。

省人大常委会自20世纪80年代开始执法检查工作，90年代开始评议工作。1993—1995年，省人大常委会在全省开展评议县、市级公检法司工作和"乡镇所站"的工作。1994年首次使用质询方式，同年11月省人大常委会对省国土资源厅不执行省人大常委会颁布的《广东省城镇房地产权登记条例》进行质询，责成其立即全面实施该条例。1996年，省人大常委会组织针对"三乱"问题的执法检查。1998年4月10日，省人大常委会办公厅与省委办公厅、省政府办公厅联合发出关于快速办理人大代表提出的重要建议的意见，正式开通快速办理人大代表提出的重要建议的"直通快车"。"直通快车"开通以后，省人大常委会每年就一些事关全省经济社会发展的重大问题或人民群众关心的热点难点问题，组织人大代表进行集中视察或专题调查。就省人大代表关注的问题，常委会组织省人大代表约见省政府负责人。1999年9月，广东率先进行立法听证会的尝试，省人大常委会就《广东省建设工程招标投标管理条例（草案）》举行首次立法听证会。2000年5月31日，广东首次开展人大代表活动日。2008年11月，省人大常委会就《广东省物业管理条例（修订草案）》举行立法听证会。2009年，省人大常委会组织对全省实施《广东省饮用水源水质保护条例》情况进行检查。2010年，省人大常委会颁布《广东省人民代表大会常务委员会关于加强人民检察院对诉讼活动的法律监督工作的决定》，以立法形式加强检察院在立案监督、侦查监督、审判监督、执法监督等领域的监督职权。

21世纪以来，省人大常委会先后对《中华人民共和国涉外经济合同法》《中华人民共和国中外合资经营企业法》《中华人民共和国外资企业

第三章　政治稳定：从冲破束缚到法治广东

法》《中华人民共和国经济合同法》《中华人民共和国土地管理法》《中华人民共和国义务教育法》《中华人民共和国消费者权益保护法》《中华人民共和国合伙企业法》《中华人民共和国行政诉讼法》《中华人民共和国劳动法》等多部法律法规的实行情况进行执法检查，监督和保证法律法规在本行政区域内的正确实施。全省各级人大及其常委会对那些违背宪法和法律、损害人民群众利益的人和事，敢于监督，动真碰硬，《人民代表报》称之为人大工作中的"广东现象"。

省政协根据自身的特点，探索形成了专题议政、专题协商、专题视察、专题调研、专题研讨的政治协商形式，不断创新提案工作，广泛反映社情民意，切实履行政协协商、民主监督、参政议政职能。为更好地发挥政协委员民主监督、参政议政的作用，保证委员提出的重要建议和意见迅速地反映到党委、政府机关，1998年5月25日，省委、省政府、省政协联合下发《关于快速办理省政协委员重要建议的意见》。该意见明确规定，省政协委员针对本地区政治、经济、文化等方面的重大事务，对宪法、法律和法规的实施，党和国家方针政策贯彻执行的情况，社会关注的热点和难点问题，党和国家机关及其工作人员的工作提出的需要当地党委、政府主要领导予以重视和解决的意见、批评和建议，须及时送领导同志阅批；对领导的相关批示，由省委、省政府办公厅负责落实、督办；省政协委员因重大事项提出约见省委、省政府领导，由省政协办公厅商省委、省政府办公厅办理；各市、县（市、区）结合本地实际情况，参照意见执行。该项制度使政协委员反映意见建议变得更加便捷，因而被称为政协委员参政议政的"直通车"。

2005年，省纪检监察机关以贯彻《广东省建立健全教育、制度、监督并重的惩治和预防腐败体系实施纲要》为契机，加强对"工程招标、土地出让、产权交易、政府采购"4项制度落实情况的监督检查，加强安全生产监督管理，认真纠正在农村征地、城镇房屋拆迁、教育收费、医药医疗、农民工工资支持等工作中损害人民群众利益的突出问题。

2012年之后，广东加强对依法治省工作的督察督办。省委将全面依法治省工作要点与省委常委会工作要点、全面深化改革工作要点、党建工作要点等作为"四大要点"，列为重点督查事项，纳入绩效考核内容。省委依法治省办公室建立90项工作台账，按照节点目标定期开展督办，确保各项任务落到实处。省委依法治省办公室围绕多层次多领域法治创建活动,开展法治化营商环境建设、创新驱动发展法制保障、构建公共法律服务体系等10项重点工作,充分发挥牵头抓总、统筹协调作用,组织相关部门合力推进,以点带面,整体推进依法治省工作。

(六) 普法教育深入人心[①]

加强普法工作是践行依法治国基本方略的需要,是提高广大民众法律意识的有效途径。广东在加强立法、执法的同时,积极部署普法工作。1985年7月,省委、省政府批转《省司法厅关于用五年左右的时间在全省公民中基本普及法律常识的报告》,启动全省普法活动。1985年8月22日,广东省普及法律常识领导小组成立,办公室设在省司法厅,各地也陆续成立相应的机构。

这次大规模的普法活动即"一五"普法,以普及法律常识的宣传启蒙教育为主旨,普法对象的重点为干部和青少年。其主要内容是"十法一例":即《中华人民共和国宪法》《中华人民共和国刑法》《中华人民共和国刑事诉讼法》《中华人民共和国民事诉讼法》《中华人民共和国婚姻法》《中华人民共和国继承法》《中华人民共和国经济合同法》《中华人民共和国森林法》《中华人民共和国兵役法》《中华人民共和国环境保护法》和《中华人民共和国治安管理处罚条例》,各经济管理部门和企业还开展《中华人民共和国全民所有制工业企业法》等法律的宣传教育。"一五"普法期间,全省共有普法对象4 100万人。经过普法教育,3 772万人学习"十法一例",占总数的92%。其中,国有、集体企业职工450万,占职工总数的90%;农民1 907万,占农民总数的88%;城镇居民255万,占居民总数的88%;在校学生1 100万人。他们都接受了不同程度的法制教育。普法成绩突出,332个先进集体和521名先进个人受到省委、省政府的表彰。

1992—2015年,按照中共中央、国务院的决定和全国人大常委会的决议,广东各级普法主管部门在当地党委、政府的领导和人大常委会的监督下,在各部门、各系统的密切配合下,成功地实施了五个五年普法规划。

1990年12月,省委、省政府在广州召开全省"一五"普法先进集

[①] 本处"三五"至"五五"普法资料均来源于《广东改革开放纪事》编纂委员会编《广东改革开放纪事(1978—2008)》(南方日报出版社2008年版)。

第三章 政治稳定：从冲破束缚到法治广东

体、先进个人表彰大会暨第五次法制宣传教育工作会议，同时宣布"二五"普法正式启动。"二五"普法以宪法为核心，以专业法为重点，抓好《中华人民共和国宪法讲话》和《社会主义法制建设若干问题讲话》的宣传教育。在全省4 700多万普法对象中普及了11部法律和45部专业法，在社会上广泛宣传100多个专业法律、法规和规章。全省共发行法制宣传资料2 750万份，录像录音带1万多盒，制作播放法制电视节目4 038个，举办培训班1.91万期，上法制课5.45万次，1 752万人次接受了辅导教育，300多万人次参加各类法律知识竞赛。335个普法先进单位和686个先进个人受到省委、省政府的表彰。

1996年7月14日，省委、省政府批转《省委宣传部、省司法厅关于开展法制宣传育的第三个五年规划》，"三五"普法启动。"三五"普法的重点对象是领导干部、基层农民、进城务工人员、中小学生等，主要目标是进一步增强公民的法律意识和法制观念，不断提高各级干部依法办事、依法管理的水平和能力。农村、企业、机关、学校及各行各业结合实际，加大力度，全面推进依法治理。"三五"普法期间，全省共举办图片展览3 339次，参观人数为446.7万多人次；法制文艺演出622场，观看人数达163万人次；法律服务2 107次，咨询人数为55万多人次；发行资料320万份；接受法律常识教育的进城务工人员为1 200万多人次。全省共有2个城市、20个先进集体和27名先进个人获全国"三五"法制宣传先进表彰，省委、省政府还分别授予328个集体、541名个人"三五"普法先进集体和先进工作者称号。

2001年7月11日，省委、省政府批转《省委宣传部、省司法厅关于在全省开展法制宣传教育的第四个五年规划》，"四五"普法拉开序幕。"四五"普法围绕省委、省政府的中心工作，以全面提高全民的法律素质为中心，重点抓好三个方面的工作：①在经济部门和经济管理干部中深入开展经济法律法规专项教育，推动信用体系的建立和完善；②坚持法治与德治并举，加强市场经济道德建设，营造"守信光荣、失信可耻"与"守法经营"的社会氛围；③以基层、行业、地方普法依法治理的"三大工程"全面推动各项事业的普法依法治理。"四五"普法成效明显，形成了具有岭南地方特色、立体、全方位的普法模式。全省举办法制文艺演出1.12万场，制发各类法制宣传音像制品601万盒（片），摄制法制宣传电视专题片480部。全省听法制课9 720万人次，参加法律知识考试7 000

万人次,发放各类法制宣传资料和图片 1.74 万份,组织各类普法宣传活动 11.7 万次,受教育的公民达到 9 255 万人次。全省组织领导干部法律知识考试 1 345 次,参加考试的人数达 51.67 万人次,组织领导干部上法制课 73.58 万人次。在农村积极开展相关法律知识的宣传教育工作。全省组织外来务工人员上法制课、参加法律知识竞赛等活动达 1 393 万人次。推动中小学法制教育计划、教材、课时、师资"四落实",全省建立青少年法制教育基地近千个,中心镇以上中小学校全部聘请了兼职法制副校长。

2006 年 5 月 26 日,省委、省政府批转《省委宣传部、省司法厅关于在全省开展法制宣传教育的第五个五年规划》,"五五"普法正式启动。"五五"普法的主要目标是进一步提高全省公民法律意识和法律素质,增加公务员特别是领导干部社会主义法治理念,提高依法执政、依法行政、公正司法能力和水平;增强各级政府和社会组织依法管理和服务社会的意识和能力,提高经济社会管理法治化水平;夯实以农村、社区为重点的基层民主法制建设基础,更好地满足人民群众的法律需求。以深入推进"法律进机关、进单位、进学校、进企业、进农村、进社区"活动为载体,以领导干部、公务员、村(居)民、青少年学生、企业经营管理人员和外来务工人员为重点,提高全体公民尤其是领导干部的法律素质和法治化管理水平,促进由提高全民法律意识向提高全民法律素质的转变、由注重依靠行政手段管理向注重依靠法律手段管理的转变,成效显著。"五五"普法期间,全省上下采取多种形式开展全民普法工作,听法制课 9 920 万人次,参加法律知识考试 7 080 万人次,观看法制文艺演出 1 352 万人次,发放各类法制宣传资料和图片 17 683 万份(张),组织各类普法宣传活动 11.7 万次,受教育的公民达到 9 655 万人次。

2011 年,省委宣传部、省司法厅制定《关于在全省开展法制宣传教育的第六个五年规划(2011—2015 年)》,并印发各地各部门贯彻实施,以此推动和指导各市、各系统、各单位制定"六五"普法规划,明确普法工作任务,加强普法职能建设,推动普法工作深入开展。着力解决好普法工作的保障问题,在机构设置、人员编制、经费保障等方面下功夫,强化普法措施、建立健全各项制度。突出六个结合,即把法制宣传教育与推动转型升级紧密结合起来,促进经济发展方式加快转变;把法制宣传教育与改善民生紧密结合起来,依法维护广大人民群众的合法权益;把法制宣传教育与促进社会管理创新紧密结合起来,大力推进社会建设;把法制宣传

第三章 政治稳定：从冲破束缚到法治广东

教育与法治文化的培育紧密结合起来，推进文化强省建设；把法制宣传教育与改革创新紧密结合起来，切实增强普法的针对性和实效性；把加强法制宣传教育的组织领导与完善普法工作机制紧密结合起来，形成普法工作齐抓共管的强大合力。"六五"普法期间，全省计有5个市、38个县（市、区）被全国普法办评为全国法治城市、法治县（市、区）创建先进单位，53个村被司法部、民政部授予"全国民主法治示范村"称号。

2015年6月30日，省委、省政府转发了《省委宣传部、省司法厅关于在全省公民中开展法治宣传教育的第七个五年规划（2016—2020年）》，这标志着"七五"普法工作的正式启动。法治宣传教育的重点为：将着力抓好如深入学习宣传习近平总书记关于全面依法治国重要论述、突出宣传宪法、弘扬宪法精神、树立宪法权威等工作。普法的重点对象为国家工作人员、青少年学生、外来务工人员。"七五"普法工作目前正在实施中。

三、改革开放以来广东政府治理、法治建设经验

40年来，广东在政府治理、法治建设方面可谓成绩斐然，广大老百姓得到了实实在在的实惠，获得感、幸福感、安全感亦与日俱增。同时，在此两大领域内，广东也积累了一定的经验，值得认真总结。

（一）坚持中国共产党的领导，坚持以中国特色社会主义理论为指导

习近平总书记指出，"党的领导是中国特色社会主义最本质的特征，是社会主义法治最根本的保证。坚持中国特色社会主义法治道路，最根本的是坚持中国共产党的领导"，"坚持党的领导，是社会主义法治的根本要求，是全面推进依法治国的题中应有之义。要把党的领导贯彻到依法治国全过程和各方面，坚持党的领导、人民当家做主、依法治国有机统一"。①习近平总书记的上述讲话充分论证了党的领导与法治建设的辩证关系。

广东作为全国改革开放的先行者和引领者，无论是在法治工作方面，还是在政府管理方面，各级政府与广大干部群众始终高举中国特色社会主义伟大旗帜，始终坚持中国共产党的领导不动摇，始终坚持以邓小平理

---

① 参见《加快建设社会主义法治国家》（2014年10月23日），见习近平著《习近平谈治国理政》第二卷，外文出版社2017年版，第114页。

论、"三个代表"重要思想、科学发展观、习近平新时代中国特色社会主义思想为指导,这是广东在政府治理、法治建设方面得以顺利开展各项工作的最根本保证。

(二)坚持以人为本、执政为民的工作原则

"人民立场是中国共产党的根本政治立场,是马克思主义政党区别于其他政党的显著标志。"[①] 全心全意为人民服务是中国共产党的根本宗旨。以人为本、执政为民是检验中国共产党一切执政活动的最高标准,它既是广东政府治理和法治建设工作的出发点,也是政府治理和法治建设的落脚点。如前所述,广东各级党委、各级政府始终关注民生问题,以保证人民共享改革开放的成果。40年来,广东先后制定了大量关于教育、医疗、卫生、劳动、社会保障等领域的地方法规,行政体制改革不停步,坚持精兵简政,积极推行"大部制"改革,政府信息化建设加快,努力打造阳光政府、责任政府、法治政府、服务型政府,极大提高了工作效率,便民措施得当,人民办事方便。

(三)注重先行性、自主性和试验性,结合实际情况制定具体政策

改革开放是一项前无古人的伟大而艰巨的事业。广东在与中央保持高度一致的情况下,十分注重先行性、自主性和试验性,这是国家推进改革开放大业、经济社会率先发展的内在需要。广东通过不断的探索,积累经验或找出教训,为国家层面的立法提供实践依据,或为其他省份的地方立法提供借鉴。广东依据建立社会主义市场经济体制的需要,或根据国际惯例、实际需要等情况,制定出适合本地发展的多项法律、法规和政策,多有预见性和超前性。据不完全统计,改革开放以来,广东省先后制定的法规和规章有千余件,其中属于先行性、自主性、试验性方面的立法约占50%。在政府治理方面,广东的行政体制改革循序渐进,政务公开建设、政府信息化建设、"大部制"改革等亦走在全国前列。

---

① 《不忘初心 继续前进》(2016年7月1日),见习近平著《习近平谈治国理政》第二卷,外文出版社2017年版,第40页。

(四）注重法规制度建设，形成既重视提高质量，又能保证效率的工作机制

加强法规制度建设是经济社会发展的必然要求，是建设中国特色社会主义法治体系的重要内容，也是推进国家治理体系和治理能力现代化的重要保障。广东在改革开放的进程中十分重视制度建设。例如，在地方立法过程中，前期重视实地调研，掌握实际情况，具体制定法律法规时，人大的各个专门委员会和工作委员会直接参与，经过初审和会审，进而提请人大审议。同时，举行立法听证会、专家论证会和有关座谈会，倾听多方意见，广泛征求社会各界的意见。这样相对成熟的一套立法机制，既保证了立法的质量，也保证了工作效率的切实提高。

2017年10月，中共广东省委印发《关于加强党内法规制度建设的实施意见》，从指导思想、总体目标、完善党内法规制度体系、提高党内法规制度执行力、加强组织领导等方面对加强新形势下全省党内法规制度建设提出明确要求，做出部署安排。《关于加强党内法规制度建设的实施意见》提出，到建党100周年时，应形成比较完善的党内法规制度体系、高效的党内法规制度实施体系、有力的党内法规制度建设保障体系，党依据党内法规管党治党的能力和水平应显著提高。

第四章 文化繁荣：从"文化沙漠"到文化强省

习近平总书记指出："文化是一个国家、一个民族的灵魂，文化兴国运兴，文化强民族强，没有高度的文化自信，没有文化的繁荣兴盛，就没有中华民族伟大复兴。"① 在改革开放伟大的历史进程中，广东的文化建设顺应时代大潮，紧扣时代脉搏，奏响了一曲曲改革发展的时代乐章。40年来，广东文化建设的历程波澜壮阔，文化建设的成果蔚为大观，文化建设的经验弥足珍贵。在中国特色社会主义进入新时代的背景下，继续把广东文化培育好、建设好、发展好，不断推进广东文化改革发展，为新时代中国特色社会主义文化强国伟大事业做出新的贡献是历史和时代赋予广东的新使命。

一、改革开放以来广东文化建设历程

当代广东文化建设的历程，与广东改革开放的进程相一致，与广东经济社会发展的步调相追随。② 改革开放40年来，历届广东省委、省政府团结带领全省人民，高举中国特色社会主义伟大旗帜，解放思想、实事求是、与时俱进、开拓创新，坚持物质文明和精神文明"两手抓、两手硬"，探索中国特色社会主义文化发展与繁荣的路径，广东文化建设呈现出从自觉到自信的发展轨迹。

改革开放以来广东文化建设历程可分为三个阶段。

---

① 中共中央宣传部编：《习近平新时代中国特色社会主义思想三十讲》，学习出版社2018年版，第194页。

② 参见李宗桂著《广东文化的多维思考》（第一编前言），花城出版社2012年版。

第四章 文化繁荣：从"文化沙漠"到文化强省

第一阶段是从党的十一届三中全会至邓小平南方谈话前。随着中央改革开放政策的出台与广东改革开放初期的探索，广东认真贯彻党中央的战略部署，从社会主义精神文明的高度推进文化建设，为广东改革开放与经济社会发展鸣锣开道、保驾护航。

第二阶段是从邓小平南方谈话后至党的十八大前。随着中共中央文化建设战略思考与顶层设计的与时俱进，广东文化改革发展的进程不断提速；尤其是实施"建设文化大省"和"建设文化强省"战略后，广东文化建设步伐明显加快，广东文化软实力显著增强。

第三阶段是党的十八大以后。中国特色社会主义迈向新时代，文化建设在"五位一体"总体布局中被赋予更重要的"振奋起全民族精气神"的时代使命。在习近平新时代中国特色社会主义思想指引下，广东文化建设不断向纵深领域推进，不断掀起新高潮，广东文化自信显著提升。

（一）从社会主义精神文明高度推进文化建设

党的十一届三中全会是中共历史上具有深远意义的伟大转折，拉开了中国改革开放的历史大幕。1978年4月，习仲勋同志南下主持中共广东省委日常工作。1978年5月，《南方日报》转载《实践是检验真理的唯一标准》，习仲勋同志态度鲜明地支持"实践是检验真理的唯一标准"的观点，坚决落实中央拨乱反正，积极推动对"文化大革命"中的冤假错案的平反、历次政治运动中的历史遗留问题的处理和反对地方主义的案件复查处理。中共广东省委还积极谋划"先走一步"的战略设想，大胆向中央"要权"，带领广东人民在改革开放中"杀出一条血路"，这一切都是由"真理标准大讨论"引发的思想大解放推动的。

广东改革开放先走一步，既无现成经验可借鉴，也无固定模式可仿效，只能边实践边摸索，"摸着石头过河"。在改革开放初期，广东也曾遇到各种思想干扰。但是，广东不搞姓"资"姓"社"的争论，不唯书、不唯上，只唯实，凡是符合党的路线、方针、政策，对广东和全国经济发展有利的事，广东就大胆探索、放手去干，① 广大干部群众普遍形成了理解、支持和参与改革开放的社会心态。1981年，袁庚提出"时间就是金

---

① 参见卢荻、杨建、陈宪宇著《广东改革开放发展史》，中共党史出版社2001年版，第182～183页。

钱，效率就是生命"的口号，在那个计划经济思想还牢牢占据中国人头脑的时代，这无疑是需要勇气和胆识的。1984年1月，邓小平同志在蛇口考察时对这个口号给予了充分肯定①，广东人"敢为人先，务实进取"的改革开放精神第一次震撼大江南北。

广东在改革开放中先行一步，大门打开以后，难免泥沙俱下、鱼龙混杂，一些"苍蝇""蚊子"也随之而来，一时间，"反对广东精神污染"的标语口号在内地频现。在党中央的领导下，中共广东省委敢于直面压力，坚定地提出"对外经济、技术、文化交流，我们一定要开展，坚定不移地执行对外开放政策。我们的口号是'排污不排外'"，做到"提倡有益的，允许无害的，取缔有害的，打击犯罪的"，继续带领广东坚定不移地走对外开放道路。"排污不排外"也成为广东坚持和践行的社会主义精神文明建设的重要原则②，广东用实践进一步坚定了人们继续改革开放的思想信念。

面对改革开放初期的新形势与新局面，中共中央提出建设社会主义精神文明。1979年，党的十一届四中全会审议通过了叶剑英同志代表中共中央、全国人大常委会、国务院在庆祝中华人民共和国成立30周年大会上的讲话，首次提出"社会主义精神文明"。1982年，党的十二大首次提出精神文明是社会主义的重要特征，是社会主义制度优越性的重要表现。1986年，党的十二届六中全会通过《中共中央关于社会主义精神文明建设指导方针的决议》明确提出"社会主义精神文明建设的根本任务是适应社会主义现代化建设的需要，培养有理想、有道德、有文化、有纪律的社会主义公民，提高整个中华民族的思想道德素质和科学文化素质"，这是社会主义精神文明建设的纲领文献。

在中央统一部署下，广东精神文明创建工作迅速展开。1981年，"五

---

① 参见《时间就是金钱，效率就是生命，蛇口工业区这句口号得到邓小平肯定》，载《南方日报》1984年5月4日。
② 参见林雄主编《文明足迹——广东精神文明建设纪事》，南方日报出版社2009年版，第42页。

第四章 文化繁荣：从"文化沙漠"到文化强省

讲四美三热爱"① 活动拉开了广东群众性精神文明创建活动的序幕。② 1983年成立"五讲四美三热爱"活动委员会，梁灵光任主任。1984年，省委、省政府召开全省社会主义精神文明建设表彰大会。随后，全省掀起学习南华西街精神文明创建经验的热潮。1987年制定的《广东省社会主义精神文明建设规划》将精神文明建设列为广东各级党委、政府的重要工作。1989年，成立广东省精神文明建设领导小组（现为广东省精神文明建设委员会），谢非同志当时任组长。1990年，制定《广东省"八五"期间社会主义精神文明建设规划要点》，广东每两年举行一次精神文明建设经验交流会和表彰大会。以上措施为广东精神文明建设提供了组织和制度保障。

随着工业化、城镇化的飞速发展，进城务工人员在广东出现。1988年，全国南下广东工作的进城务工人员总数突破100万，这是改革开放以来广东出现的第一次"民工潮"。进城务工人员精神文明创建工作在广东各地展开，一些地方提出"同饮珠江水，共做岭南人"以及"新客家、老客家，都是一大家；本地人、外地人，都是自己人"等口号，各地开展形式多样的实践活动，取得了巨大成效。如深圳"大家乐"广场活动③，被誉为面向外来务工人员开展精神文明建设的成功样板。

文艺最能代表一个时代的风貌。1978年12月，广东在全国率先为文艺界落实平反政策，率先恢复文联、作协、文艺家协会、文艺院校工作。④ 文艺界的拨乱反正极大地激发了广东文艺家的创作热情，老一辈作家欧阳山、陈残云、秦牧等笔耕不辍，老一辈美术家关山月、黎雄才、廖冰兄、潘鹤等重新投入创作，新一代作家刘斯奋、陈国凯、杨干华等迅速成长。广东的改革开放热潮也吸引了全国一大批文艺精英南下广东发展，一批反

---

① "五讲四美三热爱"是20世纪80年代社会主义精神文明建设的经典口号。"五讲"即讲文明、讲礼貌、讲卫生、讲秩序、讲道德，"四美"即心灵美、语言美、行为美、环境美，"三热爱"即热爱祖国、热爱社会主义、热爱中国共产党。

② 参见林雄主编《文明足迹——广东精神文明建设纪事》，南方日报出版社2008年版，第40页。

③ 参见《深圳"大家乐"：全国第一个群众自荐表演的大舞台》，见中国人民政治协商会议广东省委员会编《敢为人先——改革开放广东一千个率先》（文化·体育卷），人民出版社2015年版，第240～244页。

④ 参见《广东文艺界拨乱反正"第一会"》，见中国人民政治协商会议广东省委员会编《敢为人先——改革开放广东一千个率先》（文化·体育卷），人民出版社2015年版，第4～7页。

映改革开放和商品经济发展的文艺新作在广东出现。《雅马哈鱼档》《孙中山》《心香》等电影精品,《特区打工妹》《公关小姐》等南国都市电视剧,《南方之夜》《弯弯的月亮》等流行歌曲一度风靡全国,成为那个时代中国人的集体文化记忆。

繁荣的对外文艺演出是伴随广东改革开放出现的另一大文化景观。1979年,广东粤剧院"文革"后首赴港澳地区商演,即在港澳引起巨大轰动;广东潮剧院创下中华人民共和国成立以来国内文艺院团赴外连演场次的最高纪录,粤剧大师红线女荣获纽约艺术协会和联合国交响协会颁发的"杰出艺人奖";广州杂技团为中国捧回第一个国际金奖。广东文艺不辱使命,出色地完成了各项对外演出与文化交流任务。

改革开放初期,广东文化建设中的另一件大事是"文化市场"的出现,广东率先打破文化由国家"统包统办"的模式。1980年,广州东方宾馆办起第一个音乐茶座,座无虚席,火爆全城。以音乐茶座为起点,舞厅、台球室、录像厅、电子游戏室等文化娱乐场所在广东迅速涌现。1981年,广东省人民政府颁布《关于开办舞会、音乐茶座和专业艺术人员参加对外演出录音活动的暂行规定》,成立社会文化管理委员会,着手文化市场管理。1986年,省政府颁布《广东省音乐茶座暂行管理办法》《广东省舞会暂行管理办法》《广东省营业性桌球(室)暂行管理办法》,促使广东文化市场健康稳步发展。

随着音乐茶座、歌舞厅在社会上的兴起,不少国营文艺院团的演职人员跑到社会上"炒更"①,这是促成广东在国内率先探索文化体制改革的动因之一。广东探索性地将经济领域的做法引入文化领域。1983年,广东粤剧院、广东话剧院、广东歌舞剧院、广州乐团开始自行决定上演节目,制订艺术生产计划并且实行国家定额补贴基础上的经营责任制,鼓励多劳多得。许多文艺院团开始通过举办附属企业,探索"以文补文",用经营收入补贴文化事业。1987年,广东歌舞剧院舞剧团开始试点团长聘任制与任期目标责任制,全团实行聘任制,扩大了剧团自主权,改善了剧团经营管理。与此同时,广东市、县两级文艺院团的改革步子迈得更大,他们开始以演出收入计发演职员工资,彻底打破了吃"大锅饭"的分配制

---

① "炒更"在粤语中指利用业余时间从事本职工作外的工作(参见饶原生《世事新语:改革开放30年流行词的广东样本》,新世纪出版社2008年版,第49页)。

度,一时间,湛江、汕头、潮州等地出现了上百个民营剧团,社会力量"办文化"在广东率先成为一种潮流。

改革开放初期,广东社会科学界思想解放、学术活跃,形成了一些具有全国性影响的学术成果,如关于社会主义社会辩证法研究、社会主义计划商品经济研究和市场经济研究、经济特区研究等。① 广东省社会科学院的卓炯是我国社会主义商品经济理论的先行者之一,他撰写的《论社会主义商品经济》一书曾入选"影响新中国经济建设的十本经济学著作"。1986年,林若主持召开理论务虚会,借卓炯商品经济理论促进统一认识,鼓励遵循和运用价值规律,大胆放开发展市场体系。②

改革开放后,广东文博事业重上正轨并迅速发展。1980年省文化局专设文物处,1982年成立省文物管理委员会办公室,1988年成立省文物博物馆学会,1990年成立省文物考古研究所。1983年10月,广州市象岗山发现的西汉南越王墓成为当年中国考古三大发现之一。1988年,广东全省博物馆总数达到101家,占全国博物馆总数的1/7,居各省之首。③

改革开放的时代之风还深深地影响了广东广播电视事业的发展,广东率先拉开了中国广播电视改革的帷幕。1986年12月,中国第一家大众型、服务型的新型电台——珠江经济广播电台正式开播,在中国广播电视史上具有重要意义。④

(二) 探索中国特色社会主义文化发展

20世纪90年代,以江泽民同志为核心的中央领导集体在文化建设问题上提出"精神文明重在建设""以立为本""弘扬主旋律、提倡多样化"等方针,不搞"无谓的争论",不搞"大批判",而是"正面引导为主",面向时代、面向现代化、面向未来探索具有中国特色的社会主义文化发展

---

① 参见张江明《广东社会科学四十年概观》,见张江明主编《伟大祖国的广东——广东社会科学四十年(1949—1989年)》,广东人民出版社1989年版,第1页。
② 参见《我在林若书记身边工作的几段往事——林若原秘书、广州市原常务副市长苏泽群访谈录》,见章扬定、蔡龙主编《怀念林若》,羊城晚报出版社2013年版,第109页。
③ 参见广东省文物局、广东省文物博物馆学会编《广东文博事业改革开放三十年文集》,岭南美术出版社2008年版,第1~31页。
④ 参见白玲、申启武著《从"珠江模式"到跨越式发展:广东广播改革开放30年历史回顾》,暨南大学出版社2008年版,第3页。

繁荣之路。党的十五大报告明确阐明了文化建设与精神文明建设的关系，并对"有中国特色的社会主义文化"进行了系统阐述。① 在此背景下，广东省人大通过"发展文化事业的决议"及一系列文化市场管理条例②，省委、省政府制定实施了"南粤锦绣工程"与"山区文化建设议案工程"。

《南粤锦绣工程——广东省文化建设发展规划》由广东省发展计划委员会与广东省文化厅于1995年制定，经广东省人民政府批准后颁布。该规划提出"建设与广东省社会主义市场经济相适应的有南粤特色的社会主义文化"，包含艺术创作演出、群众文化、公共图书馆、电影放映、文物博物、文化市场等六大网络骨干工程；提出以省会国际大都市文化为中心，以经济特区文化为窗口，以珠江三角洲城乡一体化文化为示范，以山区大众化文化为扶持重点，覆盖全省其他地区；要求建成一批重点文化工程项目，形成一批舞台艺术拳头产品，建设一批大剧院、音乐厅、美术馆、图书馆、博物馆和民族民间艺术之乡等，形成省、市、县、乡镇、管理区五级文化网络。③

为保证"南粤锦绣工程"顺利实施，广东要求全省各级财政文化事业经费不低于当地财政总支出的1%，文化事业经费增长幅度不低于当地财政收入增长幅度。同时，发动社会各方力量扶持建立"文化基金会""文物保护基金会"，允许文化部门向社会各方以及海外华侨、港澳同胞组织发动捐赠资助，扩大文化发展资金来源；鼓励广东文化事业单位开展有偿服务和经营活动，实施"以文补文、多业助文"，推动形成以国家办文化为主导、以社会办文化为基础的文化事业新格局，并以省政府的名义开展"南粤锦绣工程"先进市、县、区评选。至2010年，广东有4批次、55个县（市、区）获奖。

由于历史的原因，广东山区县市的文化建设较为落后。在1997年2月召开的广东省第八届人大第五次会议上，88名省人大代表联名提交《关于大力扶持山区文化建设，抓紧改变山区群众文化生活贫乏落后状况

---

① 参见江泽民《高举邓小平理论伟大旗帜，把建设有中国特色社会主义事业全面推向二十一世纪》（1997年9月12日），见《十五大以来重要文献选编》（上），人民出版社2000年版。
② 参见广东文化概况编委会主编《广东文化概况》，中国社会出版社1997年版，第423~431页。
③ 参见广东文化概况编委会主编《广东文化概况》，中国社会出版社1997年版，第434~442页。

第四章 文化繁荣：从"文化沙漠"到文化强省

的议案》。这是 1997 年广东省人民代表大会上的一号议案，引起省委、省政府的高度重视。广东省人民政府专门成立了由省文化厅等 14 个部门组成的山区文化建设联席会议，将山区文化建设提上政府工作日程。1998—2002 年，广东累计投入资金 10.64 亿元，在山区市县建成文化场馆 982 个，为山区市县补充了文艺下乡专用车和一大批文化器材，有效地改善了山区文化基础设施条件。①

在这一阶段，广东文化体制改革稳步推进，形成了一批重要的改革成果。1993 年，羊城晚报社实行社长领导下的总编辑、总经理负责制。1994 年，全国新华书店系统第一家股份制企业——广东省新华图书股份有限公司成立。1996 年，广州日报报业集团成为全国第一个报业集团。1997 年，广州网易计算机系统有限公司成立；1998 年，深圳市腾讯计算机系统有限公司成立。

在这一阶段，广东推动精神文明建设不断迈上新台阶。1992 年邓小平同志视察广东时勉励人们："广东二十年赶上亚洲'四小龙'，不仅经济要上去，社会秩序、社会风气也要搞好，两个文明建设都要超过他们。"根据邓小平南方谈话精神，广东省委、省政府于 1992 年在南海县（现为佛山市南海区）召开全省创建文明村镇、文明户经验交流会，谢非提出推广南海县创建文明村、户经验。② 1994 年，颁布《广东省社会主义精神文明建设纲要》，广东精神文明创建向"城乡一体化"迈进。1996 年，通过《中共广东省委关于加强思想道德文化建设的决定》，提出抵制价值失落、道德失范与腐朽思想侵蚀。1994 年，广东启动"教育强省"建设。1996 年，广东在全国率先实现"基本实施九年义务教育和基本扫除青壮年文盲"。1998 年，广东提出"科教兴粤"战略，即"坚持科技先行、教育为本，确立人才资源是经济社会发展第一资源的战略思想，增强自主科技创新能力和核心竞争力"，为广东增创发展新优势。③

2000 年 2 月，江泽民同志视察高州、深圳、广州等地，首次提出"三个代表"重要思想，号召发展较快地区的干部群众"致富思源、富而

---

① 参见赵京安《广东山区文化建设惠及千万农民》，载《人民日报》2004 年 5 月 6 日。
② 参见谢非著《广东改革开放探索》，中共中央党校出版社 1995 年版，第 314 页。
③ 参见《党代会报告解读：四大战略之科教兴粤战略》，见南方网（http://www.south-cn.com/news/gdnews/hotspot/gaojiaohui/txgdgxzl/200210100993.htm），2002 年 10 月 10 日。

思进"。广东掀起了学习宣传贯彻"三个代表"重要思想的热潮,开展"三讲"教育,推进"三个代表"重要思想教育。2002年5月,李长春同志在广东省第九次党代会报告中指出,高举邓小平理论伟大旗帜,认真实践"三个代表"重要思想,继续以"增创新优势,更上一层楼,率先基本实现社会主义现代化"为总目标、总任务统揽工作全局,实施"四大战略",增创"五大优势",为加快率先基本实现社会主义现代化提供强有力的保证。①

21世纪初,中国改革开放全方位发展,中国总体上实现小康,在温饱有余且走向更加富裕的道路上,中国人的精神需求日益增加,文化的经济功能也日趋凸显,国家之间、地区之间的竞争越来越包含文化上的竞争。为此,党的十六大在总结经验的基础上,提出了新的文化发展理念,牢牢把握先进文化的前进方向,把文化建设纳入国民经济和社会发展总体规划,将文化战略上升为国家战略,全面深化文化体制改革,大力发展文化产业,解放和发展文化生产力,走中国特色社会主义文化发展道路。

2003年春,在全国抗击"非典"疫情的关键时刻,胡锦涛同志视察广东,首次提出"科学发展观"思想,要求广东加快发展、率先发展、协调发展,增强大局意识和使命感,努力在全面建设小康社会、加快推进社会主义现代化进程中更好地发挥排头兵作用。广东以科学发展观为统领,提出建设经济强省、文化大省、法治社会、和谐广东。

建设文化大省为广东文化建设按下了"快进键"。张德江同志指出,"必须把握世界经济文化发展大势,把建设文化大省作为广东加快发展的新战略"②。2003年9月,广东省建设文化大省工作会议召开,提出"到2010年,广东省要基本建立起适应社会主义现代化要求的文化发展格局、文化管理体制及运行机制,使广东省成为广大人民群众综合素质普遍提高,文化经济繁荣,科技实力雄厚,拥有先进配套的文化设施、充满活力的文化体制、拔尖的文化人才、一流的文化精品、强大的文化产业、繁荣有序的文化市场、独具特色的岭南文化、丰富多彩的群众文化生活,文化

---

① 参见李长春《以"三个代表"重要思想为指导加快率先基本实现社会主义现代化——在中国共产党广东省第九次代表大会上的报告(二〇〇二年五月二十日)》,见广东省档案馆编《改革开放三十年重要档案文献·广东》,中国档案出版社2008年版,第1281~1297页。

② 《广东:建设文化大省增添发展动力》,见中国共产党网(http://cpc.people.com.cn/GB/67481/73136/82232/5756746.html),2007年5月21日。

第四章　文化繁荣：从"文化沙漠"到文化强省

发展主要指标全国领先、文化综合实力和国际竞争力居全国前列的文化大省"①。

作为全国文化体制改革试点省，广东先行一步进行探索。第一批试点地区和单位积极稳妥地落实试点任务，在转变政府职能、文化市场综合执法、深化事业单位内部改革、探索新闻媒体宣传与经营"分开"、推动结构调整与资源整合、发展民营文化企业等方面为全国提供了有益经验和示范典型。第二批试点地区和单位在体制和机制创新上下功夫，在经营性文化事业单位转制、国有文化资产管理等方面取得显著成效。2006年，广东全面启动全省文化体制改革。2007年，文化产业成为广东新的经济增长点和支柱产业，广东文化产业在增加值、进出口值、从业人数和年营业收入等方面居全国首位，广东报业、音像出版、广告、广播影视、网游动漫、印刷等领跑全国。

建设文化大省期间，广东加大公益性文化事业与文化基础设施投入。省财政安排近50亿元，支持广东科学中心等文化标志性工程和广东省博物馆新馆等省级重点文化工程建设；成功推动"金钟奖"永久落户广东，成功申办亚运会、世界大学生运动会；推动东西两翼及山区基层文化建设，建立广东"流动图书馆""流动博物馆""流动演出网"；各市、县也加大对公益性文化事业的财政投入和扶持力度。广东文化事业总体上进入快速发展时期。

广东精神文明建设稳步推进。广东提出培育"敢为人先、务实进取、开放兼容、敬业奉献"的"新时期广东人精神"，弘扬"厚于德、诚于信、敏于行"的"新时期广东精神"，开展群众性精神文明创建，开展未成年人思想道德教育实践，开展"爱国、守法、诚信、知礼"现代公民教育活动，开展社会主义荣辱观学习实践活动，开展社会主义核心价值体系建设。

广东志愿服务事业成为广东精神文明建设的显著成果之一。1987年，全国首条义工热线在广州出现；1990年，全国首个志愿服务社会团体——深圳市义工联合会成立；1999年，全国第一部志愿服务地方法

---

① 参见中共广东省委、广东省人民政府《关于加快建设文化大省的决定（二〇〇三年十月九日）》，见广东省档案馆编《改革开放三十年重要档案文献·广东》，中国档案出版社2008年版，第1407页。

规——《广东青年志愿服务条例》诞生；2007年，全国首个省级志愿服务公募基金会在广东成立；2008年，全国首个省级志愿者联合会在广东成立；2009年，广东提出要在全国率先建立起覆盖全社会、与政府服务和市场服务相衔接的社会志愿服务体系①；2010年，近59万名志愿者为广州亚运会服务②；2011年，广东将志愿服务纳入地方社会建设考核，设立全国首个志愿服务政府奖，中共广州、深圳市委书记分别挂帅建设"志愿者之城"③；2018年年初，广东注册志愿者已近904万人④。

建设文化大省期间，广东文化遗产保护也取得重大突破。2003年，从化广裕祠获联合国教科文组织亚太地区文化遗产保护杰出奖；2007年，"开平碉楼及村落"入选世界文化遗产；2007年，完成"南海一号"整体打捞，建成广东海上丝绸之路博物馆。广州、潮州、佛山、肇庆、梅州、雷州等先后入选国家历史文化名城，"梅州客家山歌"等29个项目入选《第一批国家级非物质文化遗产名录》，2001年出台《广东省非物质文化遗产条例》。

党的十七大明确将文化建设与经济建设、政治建设、社会建设纳入"四位一体"总体布局，提出全面提升文化软实力、促进文化大发展大繁荣的战略部署。广东积极履行"争当实践科学发展观的排头兵"和"加快转型升级，加快建设幸福广东"的使命，启动新一轮思想大解放讨论活动，提出从文化大省向文化强省的新跨越，以文化大发展大繁荣推动广东经济社会科学发展。⑤ 2010年，中共广东省委第十届第七次全会专题研究文化强省工作，审议通过了《广东省建设文化强省规划纲要（2011—2020年）》，汪洋同志在这次会议上发表讲话，这是省委首次以全会形式专题研究部署广东文化建设工作。该文件提出，把广东建设成为"在全国具有重要影响力的区域文化中心、发展社会主义先进文化的排头兵、提升中国文

---

① 参见《中共广东省委　广东省人民政府关于进一步发展志愿服务事业的意见》（2009年2月5日），见南方日报网络版，2009年3月1日。

② 参见《志愿者精神让广州亚运更具魅力》，见南方网（http://opinion.southcn.com/o/2010-11/24/content_17869160.htm），2010年11月24日。

③ 参见《广东省志愿服务工作机制完善　打造一个又一个"志愿者之城"》，见中国文明网（http://www.wenming.cn/zyfw_298/yw_zyfw/201404/t20140417_1878751.shtml），2014年4月21日。

④ 参见《i志愿》，见http://www.gdzyz.cn，数据更新日期：2018年1月30日。

⑤ 参见《关于〈广东省建设文化强省规划纲要（2011—2020年）〉起草情况的说明》，见林雄主编《广东省建设文化强省规划纲要辅导读本》，南方日报出版社2010年版，第38页。

第四章 文化繁荣：从"文化沙漠"到文化强省

化软实力的主力省、中国文化'走出去'的生力军和率先探索中国特色社会主义文化发展道路的示范区"，投入250亿元支持文化强省建设，提出构建社会主义核心价值体系、公共文化服务体系、现代产业体系、现代文化传播体系等"四大体系"，为广东树立起"文化事业发达、文化产业强大、文化生活丰富、思想品德高尚、文化氛围浓郁、精神家园和谐"的形象。[1] 从2011年开始，全省文化事业经费支出占财政总支出的比例在1%以上。

（三）推动社会主义文化繁荣兴盛

党的十八大以来，习近平总书记就建设具有强大凝聚力和引领力的社会主义意识形态、坚持用社会主义核心价值观凝心聚力、加快构建中国特色哲学社会科学、做好党的新闻舆论工作、繁荣发展社会主义文艺、推动中华优秀传统文化创造性转化及创新性发展、提高国家文化软实力等工作发表了一系列重要讲话，以更基础、更广泛、更深厚的文化自信深刻阐释了新时代中国特色社会主义文化强国建设的目标，形成了中国共产党文化建设理论的最新成果。在习近平新时代中国特色社会主义思想指引下，广东不断加快推进文化强省建设，呈现出日益繁荣的文化发展局面。

习近平总书记指出，要牢牢掌握意识形态工作领导权[2]，不断提高党的新闻舆论传播力、引导力、影响力、公信力[3]。党的十八大以来，广东不断加强网络新媒体舆情管控，积极打造新闻舆论战线的南方"铁军"[4]；推出"治国理政进行时""南方评论高地"等品牌栏目，推出"治国理政新思想新实践""砥砺奋进的五年"等精品报道，上线"南方+""羊城派"等新媒体，发布"舆情引导"年度优秀案例，有力地加强了社会主义意识形态建设；强化高校党委意识形态工作责任落实，打造思想政治教

---

[1] 参见《广东省建设文化强省规划纲要（2011—2020年）》，见林雄主编《广东省建设文化强省规划纲要辅导读本》，南方日报出版社2010年版，第51页。

[2] 参见中共中央宣传部编《习近平新时代中国特色社会主义思想三十讲》，学习出版社2018年版，第212页。

[3] 参见中共中央宣传部编《习近平新时代中国特色社会主义思想三十讲》，学习出版社2018年版，第201页。

[4] 参见慎海雄《切实担负起新闻舆论工作的职责和使命 让党的主张成为时代最强音》，见中国共产党新闻网（http://cpc.people.com.cn/n1/2016/0227/c64102-28155177.html），2016年2月27日。

育工作创新平台,成立广东省高校意识形态与网络理论舆情研究中心等机构,推进意识形态工作理论研究。党的十九大以来,广东进一步加强党对意识形态工作的全面领导,全方位筑牢广东意识形态安全"护城河""防火墙"[1],守好意识形态安全"南大门",全面深入做好习近平新时代中国特色社会主义思想宣传阐释,积极构建"大宣传"工作格局,为广东实现"四个走在全国前列"提供思想保证和精神力量[2]。

习近平总书记强调,一个民族、一个国家如果没有共同的核心价值观,就会魂无定所、行无依归,必须发挥社会主义核心价值观的引领作用。[3] 党的十八大以来,广东把社会主义核心价值观贯串到经济社会发展中,突出价值引领、分类指导,推动社会主义核心价值观建设落细落小落实;明确"1+X"核心价值观建设战略,推进"一城一品牌""一行业一重点""一园一主题"工程建设;制定《广东省社会信用体系建设规划(2014—2020年)》,把社会主义核心价值观融入法治建设;推出"典故说核心价值观""楹联说核心价值观""岭南家训"等公益广告与宣传读本,发挥优秀传统文化的价值引领作用;开展"重走长征路"系列等宣传教育活动,强化爱国主义教育基地建设;加强高校思想政治工作,弘扬社会主义核心价值观。[4] 为深入贯彻习近平总书记"坚持物质文明和精神文明两手抓两手硬"的指示,广东出台了《广东省精神文明建设提升计划(2015—2017年)》,全力打造珠三角地区廉洁城市群、生态城市群,将精神文明建设深度融入广东"美丽乡村"建设[5],确保交出物质文明和精神文明建设两份好的答卷[6]。

习近平总书记强调,新时代坚持和发展中国特色社会主义,需要不断

---

[1] 参见《广东省委常委会召开会议 李希主持会议》,载《南方日报》2018年1月10日。

[2] 参见李强《傅华为全省意识形态工作专题培训班作辅导报告:全力抓好新时代意识形态工作》,见南方网(http://news.southcn.com/gd/content/2018-05/24/content_181990986.htm),2018年5月24日。

[3] 参见中共中央宣传部编《习近平新时代中国特色社会主义思想三十讲》,学习出版社2018年版,第196~197页。

[4] 参见《胡春华主持召开广东省高校思想政治工作会议》,载《南方日报》2017年7月22日。

[5] 参见张林昱《建设美丽乡村 深化"十三五"农村精神文明建设》,见南方网(http://news.southcn.com/shouyeyaowen/content/2015-11/17/content_137114299.htm)。

[6] 参见《中共广东省第十二届委员会第四次全体会议决议》,见南方网(http://news.southcn.com/gd/content/2018-06/10/content_182182036.htm)。

第四章 文化繁荣：从"文化沙漠"到文化强省

在实践和理论上进行探索，用发展着的理论指导发展着的实践。① 党的十八大以来，广东推进"理论粤军"创新工程、哲学社会科学创新工程，设立1亿元的广东省社会科学发展基金，研究体系和组织管理制度进一步完善；紧紧围绕习近平新闻思想、习近平改革开放思想、习近平文艺思想等专题，组织专家团队深入研究，推出了一系列研究成果。

习近平总书记指出，社会主义文艺是人民的文艺，必须坚持以人民为中心的创作导向，不断繁荣发展社会主义文艺。② 党的十八大以来，广东大力扶持文艺创作生产，出台《关于繁荣发展社会主义文艺的实施意见》《关于促进地方戏曲传承发展的实施意见》《广东省"十三五"文艺精品创作生产推进计划》等文件，召开纪录片、电影、音乐、美术、地方戏曲等方面的工作会议，成立广东省文学艺术工作指导委员会，解决文艺领域的重点难点问题。广东还重点打造了广东省艺术节、广东国际青年音乐周、"同饮一江水"广东打工者歌唱大赛等一批有影响力的群众性文艺活动，积极推进"广莱坞"（中国南方影视中心）建设，实施"当代岭南文化名家"出版工程，以"1+3"标配推介文艺名家，开展"1荐1"美术、音乐名家荐才行动，实施国家"青苗计划"，建立"广东剧本超市"，兴办《网络文艺评论杂志》，成立网络作家协会，支持新文艺群体发展，在全国文化发展大局中唱响了"广东声音"。③

习近平总书记强调，中华优秀传统文化是中华民族的"根"和"魂"，要推动中华优秀传统文化创造性转化、创新性发展，创造中华文化新的辉煌。④ 党的十八大以来，广东出台《贯彻落实〈关于实施中华优秀传统文化传承发展工程的意见〉工作方案》《关于加快推进广东省传承发展中华优秀传统文化重点项目的通知》《广东省红色革命遗址保护利用行动实施方案》等文件，积极传承发展岭南风格的中华优秀传统文化；扶持

---

① 参见中共中央宣传部编《习近平新时代中国特色社会主义思想三十讲》，学习出版社2018年版，第198～199页。
② 参见中共中央宣传部编《习近平新时代中国特色社会主义思想三十讲》，学习出版社2018年版，第203页。
③ 参见慎海雄《坚定文化自信，筑就民族伟大复兴时代的文艺高峰》，载《瞭望新闻周刊》2016年第51期。
④ 参见中共中央宣传部编《习近平新时代中国特色社会主义思想三十讲》，学习出版社2018年版，第206页。

广东地方戏曲传承发展，开展"戏曲进乡村""戏曲进校园"等惠民活动，推出《丝路粤韵》等传统题材的文艺精品，推动水下文化遗产保护，推进世界文化遗产申报，加强南粤古驿道保护利用，提升文博单位公共服务水平，推动非物质文化遗产生产性保护，发展顺德香云纱、东莞莞香等特色文化产业，打造"广东文化精品丝路行"等对外文化交流品牌，中华优秀传统文化在广东得到了广泛弘扬与发展。

提高国家文化软实力是一项"形于中"而"发于外"的重大战略任务。习近平总书记指出，提高国家文化软实力，关系到我国在世界文化格局中的定位，关系到我国国际地位和国际影响力，关系到"两个一百年"奋斗目标和中华民族伟大复兴的中国梦的实现。[①] 党的十八大以来，广东在全面深化文化体制改革、推动文化事业和文化产业发展、推进"文化走出去"等方面取得重大进展。第一，文化体制改革全面推进。2012年以来，广东完成近700家文化单位的转企改制，国家政策许可范围内的文化行业均向社会资本开放；积极打造新型主流媒体集团，完成南方出版传媒等文化国企挂牌上市；大举创新"文化＋金融"模式，组建3个百亿级的新媒体发展基金；加快构建"把社会效益放在首位、实现两个效益相统一"的文化经济政策体系，多措并举地支持重点文化企业发展，为全省经济欠发达地区的低收入人群提供文化消费补贴。第二，大力构建现代公共文化服务体系。在全国较早实现公共图书馆、文化馆（站）、博物馆、美术馆免费开放，积极推进图书馆、文化馆、文化站服务提效达标，建设省、市、县、镇、村五级文化信息网络，成立省、市、县（区）、镇（街道）四级文化志愿服务网络。第三，加快文化产业转型升级。实施"文化""互联网＋"战略，推动文化与科技深度融合，加快网络动漫、网络游戏、网络视听等文化产业新业态发展，打造中国（深圳）国际文化产业博览交易会（简称"文博会"）、中国（中山）国际游戏游艺博览交易会（简称"游博会"）等重点文化会展品牌。第四，加强对外文化交流，推动文化产品和服务"走出去"。举办2017年《财富》全球论坛，建立"广东声音"外宣联动推送机制，举办"感知中国——广东文化欧洲行"等活动，推动广东与港澳台地区文化交流合作不断向纵深发展；出台广东

[①] 参见中共中央宣传部编《习近平新时代中国特色社会主义思想三十讲》，学习出版社2018年版，第208页。

第四章 文化繁荣：从"文化沙漠"到文化强省

省加快发展对外文化贸易实施方案①，每年发布文化出口重点企业和重点项目指导目录，积极扶持表演艺术、艺术品与工艺美术、动漫、游戏等文化产品和服务走向世界，在出版、动漫游戏、创意设计、文化设备制造等领域培育了一批具有国际竞争力的重点出口企业和品牌，形成了较为完备的文化出口体系。

二、改革开放以来广东文化建设成就

习近平总书记指出，坚定中国特色社会主义道路自信、理论自信、制度自信，说到底就是要坚定文化自信。② 改革开放40年来，历届广东省委、省政府团结带领全省人民，高举中国特色社会主义伟大旗帜，在推进文化改革发展、推动社会主义文化繁荣兴盛上取得了重要成就，广东的文化自信显著加强，为在新的历史起点上进行伟大斗争、建设伟大工程、推进伟大事业、实现伟大梦想提供坚强的思想保证和强大精神力量。

（一）精神文明建设华章璀璨

美好生活既要物质富有，又要精神富足。习近平总书记曾形象地指出："当高楼大厦在我国大地上遍地林立时，中华民族精神的大厦也应该巍然耸立。"③ 改革开放40年来，广东始终坚持物质文明和精神文明"两手抓、两手都要硬"，社会主义精神文明之花在广东大地四处绽放。

求真务实的改革开放精神是广东精神文明建设的重要成果，成为推动广东经济快速发展的一大动力源泉。④ 在改革开放初期，广东各级党委、政府坚持"实事求是，解放思想"的指导思想，带领广大干部群众消除"恐资症""恐富症"，树立与社会主义市场经济发展相适应的求真务实意识，使"讲实干、忌空谈"等新观念在广东深入人心。可以说，广东人强

---

① 参见《广东省人民政府关于印发广东省加快发展对外文化贸易实施方案的通知》（粤府函〔2015〕26号），见广东省人民政府网（http://zwgk.gd.gov.cn/006939748/201503/t20150304_570860.html）。
② 参见中共中央宣传部编《习近平新时代中国特色社会主义思想三十讲》，学习出版社2018年版，第195～195页。
③ 中共中央宣传部编：《习近平总书记系列重要讲话读本（2016年版）》，学习出版社、人民出版社2016年版，第187页。
④ 参见李宗桂著《广东文化的多维思考》，花城出版社2012年版，第112页。

烈的市场竞争意识、民主平等意识、效率意识、诚信意识等都是改革开放实践的产物。①

塑造出"万众一心、共克时艰"的社会主义协作精神。"万众一心、共克时艰"是中国共产党带领全国人民克敌制胜、战胜困难的一大法宝。在改革开放40年历程中,社会主义协作精神在广东深入人心。1991年,华东地区发生水灾,广东全省踊跃捐款捐物,捐款总数占全国总额的1/6。1994年,广东部分地区遭受特大台风和洪水袭击,全省民众发扬"一方有难、八方相助"的精神,出钱、出物、出力支援灾区重建家园。②

随着时代的发展,"广东精神"在新的形势下不断提炼和深化。在2003年抗击"非典"斗争中,范信德、叶欣、邓练贤、陈洪光等同志不幸殉职,以钟南山院士为代表的广东医学专家与医务工作者临危不惧、舍生忘死、救死扶伤、无私奉献,为全国、全人类抗击"非典"做出了重大贡献,他们的行为集中体现了经过改革开放洗礼的广东人民崭新的精神风貌。③ 在2008年抗击冰雪灾害斗争中,广东人民团结一心,广大铁路、公交、民航职工、公安干警、驻粤解放军和武警官兵发挥中流砥柱作用,谱写了一曲战天斗地、共渡难关的雄伟乐章,让新时期广东人精神得到进一步升华。④ 在2008年抗震救灾过程中,广东第一时间派出精兵强将驰援四川灾区救死扶伤,广东社会各界人士慷慨解囊、踊跃捐款捐物支援灾区,广东主动接收灾区伤员来粤治疗,广东迅速启动对口灾区恢复重建工作。这些闪烁着集体主义、爱国主义、英雄主义光芒的感人行动是对新时期广东人文精神做出的最好诠释。⑤ 2012年广东省第十一次党代会上,以"厚

---

① 参见田丰《"新广东人精神"提升广东文化软实力》,见中国改革信息库(http://www.reformdata.org/content/20080620/11876.html),2008年6月20日。

② 参见卢荻、杨建、陈宪宇著《广东改革开放发展史》,中共党史出版社2001年版,第311页。

③ 参见张德江《在广东省抗击非典先进集体、先进个人表彰大会上的讲话(二〇〇三年六月十九日)》,见广东省档案馆编《改革开放三十年重要档案文献·广东》,中国档案出版社2008年版,第1374页。

④ 参见《万众一心疏运数百万旅客 广东春运夺取决定性胜利》,载《南方日报》2008年2月6日。

⑤ 参见汪洋《在全省抗震救灾表彰大会暨抗震救灾先进事迹报告会上的讲话》,载《南方日报》2008年7月29日。

第四章 文化繁荣：从"文化沙漠"到文化强省

于德、诚于信、敏于行"为内涵的"新时期广东精神"正式公布①，社会反响十分热烈。

近年来，在中共中央和广东省委、省政府的部署下，广东各地不断创新举措，进一步丰厚社会主义精神文明建设的内涵与实践，让正能量持续放大，由一个人传递给一群人，延展到一座城，辐射带动每一个人。近年来，广州、深圳、珠海、佛山、东莞、中山、惠州和江门等迈进全国文明城市行列，基本建成珠三角文明城市群；打造"文明之城"（广州）、"创新之城"（深圳）、"敬业之城"（佛山）、"好人之城"（惠州）、"友善之城"（东莞）、"和谐之城"（肇庆），已成为珠三角各界共识，并成为各市推进城市文明建设的主要抓手；社会主义核心价值观得到弘扬和践行，涌现了一大批全国道德模范，解放思想、改革开放的时代精神在全社会得到彰显；市民文明素养显著提高，"慈善+"成为城市新名片；志愿服务走在全国前列，构建了较为完善的志愿服务体系，"争当志愿者、创造新生活"已成为新的社会风尚。

（二）文艺事业持续繁荣发展

文艺是时代前进的号角，改革开放40年来，广东文艺界坚持为时代、为人民而书写，创作了一批思想精深、艺术精湛、制作精良的文艺作品，不断激励着广东人民朝气蓬勃地迈向未来。

改革开放之初，广东得风气之先，涌现出一大批高质量、带有鲜明岭南文化特色与改革开放时代特色的文艺精品力作。刘斯奋、陈国凯的作品曾风行一时，《花城》《作品》等杂志亦出现洛阳纸贵的风光，广东的伤痕文学、知青文学、商界文学、改革文学等在国内有相当知名度。可以说，20世纪八九十年代的广东文艺在国内是引领时代潮流的。②

21世纪以来，重在建设、改革创新成为广东文艺发展的鲜明主轴。《广东省建设文化强省规划纲要（2011—2020年）》提出打造"广东文艺精品工程"，壮大"文艺粤军"。广东省财政每年安排5 000万元支持文艺精品创作，形成了一批思想性、艺术性、观赏性俱佳，在全国有影响力的文艺精品力作。例如，《马文的战争》《五星红旗迎风飘扬》等影视作品

---

① 参见《厚于德　诚于信　敏于行》，载《深圳特区报》2012年5月10日。
② 参见钟晓毅《广东文艺精品创作的突围之路》，载《南方日报》2016年2月4日。

屡获大奖，形成全国效应；《喜羊羊与灰太狼》《猪猪侠》等动漫作品风靡全国、影响海外；报告文学《国运——南方记事》获得中宣部"五个一工程奖"，《我是我的神》获中国出版政府奖；等等。

党的十八大以来，广东振兴文艺举措喜获硕果，精品力作与文艺人才、社会效益与经济效益均获得丰收。在习近平关于文艺的重要论述指导下，广东加强重大题材创作，把创新精神贯串于文艺创作生产全过程，形成了一批思想精深、艺术精湛、制作精良的文艺作品。在全国第十四届精神文明建设"五个一工程"表彰座谈会上，广东省获奖比例大幅提升，已获"文华奖"的舞剧《沙湾往事》再次折桂，与广播剧《罗湖桥》、歌曲《向往》《爱国之恋》等4部作品同获优秀作品奖，中共广东省委宣传部荣获组织工作奖并在大会上做经验介绍。广东还成功举办"广东百年经典"系列活动，成功举办"向经典致敬"南国音乐花会，在北京、广东、深圳三地举办"其命惟新——广东美术百年大展"，提振了文化自信，激发了创作热情。"百歌颂中华歌咏"活动、广东省艺术节、岭南民俗文化节等群众文化活动形成了巨大品牌效应。此外，广东省积极推动"文艺+金融"融合发展，促进文艺作品与文化产品市场转化。① 近年来，广东稳居全国电影市场第一大省宝座，动漫产量一路领跑全国，网络文艺产销两旺，为推动中华文化走出去做出重要贡献。

（三）公共文化服务建设成效突出

优质的公共文化服务是人民美好生活的重要组成部分。自建设文化大省、文化强省以来，广东坚持社会主义先进文化前进方向，加快构建现代公共文化服务体系，不断推动公共文化建设取得显著成效，群众基本文化权益进一步得到保障，公共文化服务体系建设在全国处于领先地位，公共文化服务综合指数总量排名连续多年位列全国第一。② 东莞成为全国首批国家公共文化服务体系示范区，也是全国10个国家公共文化服务标准化试点地区之一，基本建成了全覆盖、高效能、保基本、促公平的现代公共

---

① 参见周豫、陶明霞《推动广东文艺事业繁荣发展》，载《南方日报》2017年10月14日。
② 参见《报告指广东连续四年领跑中国公共文化服务》，见中国新闻网（http://www.chinanews.com/cul/2016/10 - 25/8043055.shtml），2016年10月25日。

第四章 文化繁荣：从"文化沙漠"到文化强省

文化服务体系，为全国公共文化建设提供了成功样本。①

2011年，广东已基本形成省、市、县、镇、村五级公共文化设施网络，全省公共文化设施面积在总量上居于全国前列。广东省博物馆（新馆）等一批具有文化地标意义的大型公共文化场馆相继落成。截至2015年12月，全省已建有县级以上公共图书馆138个、文化馆147个，乡镇（街道）综合文化站1 599个，行政村（社区）文化室27 383个。全省基层公共文化设施建设实现"十二五"规划确定的全覆盖目标。②

广东率先建立健全文化流动服务网络。广东首创"流动图书馆""流动博物馆""流动演出服务网"等文化工作模式，有效地缓解了边远地区群众看书难、看展难、看戏难的问题，为全国公共文化服务工作提供了重要经验。截至2018年1月，全省共有85个县级图书馆加盟"流动图书馆"，进馆总人次接近8 900万，基本实现了图书资源城乡、区域间共享。广东流动图书馆还结合广东省领先的数字图书馆建设，将海量数字化文化资源加入到各地流动分馆的资源库中，让边远地区群众享受与大城市居民一样的文化信息服务。③ 截至2016年年底，广东省流动博物馆网络成员单位达112个，除国有博物馆、纪念馆外，还包括民办博物馆、行业博物馆；广东博物馆公共文化服务网络基本构建完成，覆盖了全省大部分地区，巡展场次、参观人次不断刷新纪录。④ 广东流动演出网整合全省群艺、文化馆（站）文艺资源，组织定期流动服务演出，较好地解决了文艺团体改制后基层文艺服务的被动局面，为基层培养了大批文艺人才，壮大了基层文艺队伍。

文化惠民工程扎实推进。原广东省新闻出版广电局启动"书香岭南"全民阅读工程，扶持实体书店，建设数字农家书屋，珠三角地区覆盖率达99.9%、服务人群4 900万。《广东省全民阅读促进条例》出台，基本解

---

① 参见《"公共文化建设现场"——2015广东公共文化研讨会在东莞市举行》，载《中国文化报》2015年6月2日。

② 参见《"十二五"期间广东文化强省建设成就亮点纷呈》，载《南方日报》2016年1月21日。

③ 参见《业务统计》，见广东省流动图书馆门户（http://183.63.187.51/mgr/datastat/gl/showstatdatasum.do）。

④ 参见《279万人次！去年参观广东省流动博物馆巡展人次创新高》，见金羊网（http://news.163.com/17/0920/22/CUQGQS2K00014AEE.html），2017年9月20日。

决了全省 20 户以上已通电自然村农民收听收看广播电视问题。广东省文化厅实施公共文化服务"三百工程",向社会采购百场讲座、展览和群众精品演出,向粤东西北地区县、镇、村三级以及企业、厂矿免费配送;进一步完善村级"一站式"公共文化服务阵地,预计到 2020 年年底,全省具备条件的地区建立起上下联通、服务优质、有效覆盖的县级文化馆、图书馆总分馆制。目前,广东已建成"广东省公共数字文化 E(驿)站""福田文体通""佛山文化 e 网通"等较为成熟的公共数字文化服务平台;"广东公共文化云"预计在不久的将来上线运行,届时,全省群众可以随时随地获取公共文化信息、享受公共文化服务。

广东公共文化服务政策与立法逐步健全。《广东省建设文化强省规划纲要(2011—2020 年)》《关于加快构建现代公共文化服务体系的实施意见》《广东省基本公共文化服务实施标准(2015—2020 年)》等文件把公共文化服务体系建设纳入各级政府领导考核范围,有力地推动了公共文化服务体系建设。[①] 广东省人大常委会还制定了《广东省公共文化服务促进条例》,在公共文化服务地方立法方面首开全国先河。从 2011 年起,广东省人民政府连续 4 年把推进基层文化设施建设列为"十件民生实事"的重要内容,重点奖补扶持全省经济欠发达地区基层公共文化设施建设,进一步推动了粤东西北地区文化建设。

(四) 文化市场产业蓬勃发展

发展文化产业是满足人民群众多样化精神文化需求、提高人民群众生活品质和幸福感的重要途径,也是培育经济发展新动能、推动经济社会转型升级、促进创新创业的重要动力。21 世纪以来,广东文化产业持续快速发展,规模总量不断扩大,结构布局不断优化,质量效益和整体竞争力显著提升。广东文化产业对国民经济增长的贡献逐年增大,已成为广东省国民经济支柱性产业。2016 年,广东文化及相关产业增加值为 4 256.63 亿元,同比增长 16.67%,比全省同期 GDP 增速高出约 9%,占全省 GDP 比重上升到 5.26%,约占全国文化产业总量的 1/7,连续 15 年居全国各省区市首位。在宏观经济下行压力的背景下,广东文化产业为全面深化供给

---

① 参见《广东掀起构建公共文化服务体系热潮》,见南方网(http://news.southcn.com/sj/content/2014-09/26/content_109211856.htm),2014 年 9 月 26 日。

侧结构性改革、提升经济发展质量、促进经济社会转型发展、更好地满足人民对美好生活的需要做出了重要贡献。

规模总量居全国各省市首位，初步形成现代产业体系，培育了一批具有全国优势的产业集群。目前，广东文化及相关产业增加值为4 256.63亿元，文化产业法人单位达12.3万家，从业人员有340多万（不含个体劳动者）；先后有25家企业被评为"国家文化产业示范基地"，有多家企业入选全国"文化企业30强"，数量均居全国各省市前列。广东文化产业门类齐全，产业链条完整，新闻出版发行、文化信息传输、文化创意和设计、文化休闲娱乐、工艺美术、文化产品和用品生产以及文化专用设备生产等八大类产业规模总量均领军全国；同时，以内容创意生产为核心的文化服务业增长较快，占比持续提高。

供给侧结构性改革取得重要成效，以"文化＋""互联网＋"为主要形式的新业态正全面重塑文化产业格局。近年来，广东传统媒体和新媒体融合发展取得重大突破，新媒体发展尤为迅猛。广东文化产业与制造、信息服务、教育、旅游、体育等产业的融合发展不断加速，带动国民经济相关产业加快发展。广东文化创意与设计业发展迅猛，其文化设计服务业增加值2012年为103亿元，2016年达到323亿元，年均增长近40%。广东文化新业态蓬勃发展，在数字出版、动漫、游戏、网络音乐、游艺游戏设备生产与演艺设备制造等领域领军全国。广东互联网文化产业发展异常迅速，涌现了腾讯、网易、UC、YY等行业巨头。广东"文化＋科技"深入推进，催生了一批以高新技术为支撑、以数字内容为主体、以自主知识产权为核心的文化科技企业，广东传统文化产业也依托"互联网＋""文化＋"较好地实现了转型升级。

产业发展保障体系不断健全，现代文化市场体系逐步完善。近年来，随着广东文化体制改革不断深化，广东培育出一大批有活力的文化市场主体，涌现了大量小微文化企业。广东文化产业服务体系进一步完善，文化会展、文化交易、文化投融资三大平台建设成效显著。例如，文博会2017年成交2 240.848亿元，同比增长10.28%；南方文化产权交易所、深圳文化产权交易所累计交易超过5 000亿元；广东南方媒体融合发展投资基金、广东新媒体产业基金、全媒体产业基金3个百亿量级的基金相继成立。广东文化领域"放管服"改革推进良好，已经初步实现由"办文化"向"管文化"转变；同时，多部门齐抓共管工作机制不断健全，文化市场监管不断强化，文化市场环境不断净化。

文化"走出去"快速增长，在全国占有较大比重。近年来，广东文化新业态产品和服务对外贸易迅速增长，拉动全省文化"走出去"快速增长。2016年，全省文化产品进出口437.9亿美元，实现贸易顺差398.3亿美元，高居全国榜首。全省入选《2015—2016年度国家文化出口重点企业目录》的文化企业43家，占全国总数的12%，居各省（区、市）前列。目前，广东省已形成较为完备的文化出口体系，出口覆盖160多个国家和地区，在出版、动漫游戏、创意设计、文化设备制造等领域培育出一批具有国际竞争力的重点出口企业和品牌。

（五）文化遗产保护成效显著

广东是岭南文化的中心地、海上丝绸之路的发祥地、中国近代民族革命的策源地，物质文化遗产与非物质文化遗产颇为丰厚。改革开放以来，在全省文博、非遗工作者努力下，广东文化遗产保护取得了显著的成绩。目前，广东省拥有世界文化遗产1处，拥有全国重点文物保护单位98处、省文物保护单位613处；国家三级以上博物馆达49家，居全国第一；中国历史文化名镇5处，中国历史文化名村7处，省历史文化名镇9处，省历史文化名村36处，中国传统村落126处。目前，全省拥有《人类非物质文化遗产代表作名录》项目4项、《国家级非物质文化遗产代表性项目名录》147项、《省级非物质文化遗产代表性项目名录》608项、《市级非物质文化遗产代表性项目名录》1 100项、《县级非物质文化遗产代表性项目名录》1 888项，《国家级非物质文化遗产代表性项目代表性传承人》84人、《省级非物质文化遗产代表性项目代表性传承人》618人、《市级非物质文化遗产代表性项目代表性传承人》1 263人、《县级非物质文化遗产代表性项目代表性传承人》1 720人，国家级文化生态保护实验区1个、省级文化生态保护实验区8个，国家级非物质文化遗产生产性保护示范基地4个，省级非物质文化遗产名录代表性传承45个，省级非物质文化遗产传承基地107个，省级非物质文化遗产研究基地24个。

文物普查工作取得重大突破。经过第三次全国文物普查，广东全省共登记不可移动文物共37 156处。其中，古遗址2 462处，古墓葬2 528处，古建筑20 566处，石窟寺及石刻769处，近现代重要史迹及代表建筑10 821处，其他类型不可移动文物10处。37 156处不可移动文物中，新发现不可移动文物为 27 110 处，涉及岭南传统民居、党史文物、工业遗产、20 世纪遗产、文化景观等新类型文化遗产，初步摸清了全省历史文化资源情况，不少重要发现填补了广东在某些方面文物资源的空白。经过第一次全国可移动文物普查，广东全省登录国有文物收藏单位 418 家，居全国第十位；登录藏品总数 875 254 件（套），居全国第十位。通过普查，全面摸清了广东国有可移动文物收藏单位的情况，掌握了国有可移动文物的数量及分布；健全了国有可移动文物保护体系，完善了国有可移动文物档案，初步实现了国有可移动文物资源标准化、动态化管理；建立了国有可移动文物调查、认定、登记、管理工作机制。

文物保护与利用取得积极成效。改革开放以来，广东各级人民政府核定公布了文物保护单位，历史文化名城、街区、村镇；大部分文物保护单位划定了保护范围和建设控制地带，建立了记录档案，部分文物保护单位编制了专门的保护规划；全省各级政府拨出的文物修缮专款不断增加，形成了较为完善的文物修缮工程管理制度，许多文物古迹和革命旧址已经成为社会效益和经济效益相得益彰的爱国主义教育基地和文化旅游场所，在社会主义精神文明建设中发挥了重要的作用。2016 年，广东出台《广东省人民政府关于进一步加强文物工作的实施意见》，坚持在保护中发展、在发展中保护的工作思路，推动全省文物事业全面健康发展。2017 年，广东文化文物单位文创产品开发试点工作取得阶段性成果，全省 9 家国家文化文物单位文创产品开发试点单位新增文创产品种类 300 余种，经营收入约为 1 571 万元，提升了广东文博创意产业的发展水平。

博物馆事业快速发展。建设了一批规模较大、设施较先进的博物馆，西汉南越王博物馆于 1999 年被国际建筑协会列入世纪建筑精品，广东省博物馆新馆和广东海上丝绸之路博物馆广受外界赞扬。2016 年，广东有备案的博物馆数量达 275 个。其中，国有博物馆 201 个，非国有博物馆 74 个；国家一级博物馆 6 家，国家二级博物馆 18 家，国家三级博物馆 25 家。全省博物馆藏品总数 2 176 548 件（套）。其中，文物藏品 1 707 506 件（套），珍贵文物 241 860 件（套），2016 年度新增藏品 65 550 件（套）。2016 年，全省博物馆制作基本陈列 829 个，制作临时展览 1 409 个，策划教育项目 1 648 项，实施教育活动 7 096 次。观众参观人数总计 5 150.407 1 万人次，其中免费开放参观人数 4 340.739 9 万人次、未成年观众人数1 252.387 4万人次、境外观众人数1 786.749 9万人次。① 广东省博物馆推出的"牵星过洋——万历时代的海贸传奇陈列"、深圳市博物馆举办的"深圳改革开放发展史陈列"、广州市文化局主办的"羊城文物珍藏展陈列"、孙中山故居纪念馆举办的"孙中山先生生平事迹陈列"等先后入选全国十大陈列展览精品。广州艺术博物院的"藏品陈列"和东莞海战博物馆的"鸦片战争海战陈列"分别荣获全国博物馆陈列最佳制作奖和最佳形式设计奖。

非物质文化遗产保护走在全国前列。2011年10月1日,《广东省非物质文化遗产条例》正式施行,这是《中华人民共和国非物质文化遗产法》颁布实施后的第一部地方配套法规。② 从2008年起,省财政每年安排1 000万元专款用于非遗保护工作;从2012年起,专款增至每年1 700万元;2017年,专款达到2 186万元。广东注重对非遗的生产性保护,注重非遗与产业结合,让古老的非遗项目能够在今天的生活和市场"活"起来,进入寻常百姓家。

(六) 文化体制改革不断深入

改革开放40年来,广东文化体制改革从局部到整体,从机制调整到体制创新,不断探索、不断深化。党的十六大以后,广东在文化体制重点领域和重点环节率先而为,文化体制改革取得显著成效。2012年,广东省荣获"全国文化体制改革工作先进地区",广州、深圳、珠海、佛山、惠州、东莞、中山、江门、肇庆、清远十市被评为"全国文化体制改革工作先进地区"。

文化宏观管理体制不断创新。广东着力转变政府文化管理职能,推进政事分开、政企分开和管办分离,理顺政府与文化企事业单位的关系。2004年,广东成立南方广播影视传媒集团,与省广电局实行机构分设、管办分离,强化宏观管理和公共服务职能。2005年,广东省出版集团公司下属各出版社全部转制为企业,成为全国最早完成所属出版社公司制改

---

① 参见广东省文化厅《广东省博物馆情况统计(2016年)》,见广东省文化厅网(http://zwgk.gd.gov.cn/006940079/201708/t20170807_716692.html),2017年8月7日。

② 参见《广东省开展非物质文化遗产保护工作的经验与启示》,载《人民日报》2015年11月15日。

建的出版集团。广东根据中央有关文件精神调整归并市、县级文化、广电、新闻出版局,大力推进文化市场综合执法机构组建工作。2004年起,广东在全国率先开展文化市场执法体制改革,实行文化市场相对集中行政执法,全省以城市为主体,基本形成了统一、高效的文化市场综合执法体系。2005年,全省21个地级市完成了文化广电新闻出版局和文化市场综合执法队伍组建工作,实现了广电系统政事、政企分开和管办分离。2009年,广东又率先在全国组建省级文化市场综合执法局,在全国率先成立省国有经营性文化资产监督管理办公室,广州、深圳、惠州、肇庆等九市先后成立国有文化资产监管机构。

经营性文化事业单位转企改制全面完成。全面完成国有文艺院团的转制、撤销与划转。全面完成图书音像电子出版单位、新华书店、电影制片厂、电影公司、电视剧制作机构、有线广电网络机构转制;率先启动非时政类报刊改革试点,省直和各市党报、党刊、电台、电视台全面完成经营性业务剥离转制任务,实现事业企业分开运行、分类管理;省内重点新闻网站也完成了转制任务;积极开展国有文化企业公司制股份制改造,广州日报报业集团下属九州阳光传媒股份有限公司、深圳天威视讯股份有限公司先后在深交所挂牌上市。

国有文化企业做强做优做大格局基本确立。打造新型主流媒体集团取得阶段性成果,成立全国首家全媒体集团——南方财经全媒体集团,财经主流舆论阵地迅速扩大;省市主要媒体建成"中央厨房"采编一体化平台,推动传统媒体和新媒体深度融合发展,新闻舆论传播力、引导力、影响力、公信力显著增强;继续创新构建媒体融合资金平台,组建了三个规模均超100亿元的新媒体基金,目前投资运作良好,有力地带动了文化产业领域的战略投资。

(七)文化交流合作日益活跃

作为改革开放先行地的广东,一直是对外文化交流的排头兵。党的十八大以来,广东积极实施文化交流品牌战略,对外文化交流渠道不断拓宽,对外文化交流影响力不断增强,全方位对外文化交流新格局初步形成。

创新文化交流的体制机制。2015年7月,广东省出台了改革开放以来的首个专门针对对外和对港澳台文化工作的重要文件,为进一步加强对外和对港澳台文化工作提供了政策保障。探索建立以政府为引导、以企业为主体、以市场化运作为主要方式的工作机制,重点扶持表演艺术、艺术品与工艺美术、动漫、游戏等领域的文化企业和产品走向世界。

把优秀艺术推向世界,传递广东精神,表现中国风格。近年来,广东省积极贯彻落实"一带一路"等国家倡议,充分发挥"广东文化周""欢乐春节"等活动的品牌效应,积极开展高规格人文交流活动,圆满完成了国家交给广东的外交任务,全面推介广东的国际文化形象。广东省连续11年赴法国海外省留尼汪及毛里求斯举办大型综合性文化活动,该活动正成为当地标志性节庆盛会。

构筑多语种国际传播平台,形成全方位海外传播体系。2011年,广东整合广东卫视、南方卫视、珠江频道等对外传播资源,开播广东电视台国际频道,这是当时全国唯一一家以英语节目为主的省级电视国际频道,实现了广东电视台国际频道、珠江频道海外版、珠江频道香港版、南方卫视、深圳卫视等多个频道的境外覆盖;进一步完善海外网络社交媒体传播矩阵,形成了具有广泛影响力的广东对外传播格局。

三、改革开放以来广东文化建设经验

明镜所以照形,古事所以知今。只有系统总结广东文化建设的宝贵经验,才能不断开创广东文化强省建设新局面。

(一)坚持正确指引,把握社会主义文化方向

改革开放以来,中共中央始终坚持文化建设指导思想上不搞多元化,始终坚持马克思主义对文化建设的指导地位。[①] 党的十九大报告进一步强调:"必须推进马克思主义中国化时代化大众化,建设具有强大凝聚力和引领力的社会主义意识形态,使全体人民在理想信念、价值理念、道德观念上紧紧团结在一起。"

广东文化建设始终坚持马克思主义的指导地位。广东因其特殊的地理位置与率先实行改革开放,面临的矛盾、问题、挑战也更加严峻、更加尖锐,如果动摇了马克思主义这个精神支柱,必将导致思想混乱、社会动荡。改革开放40年来,历届广东省委、省政府始终坚持贯彻中央的战略

[①] 参见杨凤城《改革开放时期文化建设与发展史的几个问题研究》,载《中共党史研究》2016年第10期。

第四章 文化繁荣：从"文化沙漠"到文化强省

部署，认真组织全省干部群众认真学习邓小平理论、"三个代表"重要思想、科学发展观、习近平新时代中国特色社会主义思想，使之贯串于各级中心组学习、课堂教学、教材编写、课题研究、社科论坛、专题政论片、普及宣传读本、宣讲、展览等各个环节，切实增强理论宣传的针对性和时效性。尤其是党的十八大以来，广东认真开展习近平治国理政新理念新思想新战略与习近平新时代中国特色社会主义思想宣讲，不断推进中国特色社会主义理论创新成果的大众化普及化，在设立高校马克思主义学院协同创新联盟、大力推进马克思主义理论研究和建设工程、深入开展马克思主义中国化课题研究等方面走在全国前列；通过扎实有效的举措，确保用新时代中国特色社会主义武装干部群众，为广东文化建设提供思想保证和精神动力。

广东的文化建设始终把坚持马克思主义指导地位与实行"百花齐放、百家争鸣"方针有机结合起来。一方面，广东以各种形式积极引导广大干部群众正确认识社会发展客观规律和走中国特色社会主义道路的历史必然性，充分认识改革开放和社会主义建设取得的辉煌成就，理性认识社会主义初级阶段的基本国情和改革发展过程中出现的矛盾问题，深刻认识在社会主义道路上发展中国、振兴广东的美好愿景和宏伟目标，明确认识中央的一系列重大战略部署，增强全省人民的自豪感、责任感、使命感以及信念与信心。另一方面，广东高度关注社会变迁给人们思想造成的影响，注意了解、倾听不同群体和阶层的思想状况及愿望，充分尊重每个人在思想观念和精神文化需要上存在的差异，主动适应人们精神文化需求多方面、多层次、多样性的特点，积极挖掘和鼓励各阶层群体所蕴含的积极向上的思想精神，弘扬主旋律，提倡多样化；把尊重差异、包容多样寓于马克思主义引领社会思潮的原则之中，最大限度地形成思想共识、凝聚多方力量。

（二）坚持服务大局，凝聚改革开放强大动力

党的十八大以来，以习近平同志为核心的党中央紧紧围绕经济建设这个中心，紧紧抓住中华民族伟大复兴这个主题，把思想文化建设与中国梦紧紧联系起来，为思想文化建设找到了更高的支点，赋予了思想文化建设新的使命，成为新时代中国特色社会主义宣传思想文化工作的基本遵循。广东文化建设始终坚持围绕中心、服务大局，积极主动地把干部群众的思想和行动统一到党中央和广东省委的决策部署上，把智慧和力量凝聚到国

家工作大局和全省工作中心上来，充分发挥了宣传思想文化工作对改革开放和社会主义现代化建设的保证和促进作用。①

发挥宣传思想文化工作的先导支撑作用，推动思想解放与观念更新，为改革开放继续前进提供强大动力。回顾改革开放40年来广东的历次思想解放，广东的宣传思想文化工作都走在时代前列，成为解放思想的"先行官"、改革创新的"助推器"，为广东解放思想与更新观念创造了良好氛围、提供了重要支撑、做出了重要贡献。广东改革开放每前进一步，都有宣传思想工作的贡献；广东经济社会的每一次大发展，都包含着宣传思想文化领域的成就。② 广东每一次思想解放、观念更新都成为推动广东改革开放继续前进的强大动力。广东改革开放的历史经验表明，扫除的思想观念障碍越多，解开的思想禁锢和束缚越彻底，所焕发出来的改革、创新、发展的动力就越强。邓小平说"深圳的重要经验就是敢闯"，这正是对广东勇于冲破观念束缚、教条禁锢的精辟概括。

在改革开放进程中，广东始终努力汲取和弘扬广东人文精神，同时注入时代元素，使广东人文建设大放异彩，成为推动广东经济社会发展的强大动力。早在20世纪80年代末，广东一些地方就已开始"城市精神"的讨论活动。如"广州人精神""深圳精神""东莞人精神"讨论等，这些都成为团结当地人民同心同德建设家乡的精神支柱。进入21世纪以后，广东面对经济全球化的新挑战与来自其他省市的竞争压力，先后开展"新时期广东人精神"与"新时期广东精神"大讨论，大力讴歌抗洪精神、抗"非典"精神、抗冰雪灾害精神、抗震救灾精神，大力倡导以改革创新为核心的时代精神，大力推介体现时代精神的先进典型，如"学雷锋标兵"陈观玉、"好军嫂"韩素云、"感动中国人物"丛飞等，引导全省人民鼓足闯劲和冲劲，不断凝聚共识、焕发斗志。这些正能量都成为激励广东新一轮发展的精神支撑和力量源泉。

在改革开放进程中，广东着力开展与社会主义市场经济发展要求相适应的道德建设。围绕解决社会道德领域面临的突出问题，组织各种道德建

---

① 参见蒋斌、梁桂全主编《敢为人先——广东改革开放30年研究总论》，广东人民出版社2008年版，第206页。

② 参见《汪洋要求宣传战线做解放思想"先行官" 改革创新"助推器"》，载《广州日报》2008年2月2日。

第四章 文化繁荣：从"文化沙漠"到文化强省

设主题实践活动，如围绕见死不救现象而开展社会公德大讨论；针对一些部门和行业的不正之风，在全省开展以"为人民服务、树行业新风"为主要内容的职业道德建设活动；针对一些地方假冒伪劣盛行、诚实守信丧失、社会风气恶化等问题，开展加强诚信建设，打造"信用广东"的活动；精心组织开展以"爱国、守法、诚信、知礼"为主要内容的现代公民教育；等等。上述道德建设领域的具体举措和活动对遏制物欲主义发展、提高思想道德素质、净化社会风气发挥了积极作用。

（三）坚持以人为本，保障人民基本文化权益

公共文化服务体系建设是保障人民群众文化权益的必然要求。党的十六大以来，广东以"建设文化大省"与"建设文化强省"为依托，按照发展先进文化的要求，注重结合广东实际、突出广东特色、融入广东元素，持续加大文化公益事业投入，全面推动以构建现代公共文化服务体系为目标，以推动公共文化服务"均等化、标准化、数字化、社会化"为主要内容的文化惠民工程，加快建立与广东省经济社会发展水平、人口状况、民众需求相匹配的现代公共文化服务体系，取得令人瞩目的成绩。

坚持公共文化服务均等化建设。近年来，广东积极整合各方资源，重点解决区域、人群、城乡之间公共文化服务不均衡问题；加大城乡帮扶建设，实施精准文化扶贫，推动老少边穷地区公共文化服务跨越式发展，保障老年人、未成年人、残疾人、外来务工人员、农村留守妇女儿童等特殊群体享有基本公共文化服务，让全省人民共享文化改革发展成果。

坚持公共文化服务标准化建设。围绕看电视、听广播、读书看报、参加公共文化活动等民众基本文化权益，广东制定了《广东省基本公共文化服务实施标准（2015—2020年）》，在国家标准基础上大幅度地做加法，明确了32条公共文化服务实施标准，并实施严格量化考核，为广东建成文化小康提供了有力支撑。

坚持公共文化服务数字化建设。广东坚持公共文化服务与科技融合发展，利用数字化资源、智能化技术、网络化传播，拓展公共文化服务能力和传播范围；推进全省文化信息资源共享、数字图书馆推广、公共电子阅览室建设、直播卫星广播电视公共服务、农村数字电影放映等工程，推进数字化建设，重点打造"广东公共文化云"，推广"一站式"服务，建设全域共享、互联互通的公共数字文化服务网络；探索公共文化"互联

网+"建设,加强多网、多终端应用开发和内容服务,有效打通了公共文化服务的"最后一公里"。

坚持公共文化服务社会化建设。广东十分注重政府主导与社会参与相结合,积极推进公共文化服务社会化发展。第一,广泛开展文化志愿服务,将文化志愿服务融入城乡社区治理,实施文化志愿者行动计划,构建省、市、县、镇(街道)、村(社区)五级文化志愿服务网络,广泛吸纳文化、文艺工作者参与文化志愿服务,完善《广东省文化志愿者管理办法》,健全评价激励机制,广东文化志愿者已成为广东公共文化服务的一股重要力量。第二,培育和规范文化类社会组织。大力培育和发展文化类行业协会、基金会、民办非企业单位等社会组织,推动公共文化服务机构成立行业协会,推进文化行业协会与行政机关脱钩,扩大政府向文化类社会组织购买服务范围,加强政府管理和社会监督,促进公共文化服务与文化产业融合发展,提倡文化慈善,倡导文化扶贫,努力建成政府主导、社会参与的公共文化服务体系建设格局。第三,创新公共文化管理体制和运行机制。以公共图书馆、博物馆、文化馆、美术馆等为试点,建立事业单位法人治理结构,落实公益性公共文化事业单位法人自主权,鼓励有条件的地方探索开展公共文化设施社会化运营试点,全面推进公益性文化事业单位人事、收入分配、社会保障、经费保障制度改革。真正做到文化发展为了人民,文化发展依靠人民,文化发展成果由人民共享。

(四)坚持不忘本来,弘扬中华优秀传统文化

中华优秀传统文化是中华民族的根和魂。改革开放以来,广东一直把继承与创新中华优秀传统文化作为文化建设的重要组成部分,在实践中不断总结经验。

(1)坚持挖掘中华文化精髓,发挥岭南文化特色。岭南文化是中华文化中极具地域特色的一种文化形态,它脱胎于中原、植根于岭南独特的自然地理与历史人文环境。近现代以来,作为海外的桥头堡与中西文化交汇的主要通道,广东大量吸收西方外来文化,赋予古老的岭南文化以开放包容与开拓创新的文化品格。改革开放以来,广东哲学社会科学界一直重视岭南文化研究阐释宣传工作,深入研究阐释岭南文化的历史渊源、发展脉络、基本走向,着力构建有中国底蕴、岭南特色的学术体系和话语体系。广东宣传文化系统不断推出广东音乐、岭南美术、地方戏曲、广东书法、

第四章 文化繁荣：从"文化沙漠"到文化强省

岭南方言等研究成果，实施地方戏曲文献资料保护抢救行动，开展古籍和地方文献研究保护与整理，加强古籍保护专业人才队伍建设。例如，中共广州市委宣传部与广东省文化厅耗10年之功，组织、研究、编撰出版大型历史文献丛书"广州大典"。广东省人民政府地方志办公室大力开展地方史志编修编纂工作，推进名镇志、名村志文化工程，开展全省自然村落历史人文普查行动等。广东省文化厅深入开展文物和非物质文化遗产保护工作，继续办好南国音乐花会，广东戏剧百年盛典以及广东美术、书法、摄影大展等，为传承和弘扬中华优秀传统文化积累了成功经验。

（2）坚持古为今用，推陈出新，使中华优秀传统文化成为涵养社会主义核心价值观的重要源泉。全省各地组织编写大量传统文化读物、创作传播大量传统文化公益广告，开展优秀传统文化宣讲培训，开展中华经典诵读活动，突出道德滋养，深化中华美德实践活动。全省各地组织开展"修德修身""日行一善"等主题道德实践活动，开展道德讲堂、修身学堂等传统美德教育活动，开展诗词、楹联、家训等传统文化活动，突出历史文化资源保护利用，延续岭南历史文脉；各地注重历史文化遗产的保护、历史资源的开发利用，开展收集整理地方民俗、地方志史，修葺地方旧民居、古建筑，挖掘保护非物质文化遗产，使岭南文化焕发生机；积极开展地方特色文化活动，突出打造地方文化品牌，如广州"新春文化月"、佛山"千村粤曲传唱"以及汕尾的西秦戏、白字戏演出等。[①]

（3）坚持保护为主、抢救第一、合理利用、加强管理的方针，把文化遗产的保护传承与可持续发展结合起来。具体表现在：抢救保护濒危文物，推进文物数字化体系建设，加强全省海上丝绸之路史迹的保护与研究，推进水下文化遗产抢救保护工程；部署开展红色军事文化遗产维修保护，依托红色军事文化遗产资源，讲好红色故事，激活红色基因，弘扬红色精神，使其更好地发挥社会教育功能；做好全省历史文化名城名镇名村、历史文化街区、历史建筑的保护与管理，做好以广府古民居、客家古民居、潮汕古民居为突出代表的岭南传统村落保护与利用工作；加强工艺美术品种和技艺保护抢救，推进戏曲名家传承行动，开展"戏曲进农村""戏曲进校园"等艺术普及活动；实施非遗传承人抢救性记录行动，建设

---

① 参见顾作义《紧扣核心价值观 弘扬中华优秀传统文化》，见广东文明网（http://gd.wenming.cn/headlines/201504/t20150416_2562353.html），2015年4月16日。

广东省非物质文化遗产展示馆、广东戏曲博览馆、广东曲艺非物质文化遗产数据库、岭南方言文化博物馆、广东音乐博物馆和广东工艺美术珍品馆等,加强对民间文学、民俗文化、民间音乐舞蹈戏曲、少数民族史诗、岭南中医药典籍等文化遗产的抢救性保护,推动非物质文化遗产保护可持续发展。

(4) 坚持从中华文化资源宝库中提炼题材、汲取养分,推出一大批具有鲜明岭南风格的文艺精品。近年来,追求岭南传统文化特色已成为广东文艺界十分明确的艺术追求,不断有佳作面世,如大型原创舞剧《南越王》《风雨红棉》《骑楼晚风》《沙湾往事》等,均彰显了中华文化的精神内涵和审美风范;在深挖岭南文化历史资源的同时,广东紧抓源头和原创,积极开展"剧本超市"建设,建立健全文艺创作生产联动机制,打造具有岭南特色的精品佳作生产链。广东注重对书法美术、音乐舞蹈、曲艺杂技等传统文艺的扶持,尤其是在推进地方戏曲振兴方面,广东省人民政府出台了《关于促进地方戏曲传承发展的实施意见》,在开展地方戏曲保护传承、推动戏曲艺术创作、支持戏曲演出、优化戏曲创作生产条件、支持戏曲艺术院团发展等方面予以大力扶持。

(5) 坚持积极推动本土优秀文化传统走出去。改革开放 40 年来,广东充分利用独特的地缘优势和人文资源优势,协调推进文化交流、文化传播、文化贸易,推动优秀传统文化交流发展,创新对外和对港澳台地区文化交流体制机制,鼓励广东各类传统文化单位进一步深化文化交流与合作;大力支持地方戏曲、广东音乐、岭南舞蹈、岭南美术与民间工艺等传统文化艺术项目走出去,大力宣传推广岭南中医药、广东饮食、南派武术、岭南典籍、岭南建筑、岭南民俗等地方特色文化产品,积极鼓励省内各类文化机构、企业与境外开展友好交往和互惠合作,积极参加国外重要文化艺术节日、展会等活动,让更多体现中华文化特色、具有岭南风情魅力的文化产品走向国际市场。

(五) 坚持双效统一,引导文化产业健康发展

在社会主义市场经济条件下,文化产品既有教育人民、引导社会的意识形态属性,也有通过市场交换获取经济利益、实现再生产的商品属性、产业属性、经济属性。不能因为文化产品具有商品的一般属性就忽视其意识形态的特殊属性,也不能因为文化产品具有意识形态的特殊属性就排斥其商

第四章 文化繁荣：从"文化沙漠"到文化强省

品的一般属性，而是要把两者统一起来。① 党的十八大以来，广东坚持不断完善"双效统一"的文化经济政策，文化产业发展的政策环境不断优化。

建立健全国有文化企业把社会效益放在首位、实现社会效益和经济效益相统一的体制机制。在深化文化体制改革进程中，广东较早在宣传文化系统内建立起以"双效统一"为目标的国有文化资产监管体制；省宣传文化发展专项资金"文化产业发展类"加大对国有文化企业社会效益突出项目的扶持力度；出台文化类购买服务指导目录，支持国有文化企业发展；设立媒体融合发展专项资金，支持媒体融合发展重大项目，确保新媒体坚持正确导向，为传统媒体走媒体融合创新发展之路提供强有力的保障。

全面落实国家支持文化改革发展的优惠政策，不断加强文化产业财税扶持力度。近年来，广东出台了《关于加快文化强省建设的若干文化经济政策》，在财税、金融、劳动保障、土地使用、人才等方面支持文化产业发展；全面落实电影产业政策，出台《关于支持广东省电影发展若干经济政策的通知》和《广东省电影发展规划（2015—2020年）》，设立广东省扶持电影事业发展资金；全面落实戏曲传承政策，出台《广东省人民政府办公厅关于促进地方戏曲传承发展的实施意见》，设立广东省地方戏曲发展资金，支持成立广东省繁荣粤剧基金会、广东省潮剧发展与改革基金会、广州振兴粤剧基金会；落实动漫产业政策，为动漫企业减免税收。同时，广东强化对文化"走出去"的政策扶持，出台《广东省加快发展对外文化贸易的实施方案》；修订年度《广东省文化出口重点企业和重点项目指导目录》，给予广东省文化出口重点企业和重点项目扶持和奖励。此外，广东还依托省市文化产业发展专项资金扶持文化产业发展。仅2012—2017年，全省文化产业发展专项资金资助项目有650多个，全省文化企业累计获得财政支持50多亿元，减免税负超过100亿元。

如今，在中国特色社会主义迈入新时代的历史阶段，广东文化建设迎来新的历史机遇。广东必须牢记改革开放先行地的特殊使命，围绕习近平总书记对广东提出的"四个走在全国前列"的重要指示，以创新、协调、绿色、开放、共享的新发展理念进一步推动广东文化建设，广东文化发展必将百尺竿头、更进一步，引领中国文化创新发展的巨轮驶向希望的明天。

---

① 参见李长春《正确认识和处理文化建设发展中的若干重大关系 努力探索中国特色社会主义文化发展道路》，载《求是》2010年第12期。

第五章 社会进步：从社会配套到社会建设

"带领人民创造美好生活，是我们党始终不渝的奋斗目标。"① 改革开放40年来，中国共产党使马克思主义与中国实际相结合，领导勇敢而勤劳的中国人民开创了中国特色社会主义道路，在坚持以经济建设为中心的同时，深入推进以改善民生为重点的社会建设，人民群众的获得感、幸福感、安全感不断增强，并形成了具有中国特色社会主义社会建设思想理论体系。

作为改革开放前沿阵地的广东，认真贯彻落实中央关于社会建设的战略部署，妥善处理好改善民生与经济发展的关系，既通过发展经济为持续改善民生奠定坚实的物质基础，也通过持续不断改善民生为经济发展创造更多的有效需求，实现两者良性循环，人民生活得到持续改善，社会善治格局初现，社会现代化水平不断提高。

一、改革开放以来广东社会建设历程

改革开放以来，广东从不同的时代背景、发展阶段和历史任务等客观实际出发，顺应人民生活和社会发展的迫切需要，在社会领域进行了较为广泛而深入的改革探索，取得显著成效。其发展历程大致可以分为三个阶段：1978年党的十一届三中全会至1992年党的十四大前，主要进行经济体制改革背景下的社会配套改革；1992年党的十四大后至2012年党的十八大前，主要进行社会主义市场经济下的社会建设；2012党的十八大以来，主要进行全面建成小康社会中的社会建设。

---

① 习近平：《决胜全面建成小康社会　夺取新时代中国特色社会主义伟大胜利——在中国共产党第十九次全国代表大会上的报告（2017年10月18日）》，人民出版社2017年版，第48页。

第五章 社会进步：从社会配套到社会建设

（一）经济体制改革背景下的社会配套改革

1978年，党的十一届三中全会做出了把党和国家工作重心转移到经济建设上来，实行改革开放的历史性决定。从此，集中力量解放和发展生产力成为社会主义建设的首要任务，一切工作都围绕经济建设展开，社会建设必须服从和服务于经济发展，进行以经济建设为中心的社会配套改革。

沐浴着党的十一届三中全会春风的广东人民，肩负着为改革开放先行探路的重任，发扬敢为天下先的精神，在不断排除"左"的思想干扰中进一步解放思想，勇于开拓，大胆探索，率先创办了经济特区、进行社会主义商品经济改革，杀出了一条改革开放的新路。1979年7月15日，中共中央、国务院批准广东省对外经济活动实行特殊政策和灵活措施，给予广东更多的主动权，这为广东在改革开放中先走一步提供了政策上的保障。①在政策的支持推动下，广东不仅引领改革开放风气之先，成为全国经济较发达的省份之一，还在社会民生事业上也取得了很大程度的发展。

1. 劳动社会保障制度改革

随着经济体制改革的推进，国有企业逐步走向市场，大量民营企业、外资企业不断涌现，计划经济时代国家"统包统配"的就业制度、"大锅饭"式的工资分配制度和劳动保险②制度难以为继。因此，广东有步骤地推行劳动合同制，实行基本工资、职务工资、浮动工资相结合的工资制度。1980年10月，深圳竹园宾馆③在全国首开先河，试行劳动合同制，6名员工被"炒鱿鱼"。1980年11月，一位名叫赖莉的竹园宾馆员工签下了中国内地第一份雇佣合同制工人合同。竹园宾馆成为改革开放后内地第

---

① 参见广东省人民政府办公厅编《广东省人民政府政府工作报告汇编（1979—2016）》，广东人民出版社2016年版，第345页。

② 计划经济社会保障体系的核心内容就是劳动保险，按照财务管理和经办的主体不同，劳动保险可以分成"国家—企业保险"和"企业保险"两个阶段。前者保险费用实行社会统筹，企业和社会化的经办机构（工会）同时经办；后者由于"文革"的破坏失去了财务的社会统筹机制，并完全由企业自己经办。

③ 1979年，深圳市政府与香港合作（深圳市出土地和劳动力，香港出资1 500港元）兴办了竹园宾馆。但由于管理者在用人方面没有自主权，宾馆发展并不顺利。在香港意欲终止合同的情况下，深圳市政府同意试行自由用工制度。参见刘洪清《张文超：扛着棉被去"打工"》，载《中国社会保障》2008年第12期。

一家签订劳动合同的用人单位。与打破"铁饭碗"密切相关的就是打破"大锅饭",即工资分配制度改革。最初的改革主要是恢复和完善奖金制度,贯彻按劳分配原则;后来又在国家宏观调控下全面落实企业内部分配自主权,积极探索企业工资分配由市场决定的机制,使职工工资收入同企业经营好坏和个人劳动贡献密切联系起来,初步形成了以按劳分配为主体、多种分配方式相结合的分配格局。

同时,为应对经济体制改革的挑战,社会保障也进行了相应的改革。其改革的内容主要是三个方面:①原来实施劳动保险的企业启动保险费用的社会统筹机制,这些企业主要是国有企业和集体企业。1983年3月,国家劳动部保险福利局布置广东省东莞、江门和四川省自贡进行退休费统筹试点,从1984年起,退休费用社会统筹迅速在全国范围内普遍展开。恢复劳动保险的社会统筹有利于发挥保险的"大数法则"作用,解决企业社会保障负担苦乐不均的问题。②合同制工人的新的社会保障安排。劳动用工制度的改革产生了大量的合同制工人。与固定工相比,合同工明显处于弱势地位,既没有职业的"终身制"和"铁饭碗",也不能享受固定工的福利保障。因此,广东按照国家的要求对合同制工人探索建立新的社会保障制度,如在养老保险方面引入个人缴费并实行完全积累制。③农村养老改革。针对农村老人数量不断增加和家庭养老功能弱化的情况,广东一些地方开始了农村养老改革的探索。深圳、珠海、东莞等地采取民政部门主办、委托商业保险机构承办、社会保险机构管理等多种形式,探索建立农村养老保障制度。此外,老年大学、老年人培训中心、老年人康复中心、残疾人康复中心等社会福利事业也得到一定程度的发展。

2. 农村改革

广东是全国最先在农村实行家庭联产承包责任制的地方之一。湛江海康县(现为广东省雷州市)、海南岛文昌县(现为海南省文昌市)、惠阳地区的紫金县和广州市郊县的农民,率先行动起来,冲破禁区,实行包干到户、包产到户,解决了吃不上饭的问题,改变了农村贫困面貌。1977年冬种时,海康县北和公社谭葛大队率先进行各种作物联产到户的试验。1978年冬,紫金县上义公社有半数以上的生产队实行责任到户。1978年,广州市杨箕村就搞起了"包产到户";1978年冬,从化县江埔公社有3个生产队尝试实行联产承包责任制。1979年10月6日,根据广东省农业委员会(简称"农委")《关于惠阳等地区分田单干、包产到户和任意分队

第五章　社会进步：从社会配套到社会建设

的一些情况》，关于散伙单干，惠阳地区占总农户的4%，湛江地区占总农户的1.1%，汕头地区占总农户的4.77%。关于包产到户，惠阳地区占总队数的2.99%，汕头地区的普宁和揭西分别占总队数的15%和5.3%。从1979年开始，肇庆地区高要县（现为肇庆市高要区）沙浦公社沙一大队第六生产队陈志雄雇工承包集体鱼塘；到1981年，其跨队承包鱼塘和水田497亩，引发了一场雇工算不算剥削的大辩论。包干到户、包产到户这一做法受到广大农民的欢迎，调动了他们的积极性，农业获得了大增产，农民生活相比之前明显改善，因而很快在全省推广开来。不仅如此，广东还大胆调整农业发展方针，改变农业"以粮为纲"和农村"以农唯一"的经济格局和产业结构，推动农村经济社会迅速发展。

3. 科教文卫改革

广东较早地意识到科学技术对促进经济发展的重要性，认真贯彻落实"科学技术是第一生产力""经济建设必须依靠科学技术，科学技术必须面向经济建设"的方针，以多出成果、多出人才、多创社会经济效益为目的，改革科研体制。20世纪80年代，广东已经开始提倡支持科研单位和科技人员实行各种形式的承包责任制，奖励科技人员的发明创造和技术革新，保证有重大贡献的科技人员得到合理的报酬；改革省级科研机构的拨款制度，科研院所开始引进竞争机制，科研经费单纯依赖政府拨款的局面开始改变。在农村，以专业科技人员为骨干，建立一支农村科普队伍，广泛地建立科技户、示范户和科普村，形成为农业农民服务的科研推广体系，依靠科学技术发展农业生产。大力发展教育事业，投资迅猛增加，华侨捐资、群众集资办学踊跃，新建了一批中小学，新创办了汕头大学、深圳大学。文化事业多姿多彩，20世纪80年代，广东流行音乐突飞猛进，音乐茶座风生水起；1986年12月15日，经国家广播电视电影部和中共广东省委批准，中国第一家大众型、信息型、服务型、娱乐型的新型电台——珠江经济广播电台正式开播；《雅马哈鱼档》等电影风靡全国，广东逐渐成为全国流行文化的高地。医疗卫生系统注重加强医风、医德建设，认真整顿医药市场，不断提高医疗质量；广泛开展爱国卫生运动，抓紧初级卫生保健试点工作，努力完成各项防病治病和保健任务。

4. 稳定社会秩序

改革开放初期，经过大规模的拨乱反正，我国恢复了正常的社会秩序；但是，随着经济的迅速发展，各种经济犯罪又开始不断涌现，治安刑事案件严重影响了人民的生产生活。因此,广东根据国家统一部署和自身实际,开展了"严打"战役、除"七害"统一行动、缉私行动、反黑社会行动和反贪污贿赂等。据统计,1979—1991年,广东公安机关共破获特大案件108 722起。

(二)社会主义市场经济下的社会建设

1992年,党的十四大报告明确提出我国经济体制改革的目标是建立社会主义市场经济体制。1993年,党的十四届三中全会通过《中共中央关于建立社会主义市场经济体制若干问题的决定》。2003年,党的十六届三中全会通过《中共中央关于完善社会主义市场经济体制若干问题的决定》。特别是党的十六届四中全会提出和谐社会、党的十七大把建设中国特色社会主义事业进行总体布局后,广东把以民生为重点的社会建设摆在更加重要的位置,积极提出"和谐广东、幸福广东"等发展战略,探索实施"十项民心工程",2009年出台《广东省基本公共服务均等化规划纲要(2009—2020年)》,着力破解经济建设"一条腿长"、社会建设"一条腿短"的问题。总的来看,在这一阶段(从党的十四大到党的十八大之前),广东按照建立和完善社会主义市场经济体制的要求,积极加快社会领域改革开放,社会建设实现了从被动到主动、从自在到自为的转变。

1. 建立健全市场化的就业方式

20世纪90年代,广东在国有企业改革过程中注重做好下岗职工再就业工作,千方百计地拓展就业渠道,实施再就业工程,完善再就业服务体系。从2000年开始,国有企业新增下岗职工不再由企业再就业服务中心保障其基本生活和安置就业,转向失业保险制度安排,直接通过市场实现再就业。进入21世纪,广东把创造更多的就业岗位摆到突出的位置,努力实现充分就业;通过大力拓宽就业渠道、加强职业技能培训、发展和规范劳动力市场等措施,进一步完善了市场导向的就业机制。例如,大力发展劳动密集型产业,鼓励集体、个体、私营企业发展,鼓励扶持下岗职工和失业人员举办生产自救型经济实体;落实小额担保贷款、岗位补贴、社会保险补贴等再就业扶持政策,重点帮助下岗失业人员、零就业家庭、残疾人、农村贫困家庭、被征地农民和转产转业渔民就业;先后启动"再就业培训工程""百万农村青年技能培训工程""零就业家庭"就业援助制度、"双转移"中劳动力转移培训工程等一大批支持就业政策的措施,有效地提升了劳动者就业技能。2007年，广东在全国首创退役士兵实行免费职业技能培训制度，士兵退役后先培训技能，再安置就业，取得良好效果。

在推行积极就业政策的同时，广东还注重改善劳动者就业环境，维护劳动者权益，构建和谐劳动关系。进一步扩大就业岗位的开放力度，消除对进城务工人员和外来劳动者的歧视，建立健全覆盖城乡劳动力的市场信息网络，完善公共就业服务体系，构建全省统一的公共就业服务管理制度；完善最低工资保障制度，不断提高最低工资标准；推行劳动合同和集体合同制度，完善劳动关系三方协调机制，加强劳动监察和劳动关系调整，依法保护包括外来务工者在内的全体劳动者的合法权益。1995年5月1日，广东省人民政府发布《广东省劳动合同管理规定》，其中对集体合同的签订、争议做了明确规定。

2. 建立与社会主义市场经济相适应的社会保障体系

1993年，《中共中央关于建立社会主义市场经济体制若干问题的决定》对市场经济条件下的社会保障制度改革做出明确指引，首次明确提出养老和医疗保险实行社会统筹和个人账户相结合。从此，我国开始探索以"统账结合"为主要特点的新的社会保障模式。

社会保险制度改革方面，广东省人民政府于1993年6月颁布《广东省职工养老保险暂行规定》。该文件明确规定："养老保险基金实行部分积累方式。单位和职工必须按月缴纳养老保险费。单位缴纳的养老保险费计入社会养老保险基金，属于参加社会养老保险的职工共同所有；职工个人缴纳的养老保险费全部计入个人养老专户。"在扩大社会养老保险制度覆盖面的同时，失业、医疗、工伤保险和社会保险基金营运管理方面的改革已开始推行。1996年7月1日，《广东省职工失业保险暂行规定》施行，规定了所有在广东就业的劳动者，不分就业单位性质及职工身份，不受户籍限制，一律纳入失业保障范畴。1992年，省一级专门成立了社会保险委员会和社会保险事业局，负责全省社会保险工作，各地也开始建立健全社会保险事业管理机构并积极开展工作。2002年后，社会保障覆盖的人群逐渐从就业人群向非就业人口和农村人口扩展，新型农村合作医疗制度、城镇居民基本医疗保险制度、新型农村社会养老保险制度、城镇居民养老保险制度陆续建立，基本实现所有人群制度全覆盖。

社会救助方面，1997年，广东在全国率先建立城乡最低生活保障制度。1997年,国家正式发布《国务院关于在全国城市建立居民最低生活保障制度的通知》,肯定推广了广东的做法。1998年12月31日,广东省第九届人大常委会第七次会议通过《广东省社会救济条例》,社会救助走向法制化、规范化轨道。认真落实提高国有企业下岗职工基本生活保障、失业救济金和城市居民最低生活保障待遇的政策,切实帮助弱势群体解决子女入学难、住房难、就医难和打官司难等问题。

3. 科技教育有效服务市场经济发展

1992年春,邓小平在南方视察中敏锐地指出:"经济发展得快一点,必须依靠科技和教育。"改革开放以来,广东正是通过加快教育和科技的发展,提升了其对经济发展的支撑作用。从2000年开始,广东把建设教育强省作为目标,努力推进教育现代化。

城乡免费义务教育改革。按照国家统一部署,广东逐年加大教育财政投入,提出高质量巩固普及九年义务教育任务,并结合中小学布局结构调整,推进薄弱学校改造,实施义务教育规范化学校建设工程。从2006年秋季起,广东省全面实行农村免费义务教育,全省免除农村户籍学生义务教育阶段杂费。从2008年春季学期起,广东全省免除原义务教育阶段学生学杂费和课本费,实现全省城乡免费义务教育,扎实推进县域义务教育均衡发展。一些地方还延伸和扩大了义务教育的范围。2010年,东莞市石排镇率先实现了25年免费教育,被称为"中国最牛教育强镇"。2012年通过的《深圳经济特区社会建设创新促进条例》明确提出,"加快普及学前到高中阶段教育,探索扩大免费教育范围"。同时,广东建立农村义务教育校舍维修长效机制,加强农村中小学教师队伍建设,推进城乡教师交流,实行大学生到农村任教退学费制度。

探索解决农民工随迁子女在城市接受义务教育的问题。广东作为第一流动人口大省,截至2011年年底,已有339万进城务工人员子女在粤顺利读书,占据全国的1/3,广东省财政为此每年投入500多亿元。2011年,广东在"一市一策"基础上,出台省级红头文件《关于做好进城务工人员随迁子女义务教育工作的意见》(粤府办〔2011〕45号)。该文件明确要求逐步提高随迁子女入读公办学校的比例,公办学位不能满足随迁子女的入学需要的县(市、区),当地政府要制定办法,建立随迁子女凭积分制入读公办学校制度。

积极推进高等教育大众化。1998年,广东省制订并实施了《广东省高等学校布局调整和体制改革方案》，在全国率先进行普通高考科目改革试验。2003年，广东建设广州大学城，扩大办学规模。扩大高等院校招生规模和办学自主权，积极鼓励和规范社会力量办学，进一步优化院校布局，调整学科和专业结构，积极发展应用学科和专业，重点建设能源、交通、通信、海洋、石油化工和材料工业等省内急需的专业，加快外向型经济人才的培养，提高教学水平、科研水平和办学效益，完善招生和毕业生就业制度，推动社会力量兴办教学后勤设施，努力建构与社会主义市场经济体制相适应的高等教育新体制，以适应现代化建设人才的需求。

深化科技体制改革。按照"科教兴国"战略的要求，1998年，《中共广东省委、广东省人民政府关于依靠科技进步推动产业结构优化升级的决定》出台，实施"科教兴粤"战略。积极落实国家关于每年财政对科技投入的增幅高于财政经常性收入增幅的要求，通过设立和完善各级高新技术产业发展基金、提高企业直接融资比重以及外引内联等方式，筹措更多的资金用于技术进步；推进技术成果商品化、产业化、国际化，培育技术市场，壮大科技队伍，发展科技企业，提高了科技进步对经济增长的贡献率。广东省国家级高新技术开发区保持了良好的发展势头，珠江三角洲高技术产业带技术辐射面不断扩大，"火炬"计划和"星火"计划实施进展顺利。加快科研机构改革的步伐，推动科研机构走向经济建设主战场，鼓励有实力研究开放机构实行技工贸一体化经营，把开发性科研机构改制转变为现代科技企业；加强科技攻关，重点突破一批自主知识产权的关键技术，实施"科技创新百项工程"、高技术产业发展项目计划，支持高等学校、科研机构与企业联合进行技术研发，实施"产、学、研联合开发工程"。扎实开展科普教育，加快广东科学中心和华南技术交易中心的建设。

4. 医疗卫生体制改革回归公益

为探索适应社会主义市场经济环境的医疗卫生体制，1992年以来，我国经历了3次医疗卫生体制改革（简称"医改"）。每次改革都充满了市场化与政府主导的争论，最终明确了政府与市场的边界，回归公益成为主流。

（1）第一次医改。1992年9月，国务院下发《卫生部关于深化改革的几点意见》。实践中，经济领域的做法很快被简单移植到卫生服务上。20世纪90年代，医疗服务市场化的声音一直处于主导地位。卫生部门明确提出"建设靠国家，吃饭靠自己"，要求医院要在"以工助医、以副补主"等方面取得新成绩。这些政策一方面刺激了医院创收,使卫生事业在国家投入并不足的情况下仍然高速发展;另一方面也影响了医疗机构公益性的发挥。这一阶段,广东积极开展以消灭脊髓灰质炎为主要任务的计划免疫和全省食盐加碘工作,大力振兴发展中医药,做好地方病、慢性病、传染病的防治和农村的改水、改厕工作,带动环境卫生整治,提高全省人民的健康水平。

(2)第二次医改。1997年1月,中共中央、国务院出台《中共中央 国务院关于卫生改革与发展的决定》。作为贯彻文件,国务院办公厅于2000年2月转发国务院体改办、国家计委等八部委《关于城镇医药卫生体制改革的指导意见》,之后又陆续出台了13个配套政策,这些标志着第二次医改正式启动。此次医改中,市场化思潮继续占据主流,尽管政府卫生投入绝对额逐年增多,但是政府投入占总的卫生费用的比重却在下降。政府的投入不足,再加上卫生政策失当,一些地方开始公开拍卖、出售乡镇卫生院和地方的国有医院。2003年,SARS疫情最先在广东爆发并蔓延到全国,全社会开始反思医疗卫生体制改革。在抗击"非典"的过程中,广东建立了突发公共卫生事件预警和应急机制,加强疾病预防控制、医疗救治和卫生执法监督体系建设,完善了疫情信息网络,制定并实施了《广东突发公共卫生事件应急办法》。广东在较短的时间内有效地控制了疫情,得到了世界卫生组织的充分肯定,为全国抗击"非典"斗争积累了经验。

(3)第三次医改。2009年3月17日,《中共中央 国务院关于深化医药卫生体制改革的意见》出台。该意见摒弃了此前改革过度市场化的做法,承诺强化政府在基本医疗卫生制度中的责任,强调不断增加投入,维护社会公平正义,逐步实现建立覆盖城乡居民的基本医疗卫生制度,人人享有基本医疗卫生服务的目标。"十一五"期间,广东政府卫生投入占卫生总费用的比重从2005年的15.12%上升到2010年的23.6%,是"十五"期间的1.83倍;同时,个人卫生支出占卫生总费用的比重从2005年的50.9%下降到2010年的39.8%。居民健康水平明显提升,2010年,全省人均预期寿命76.1岁,比全国平均水平高3.1岁。推进乡镇卫生院运行机制改革,健全县、乡、村三级农村医疗卫生服务体系,确保每一个乡镇都有一所政府办的卫生院。

第五章　社会进步：从社会配套到社会建设

5. 社会管理创新促进社会和谐

社会主义市场经济体制的建立和完善，客观上推动着社会管理体制机制的不断变革。这一阶段，广东以社会管理创新统筹谋划维护社会和谐稳定的各项工作，努力建设平安广东。坚持"打防结合、预防为主"的方针，切实加强社会治安综合治理，继续深入开展"严打"和除"七害"斗争，依法严厉打击各种刑事犯罪，适时开展专项斗争和专项治理，营造人民安居乐业的良好社会生活环境，一批重点地区实现由乱到治的转变；注重新科技、新技术在治安方面的应用，构建全天候的治安视频监控网络；坚持群防群治，开展创建"安全小区""和谐平安社区"的活动，建立健全社会预警体系，形成统一指挥、功能齐全、反应灵敏、运转高效的应急机制；加强国家安全工作，严密防范和有效打击各种敌对势力的渗透破坏活动，做好防止和应对恐怖活动的预案；深入开展打击走私的斗争和联合行动，侦破一批大案、要案；坚决依法取缔邪教组织，继续揭露和批判邪教组织反社会、反人类、反科学、反政府的反动本质，依法严厉打击非法犯罪分子；加强普法教育，提高全社会法治意识；积极预防并妥善处置群体性事件，根据中央部署，设立信访联席会议制度，在全国率先建立信访督察专员制度。

（三）全面建成小康社会中的社会建设

2012年，党的十八大报告提出，坚定不移地沿着中国特色社会主义道路前进，为全面建成小康社会而奋斗。习近平总书记在第十八届中共中央政治局常委同中外记者见面时强调，人民对美好生活的向往就是我们的奋斗目标。2012年年末，习近平总书记在视察广东时提出了"三个定位、两个率先"的殷切期望，要求广东努力成为发展中国特色社会主义的排头兵、深化改革开放的先行地、探索科学发展的实验区，为率先全面建成小康社会、率先基本实现社会主义现代化而奋斗。2013年11月，党的十八届三中全会通过《中共中央关于全面深化改革若干重大问题的决定》，全方位部署了包括社会体制改革在内的各领域的改革任务，提出了全面深化改革的路线图和时间表。这一阶段，广东社会建设紧紧围绕"三个定位、两个率先"的总目标，着力补民生短板，强治理弱项，努力高水平全面建成小康社会。

1. 教育体制改革"创强争先建高地"

2013年,《广东省人民政府关于推进我省教育"创强争先建高地"的意见》(粤府〔2013〕17号)出台,明确提出要加快创建教育强省、争当教育现代化先进区、打造南方教育高地(以下合称"创强争先建高地")。围绕这一目标,广东全面深化教育领域综合改革,促进各级各类教育高质量发展。具体表现为:努力办好学前教育,连续出台实施两期学前教育三年行动计划,即《广东省发展学前教育三年行动计划(2011—2013年)》和《广东省发展学前教育三年行动计划(2014—2016年)》,构建以公办幼儿园和普惠性民办幼儿园为主体的学前教育服务网络;推进义务教育均衡优质标准化发展,实行义务教育学校免试就近入学,推进义务教育学校标准化建设,加快国家义务教育发展基本均衡县认定,不断提高城乡免费义务教育生均公用经费补助标准,实施山区和农村边远地区学校教师补贴政策,出台《关于统筹推进县域内城乡义务教育一体化改革发展的实施意见》(粤府〔2017〕48号),实现县域内城乡义务教育学校建设标准统一、教职工编制标准统一、生均公用经费基准定额统一、基本装备配置标准统一和"两免一补"政策城乡全覆盖;巩固提升高中阶段教育普及水平,实施高中阶段残疾学生免学杂费、课本费政策,中等职业教育免学费范围扩大至所有农村(含县、镇)户籍全日制在校生,推进普通高中优质特色多样化发展,全省高中阶段教育在校生总数、每万名户籍人口高中阶段教育在校生数、中等职业教育招生数和中等职业教育在校生数这4个指标均为全国第一;实施"高等教育创新强校工程",扩大和落实高校办学自主权,大力建设高水平大学尤其是高水平理工科大学,广东以色列理工学院等高等教育中外合作办学和交流项目顺利推进,教育国际化步伐加快;完善现代职业技术教育体系,创建国家现代职业教育综合改革试点省,基本建成全国最大的技工教育体系,被誉为全国技工教育的"一面旗帜";深化考试招生制度改革,做好进城务工人员随迁子女在粤参加中考、高考工作,完善各学阶各类型的学生资助政策体系,逐步提高覆盖面和资助标准;促进民办教育规范特色发展;积极实施"强师工程"。

2. 深化医药卫生体制改革,建设卫生强省

党的十八大后,广东继续深化医药卫生体制改革,着力建设卫生强省,打造健康广东。具体表现为:出台《中共广东省委、广东省人民政府关于建设卫生强省的决定》(粤发〔2015〕15号),发布《广东省医疗卫生强基创优行动计划（2016—2018年)》和《广东省构建医疗卫生高地行动计划（2016—2018年)》这两个配套文件，坚持补齐粤东西北基层卫生短板和提升珠三角特别是广州、深圳的医疗实力，两手抓、两手都要硬，积极构建医疗卫生协调发展新格局，力争到2025年全面建成卫生强省；加快公立医院改革，取消以药补医，落实公立医院人事管理、内部分配、运营管理等自主权，加快建立现代医院管理制度；实施县级以下医疗卫生机构升级达标工程，开展普通乡镇卫生院（社区卫生服务中心）、村卫生站标准化建设，提高山区和农村边远地区乡镇卫生院医务人员岗位津贴补助标准；推行合理分级诊疗，建立基层首诊、双向转诊制度，扎实推进家庭医生签约服务，制定签约服务费收付费指导意见，出台开展临终关怀、家庭病床等系列政策文件；健全全民医保制度，推进城镇职工基本医疗保险、城镇居民基本医疗保险、新型农村合作医疗保险制度"三保合一"，大病医疗保险实现职工和城乡居民全覆盖，探索建立重特大疾病医疗救助制度，建成全省异地就医直接结算系统；加快药品生产流通领域改革，完善药品集中交易制度，启用省第三方电子交易平台，推动医保目录和非医保目录药物、医用耗材进入平台交易，开展药品上市许可持有人制度试点；组建省卫生和计划生育委员会综合监督局，统筹对计划生育、公共卫生、医疗服务等的综合监管，推行"双随机、一公开"监管模式和监督执法全过程记录试点工作；推进医疗卫生机构和执业人员诚信体系建设；鼓励引导社会资本办医，发展民营医院，加快构建多元办医格局；实施富有安康工程，推进农村妇女"两癌"免费检查；推进中医药强省建设，发展大"南药"，构建中医"治未病"预防保健服务网络；坚持计划生育的基本国策，积极推动单独二孩、全面二孩政策实施，推进妇女儿童事业全面进步。

3. 就业创业体制改革实现充分就业

党的十八大以来，广东坚持实施"就业优先"战略和更加积极的就业政策，推动实现更高质量的充分就业。具体体现为：健全促进推进扶创业带就业、发展家庭服务业促进就业、产业园区就业拓展三项计划，千方百计地增加就业岗位；完善公共就业服务体系，建立全员培训制度，加快建立统一规范的人力资源市场，创新异地务工人员服务管理平台和机制；完善就业困难人员帮扶机制，促进高校毕业生、进城务工人员、就业困难人员等重点群体就业创业；支持大众创新、万众创业，出台《广东省人民政府关于大力推进大众创业万众创新的实施意见》《广东省建设大众创业万众创新示范基地实施方案》等促进大众创业万众创新的优惠政策,为创业者提供担保贷款贴息、创业培训补贴、创业资助、租金补贴、创业孵化补贴等各种支持,建立一批示范性创业孵化基地,开展"众创杯"创业创新大赛;认真维护劳动者合法权益,特别是在国际金融危机导致经济下行压力加大和国内外经济形势日趋复杂严峻的背景下,广东政府高度重视预防、化解和处置劳资纠纷,初步形成综合治理格局。另外,出台《广东省人民政府办公厅关于全面治理拖欠异地务工人员工资问题的实施意见》,深入推进建筑工程领域从业人员实名制管理、工资支付保证金和预备金等制度,继续加强建筑领域欠薪源头治理,保证工人工资按时足额发放;做好解散企业职工合法权益保障工作,通过建立劳资纠纷风险预警系统,建立化解劳资纠纷长效机制和建立健全三方协商机制等措施,切实解决企业解散和异地搬迁等转型升级过程中遇到的突出问题,构建和谐的劳资关系。

4. 社会保障体制改革筑牢民生底线

针对广东底线民生保障水平和覆盖率总体不高等问题,2013年,广东出台《关于提高我省底线民生保障水平的实施方案》(粤府〔2013〕111号),将城乡低保(含城镇"三无"人员,即无劳动能力、无经济来源、无法定赡养人和抚养人的特殊困难人员的保障)、农村"五保"、医疗救助、基础养老金、残疾人保障、孤儿保障六大类纳入保障范围,通过不断加大投入,2017年全省底线民生保障水平达到全国前列。2013年,印发《广东省人民政府办公厅关于建立全省城乡低保最低标准制度的通知》(粤府办〔2013〕17号),率先在全国建立城乡低保最低标准制度,社会保险五大险种参保人数不断增长,基本实现全民参保;出台《广东省人民政府办公厅关于进一步完善我省城乡居民大病保险制度的通知》,建立健全城乡居民大病保险制度。从2017年7月1日起,实现企业职工基本养老保险省级统筹。统筹后,全省企业职工基本养老保险基金由省里统筹管理,在全省范围内统一调配和使用,从根本上解决粤东西北等地区养老保险基金收不抵支、待遇发放难等问题,确保养老金按时足额发放。广州作为全国首批15个长期护理保险制度试点城市之一,从2017年8月1日起试点实施长期护理保险制度。制定城乡居民养老保险制度衔接办法,实施统一的城乡居民基本医保制度,实现省内异地就医联网即时结算和职工医保关系转移接续。推动城乡居民医保引入市场机制,建立城乡社会养老保险待遇正常调整机制,连续多年提高企业退休人员的基本养老金和城乡居民基本养老保险基础养老金。完善社会救助体系,出台《广东省社会救助条例》,发展社会福利和慈善事业,加强养老、恤孤、助残工作,想尽一切办法把困难群众基本生活的底线兜住兜好。

5. 推进农业转移人口市民化改革

党的十八大以来,全省城镇化率从 2012 年的 67.4% 提高到 2016 年的 69.2%;珠三角城镇化率从 2012 年的 83.84% 提高到 2016 年的 84.85%,比全省高 15.65%,若与世界银行 2016 年高收入国家城镇化率(81.41%)相比,珠三角比其高 3.44%;粤东西北地区整体城镇化率从 2012 年的 48% 提高到 2016 年的 50.43%,提高了 2.43%。按照"两证并行"的思路,统筹推进户籍制度改革和基本公共服务均等化,在保留农业转移人口土地承包经营权、宅基地使用权、集体经济收益分配权的前提下,让具备条件的常住人口领取户籍证落户城镇,暂不具备落户条件的领取居住证,梯次享受城镇基本公共服务保障,使全体居民共享城镇化发展成果。例如,广州、深圳、中山等地纷纷推出允许流动人口申请承租的公共租赁住房并放宽了申请条件,广州市 2017 年删除了对流动人口申请公租房的收入和资产方面的限制,连续办理"广东省居住证"的年限也从 5 年降为 3 年。2017 年修订的《广东省流动人口服务管理条例》重新设定了居住证的功能定位,把居住证从单一的"居住证明"扩充至作为常住人口"享受基本公共服务和便利、申请登记常住户口的证明",体现了居住证的法律地位由类似义务履行凭证转变为权利义务兼备的凭证。不断增加流动人口在各级党代表、人大代表和政协委员中的名额,吸纳流动人口参与居住地的社会事务管理,率先探索非户籍常住人口参加流入地社区"两委"(党支部委员会和居民委员会)换届选举。

6. 社会组织体制改革先行探路

广东认真贯彻落实中共中央办公厅和国务院办公厅印发的《关于改革社会组织管理制度促进社会组织健康有序发展的意见》,坚持社会组织改革发展的正确方向,一手抓积极引导发展,一手抓严格依法管理,率先在社会组织直接登记、综合监管体系、政府职能转移、购买服务、去行政化、去垄断化等方面进行了许多创新,创造了社会组织发展的"广东经验"。具体体现为:探索社会组织登记方式改革,省内成立的工商经济类、公益慈善类、社会服务类和群众生活类等四类社会组织，可直接向民政部门申请登记；推进社会组织"去行政化"与"去垄断化"改革，公务员不得在社会组织内兼职，行业协会允许一业多会；建立政府向社会组织购买服务机制，省政府陆续出台《政府向社会组织购买服务暂行办法》《政府向社会组织转移职能目录》《政府向社会组织购买服务目录》《具备资质条件承接政府转移职能和购买服务的社会组织》等文件，政府向社会组织购买服务的制度框架基本确立；理顺政府各部门对社会组织的监管职责，建立社会组织依法监管机制、法人治理机制、行业自律体系、信用体系和综合信息平台；完善社会组织免税主体资格审核制度，规范免税程序；出台《广东省民政厅关于推进社区、社会组织和社会工作专业人才"三社联动"的意见》《关于推进社会工作者与志愿者联动工作的实施意见》，推动社会工作者和志愿者资源有效整合，构建"社工引领志愿者、志愿者协助社工"的互动服务格局。

7. 基层社会治理创新百花齐放

广东牢固树立大抓基层的鲜明导向，不断推动全省基层治理工作水平提升，努力夯实基层基础。积极运用大数据和信息化手段，大力推行镇街综治信访维稳中心全面实施目标管理和社会治安综合治理网格化管理，围绕违法犯罪防控、矛盾纠纷化解、安全隐患排除三大目标任务，加快推进镇街综治信访维稳中心升级改造，构建完善"中心+网格化+信息化"体系，实现基层社会治理精细化。全省高效建成了县、镇、村（社）三级公共服务平台，有效地打通联系、服务群众的"最后一公里"。强化基层组织保障，将省财政转移支付地区的行政村全部纳入农村基层组织经费保障补助范围。各地在注意保持基层治理基本框架稳定的前提下，结合地方实际，积极创新。例如，潮州市在全市所有农村推广建立乡贤咨询委员会，佛山市开展基层"一门式"政务服务体系改革，深圳市加快推进社区基金会发展，广州市推广基层民主协商试点，惠州市推行"四议两公开"村（居）民群众自治模式，佛山市顺德区推行"手机村务通"新型村务公开形式，中山市健全社区建设协调委员会制度和特别委员制度，肇庆市加强村级"五全"公共服务站建设，等等。

二、改革开放以来广东社会建设成就

改革开放以来，广东紧紧围绕社会主义现代化建设和中华民族伟大复兴的历史使命，妥善处理好改善民生与经济发展的关系，"既要通过发展经济，为持续改善民生奠定坚实物质基础，又要通过持续不断改善民生为经济发展创造更多有效需求，实现二者良性循环"[①]，有效地满足人民美好生活的需要，实现社会治理活力有序。

（一）教育事业蓬勃发展

广东省各级党委、政府及社会各界高度重视教育事业发展，坚持把"面向现代化、面向世界、面向未来"的指导方针放在优先位置，加大投入力度，实行多项改革措施，教育规模持续扩大，办学条件不断改善，教育公平得到有效保障，教育质量不断提升，全省人口的文化素质得到显著提高。

1. 教育规模持续扩大

经过40年的发展，广东已形成学前教育、义务教育、普通高中教育、职业技术学校教育、成人教育、高等教育相结合的完整教育体系，各级各类学校的数量明显增加。40年前，广东只有高等学校23所、中等职业学校175所、普通中学2 236所、小学23 820所。到2016年年底，高等学校增加到149所，中等职业学校增加到468所（另有技工学校166所），普通中学增加到4 510所。特别是以广州大学城建设为标志的高校扩招，促进了广东高等教育的跨越式发展。40年间，高等学校数量增长了5.5倍。在校生人数方面，高等学校的由1978年的3.07万人提高到2017年的192.58万人，中等职业学校的由1978年的2.34万人增加到2017年的99.39万人，普通中学的由1978年的313.32万人增加到2017年的545.37万人，小学的由1978年的743.02万人增加到2017年的941.96万人，分别是1978年的62.73倍、42.47倍、1.74倍和1.27倍。师资队伍不断充实加强，全省各级各类学校专任教师总数由1978年的42.27万人增加到2015年的130.71万人，生师比、教师队伍结构进一步优化。截至2016年年底，全省高等学校教职工数为14.29万人，其中专任教师10.12万人；中等职业教育教职工数为5.75万人，其中专任教师4.48万人；技工学校的教职工数为2.92万人，其中专任教师2.16万人；普通中学教职工数为

[①] 中共中央宣传部编：《习近平总书记系列重要讲话读本》（2016年版），学习出版社、人民出版社2016年版，第213～214页。

47.85万人，其中专任教师42.74万人。全省教育发展总量位居全国前列。

2. 教育经费投入逐年增加

40年来，广东不断加大教育经费支出力度，教育投入逐年增加。1978年，全省教育经费支出仅为19.95亿元；到2017年，全省地方一般公共预算教育支出就达2 575.52亿元。"十二五"期间，全省教育投入达12 098亿元，其中省本级财政投入1 676亿元。随着教育经费投入的增长，全省普通高校、普通高中、初中、小学生均教育经费不断增长，学校质量、办学条件得到了极大的改善。2015年，全省中小学教育装备总值284.22亿元，高校教学科研设备总值227.11亿元，高校实验室、教学科研仪器设备相关指标全国领先。此外，广东充分利用市场经济发达和海外华侨华人众多的优势，广泛调动社会各方面力量共兴教育大计，建立和完善教育经费多元投入体制。如2015年年底，全省各级各类民办学校有1.35万所，占全省学校总数42.8%；民办学校在校生620.9万人，占全省在校生总数28.5%，规模居全国第一。

3. 教育质量不断攀升

截至2015年年底，全省学前教育毛入园率为100.97%，九年义务教育巩固率为93.74%，高中阶段教育毛入学率为95.66%，高等教育毛入学率为33.02%，中等职业教育招生数和在校生数连续多年居全国第一。教育强市、强县、强镇创建工作基本完成。截至2015年年底，全省教育强县（市、区）110个，覆盖率为92.4%；教育强镇（乡、街道）1 495个，覆盖率为94.2%。珠三角地区推进教育现代化先进县（市、区）35个，覆盖率为71.4%；推进教育现代化先进市6个，覆盖率为66.67%。高等教育"创新强校工程"全面推进，全省高校综合实力得到进一步增强。2015年，全省高校有"两院"院士、973首席科学家、千人计划、教育部长江学者、国家杰出青年等高层次人才308名，11所高校共计40个学科进入ESI全球排名前1%。全面启动高水平大学和高水平理工科大学建设，实施高校"珠江学者"岗位计划和"千百十"人才培养工程，支持青年教师到国内外高水平大学和科研机构访学，对高校引进高层次人才给予资助，引进与培育了一批领军人才和创新团队。应届高校和中等职业学校毕业生就业率稳居全国前列。人口受教育水平持续提高。

4. 教育公平有效保障

城乡和区域教育发展差距进一步缩小，县域内城乡义务教育实现一体化发展，大中城市义务教育阶段"择校"热有所缓解。2012年起，统一城乡免费义务教育公用经费补助标准、分担比例和拨款方式，并逐年提高补助标准。2013年起，包括随迁子女在内的全省义务教育学生全部纳入免费义务教育公用经费补助范围。助学制度更加完善，建立起从学前教育到研究生教育阶段全覆盖的家庭经济困难学生资助体系。2013年起，中职教育免学费实施范围扩大至所有农村（含县、镇）户籍全日制在校生。2015年，全省非户籍义务教育学生入读公办学校的比例达52%。积极稳妥推进随迁子女参加中考、高考等的升学政策。实施重点高校面向扶贫开发重点县招收农村学生专项招生计划，招生计划数和录取人数逐年增长。2013年起，全面实施山区和农村边远地区义务教育学校教师岗位津贴制度并不断完善政策措施和提高补助标准，同年起实施少数民族聚居区少数民族大学生资助政策；2014年，在全国率先解决内地民族班教职工特殊岗位津贴问题。

（二）就业质量不断提升

就业是最大的民生。改革开放以来，广东始终坚持就业优先战略和积极就业政策，一直将就业情况纳入国民经济和社会发展总体规划和政府工作目标考核指标体系，不断丰富、完善促进就业创业的政策措施，广开就业门路，完善就业服务，确保充分就业和高质量就业。

1. 就业规模不断扩大，就业结构持续优化

40年来，在经济保持平稳较快增长的有力支撑下，广东就业人员数量不断扩大。1978年广东全省就业人口是2 275.95万人，而到了2000年广东就业人口已经达到3 989.32万人，到了2017年全省就业人数达到6 340.79万人。总人口的就业率不断提高，城镇新增就业保持较高水平，城镇登记失业率一直保持在较低水平，远低于3.5%的控制目标，基本实现充分就业。随着经济转型和产业升级，就业结构亦不断优化。1978年，广东第一产业就业人数占总就业人数的比值高达73.3%，第二产业为13.7%，第三产业为12.6%；2000年年末，第一产业就业人数占总就业人数的比率已经下降到39.9%，第二产业上升为28%，第三产业上升为32.1%；2017年年末，第一产业就业人数占总就业人数的比值进一步下降到21.4%，第二产业上升为40.1%，第三产业上升为38.5%。第二、第三产业就业人口及其所占比重的不断上升表明非农化就业已经成为广东主要的就业方式。当然，相对于第一产业增加值所占比重而言，就业结构依然存在优化提升的空间。

2. 公共就业服务体系不断完善

党的十九大报告指出："提供全方位公共就业服务，促进高校毕业生等青年群体、农民工多渠道就业创业。破除妨碍劳动力、人才社会性流动的体制机制弊端，使人人都有通过辛勤劳动实现自身发展的机会。"① 改革开放40年来，广东在促进全省经济快速发展的同时，不断建立健全的包括职业介绍、职业指导、就业训练、公益就业岗位开发等服务内容的公益性就业服务，构建起较完善的公共就业服务体系；在全国率先建立城乡和省内外统一的就业登记管理制度及公共就业服务制度，办好各级各类劳务市场、人才市场，积极利用互联网来宣传就业政策、传播就业信息；实施再就业工程，完善就业困难人员帮扶机制，出台《广东省"零就业家庭"就业援助办法》，对城乡就业困难人员实行统一的就业援助制度，公共就业服务均等化稳步推进；支持大众创新、万众创业，深入实施高校毕业生就业创业促进计划，建立一批示范性创业孵化基地，举办"众创杯"创业创新大赛；完善劳动者权益保障法规，劳动者平均工资水平稳步提高，劳动权益得到有效保障。

3. 劳动者素质明显提高

改革开放40年来，广东顺应经济转型升级的发展趋势，注重提高劳动者的技能和素质，增强劳动者参与市场分工的能力，努力建设知识型、技能型、创新型劳动者大军；注意发挥就业培训中心、技工学校、职业学校、企业培训机构和社会办学网点等多方面的积极性，推行公共培训、强制性培训、岗前培训、定向定点培训、挂钩培训、创业培训、培训奖励等多种培训方式，不断提高劳动者的职业技能。2015年，广东16岁及以上就业人口的平均受教育年限为10.2年，比2010年的9.79年提高0.41年，就业人口的总体受教育水平从初中水平提高到高中初级水平。以中等职业教育为例，1978年广东全省中等职业教育学校在校生仅有3.64万人，2000年中等职业教育学校在校生就已经增长到65.57万人，到了2016年该人数更是上升到了106.57万人。2016年，广东全省共有中等职业教育

---

① 习近平：《决胜全面建成小康社会 夺取新时代中国特色社会主义伟大胜利——在中国共产党第十九次全国代表大会上的报告（2017年10月18日）》，人民出版社2017年版，第46页。

学校468所，毕业人数为389 163人，招生351 909人，在校生1 065 745人，教职工57 472人（其中专任教师44 776人）。此外，建成全国最大的技工教育体系，被誉为全国技工教育的"一面旗帜"。中等职业技术教育和技工教育的长足发展进步为广东经济社会发展提供了大量技术性、技能型人才。

（三）收入分配更加合理

合理的收入分配制度是社会公平的具体体现，是激发创新活力、促进社会和谐稳定的重要保障，对经济的可持续发展和社会稳定具有特别重要的意义。改革开放以来，广东深入贯彻落实中央关于深化收入分配制度改革的有关要求，坚持按劳分配原则，完善按要素分配的体制机制，促进收入分配更合理、更有序。

1. 居民收入水平显著提高

广东城镇居民人均可支配收入的发展情况是：1978年为412.13元，低于500元；1986年，首次超过1 000元；2001年，突破1万元大关；2012年，为30 227元，突破3万元大关；2017年，达到40 975.1元，是1978年的99.4倍。广东农村居民人均纯收入的发展情况是：1978年为193.25元；1990年，为1 043.03元，首次超过1 000元；2012年，达到10 543元，首次突破万元大关；2017年，达到15 779.7元，是1978年的81.6倍。居民可支配收入的来源以劳动者报酬为主，劳动者报酬占GDP的比重总体上与经济增长同步。

2. 收入分配结构不断优化

国民收入分配在居民、企业和政府之间的分配关系更加合理。①初次分配收入呈"五三二"的格局。2014年，广东初次分配总收入为67 799.72亿元，略高于同期GDP增长速度，实现了与GDP增长同步。在初次分配收入结构中，居民收入所占份额最大，为53.3%；企业收入次之，为26.3%；政府收入所占份额最少，为20.4%。三者之间呈现了明显的"五三二"格局。②再分配收入呈"五二三"的格局，居民收入仍然占最大份额。2014年，广东再分配总收入为68 623.39亿元，略高于同期GDP增长。在再分配收入结构中，居民收入达34 071.46亿元，所占份额最大，为49.6%；企业收入15 101.44亿元，所占份额最小，为22%；政府收入19 450.49亿元，所占份额为28.3%。居民、企业、政府三者之间的再分配收入结构呈现"五二三"的格局。① ③居民收入的持续增长带动了中等收入群体规模的扩大。据相关学者研究，2015年，广东中等收入群体所占比重达到27.1%，呈现了低等收入群体比重下降、高等收入群体比重变化较小、中等收入群体比重逐渐上升的分配格局。②

3. 城乡居民收入差距呈现先缩小后扩大再缩小的变动趋势

改革开放之初，家庭联产承包责任制的实施和乡镇企业的发展带动了农村居民增收。广东城乡收入比1978年为2.13∶1，1982年缩小到1.65∶1，1983—1988年有升有降，1989年后基本上呈直线上升态势，2006年达到最高（为3.15∶1）；此后，开始出现下降，2017年下降到2.60∶1。这充分表明，中国共产党让一部分人先富起来，然后先富帮后富，最终实现共同富裕的设想正一步步实现。

（四）多层次社会保障体系全面建成

改革开放以来，广东社会保障在探索与改革中不断取得新突破，确立了社会保险在现代社会保障制度中的核心地位，社会保险覆盖面不断扩大，非缴费型社会救助、社会福利、优抚安置稳步发展，社会保障待遇稳步提高，基本建成与社会主义市场经济体制相适应的社会保障体系。

1. 社会保险覆盖人群不断扩大

40年来，广东陆续建立包括养老保险、医疗保险、失业保险、工伤保险、生育保险等险种在内的社会保险制度；同时，加快社会保险制度从城镇向农村、从就业人群向非就业人群的覆盖，实现制度全覆盖。加大制度整合力度，城乡居民医疗保险制度、养老保险制度实现统一，加快公务员、事业单位养老保险制度改革，东莞、中山等地还进一步推进城乡居民社会保险制度与城镇职工社会保险制度的整合，最大限度地实现制度公平。截至2016年年底，全省参加城镇职工基本养老保险（含离退休）的有5 393.7万人，参加城乡居民基本养老保险的有2 543万人，参加职工基本医疗保险的有3 801.11万人，参加城乡居民基本医疗保险的有

---

① 参见杨少浪、全晖《广东收入分配结构分析与思考》，见广东统计信息网（http：//www.gdstats.gov.cn/tjzl/tjfx/201602/t20160229_324610.html），2015年12月25日。

② 参见梁理文《走向共享社会：社会阶层结构与中等收入群体研究——以广东为例》，载《广东社会科学》2017年第6期。

6 325.37万人，参加工伤保险的有 3 246.13 万人，参加失业保险的有 3 020.10万人，参加生育保险的有 3 161.89 万人。随着全民参保计划的实施，社会保险正从制度全覆盖向人口全覆盖转变。2016 年全年社会保险基金收入 4 962.89 亿元，2016 年年末社会保险基金累计结余 11 356.06 亿元，社会保险基金规模居全国首位。

2. 非缴费型社会保障制度更加普惠

社会救助方面，先后出台《广东省社会救济条例》《广东省社会救助条例》，明确规定了社会救助包括最低生活保障、特困人员供养、受灾人员救助、医疗救助、教育救助、住房救助、就业救助、临时救助、生活无着的流浪乞讨及其走失人员救助等；救助对象不仅包括户籍人口，还包括非户籍人口；救助形式不仅是物质救助，还提供心理疏导等非物质形式的服务。2017 年，全省城镇、农村低保人均补差水平分别提高到每月 457 元和 206 元；全省农村特困人员救助供养平均标准提高到每人每年 8 088 元以上，增长 25%，确保不低于当地上年度农村居民人均可支配收入的 60%；全省城乡医疗救助住院补助平均标准提高到每人每年 2 828 元，增长 30%，城乡低保对象基本医疗救助比例在 80% 以上。对遭遇意外事件、突发重大疾病或其他特殊原因导致基本生活出现严重困难的家庭和个人给予临时救助。

社会福利方面，加大对困难弱势群体的帮扶力度。2017 年，孤儿基本生活最低养育标准集中供养和分散供养水平分别提高到每月 1 340 元和 820 元；建立事实无人抚养儿童生活津贴制度，标准为每人每月 500 元；残疾人生活津贴每年 1 200 元，重残护理补贴每年 1 800 元。用于社会福利事业的彩票公益金，50% 以上的用于支持发展养老服务业。将全省乡镇（街道）残疾人专职委员列为社会公益岗位，对省财政转移支付地区乡镇（街道）1 320 名残疾人专职委员给予每人每月 1 100 元补贴。全面实施面向城乡居民的由政府免费提供 7 项殡葬基本服务政策，实现殡葬基本服务均等化。

3. 优抚安置方面

持续加强优抚和复员安置工作，兴办残疾军人与复员军人疗养院、荣军医院、烈属养老院等各种优抚事业单位，为有需要的优抚安置对象提供服务。发展社会福利企业，组织城乡烈军属参加生产。稳步提高优抚安置待遇标准。截至 2017 年 11 月底，国家抚恤、补助各类优抚对象人数为

423 202 人。

4. 社会保障服务水平不断提高

建立健全政事分开、统一管理、分级负责的社会保险经办管理体系，稳步提升社会保险经办服务功能。推进社会保障信息化、网络化，发放社会保障卡，完善基层社会保障公共服务平台，群众办事更加方便；推进退休人员社会化服务管理工作，到"十二五"末，企业退休人员社区管理服务率达到82%。

（五）人民健康水平明显提高

人民健康是民族昌盛和国家富强的重要标志。改革开放以来，广东按照国家卫生体制改革的总体部署，不断完善健康政策体系，医疗卫生事业取得长足发展，医疗卫生资源显著增加，医疗卫生服务能力全面提高，群众健康权益得到有力保障，人民群众健康水平明显提高。2015年，全省人均预期寿命达到77.1岁，比全国平均水平高0.8岁；孕产妇死亡率、婴儿死亡率分别降至0.12‰、2.64‰，比全国平均水平分别低42.5%和67.4%，居民主要健康指标居全国前列，居民健康水平总体上优于中高收入国家平均水平。

1. 医疗卫生服务能力全面提高

40年来，医疗卫生资源大幅增加。全省各类卫生计生机构从1978年的6 949个增加到2016年的49 124个[①]，其中医院、卫生院从1978年的1 968个增加到2016年的2 581个；卫生机构床位数从1978年的90 645张增加到2016年的465 228张，其中医院、卫生院床位数从1978年的84 120张增加到2016年的428 423张；卫生工作人员从1978年的159 583人增加到2016年的821 880人，其中卫生技术人员从1978年的126 606人增加到2016年的667 525人；平均每千人口有卫生机构床位从1978年的1.79张增加到2016年的4张，平均每千人口有卫生技术人员从1978年的0.95人增加到2016年的6人。截至2015年年底，医疗机构20分钟服务圈覆盖全省96%以上的家庭，县域内住院率达到78.6%，医疗卫生服务可及性明显改善。

---

① 2010年起，医疗卫生机构、人员数总数含村卫生室数。

第五章　社会进步：从社会配套到社会建设

2. 疾病预防控制良好

公共卫生服务均等化水平不断提高，慢性非传染性疾病、地方病、性病、麻风病防治成果得到巩固，严重精神障碍患者检出率和管理率居全国前列。1985 年，广东省宣布曾经流行 100 多年的血吸虫病已被消灭，至今没有新感染病人；1987 年，全省基本消灭丝虫病；2003 年，取得抗击"非典"疫情的胜利。近年来，广东又在有效防控登革热、人感染 H7N9 等流感以及埃博拉出血热、中东呼吸综合征等重大传染病疫情方面取得显著成就；有效遏制艾滋病疫情快速上升趋势，孕产妇感染率一直控制在 1‰ 左右，艾滋病病毒感染者和病人医疗救治水平明显提高；结核病疫情呈下降趋势，新涂阳肺结核患者治愈率维持在 90% 以上；免疫规划疫苗接种率保持在 95% 以上，5 岁以下儿童乙肝表面抗原流行率降至 0.97%。2016 年，甲、乙类传染病发病总数为 347 340 例，死亡 1 091 人；发病率 32.016‰，死亡率为 0.101‰，处于较低水平。

3. 医疗卫生体制改革成果丰硕

改革开放以来，广东根据国家总体部署以及地方医疗卫生发展实际，与时俱进地不断推进医疗卫生体制改革，不断增强人民群众对医改的获得感。政府卫生投入不断增加，居民卫生费用负担有所减轻，个人卫生支出占卫生总费用的比重降到 30% 以下。基层医疗卫生服务能力大幅提升，加强基层卫生服务中心（站）建设，实施县级以下医疗卫生机构升级达标工程，开展普通乡镇卫生院（社区卫生服务中心）、村卫生站标准化建设，推行优化城乡基本医疗卫生服务项目，开展基层中药服务能力提升工程，启动实施边远地区乡镇卫生院岗位津贴政策，家庭医生签约服务制度不断建立健全，初步形成分级诊疗模式。公立医院改革加快推进，县级公立医院综合改革全面推开，探索公立医院法人治理结构和治理体系改革，落实公立医院人事管理、内部分配、运营管理等自主权，现代医院管理制度加快建立。基层医疗卫生机构全面实施基本药物制度，推进药品、医疗器械审评审批制度改革，率先在全国建成药品第三方电子交易平台，药物质量安全得到较好保障，药品价格有效控制。实施医师多点执业及区域注册制度，推进医疗卫生机构和执业人员诚信体系建设。中医药事业改革与发展步伐加快。

(六)社会大局和谐稳定

平安既是发展的前提和基础,也符合老百姓的诉求。改革开放以来,广东始终坚持一手抓发展,一手抓社会和谐稳定,不断加强和创新社会治理,有效预防和化解社会矛盾,健全公共安全体系,确保社会既充满活力又和谐有序。

1. 社会治安平稳向好

改革开放以来,广东加强社会治安综合治理,大力推进社会治安防控体系建设,抓好治安重点地区集中整治,在全省开展一系列严打专项行动,依法严厉打击卖淫嫖娼、拐卖妇女儿童、贩卖毒品、实施"两抢一盗"、制假售假、进行电信网络诈骗等违法犯罪行为,狠狠打击了犯罪分子的嚣张气焰,治安恶性案件发生率下降,刑事犯罪得到有效控制,人民群众的安全感不断增强;规范流动人口服务管理,率先实施流动人口积分入户和积分享受公共服务政策,探索在完成"政经分开"的"村改居"社区开展非户籍常住人口及党员参加"两委"选举试点,充分保障流动人口合法权利,严厉打击流窜违法犯罪。

2. 公共安全有效维护

树立安全发展理念,落实安全生产责任制,坚决遏制重特大安全事故,安全生产形势总体稳定。建立健全"防灾、减灾、抗灾、控灾、救灾"工作体系,预防和处置突发事件能力不断提高,有效抗击 2008 年冰雪灾害和历次台风灾害。食品药品监管体制机制不断完善。2016 年,全省共发生生产安全事故 8 331 起,死亡 3 951 人,受伤 7 453 人,直接经济损失 33 631 万元;发生道路交通事故 24 935 起,死亡 5 557 人,受伤 27 019 人,直接经济损失 7 428.82 万元,道路交通万车死亡人数为 0.46 人。加强社会矛盾排查化解,建立大调解工作体系,推动诉调对接;实施一村(社区)一法律顾问制度,加强普法宣传教育。

3. 社会力量积极参与社会治理

40 年来,广东坚持社会组织改革发展的正确方向,大力培育发展与严格依法管理并重,率先在社会组织直接登记、综合监管体系、政府职能转移、购买服务、去行政化、去垄断化等方面进行了创新,创造了社会组织发展的"广东经验"。全省社会组织规模不断壮大,登记注册的社会组织由1989年的3 044家发展到2016年的59 027家，① 每万人拥有社会组织数量为5.5个。社会工作专业人才和社会工作服务机构日益壮大，全省通过全国社会工作者职业水平考试人数近6万，已有社会工作服务机构1 163家。志愿文化生根发芽，全省注册志愿者有812.69万人，注册志愿者人均参与志愿服务时数为19.1小时。社会力量成为协助政府化解社会矛盾和维护社会稳定的得力助手。

三、改革开放以来广东社会建设经验

广东作为改革开放的先行地，在现代化建设中也最先遇到各种社会问题和社会矛盾。为此，广东认真贯彻落实中央的统一部署，结合本地实际，率先探索，不仅成功地化解了各种社会风险，还创造了许多鲜活的经验。

（一）坚持把公平正义作为社会建设的核心价值取向

公平正义是社会主义的核心价值追求。在某种程度上讲，社会主义的起因之一便是对社会不公现象的反抗。在高度发达的经济基础之上消灭一切不公正的社会现象，追求全人类的彻底解放，实现人类社会真正意义上的公平正义，这是马克思主义的首要价值和基本目标，也是马克思主义具有强大生命力的根本原因。中国共产党人继承马克思公平正义的社会理想，并为之不断思考和实践。改革开放以来，市场经济的负面因素引起了党和政府对社会公平正义的高度重视。党的十八大报告明确指出："必须坚持维护社会公平正义。公平正义是中国特色社会主义的内在要求。要在全体人民共同奋斗、经济社会发展的基础上，加紧建设对保障社会公平正义具有重大作用的制度，逐步建立以权利公平、机会公平、规则公平为主要内容的社会公平保障体系，努力营造公平的社会环境，保证人民平等参与、平等发展权利。"② 党的十九大报告再次强调："必须多谋民生之利、

---

① 广东省对社会团体的统一登记从1989年开始，对民办非企业单位的统一登记从2001年开始，对基金会的统一登记从2003年开始。
② 中共中央文献研究室编：《十八大以来重要文献选编》（上），中央文献出版社2014年版，第11～12页。

多解民生之忧,在发展中补齐民生短板、促进社会公平正义。"① 广东始终坚持把公平正义作为社会建设的核心价值取向,通过经济发展和改善民生促进公平正义。

1. 认真解决贫富差距过大问题

改革开放以来,广东省由一个落后的农业大省发展成为我国第一经济大省。与此同时,广东也最先触摸到富裕与贫穷之间的矛盾和斗争。其中,最为明显的就是城乡区域发展不平衡问题。从20世纪90年代开始,这一问题就开始引起广东省委、省政府的高度重视,并陆续实施了"山洽会""双转移""粤东西北地区振兴发展"等重大战略,取得了一定成效。1993年,广东省第七次党代会即提出了"中部地区领先,东西两翼齐飞,广大山区崛起"的区域经济发展战略。1996年,省第十次山区工作会议发布《广东省人民政府关于进一步扶持山区加快经济发展的若干政策规定》,大力推动县域经济发展,促进珠三角产业向东西两翼和山区的转移,建设中山—河源产业转移工业园、深圳福田—和平产业转移工业园等。2008年,广东还专门邀请世界银行为缩小广东城乡贫富差距建言献策。世界银行研究指出,绝对贫困仍然是广东农村一个严重的问题,10.3%的农村人口低于贫困线,机会不平等的问题普遍存在,而收入不平等已经达到值得警惕的水平。世界银行建议,广东需要一个减少不平等的整体战略,其中包括消除绝对贫困、减少机会不平等和遏制结果不平等。② 此后,广东积极借鉴利用世界银行研究成果,提出要通过加快实现城乡基本公共服务均等化、推进产业和劳动力"双转移"、实施扶贫开发战略、深化收入分配制度改革等措施促进城乡贫富差距的缩小,实现共享式的经济增长。党的十八大以来,广东以交通基础设施建设、产业园区提质增效、中心城区扩容提质为"三大抓手",努力推动粤东西北振兴,区域发展差异系数由2012年的0.66调整为2016年的0.65。2017年,广东省第十二次党代会报告明确提出"广东已经发展到了'先富帮后富,最终实现共同富裕'的关键阶段"。这一重大战略判断标志着广东正式吹响了共同富裕的

---

① 习近平:《决胜全面建成小康社会 夺取新时代中国特色社会主义伟大胜利——在中国共产党第十九次全国代表大会上的报告(2017年10月18日)》,人民出版社2017年版,第23页。

② 参见吴明良、凌枫、何岸《广东牵手世行,缩小城乡贫富差距》,载《源流》2009年第8期。

集结号。

2. 率先打响扶贫攻坚战

广东较早地提出并实施了精准扶贫理念。1994年，中共广东省委办公厅、广东省人民政府办公厅印发《广东省沿海与山区对口扶持规则》，探索珠三角对口帮扶粤北山区的机制。2000年，广东实施"脱贫奔康"工程，在全省贫困地区开展以行政村通机动车和解决贫困户半亩"保命田"为主要内容的扶贫"两大会战"，要求在全省实现村级"四通"（通机动车、通邮、通电话、通广播电视）和贫困户的"四个一"（有一块"保命田"、输出一个劳动力、挂上一家农业龙头企业、学会一门实用技术）。2009年，广东出台《广东省委办公厅、广东省人民政府办公厅关于我省扶贫开发"规划到户责任到人"工作的实施意见》（粤办发〔2009〕20号），提出从2009年开始，用3年时间，对粤东西北欠发达地区14个地级市和恩平市等83个县（市、区）的3 409个贫困村，以及农村家庭年人均纯收入1 500元（含1 500元）以下的农户，通过实施"规划到户、责任到人"扶贫开发工作责任制，采取"一村一策、一户一法"等综合扶贫措施，确保被帮扶的贫困户基本实现稳定脱贫，80%以上的被帮扶的贫困人口的农村人均纯收入在2 500元以上，被帮扶的贫困村基本改变落后面貌。"规划到户、责任到人"的扶贫工作模式意味着广东是全国率先提出并运用精准扶贫理念指导扶贫开发实践的地区。第一轮"双到"扶贫结束后，2013年，广东又出台《广东省新一轮扶贫开发"规划到户、责任到人"及重点县（市）帮扶工作实施方案》（粤办发〔2013〕14号），实施第二轮"双到"扶贫。2009—2015年，广东全面完成两轮"规划到户、责任到人"扶贫开发任务，帮扶249.2万相对贫困人口实现脱贫，完成农村危房改造56.82万户和"两不具备"村庄6万余户搬迁安置。2016年，广东根据中央精准扶贫精准脱贫的统一部署，启动新一轮脱贫攻坚工程。农村贫困人口脱贫标准提高到农村居民年人均可支配收入4 000元（2014年不变价），并明确要求2018年全省156万相对贫困人口全部实现稳定脱贫，2 277个相对贫困村全部出列，与全省同步率先全面建成小康社会。

3. 妥善处理效率与公平的关系

合理的收入分配制度是社会公平正义的重要体现，而处理好效率与公平的关系是收入分配制度改革的关键。党的十六大前，我国主要是倡导

"效率优先、兼顾公平"原则。党的十六届四中全会特别强调了社会公平和分配合理问题,不再提及"效率优先"。党的十七大首次明确提出提高居民收入在国民收入分配中的比重,提高劳动报酬在初次分配中的比重。党的十八大提出,初次分配和再分配都要兼顾效率和公平,再分配更加注重公平。① 党的十九大则强调生产和分配的同步性问题:"坚持在经济增长的同时实现居民收入同步增长、在劳动生产率提高的同时实现劳动报酬同步提高。"② 这意味着生产与分配、效率与公平实际上是内在统一的,它们在价值结构上统一于主体的内在需要,相互依存、相互促进。

改革开放40年来,广东不仅在经济发展方面交出了满意的答卷,还在建立公平公正的收入分配体系方面成绩斐然。一方面,经济的又好又快发展夯实了分配的物质基础。马克思认为,公平分配的实现程度取决于生产力的发展水平。换句话说,做大"蛋糕"是分好"蛋糕"的前提和基础。广东不断转变经济发展方式,努力将"蛋糕"做大,实现了经济的可持续增长。另一方面,广东积极探索既能有效创造价值,也能公平分享价值的道路,让全体人民共享发展成果。为此,广东先后出台《广东省人民政府关于深化收入分配制度改革的实施意见》《广东省关于激发重点群体活力带动城乡居民增收的工作方案》等政策文件,着力增加城乡居民收入、缩小收入分配差距、规范收入分配秩序。党的十八大以来,全省城乡居民人均分配收入分别由2012年的26 981元、9 999元增至2016年的37 684元、14 512元,年均增长8.7%和9.7%。2016年,广东居民人均可支配收入突破3万元,实现了居民收入增长与经济发展增长同步。

(二)坚持把保障和改善民生作为社会建设的重中之重

民生问题涉及与人民群众生活息息相关的衣食、教育、医疗、住房、社会保障等诸多方面,是人民群众最关心、最直接、最现实的利益问题。马克思认为,"人们奋斗所争取的一切,都同他们的利益有关"③。习近平

---

① 参见中共中央文献研究室编《十八大以来重要文献选编》(上),中央文献出版社2014年版,第28页。
② 习近平:《决胜全面建成小康社会 夺取新时代中国特色社会主义伟大胜利——在中国共产党第十九次全国代表大会上的报告(2017年10月18日)》,人民出版社2017年版,第46～47页。
③ 《马克思恩格斯选集》第1卷,人民出版社1995年版,第187页。

第五章 社会进步：从社会配套到社会建设

总书记也指出，检验我们一切工作的成效，"最终都要看人民是否真正得到了实惠，人民生活是否真正得到了改善，这是坚持立党为公、执政为民的本质要求，是党和人民事业不断发展的重要保证"①。改革开放以来，广东各级党委政府始终把人民利益摆在至高无上的地位，始终把人民对美好生活的向往作为自己的奋斗目标，始终高度重视保障和改善民生，努力让改革发展成果更多、更公平地惠及全体人民。

1. 把改善人民生活作为发展的最终目的

凡治国之道，必先富民。广东坚持"发展的最终目的是造福人民"②，在改革开放实践中协同推进经济发展与民生改善。早在改革开放之初，广东就提出"我们要在规划生产发展的同时，把发展生产同提高人民生活水平紧密结合起来，首先注意抓好生产，同时也要抓改善人民生活。要继续贯彻休养生息的方针，使农民特别是革命老根据地、少数民族地区、渔区、盐区和经济困难地区人民的生活逐步得到改善……在提高农民生活水平的同时，城市居民、职工生活水平也应当逐步有所提高，不能因为调整某些农副产品销售价格而下降"③。2000 年，广东省委、省政府印发了《关于解决特困群众"四难"问题的意见》，采取措施切实帮助特困群众解决子女入学难、住房难、医疗难和法律援助难（简称"四难"）的问题。2003 年，省委、省政府又发出关于实施"十项民心工程"的通知。"十项民心工程"包括全民安居、扩大与促进就业、农民减负增收、教育扶贫、济困助残、外来员工合法权益保护、全民安康、治污保洁、农村饮水、城乡防灾减灾等内容，基本上涵盖了群众生产生活中存在的突出问题。2009 年，广东在全国率先出台《广东省基本公共服务均等化规划纲要（2009—2020 年）》，切实履行政府公共服务职能，扎实推进基本公共服务均等化。从 2011 年开始，省长每年都在政府工作报告中承诺集中力量为人民群众办好 10 件民生实事，各级地方政府也照样推出一批民生实

---

① 习近平：《全面贯彻落实党的十八大精神要突出抓好六个方面工作》，载《求是》2013 年第 1 期。

② 习近平：《发挥亚太引领作用　应对世界经济挑战——在亚太经合组织工商领导人峰会上的主旨演讲》，载《人民日报》2015 年 10 月 19 日。

③ 习仲勋：《政府工作报告——1979 年 12 月 17 日在广东省第五届人民代表大会第二次会议上》，见广东省人民政府办公厅编《广东省人民政府政府工作报告汇编（1979—2016）》，广东人民出版社 2016 年版，第 354 页。

事,形成全省民生实事体系,实现年度民生实事常态化。这些民生实事"抓住了人民最关心最直接最现实的利益问题,既尽力而为,又量力而行,一件事情接着一件事情办,一年接着一年干"①。

2. 着力构建务实管用的民生政策支撑体系

改革开放以来,广东不断推进民生领域的政策法规和制度建设,无论是在民生建设的宏观战略方面,还是在主要民生领域的政策措施方面,抑或是在民生工作的体制机制保障方面,基本形成了分层配合、行之有效的民生政策体系。强化省级层面的顶层设计,省人大着力加强社会领域立法,省委、省政府出台社会民生领域的总体性宏观规划政策,各职能部门针对教育、医疗、就业、社会保障、住房等民生具体工作出台一系列具体政策;同时,鼓励各地区结合当地特点制定符合实际情况的具体政策,探索在地化的民生政策措施,并取得了较为突出的成效。广州着重开展民生工作的民主参与机制建设,创新实施《广州市重大民生决策公众意见咨询委员会制度(试行)》,将征询意见工作前移至决策动议阶段,更有效地保障群众对民生工作的知情权、参与权和监督权。深圳、珠海分别制定《深圳经济特区社会建设促进条例》《珠海经济特区社会建设条例》。中山出台《中山市社会建设规划纲要(2013—2020年)》,这使中山成为全国首个出台社会建设中长期规划纲要的地级市。佛山以信息化手段优化基层政务服务,在全市村(居)行政服务中心推广集成基本行政服务的ATM机"市民之窗",研发运用可办理500多项服务事项的手机版网上办事终端,形成以自助终端为重要渠道的便民服务模式。湛江创新完善城乡医保市场化运作机制,积极引入商业保险机构参与城乡医保统筹,依托保险公司等专业机构改善管理与服务,实现医院、社保机构和保险公司三方相互制衡,形成推广全省的城乡医保参与式管理"湛江模式"。揭阳、清远等地借电商促进富民增收,推动本地特色产品搭载阿里、京东等电商平台。以军埔淘宝村为例,近60%的村民从事电商销售,月成交额为1亿多元,带动周边地区开设店铺1万多家,对确保农民稳定收入和加速就地城镇作用显著。

---

① 习近平:《决胜全面建成小康社会 夺取新时代中国特色社会主义伟大胜利——在中国共产党第十九次全国代表大会上的报告(2017年10月18日)》,人民出版社2017年版,第44页。

第五章　社会进步：从社会配套到社会建设

3. 整合利用政府与社会资源

在社会主义市场经济条件下，保障和改善民生，既要充分发挥政府公共财政的作用，也要积极调动社会资源。改革开放以来，广东各级财政不断加大民生投入，努力增强公共产品和服务的财政保障能力，减轻人民群众在教育、医疗卫生、养老、住房等方面的支出负担，增进民生福祉。但是，保障和改善民生没有终点，公众对公共产品的需求欲望是无穷的，而政府的财力却是有限的，因此，政府不可能包办一切。广东积极借鉴国内外社会福利改革发展的经验，充分利用市场化程度较高、民资民力雄厚等有利条件，积极引导和动员社会资本参与公共服务供给。①扩宽民间投资领域。鼓励民间投资进入学校、医院、保障性住房、养老院等民生社会事业。例如，2011年广东省出台的《广东省人民政府关于进一步鼓励和引导民间投资的若干意见》提出把保障性住房建设领域作为政府重点鼓励民间资本进入的七大领域之一，从而有效弥补了政府民生建设资金缺口。②大力发展慈善公益事业和志愿服务。通过宣传发动、财税减免等措施，越来越多的社会团体、基金会、企业单位、市民踊跃地投入公益慈善活动中，"广东扶贫济困日""中山慈善万人行"等公益慈善品牌全国闻名，实现了民间互助的第三次分配。③创新公共服务提供方式。加快政府向企业、社会组织购买服务的步伐，支持其承接政府职能转移，从而提高了行政效能和基本公共品的供给效率；探索"公建民营"、发放"综合养老服务券"等新的公共服务提供方式。

（三）坚持把加强和创新社会治理作为社会建设的难点突破

党的十八届三中全会通过的《中共中央关于全面深化改革若干重大问题的决定》明确提出要"加快形成科学有效的社会治理体制，确保社会既充满活力又和谐有序"[①]。可见，活力有序是社会治理的目标。改革开放以来，广东积极适应经济体制深刻变革、社会结构深刻变动、利益格局深刻调整、思想观念深刻变化的社会变迁，通过加强和创新社会治理，正确处理人民内部矛盾和其他社会矛盾，妥善协调各方面利益关系，最大限度地激发了社会创造活力，最大限度地增加了和谐因素，最大限度地减少了

[①] 中共中央文献研究室编：《十八大以来重要文献选编》（上），中央文献出版社2014年版，第513页。

不和谐因素，确保社会和谐稳定。

1. 切实维护社会和谐稳定

没有安定的政治环境，什么事情都干不成。在40年改革开放实践中，广东始终坚持一手抓改革开放，一手抓维护社会稳定，坚持稳定压倒一切，正确处理改革发展稳定的关系，在社会稳定中推进改革发展，通过改革发展促进社会稳定。全省各级党委和政府切实承担起"促一方发展、保一方平安"的政治责任，统筹谋划维护社会和谐稳定的各项工作，把维护稳定作为"一把手工程"和班子"一号工程"，明确并严格落实责任制。注意与时俱进地创新维稳理念，正确理解和处理好维稳与维权的关系，"坚持把改革的力度、发展的速度和社会可承受的程度统一起来，把改善人民生活作为正确处理改革发展稳定关系的结合点"①。正确理解和处理好活力和秩序的关系，在具体工作中，不是简单依靠打压管控、硬性维稳，而是重视疏导化解、柔性维稳，注重动员组织社会力量共同参与，发动全社会一起来做好维护社会稳定工作。妥善处理社会矛盾，始终站在群众的立场上考虑问题，重点解决损害群众权益的突出问题，决不允许对群众的报警求助置之不理，决不允许让普通群众打不起官司，决不允许滥用权力侵犯群众合法权益，决不允许执法犯法造成冤假错案。科学区分和正确处理两类不同性质的矛盾，对于人民内部矛盾，主要运用法治、民主、协商的办法进行处理；对于敌我矛盾，既旗帜鲜明、敢于斗争，也讲究谋略、巧于斗争。坚持不懈地推进平安广东建设，把人民群众对平安的要求作为努力方向；深入推进社会治安综合治理，把专项打击与整体防控更好地结合起来，保持对严重犯罪活动的严打高压态势，保障人民生命财产安全，确保人民群众安全感稳步提升。

2. 创新社会治理方式

社会治理的方式、手段必须与时俱进。改革开放以来，广东不断改进社会治理方式，适时推动传统社会管理向现代社会治理的变革。习近平总书记说："治理和管理一字之差，体现的是系统治理、依法治理、源头治理、综合施策。"② 坚持系统治理，注重加强党委领导，发挥政府主导作

---

① 习近平著：《习近平谈治国理政》，外文出版社2014年版，第68页。
② 《习近平在参加上海代表团审议时强调　推进中国上海自由贸易试验区建设　加强和创新特大城市社会治理》，载《人民日报》2014年3月6日。

用，鼓励和支持社会各方面参与。坚持依法治理，注重加强法治保障，运用法治思维和法治方式化解社会矛盾。坚持综合治理，注重强化道德约束，规范社会行为，调节利益关系，协调社会关系，解决社会问题。坚持源头治理，注重标本兼治、重在治本，以网格化管理、社会化服务为方向，健全基层综合服务管理平台，及时反映和协调人民群众各方面各层次利益诉求。例如，广东创新地建立县、镇、村三级综治信访维稳平台，整合司法、信访、综治等各部门力量，集中办公，实行一个窗口服务群众、一个平台受理反馈、一个流程调处到底、一个机制监督落实，对每一个群众诉求和矛盾纠纷进行规范化调处，使群众形成了"有问题，找中心"的习惯。此外，一方面，积极利用现代信息技术，通过建立政务云平台、建设网上办事大厅、推进网格化管理等，构建"互联网+"的社会治理体系；另一方面，挖掘岭南传统文化中的有利因素并以之作为社会治理资源，如将宗族祠堂作为农村公共服务中心、发挥乡贤在社会治理中的作用等。

3. 把社会治理的重心落到城乡社区

基础不牢，地动山摇。改革开放以来，广东始终高度重视基层社会治理，把社会治理的重心落到广大城乡社区。给基层增权赋能，要尽可能把资源、服务、管理放到基层，使基层有职有权有物，更好地为群众提供精准有效的服务和管理。例如，针对镇街一级责权利不对称的问题，推行简政强镇改革；针对社区自治程度不够和社区居委会行政任务过重的问题，推行社区行政事务准入制、设立公共服务站等；针对社区服务资源不足的问题，采取政府购买服务的方式引入律师、社会工作师等专业人士提供专业服务；针对社区社会组织发育稚嫩的问题，探索社区社会组织备案制；等等。把加强基层党的建设、巩固党的执政基础作为贯串社会治理和基层建设的一条红线，通过实施"固本强基"工程、开展软弱涣散党组织专项整治、选派"第一书记"、探索"政经分离"改革、深入拓展区域化党建等，强化基层党组织党建主业意识，发挥战斗堡垒作用。加强城市常态化管理，聚焦群众反映强烈的突出问题，狠抓城市管理顽症治理；加强流动人口服务管理，更多运用市场化、法治化手段，促进人口有序流动；加强创新农村社会治理，重视化解农村社会矛盾，学习推广"枫桥经验"，努力做到"小事不出村，大事不出镇，矛盾不上交"。总之，在广东的改革开放实践中，一个鲜明的导向就是重视基层、关心基层、支持基层，以基层党组织建设为关键,以居民需求为导向,健全完善城乡社区治理体系,提升社区治理水平,补齐城乡社区治理短板,推动形成党领导下的政府治理和社会调节、居民自治良性互动格局,全面提升社区治理法治化、科学化、精细化水平。

(四)坚持把激发公众参与作为社会建设的亮点进行打造

改革开放以来,广东顺应社会分化和主体多元化的趋势,注重激发社会力量参与社会建设,畅通公众参与渠道,创新参与路径,努力形成党委领导、政府负责、社会协同、公众参与、法治保障的社会治理体制,积极构建全民共建共享的社会治理格局。

1. 扩大政府决策公众参与

"提高改革决策的科学性,很重要的一条就是要广泛听取群众意见和建议,及时总结群众创造的新鲜经验,充分调动群众推进改革的积极性、主动性、创造性,把最广大人民的智慧和力量凝聚到改革上来,同人民一道把改革推向前进。"① 广东不断完善制度安排,地方立法和行政决策注重回应公众对相关社会公共事务发表各自的意见和看法,听民声,顺民意,解民忧。①参与立法。在立法规划阶段,公开征集立法项目,征集来自个人和社会组织的有关立法项目建议;在立法提案和立法起草阶段,以座谈会形式征集有关部门单位、公众和专家学者的意见,在收集多方的意见以后,形成正式法律草案提交立法机关讨论通过;在立法草案审议阶段,聘请法学专家和实践工作者担任立法顾问,对草案进行论证,通过公共媒体向社会公开征求对草案的意见,通过座谈会或书面形式征求相关社会组织、专家学者、企事业单位的意见,进行立法听证会,组织相关部门、专家学者和利益相关者陈述意见;在法律规范实施阶段,举行监督听证会,公开听取公众对法律规范实施情况的意见以及对法律规范修改的建议。②以听证会、讨论会、座谈会、论证会、公开征集意见等方式,收集社会公众对社会公共事务或相关公众利益事件的意见和看法。例如,出台《中共广东省委办公厅 广东省人民政府办公厅关于开展为民办事征询民意工作的指导意见》(粤办发〔2012〕18 号)等政策文件,问政于民、问计于民、问需于民。③以电子政务的形式,通过政府的门户网站设立网络

---

① 习近平著:《习近平谈治国理政》,外文出版社 2014 年版,第 98 页。

问政、咨询投诉、直播访谈、留言信箱、论坛互动、民意调查等栏目，为公众提出意见或建议设立便利平台。④以新媒体（如微博、微信等）方式，实现在网络上的政民互动。

2. 促进社会组织繁荣发展

广东注重培育和发展社会组织，发挥社会组织在社会建设中的积极作用。相对于分散个体式参与，社会组织式参与能为缺乏专业知识的公众提供专业的协助和咨询，以弥补个体参与动力、规划能力等方面的不足，更好地实现社会协同治理。

推动社会组织发展。通过降低社会组织成立门槛、设立专项扶持资金、建立孵化基地等措施，推动全省社会组织大发展、大繁荣。例如，广州市在同德围地区改造过程中，主动成立以政协委员为负责人的民间社会监督和咨询机构——综合整治工作咨询监督委员会。该咨询监督委员会通过电子邮箱、问卷调查表、现场征求意见会、信箱等渠道收集了近千条群众意见，并整理群众意见反馈情况材料提交给广州市政府，有效地促进了改造工作的顺利推进。全省各地均成立类似的公众咨询（监督）委员会，搭建起政府与民间沟通的桥梁。

加快政府向社会组织购买服务的力度，推动社会组织承接政府部分公共服务功能。推进以社区为平台、以社会组织为载体、以社会工作专业人才为支撑的"三社联动"机制建设，引入专业化社会组织提供服务，满足居民不同层次的服务需求，积极推动社会工作介入社会治理创新，让社会工作在社会治理中发挥重要作用，加快形成政府与社会之间互相联动、互相补位的社会治理新格局。

3. 积极培育公共精神

公共精神是公共生活得以有效开展和公共秩序得以有效建构的基础。公共精神是一种综合素质，包括公民的自主意识、独立人格品质、历史使命意识、社会批判精神、公共责任意识和公共参与精神等内容，它是人的现代化的重要组成部分。改革开放以来，广东通过促进市场经济发展、加快公共文化发展和扩大公共参与等多种途径进行公共精神的培育与构建。改革开放前沿的广东始终处于中国市场经济发展的前列，不断推动社会主义市场经济朝着充分发展的方向前进，为培育公共精神创造了极为有利的物质条件，物质文明的丰富带动了人们对文化知识、科学技能、美德力量、对社会和他人奉献的精神追求。文化是社会历史的沉淀物，具有教化的功能，能够潜移默化地影响人的行为方式、思维方式和价值观念；积极、健康、高雅的文化能够陶冶情操，提高人们的文化素质和道德水平。广东地域文化特色明显，人民共同认可的生活方式和习惯有利于推进公共精神的建设。在乡村，传统文化的"活化"利用以及公共文化服务体系建设推动了村民的思想道德素质和科学文化素质的提高，增强了人民对共同家园的认同感和归属感；在原本相互陌生的现代都市，外来人员大量涌入，多元族群交流、交融、交汇，居民通过"社区公共活动""社区居民议事会""社区民生大盆菜""民情志愿服务""社区家园网"等途径和载体，在社会参与实现了从陌生人社区向熟人社区的转变，促进了公共理性和契约精神的发育。

第六章　生态文明：从经济优先到生态优先

"人类发展活动必须尊重自然、顺应自然、保护自然，否则就会遭到大自然的报复。这个规律谁也无法抗拒。人因自然而生，人与自然是一种共生关系，对自然的伤害最终会伤及人类自身。"①

人类起源于自然，生存于自然，发展于自然。人类文明经历了"敬畏自然"的原始文明、"依附自然"的农业文明、"征服自然"的工业文明。工业文明在给人类的生活带来物质性满足的同时，也带来了严重的环境危机，人类开始重新探索人与自然和谐发展的新方式，开始走向生态文明。

生态文明的内涵可以从纵向和横向两个维度去理解。纵向即以历史的视角观察，生态文明是继狩猎文明、农业文明、工业文明之后出现的新型文明形态，是人类社会发展演变的一个新阶段；生态文明是对工业文明的反思和超越，是人类社会和生产力水平发展到一定阶段的必然产物。在这一高级文明形态中，人类将充分发挥主观能动性，按照自然、经济和社会系统运转的客观规律，努力构建人与自然、人与社会良性运行、和谐发展的可持续性生存环境和模式。横向即从体系上理解，生态文明是与物质文明、精神文明和政治文明（制度文明）等有机统一、相辅相成、并列发展的具体文明形式。它着重强调通过资源节约与可持续利用、环境治理与保护、生态修复与建设等实践活动，推动实现人与自然和谐发展。这些实践活动既包括居于内核的尊重自然、顺应自然和保护自然的意识观念和文化伦理的形成，也包括居于中层的法律法规、体制机制和政策体系的建设，还包括居于外端的科学技术、生态产品、生态城市、生态社区和环境友好

---

① 习近平著：《习近平谈治国理政》第二卷，外文出版社2017年版，第394页。

型生活工具的开发和使用等。①

改革开放以来，中国共产党在带领人民摆脱贫困、走向富强的过程中，始终以世界眼光和战略思维关注着生态文明建设问题。从1973年8月召开第一次全国环境保护会议，到2017年党的十九大将建设生态文明提升为"千年大计"，生态文明建设越来越受到党和国家的高度重视。作为我国改革开放的先行区，广东按照中央部署和要求，立足自身实际，坚持先行先试，在生态文明建设方面做出了卓有成效的探索与实践。

一、改革开放以来广东生态文明建设历程

世界生态文明建设的历程就是正确处理生态环境保护与经济发展关系的发展历程。自人类出现以后，人类的所有活动与自然生态环境就紧密联系在一起。伴随着人类社会的持续发展，人类的活动保持持续的增加，对自然的开发和改造的活动不断增加，对生态环境的影响不断加深，由此就导致人类社会与自然生态环境之间出现了矛盾，即人类所开展的各类经济社会活动与自然界的生态平衡之间出现了冲突。

改革开放40年来，广东生态文明建设走过的奋斗历程，与自身经济发展的轨迹密不可分。广东对经济发展与生态环境保护关系的认识随着经济发展水平的不断提升，逐步深化，是一个由表及里、由浅入深、由被动行动到主动自觉的过程。经历了经济发展优先下的生态环境被动治理阶段，主动求变、探索经济发展与生态环境保护相协调的可持续发展阶段，开始迈入生态文明建设新时代阶段。

广东的生态文明建设历程是探索如何处理生态环境保护与经济发展的关系、不断深化认识和正确把握客观规律的观念转变过程，是生态环境保护政策、法律、制度、措施实现逐步提升、发挥强大作用的过程，是保证经济在快速发展的同时，着力遏制环境污染和生态破坏，努力改善城乡环境质量的实践过程。

（一）经济发展优先下的生态环境被动治理阶段

一般来说，在不考虑其他因素的情况下，生态退化、环境污染排放量和社会总产值是成正比的，但实际上，二者并不是线性增长的关系。环境

---

① 参见王珺《广东"十三五"发展展望研究》，广东经济出版社2015年版，第270页。

第六章 生态文明：从经济优先到生态优先

经济学中，著名的环境库兹涅茨曲线（EKC曲线）通过对众多国家的实证研究表明，经济增长与生态退化、环境污染之间的关系曲线呈倒"U"形，即随着经济的发展，生态退化的程度和污染物的排放量先升高后降低。EKC把经济发展分成三个阶段：第一阶段是低经济活动时期，产生的污染物较少；第二个阶段是经济起飞时期，此时对资源的消耗量巨大，技术水平不高，利用率低，污染严重；第三个阶段是经济平稳发展时期，经济结构改变，污染产业停止生产或被转移，技术水平提高、资源利用率提高，同时积累了较多的资金以进行生态环境治理，以及人们生态环保意识提高，使生态保护加强、环境污染减轻。

从1978年党的十一届三中全会到1991年，广东正处于EKC的第二阶段，即经济起飞时期。改革开放前的一个较长时期内，国家百废待兴，亟须摆脱贫穷。广东和全国其他地区一样，在传统社会主义公有制和计划经济的束缚下，经济社会发展没有活力，人民生活贫困。1978年，党的十一届三中全会决定把党和国家的工作重点转移到社会主义现代化建设上来，全面实行改革开放。广东在这一大政策背景的鼓舞下，开始率先发力在改革开放上进行大胆探索。珠三角地区抓住国际上第三次产业大调整的有利时机，发挥本地与港澳地区和海外经济往来广泛的优势，先后引进了大批"三来一补"企业，"前店后厂"的发展分工将珠三角地区塑造成了"世界工厂"。这一时期，广东在国际产业分工体系中基本位于制造业低端，广东制造业大多数是资源消耗型、劳动密集型、污染密集型产业，这种高投入、高消耗与低质量、低产出的增长方式导致资源浪费严重、环境污染加剧。

与此同时，1978—1991年，我国环境保护开始逐渐步入正轨。1983年的第二次全国环境保护会议把保护环境确立为基本国策。1984年5月，国家颁布《国务院关于环境保护工作的决定》，环境保护被纳入国民经济和社会发展计划。1988年，设立国家环境保护局，成为国务院直属机构；地方政府也陆续成立环境保护机构。1989年，国务院召开第三次全国环境保护会议，提出要积极推行环境保护目标责任制、城市环境综合整治定量考核制、排放污染物许可证制、污染集中控制、污染限期治理、环境影响评价制度、"三同时"制度、排污收费制度等8项环境管理制度。同时，以1979年颁布试行、1989年正式实施的《中华人民共和国环境保护法》为代表的环境法规体系初步建立。

1978—1991年，广东立足生态环境现状，围绕着这一时期国家生态环保工作的部署和安排，重点在成立环境保护机构、建立法制、防治工业污染、修复生态等方面开展了一系列生态文明建设实践活动。

1. 成立环境保护机构

1979年，《中华人民共和国环境保护法（试行）》提出："省、自治区、直辖市人民政府设立环境保护局。市、自治州、县、自治县人民政府根据需要设立环境保护机构。"根据这一规定，1980年广东成立广东省环境保护局，一级机构。1983年，国务院召开第二次全国环保会议，提出把环境保护作为国家的基本国策。环境保护的重要性进一步为人们所认识。这一时期，为适应环境保护执法和管理的需要，各级政府的环境保护机构特别是县一级的机构也逐步建立起来。广东也随之逐步建立起省、市、县三级较为完整的环境保护管理系统，主体是各级政府组成部门——环境保护局，并设立环境监测站和环境污染监理所两个基本直属机构，其中的环境监测站又按全国规定分为二级站（省）、三级站（地市）和四级站（县市）。在乡镇政府一级，较发达的地区多数设立环保办公室（或与其他部门合署）或环保管理员。

2. 建立法制

这一时期，全国开始环境的立法管理。《中华人民共和国环境保护法（试行）》于1979年颁布；1989年，经修改，《中华人民共和国环境保护法》正式颁布。1984年颁布《中华人民共和国水污染防治法》，1987年颁布《中华人民共和国大气污染防治法》，各种环境保护法律和法规陆续颁布实施。广东依据国家法律建立了相应的地方环境保护法规和行政规章，如从1981年1月起先后颁布了《广东省消烟除尘管理暂行条例》《东江水系保护条例》《广东省防治电镀工业污染管理暂行条例》等。1985年以后，随着城镇化进程加快带来的环境问题日益突出，广东及时制定了《广东省建设项目环境保护实施细则》《广东省执行国家机动车辆废气排放标准施行办法》和《广东省城市环境综合整治定量考核办法》等政府规章。全国人大常委会授予立法权的深圳、珠海、汕头的市人大常委会、政府也先后颁布了一批操作性强、具有地方特色的环境保护法规、规章；广东其他市、县人大也根据法律、法规和当地实际，制定了一批规范性文件。

3. 开展工业污染防治

1978年以后,广东各种经济类型的工业企业开始全面发展。由于受工业技术装备落后、技术水平不高等因素的影响,工业污染呈现出轻工业有机类型污染加重、污染型的行业种类增多、污染源转嫁现象较为严重、工业企业量多面广、工业污染加剧的特点。

1982年,国务院颁布了《征收排污费暂行办法》,开始征收排污费;广东省政府颁布了《广东省征收排污费实施办法》,对工业污染防治起了有力的促进作用。1982年,中央提出了以提高经济效益为中心,对工业实行调整改组,进行技术改造,以逐步实现将外延扩大生产转向以内涵扩大生产为主的方针。1983年2月,国务院发布实施了《国务院关于结合技术改造防治工业污染的几项规定》。其中心内容是:工业企业在进行技术改造时,要把防治工业污染作为技术改造的重要内容纳入技术改造的规划与计划、列入技术改造项目的投资方案之中,通过技术改造,最大限度地将可能产生的污染物消除在生产过程中,在提高产品质量、扩大经济效益的同时解决工业企业的污染问题。1985年,广东召开了工业污染防治会议,贯彻国务院的规定,着重发动工业污染大户开展治理。1986年,按照全国的统一部署,在全省开展了首次工业污染源调查工作,并于1987年上半年完成。通过这次调查,基本摸清了全省工业污染的情况,建立档案,为广东工业污染防治提供了依据。根据1979年《中华人民共和国环境保护法(试行)》的有关规定,自1987年开始,广东有计划地先后安排了三批限期治理项目。1987年3月,广东省政府颁发了《广东省建设项目环境保护实施细则》,结合省情,着重防止新污染,加强对建设项目环境影响评价和"三同时"工作的管理。

4. 消灭荒山,绿化广东

历史上,广东森林茂盛。经过1958年、1968年、1978年的3次乱砍滥伐的严重破坏,至1985年全省仅剩森林463.73万公顷,占全省土地总面积的26%;而荒山、荒坡却有386万公顷,荒山秃岭到处可见,生态条件恶化,水土流失面积到1985年共达1.2万平方公里,占全省土地面积的7%。[①]

---

① 参见《中国农业全书》总编辑委员会、《中国农业全书·广东卷》编辑委员会《中国农业全书·广东卷》,中国农业出版社1994年版。

1985年10月24—30日，广东省委、省政府召开全省绿化工作会议，率先提出"五年消灭宜林荒山，十年绿化广东大地"的重大战略决策。1985年11月19日，省委、省政府发出《关于加快造林步伐，尽快绿化全省的决定》的文件，提出"五年种上树，十年实现绿化"的战略目标。1985年11月21—28日，省委、省政府在韶关市召开全省第一次山区工作会议，省委书记林若、省长叶选平都做了重要讲话，强调山区的优势在山、潜力在山、希望在山，必须把造林绿化放在山区工作的突出地位。1986年3月，省委、省政府决定建立"三长办点"制度，即县委书记、农委办公室主任、林业局局长各抓一个造林绿化点的制度。为了确保"十年绿化广东"的目标如期实现，省委、省政府建立了县级领导造林绿化任期目标责任制，由省统一制定检查和奖惩办法，每年检查一次，有奖有罚、奖罚分明。1986—1992年，省委、省政府共组织了7次全省林业检查。为使"十年绿化广东"成为全社会的共识，省委、省政府先后7次召开全省山区工作会议和两次县委书记会议，每年还召开1～2次造林绿化电话会议，都突出消灭荒山、造林绿化的议题，不断地把造林绿化工作引向深入；每次山区工作会议都总结宣扬一批治山致富的典型，借以坚定全省全面开展治山致富的信心。与此同时，各新闻、宣传、广播、电视、电影部门和单位自始至终开足马力，大造声势，形式多样地为绿化广东鸣锣开道。

通过5年"造林、封山、管护、节柴"综合治理，森林资源得以休养生息。1992年与1985年相比，广东森林年生长量从1 064万立方米增加到1 576万立方米，增长49%；资源年消耗量从1 447万立方米减少到800万立方米以下，下降44%。[①] 1986年，广东森林活立木年生长量与年消耗量持平；从1987年开始，年生长量大于年消耗量，森林资源开始进入良性循环。1991年3月12日，中共中央、国务院授予广东"全国荒山造林绿化第一省"的荣誉称号。

5. 恢复自然保护区建设

建立自然保护区是保护包括珍稀濒危物种以及各类型生态系统在内的生物多样性资源的一项根本性措施。1982年，第二届世界国家公园大会

[①] 参见《中国农业全书》总编辑委员会、《中国农业全书·广东卷》编辑委员会《中国农业全书·广东卷》，中国农业出版社1994年版。

第六章 生态文明：从经济优先到生态优先

制定了宣言，即《世界同家公园大会的巴厘宣言》（简称《巴厘宣言》）。《巴厘宣言》指出，自然保护区是保护生物资源不可缺少的一部分。因为它维护了依附在自然生态系统上的基础生态过程；它保存了保护区内物种和基因变异的多样性，从而阻止了对人类自然遗产无法挽救的破坏；它维持了生态系统的生产能力，保护了对永续利用物种至关重要的栖息地；它提供了科研、教育和训练的条件。1982年，第五届全国人大第五次会议通过的《中华人民共和国宪法》对自然保护工作做出明确规定，国家保障自然资源的合理利用，保护珍贵的动物和植物，禁止任何组织或个人用任何组织手段侵占或者破坏自然资源。与此同时，国家相继颁布了《中华人民共和国森林法》《中华人民共和国野生动物保护法》《森林和野生动物类型自然保护区管理办法》等一系列法律法规，促进了自然保护区事业的加速发展。

广东的自然保护区建设比较早。1956年，广东建立了我国第一个自然保护区——鼎湖山国家自然保护区。此后的20年，由于各种原因，自然保护区事业停滞不前。1980年，广东省农业委员会、科学技术委员会、科学技术协会等6个单位组织召开了广东陆地自然生态科学座谈会。会上，专家们分析了广东陆地自然生态存在的问题和原因，研究了恢复和维护自然生态的途径和措施，并签名发出了《保护自然资源、维护生态平衡》呼吁书。专家们建议，现有自然保护区面积要适当扩大，并新建一批保护区，特别要加强保护区的管理。专家们的呼吁得到了广东省政府的重视。省政府要求各地对专家意见认真研究，采取切实措施，做好有关工作。自然保护区工作在专家们的呼吁和省政府的重视支持下揭开了新篇章。1981年，广东省农委成立自然保护区区划领导小组，确定自然保护区区划方案和原则。1983年，广东省政府同意省林业厅提出的关于分期分批建立39个自然保护区的意见。1984年4月，广东省政府同意建立惠东古田、深圳内伶仃岛、大埔丰溪、龙门南昆山、乳阳八宝山5个自然保护区。1985年11月，广东省政府同意建立佛冈观音山、梅县阴那山、博罗罗浮山、郁南同乐大山5个省级自然保护区。1986年7月，经广东省政府批准，《广东省森林和野生动物类型自然保护区管理实施细则》颁布实施。1988年5月，国务院批准建设内伶仃岛—福田国家级自然保护区和车八岭国家级自然保护区。1989年11月，广东省政府同意建立担杆岛省级自然保护区。1990年1月，省政府同意建立湛江红树林、粤北华南虎、阳春百涌、阳山秤架、新丰云髻山、台山上川岛、南澳候鸟7个省级自然保护区。至此，广东省自然保护区网络初步形成。

总的来说，1978—1991年，广东的生态文明建设正处于初步探索阶段，初步建立了省、市、县三级较为完整的环境保护管理系统，结合广东环境保护实际需要进行了地方环境立法的初步探索，根据广东生态环境的突出问题开展了工业污染防治、生态修复等方面的实践。

（二）主动求变、探索经济发展与生态环境保护相协调的可持续发展

1992—2012年是党的十四大至十八大的重要时期，我们经历了社会主义市场经济体制的建立、确立与逐步完善；与此同时，我们国家对经济发展与环境保护关系的认识日益加深，可持续发展理念上升为国家战略，环境保护地位不断提高，环境治理开始实施"三个转变"，生态文明建设被正式提出。①可持续发展战略的确立。1992年，联合国环境与发展大会在巴西里约热内卢召开，通过了《里约环境与发展宣言》和《21世纪议程》等重要文件，提出了可持续发展的理念。我国政府高度重视，为全面履行在此次大会上的承诺，会议结束两个月后，中共中央、国务院发布《中国关于环境与发展问题的十大对策》，把"实施可持续发展"确立为国家战略。1994年3月25日，国务院第十六次常务会议通过了《中国21世纪议程——中国21世纪人口、环境与发展白皮书》，可持续发展的思想开始进入中国的政治议程，并成为引导中国经济社会发展的重要战略思想。这是全球第一部国家级的21世纪议程。该议程提出了建立低消耗、高收益、低污染、高效益的良性循环发展模式。②环境保护地位的提升。1996年，第四次全国环境保护会议明确提出"保护环境的实质就是保护生产力"；2002年，第五次全国环境保护会议要求把环境保护工作摆到同发展生产力同样重要的位置；2006年，第六次全国环境保护会议提出"从重经济增长轻环境保护转变为保护环境与经济增长并重，从环境保护滞后于经济发展转变为环境保护和经济发展同步推进，从主要用行政办法保护环境转变为综合运用法律、经济、技术和必要的行政办法解决环境问题"的环境战略"三个转变"；2007年，党的十七大首次把生态文明建设作为一项战略任务和全面建设小康社会新目标明确下来。③环境治理的"三个转变"。1993年，第二次全国工业污染防治会议提出了环境治理的

第六章 生态文明：从经济优先到生态优先

"三个转变"。在污染防治基本战略上，要从侧重于污染的末端治理逐步转变为工业生产全过程控制；在污染物排放控制上，要由重浓度控制转变为浓度和总量双轨控制；在工业污染治理上，要由重分散的点源治理转变为集中控制与分散治理相结合。1996年，国家发布《国务院关于环境保护若干问题的决定》，要求排放污染物的企业限期达到国家标准，并在全国实施"总量控制"和"绿色工程"两大举措。2006年3月，第十届全国人大第四次会议批准了《中华人民共和国国民经济和社会发展第十一个五年规划纲要》，其中提出了单位国内生产总值能源消耗降低20%左右、主要污染物排放总量减少10%两项约束性环保指标。这是国家五年规划首次提出的两项约束性环保指标。

在上述大背景下，广东对生态环境保护的认识逐步加强，逐渐把生态环境保护与经济发展放在同等地位上，认真贯彻可持续发展战略，积极转变生态环境保护思路，努力推动生态文明建设向更高层次发展。1992—2012年，广东生态文明建设的实践主要有六个方面。

1. 全面加强工业污染防治

"八五"期间，广东加强了对工业污染防治的管理、协调和支持。结合产业、产品结构调整和积极引进先进工艺技术，淘汰了一批能耗物耗高、污染严重的工艺设备。广东省政府和各级政府分批下达了9 000多个重点污染源限期治理项目，80%的项目完成了治理任务。工业建设项目"三同时"执行率逐年上升级，1995年达86%。[①]

"九五"期间，广东认真贯彻《国务院关于环境保护若干问题的决定》，全面开展了"一控双达标"工作，工业污染防治结合产业、产品结构调整，贯彻落实各项污染防治政策和措施，加大污染治理力度，对污染严重企业实行关停并转迁和限期治理，取得了实质性进展。全省共关闭小煤炭、小水泥、小火电、小炼油、小钢铁、小玻璃等污染企业超过千家。12项主要污染物排放总量基本控制在国家规定的指标内。

"十五"期间，广东严把环保准入关，强化建设项目环保管理，进一步加强了环境影响评价工作的管理、新建项目"三同时"制度的落实和重污染行业的环境管理，印发实施了《广东省电镀行业和化学纸浆行业统一

---

① 参见广东省地方史志编纂委员会编《广东省志·环境保护志》，广东人民出版社2001年版，第169页。

规划统一定点实施意见》《关于进一步加强建设项目环境保护管理的意见》《关于加强环境影响评价监督管理的意见》和《关于印发加强工业污染源监督管理的意见的通知》等文件。加大对重点污染源的监管力度,积极推动工业污染源全面达标工作,制订了120家重点污染源全面达标实施方案,向社会公布了占全省污染负荷50%以上的95家省控重点工业污染源的排污情况。推进重点污染源在线监测系统建设,加强对污染源排污情况的监督。积极推行循环经济和清洁生产,52家企业被评为清洁生产企业,对133家污染严重企业开展清洁生产强制审核。

"十一五"期间,广东以环境基础设施建设为重点,全力推进污染减排。全省实现县县建成污水处理厂,新增污水处理规模1 105万吨,日处理能力达1 739万吨,是2005年的2.8倍,占全国的1/8,居全国首位;新增脱硫机组装机容量3 137万千瓦,12.5万千瓦以上燃煤火电机组全部安装脱硫设施,脱硫机组装机容量累计达3 557万千瓦,是2005年的7倍多。全省共关停小火电1 221万千瓦,淘汰落后水泥产能5 782万吨、钢铁产能1 275万吨、造纸产能34万吨,均超额完成国家下达的任务。2010年,全省化学需氧量和二氧化硫排放量分别比2005年下降18.88%和18.81%,均超额完成"十一五"期间国家下达的减排15%的任务。①

2. 深入开展城市环境综合整治

20世纪90年代以来,广东开始步入城镇化发展的快速车道。环境保护工作如何引领城镇化、现代化建设走"双赢"之路,成为生态文明建设的全新课题。

从20世纪90年代起,广东全面实施城市环境综合整治定量考核制度和各级政府任期环保目标责任制,先后颁布了《广东省城市环境综合整治定量考核办法》和《广东省环境保护目标任期责任制试行办法》,把"考核"和"政府任期环保目标责任"用规章形式固定下来,并得到扎实的开展。省和各级政府大力开展了以防治废水、废气、固体废物和噪声的"四害"为内容的城市环境综合整治,加强了城市基础设施和污染防治设施的建设。

"九五"期间,广东通过实施《广东省碧水工程计划》和《广东省蓝

---

① 参见广东省人民政府办公厅《广东省环境保护和生态建设"十二五"规划》(粤府办〔2011〕48号),2011年7月28日。

第六章 生态文明：从经济优先到生态优先

天工程计划》，深入开展城市环境综合整治和创建国家环保模范城市等活动，推进了城市大气、水、噪声和固体废物污染防治工作。城市环境基础设施建设得到加强，全省共建成城市生活污水处理厂25座，处理能力达156万吨/日；建成烟尘控制区205个，面积1 537平方公里；建成环境噪声达标区130个，面积793平方公里。① 深圳、珠海、中山、汕头被国家环境保护总局授予"国家环境保护模范城市"称号。城市环境综合整治定量考核范围进一步扩大，由全省21个地级以上城市增加到54个设市城市。

"十五"期间，广东以实施珠江综合整治和治污保洁两大重点工程为契机，全面推进环境的综合治理。截至2005年年底，全省已建成城镇污水处理厂79座，污水处理能力为634万吨/日，城镇生活污水处理率为40.2%。重点流域区域和河涌整治取得成效，小东江、岐江河生态初步恢复，惠州西湖、肇庆星湖的水质明显改善，珠江广州河段、淡水河、石马河、东莞运河、枫江、汾江河、天沙河污染整治工作进展顺利。电厂脱硫工作全面展开，全省已完成烟气脱硫火电装机容量达586万千瓦；已建烟尘控制区161个，控制范围3 429.2平方公里。固体废物集中处置设施速度加快，已建成26座符合标准的生活垃圾无害化处理场（厂），日处理量为25 000吨；医疗废物集中处置能力为5万吨/年，占总产生量的90%以上。②

"十一五"期间，广东以广州亚运会环境质量保障为契机，深入实施珠江综合整治工程，制订并实施《广东省珠江三角洲清洁空气行动计划》，建立健全区域污染联防联治机制，全面开展环境综合整治，环境质量得到有效改善。固体废物管理得到加强，建立全省固体废物管理信息系统，建成省危险废物综合处理示范中心（一期）和深圳危险废物综合处理中心。截至2010年年底，全省共有19个地级以上市、11个县（市）城区实现了生活垃圾无害化处理，全省共建成生活垃圾无害化处理场（厂）42座，日处理规模达4.2万吨，市县城区生活垃圾无害化处理率达到70%。③

---

① 参见广东省人民政府办公厅《广东省环境保护"十五"计划》（粤府办〔2001〕46号），2001年6月14日。
② 参见广东省人民政府办公厅《广东省环境保护和生态建设"十一五"规划》（粤府办〔2007〕44号），2007年5月16日。
③ 参见广东省人民政府办公厅《广东省环境保护和生态建设"十二五"规划》（粤府办〔2011〕48号），2011年7月28日。

3. 加强生态环境保护

造林绿化成果进一步巩固。这一时期,广东林业工作的重点开始逐渐从退化林地造林向保护和巩固造林、绿化成果转变。广东省委、省政府于1994年出台《关于巩固绿化成果,加快林业现代化建设的决定》,同年颁布实施《广东省森林保护管理条例》。2005年,广东省委、省政府发布了《中共广东省委、广东省人民政府关于加快建设林业生态省的决定》,确立了以生态建设为主的林业可持续发展道路,率先在全国推进林业生态省建设。至"十一五"末,广东森林面积增加至1.49亿亩,森林覆盖率提高至57%,森林蓄积量增加至4.38亿立方米。

加快自然保护区建设。1999年1月召开的广东省第九届人大第二次会议上,来自全省9个代表团的101位代表联名提出了《关于加快我省自然保护区建设步伐》的议案,大会主席团将其列为省人大常委会督办的1号议案,交由省政府办理。同年11月,广东省第九届人大常委会第十三次会议审议通过了省政府《关于加快我省自然保护区建设步伐议案的办理方案的报告》,并发布《广东省人民代表大会常务委员会关于加快自然保护区建设的决议》,率先在全国以实施省人大议案形式加快自然保护区建设。2002年8月,广东省机构编制委员会批准成立了广东省自然保护区管理办公室,为省林业局管理的正处级事业单位。随着自然保护区机构、编制和建设经费的落实到位,广东的自然保护区建设迎来了跨越式发展。2006年10月,在中国自然保护区50周年纪念大会上,广东被评为全国自然保护区建设先进集体,并被国家林业局列为全国首个自然保护区建设示范省。2009年,经广东省政府同意,广东省林业局印发了《广东建设自然保护区示范省实施方案(2009—2015年)》。截至2012年年底,广东林业系统已建自然保护区270个,总面积124.51万公顷,占全省土地总面积的6.93%,是全国自然保护区数量最多的省份。其中,国家级自然保护区6个,面积13.14万公顷;省级自然保护区52个,面积39.98万公顷。①

4. 大力推动能源资源高效利用

"十五"以后,中共中央、国务院提出建设资源节约型、环境友好型社会的新目标和新举措,资源能源节约集约高效利用上升为国家战略。在这一时期,广东按照国家相关部署,大力推动能源资源高效利用,《广东

---

① 参见广东省林业局《2012年广东省林业统计年报分析报告》,2013年2月2日。

第六章 生态文明：从经济优先到生态优先

省节能中长期专项规划》《广东省建设节约集约用地试点示范省工作方案》《广东省"十一五"节水型社会建设规划》《广东省资源综合利用管理办法》等重大政策相继在这一时期颁布实施，吹响了向效率要空间的号角。

加快建设节水型城市。这一时期，广东严格控制高耗水、高排污型工业项目建设和农业粗放型用水，大力推广"节水型住宅"，鼓励居民家庭使用节水型器具；省政府要求各地限期完成对高耗水、高排污用水大户的技术改造；采取经济手段，实施居民生活用水阶梯式计量水价，控制各类用水量的不合理增长。为加强用水定额管理，优化产业结构，促进节约用水，广东于2007年3月起颁布试行《广东省用水定额（试行）》，从生活用水、农业用水、工业用水三大领域推进节约用水，节水型社会建设迈出实质性步伐。2008年8月，广东开始实施《广东省东江流域水资源分配方案》，对流域各地市的用水施加了硬约束，从而引发了各地的节水革命。

大力推进节约集约用地试点示范省工作。2008年12月，广东省政府与国土资源部共同签署《国土资源部广东省人民政府关于共同建设节约集约用地试点示范省的合作协议》，国土资源部在开展国土资源领域相关改革时将广东省列为先行先试地区，并给予广东政策指导。广东进一步完善耕地保护责任目标体系和保障措施，积极开展土地管理制度改革，探索土地合理利用新机制，开展土地标准体系建设，建立健全土地管理共同责任，探索土地管理新经验。2009年，广东省政府下发《广东省建设节约集约用地试点示范省工作方案》，从加强国土空间开发的规划计划管控，深化旧城镇、旧厂房、旧村庄改造探索与创新，健全节约集约用地标准控制制度等方面明确了节约集约用地试点示范省工作的主要任务。

大力推动技术节能。这一时期，广东通过淘汰落后产能，系统推进节能改造项目，促进了全省资源能源使用效率的不断提升。"十一五"期间，广东单位GDP能耗从0.794吨标准煤/万元下降到0.664吨标准煤/万元，累计下降16.4%，其中，单位工业增加值能耗下降30.3%、单位GDP电耗下降15.9%。六大高耗能行业单位工业增加值能耗下降超过26%。"十一五"末，广东单位GDP能耗仅为全国水平的65%，仅次于北京市，位居全国第二低位。单位工业增加值能耗0.753吨标准煤/万元，为全国最低值。单位GDP电耗1 002.36千瓦时/万元，处于全国领先地位。

5. 探索优化"三生"空间

（1）生产空间、生活空间和生态空间（"三生"空间）构成了国土空间的整体。这一期间，广东主要从三个方面探索优化"三生"空间。

建设宜居城市。建设宜居城市是广东新时期推动科学发展的重大战略选择。2009年，《中共广东省委办公厅　广东省人民政府办公厅关于建设宜居城乡的实施意见》正式出台，明确提出"坚持以人为本，以不断改善和发展民生为主线，以开展宜居城乡创建活动为手段，通过推进住有所居、改善人居环境、加强社会管理、完善公共服务，实现全省城乡全面、协调和可持续发展。力争用10年左右的时间，将广东建成安居、康居、乐居、具有岭南特色的宜居城乡"。全省各地把加强环境治理作为推进宜居城市建设的重要手段，努力改善城乡环境质量。中山市将适宜创业、适宜创新、适宜居住确定为城市总体规划编制指导思想和发展目标，将财政60%的资金投入到安居建设等五大民生工程。惠州市协调土地规划、产业发展规划等各类规划与环境保护目标，明确了全市生态功能分区和永久保护区，为城市建设提供科学导向。广东省住房和城乡建设厅联合港澳编制了《共建优质生活圈专项规划》和《环珠江口宜居湾区建设重点行动计划》，以共同打造"亚太地区最具活力和国际竞争力的城市群"。

（2）启动绿道规划和建设。2009年，广东省住房和城乡建设厅组织开展了《珠江三角洲绿道网总体规划纲要》编制工作，明确提出在珠三角地区率先构建由区域绿道（省立）、城市绿道和社区绿道组成，融合生态、环保、教育和休闲等多种功能，有机串联郊野公园、自然保护区、风景名胜区、历史古迹等重要节点，密切联系城市与乡村的多层级的绿色网络系统，构筑起珠三角区域生态安全网络，并为城乡居民提供健康、可供游憩娱乐的绿色开敞空间。2010年年初，中共广东省委第十届第六次全会提出按照"一年基本建成，两年全部到位，三年成熟完善"的工作目标，在珠三角率先推进总长约2 000公里的省立绿道建设。此后，广东省委办公厅、省政府办公厅印发了《关于开展珠三角绿道网规划建设的工作意见》，由此吹响了广东省绿道网规划建设的号角。为了推动珠三角绿道网向粤东西北地区延伸，逐步构建全省互联互通的绿道网，广东省住房和城乡建设厅又牵头组织编制了《广东省绿道网建设总体规划（2011—2015年）》，2012年由广东省政府批复实施。

（3）推动形成主体功能区。推进形成主体功能区是中共中央、国务院提出的重大战略任务，是深入贯彻落实科学发展观的重大举措。主体功能区规划是推进形成主体功能区的基本依据，是科学开发国土空间的行动纲领和远景蓝图，是国土空间开发的战略性、基础性和约束性规划，是其他有关规划在国土空间开发和布局方面的基本依据。2012年，广东颁布了《广东省主体功能区规划》，将广东省陆地国土空间划分为优化开发、重点开发、生态发展（即限制开发）和禁止开发四类主体功能区域，明确这四类主体功能区的地域范围、功能定位、发展方向及目标、开发指引，以及区域政策和绩效考核等方面的保障措施，提出构建"五大战略格局"。

6. 开展低碳试点

2010年7月，国家发改委发布了《国家发展改革委关于开展低碳省区和低碳城市试点工作的通知》，确定首先在广东、辽宁、湖北、陕西、云南五省和天津、重庆、深圳、厦门、杭州、南昌、贵阳、保定八市开展试点工作，广东因此成为国家低碳发展首批试点省；2010年9月底，编制完成《广东省开展国家低碳省试点工作实施方案》，正式上报国家发改委；2010年11月2日，召开试点工作启动大会，对低碳试点工作进行动员和部署；2011年1月，广东省政府印发《广东省应对气候变化方案》，提出"控制温室气体排放取得明显成效，适应气候变化的能力不断增强，经济发展方式向低碳发展转型取得一定成效，生态环境得到明显改善，应对气候变化的体制机制得到不断完善。到2015年力争单位GDP二氧化碳排放比2005年下降35%左右，到2020年力争单位GDP二氧化碳排放比2005年下降到45%以下"的总体目标；2011年4月，在广东省应对气候变化及节能减排工作领导小组框架下，广东省政府建立了省低碳试点工作联席会议制度，常务副省长担任总召集人，23个省直部门为成员单位，办公室设在省发改委；2012年1月，《广东省低碳试点工作实施方案》正式获国家发改委批复同意。这是全国13个低碳试点省市中首个获国家发改委正式批复的低碳试点工作实施方案。

总的来说，1992—2012年，广东的生态文明建设实践向前迈出了一大步，实践重点从单纯的工业污染末端治理开始转向全面的工业污染防治、生态环境保护、资源能源节约利用、优化生产和生活空间、低碳试点省建设等方面。

（三）开始迈入生态文明建设新时代阶段

2012年11月，党的十八大把生态文明建设纳入中国特色社会主义事业"五位一体"总体布局，首次把"美丽中国"作为生态文明建设的宏伟目标。党的十八大审议通过《中国共产党章程（修正案）》，将"中国共产党领导人民建设社会主义生态文明"写入党章，作为行动纲领；2013年11月，党的十八届三中全会提出加快建立系统完整的生态文明制度体系；2014年10月，党的十八届四中全会要求用严格的法律制度保护生态环境；2015年10月，党的十八届五中全会提出"五大发展理念"，将绿色发展作为"十三五"乃至更长时期经济社会发展的一个重要理念，成为党关于生态文明建设、社会主义现代化建设规律性认识的最新成果。2017年10月，党的十九大召开；十九大报告中有43处"生态"、15处"绿色"、12处"生态文明"、8处"美丽"，可以称得上是"最生态、最绿色、最美丽"的党代会报告，为中国特色社会主义新时代树立起了生态文明建设的里程碑。

党的十九大报告将建设生态文明提升为"千年大计"，明确指出，"建设生态文明是中华民族永续发展的千年大计"，将"美丽"纳入国家现代化目标之中。明确提出，到21世纪中叶，"把我国建成富强民主文明和谐美丽的社会主义现代化强国"，"我国物质文明、政治文明、精神文明、社会文明、生态文明将全面提升"；将"坚持人与自然和谐共生"作为新时代坚持和发展中国特色社会主义的14条基本方略之一，要求推动形成人与自然和谐发展现代化建设新格局；提出了生态文明建设的四个方面，即推进绿色发展、着力解决突出环境问题、加大生态系统保护力度、改革生态环境监管体制。生态文明建设的四个方面抓住了当前存在的主要矛盾，找准了生态文明建设攻关的着力点。绿色发展是引领，环境治理是重点，保护生态是关键，监管体制是保障。

广东作为改革开放的先行者，其生态文明建设一直备受关注。2012年12月，习近平总书记在考察广东时，要求大力推进生态文明建设，着力推进绿色发展、循环发展、低碳发展，加快推进节能减排和污染防治，给子孙后代留下天蓝、地绿、水净的美好家园。作为全国第一经济大省，率先进入经济发展新常态的广东，牢记习近平总书记的告诫和重托，党的十八大以后，以强烈的责任担当，坚持绿色发展、生态优先的大决心，转型升级、断腕治污的大气魄建立起环境治理的制度框架,以更严格的生态环保机制倒逼经济转型升级和产业结构优化,加快绿色低碳发展,坚定不移地走"美丽与发展共赢"的广东之路。

1. 建设全国绿色生态第一省

2012 年,广东省委、省政府立足经济社会发展全局,做出了启动新一轮绿化广东、建设绿色生态强省的战略部署。2013 年 8 月,《关于全面推进新一轮绿化广东大行动的决定》出台,提出通过 10 年左右的努力,将广东建设成为森林生态体系完善、林业产业发达、林业生态文化繁荣、人与自然和谐的全国绿色生态第一省。新一轮绿化广东的号角吹响以来,全省各级林业部门和其他相关部门迅速行动、主动作为,先后组织编制了生态景观林带、森林碳汇、森林进城围城、乡村绿化美化等四大重点林业生态工程规划,出台了建设森林生态"五大体系"、城市绿化工作、矿山复绿行动等 6 个配套实施方案。

2014 年 8 月,广东省政府办公厅印发《广东省林业生态红线划定工作方案》。该方案明确提出林业生态红线由森林、林地、湿地、物种 4 条红线组成,到 2020 年的具体目标是:森林红线为全省森林保有量不低于 1.631 亿亩(含非林地中的森林),森林覆盖率不低于 60%,森林蓄积量达到 6.43 亿立方米;林地红线为全省林地保有量不低于 1.632 亿亩;湿地红线为全省湿地面积不低于 2 630 万亩;物种红线为全省森林和野生动植物类型自然保护区面积占国土面积的比例不低于 6.9%。

2016 年 9 月,国家林业局与广东省政府签署《率先建设全国绿色生态省合作框架协议》,双方将在国家级森林城市群建设、国土绿化、森林质量提升、林业产业发展、林业科技创新、林业基础设施建设等领域进行全方位合作。

为深入推进新一轮绿化广东大行动,充分发挥考核评价的导向、激励和约束作用,加快建成森林生态体系完善、林业产业发达、林业生态文化繁荣、人与自然和谐的全国绿色生态第一省,2016 年 9 月,广东省政府修订了《广东省森林资源保护和发展目标责任制考核办法》。

2017 年 4 月,广东提出"以更大力度推进新一轮绿化广东大行动",强调各地各部门必须切实把思想和行动统一到习近平总书记系列重要讲话精神和治国理政新思想新理念新战略上来,准确把握深入推进新一轮绿化广东大行动的新形势新要求,牢固树立"绿水青山就是金山银山"的强烈意识，以林业供给侧结构性改革为主线，加快推进林业重点生态工程，不断增强生态产品和林产品供给能力，以更大力度推进新一轮绿化广东大行动，切实提升广东国土生态安全保障水平。

2. 全力打好"大气、水、土"三大战役

（1）向大气污染宣战。制订并实施《广东省大气污染防治行动方案》；强化环境质量目标导向，对大气污染治理工作进展滞后的地区发出预警函，对空气质量恶化的城市政府主要负责人进行约谈，推动各地政府切实采取有效措施改善空气质量；建成国内领先的区域空气质量监测网络和国家环境保护区域空气质量监测重点实验室，率先按照国家空气质量新标准开展细颗粒物等指标监测并实时发布，及时启动对细颗粒物等重点大气污染物的防控机制；珠三角地区在全国率先建成黄标车跨区域闯限行区联合执法网，实现黄标车闯限行区联合电子执法，深圳、佛山、中山、惠州等市实施全区域黄标车限行。

（2）向水污染宣战。在实现珠江综合整治"八年江水变清"目标的基础上，2013年广东开始实施《南粤水更清行动计划（2013—2020年)》，以淡水河、石马河等重污染跨界河流整治为重点，加强水质目标考核和跟踪督办，统筹流域联合治理，积极探索河流污染治理的新模式。深入实施《广东省跨行政区域河流交接断面水质保护管理条例》，实行跨界河流交接断面水质目标管理，下游城市对跨界断面水质的监测结果作为对上游城市的考核依据，统筹协调上下游城市共同开展流域水质保护。广东省政府建立跨界河流污染整治工作联席会议，地方各级政府全面实行"河长制"，严格落实治污主体责任，流域上下游环保部门开展定期会商和联合督查，强力推进污染整治工作。广东省人大常委会连续多年对重点流域整治情况进行督办，先行先试引入第三方评估机构对污染整治情况进行评估，评估结果向全社会公开。

（3）向土壤和重金属污染治理宣战。2014年，广东开始实施《广东省土壤环境保护和综合治理方案》，启动韶关国家级土壤污染综合防治先行示范区建设，开展清远龙塘、汕头贵屿等典型区域土壤修复试点工作。2016年，广东出台了《广东省土壤污染防治行动计划实施方案》；2017年省环境保护厅印发了《广东省重金属污染综合防治"十三五"规划》。多个重点区域土壤污染治理修复工作稳步推进。至2016年，完成1 642个国控监测点位摸底以及约8 000个省级监测理论点位布设工作，初步构建土壤环境质量监测网络体系。

3. 全面开展农村人居环境整治

2014年，中央一号文件《关于全面深化农村改革加快推进农业现代化的若干意见》聚焦全面深化农村改革，提出改善村庄人居环境的要求。2014年10月，广东出台了《广东省人民政府办公厅关于改善农村人居环境的意见》，提出从2014年起，以县（市、区）为责任主体，每年整治改善10%以上的自然村（村民小组）人居环境，力争到2020年全省基本完成村庄人居环境整治改善任务，农村基本生活条件进一步改善，实现农村住房安全、饮水干净、出行便捷、消防安全，建成一批村居美、田园美、生活美的宜居村庄。

2016年4月，广东省农村工作会议召开。会议要求加快补齐农村基础设施建设短板，着力改善农村人居环境，要把农村环境综合整治作为重中之重，切实把改善农村人居环境作为美丽乡村建设的基础前提。2016年6月，在广州召开的全省进一步加快县域经济社会发展工作会议再次强调，要围绕新农村建设，改善农村人居环境；随后，《关于加快农村人居环境综合整治建设美丽乡村三年行动计划》正式出台，明确提出以20户以上自然村为基本单元，每年整治20%的自然村。到2018年，粤东西北地区完成80%的自然村环境综合整治任务，珠三角地区基本完成自然村环境综合整治任务，实现村容村貌明显改观。

4. 开展碳排放权交易试点

2013年12月，广东省碳排放权交易市场正式启动。至今，广东已建立系统完备、公开透明、运行有效、全国领先的碳排放管理和交易市场体系。广东省以"政府令"的形式出台了《广东省碳排放管理试行办法》；在广东省政府低碳省试点工作联席会议制度下，专门设立了广东省碳排放权交易试点专责协调领导小组，由广东省常务副省长任组长，统筹推进试点工作；在广东省发改委新设应对气候变化处作为专责部门，并建立省、市两级碳排放管理体制，由地方有关发展改革部门负责碳排放报告报送和督促企业履约；建立了专家智库和第三方核查队伍；广东省、市共同筹建广州碳排放权交易所，并以之作为广东省级交易平台，同时建成企业碳排放信息报告核查系统、配额注册登记系统、碳排放权交易系统三大信息系统。

5. 着力完善生态文明建设体制机制

(1) 修订《广东省环境保护条例》。为贯彻落实党的十八大和十八届三中全会、十八届四中全会关于加快生态文明制度建设，用严格的法律制度保护生态环境，加快建立有效约束开发行为和促进绿色发展、循环发展、低碳发展的生态文明法律制度，强化生产者环境保护的法律责任，大幅度提高违法成本的要求，细化新修订的环保法等上位法的新规定，广东省人大常委会于 2014 年年初重新启动《广东省环境保护条例》的修订工作，并于 2015 年 1 月 13 日在省第十二届人大常委会第十三次会议上审议通过，于 7 月 1 日起施行。这是新环保法实施后全国首个配套的省级环保法规。

(2) 建立生态红线制度。党的十八届三中全会提出，"建设生态文明，必须建立系统完整的生态文明制度体系，用制度保护生态环境。划定生态保护红线，改革生态环境保护管理体制"。2013 年 10 月，广东省政府下发了《广东省人民政府关于在全省范围内开展生态控制线划定工作的通知》，要求各地开展全省生态控制线划定工作，成为全国率先启动"生态控制线划定"工作的省份之一；2014 年 8 月，广东省政府办公厅正式印发了《广东省林业生态红线划定工作方案》；2016 年 9 月，广东省环境保护厅印发了《广东省环境保护"十三五"规划》，明确提出，加强生态保护红线分级分类管理，建立完善生态保护红线补偿机制，完善生态保护红线动态管理机制，建立管理信息系统，推进生态保护红线精准化勘界落地，提升精细化管理水平。按照广东省委、省政府的部署，广东省各地市也在积极开展生态保护红线的划定工作。与此同时，海洋生态红线的划定工作也在有序地开展。

(3) 建立环境保护督察制度。根据中央部署要求，结合环境保护综合督查试点工作经验，广东省环境保护厅起草，省委、省政府办公厅联合印发《广东省环境保护督察工作实施方案（试行）》，建立了广东环境保护督察巡视制度，推动环境监管由单纯的"督企"向"督政"和"督企"并重转变。该方案规定，从 2016 年起，每两年对全省各地级以上市、佛山市顺德区督察一遍；主要督察地方党委、政府及有关部门贯彻落实国家和省环境保护决策部署、处理突出环境问题、履行环境保护责任等有关情况，督促厘清环保部门及其他相关部门的环保监督管理权责，强化环境保护"党政同责、一岗双责"，解决制约环境保护工作和影响生态文明建设的重点难点问题。

（4）建立健全生态损害责任机制。广东省委办公厅、省政府办公厅2016年5月印发实施《广东省党政领导干部生态环境损害责任追究实施细则》，进一步完善了经济社会发展考核评价体系，把资源消耗、环境损害、生态效益等体现生态文明建设状况的指标纳入经济社会发展评价体系，建立责任追究制度，落实"党政同责、一岗双责"，引导党政领导干部建立正确的政绩观，确保科学决策和遵循环境法律法规，全面落实党政领导责任追究。

总的来说，这一时期，广东生态文明建设主要是围绕扎实推进新一轮绿化广东大行动，围绕解决人民群众关心的大气、水、土等污染问题，围绕农村环境治理这一短板，围绕碳排放权交易市场建设，围绕生态文明制度创新等进行了探索和实践。

二、改革开放以来广东生态文明建设成就

作为改革开放的先行省和前沿阵地，作为全国举足轻重的经济、环保大省，广东在保持经济中高速发展的同时立足省情，不断探索经济发展与生态环境保护共赢的绿色发展之路。40年来，广东不断发扬敢为人先的精神，勇于实践探索，以生态环境保护为抓手，以改善环境质量为核心，以解决生态环境领域突出短板为重点，以深化改革为动力，建设美丽广东的行动不断升级提速。如今，广东的生态环境质量得到了明显改善，广东的生态环境承载力有了大幅提升，广东的经济发展质量和效益不断提高，广东的低碳发展领跑全国。

（一）生态环境质量改善明显

1. 大气环境治理成效瞩目，"广东蓝"享誉全国

2017年，广东空气6项污染物年均浓度均达到国家二级标准，空气质量如期实现连续3年稳定达标，圆满完成了国家"大气十条"终期考核目标；珠三角地区细颗粒物平均浓度为34微克/立方米，在京津冀、长三角、珠三角全国三大防控区率先实现3年稳定达标；广州细颗粒物年均浓度为35微克/立方米，在北京、上海、广州这三个大城市中率先摸杆达标。[①]

[①] 参见谢庆裕《广东空气质量连续三年全面达标》，载《南方日报》2018年1月12日。

2017年，广东城市空气质量达标天数比例（AQI）平均为89.4%。其中，珠三角地区平均为84.5%，非珠三角地区平均为93%。各城市以优、良等级为主，无严重污染情况出现。全省空气质量状况优于全国平均水平。6项污染物中，除臭氧评价浓度略高于全国338个评价城市平均水平外，二氧化硫、二氧化氮、可吸入颗粒物、细颗粒物、一氧化碳等5项污染物浓度均低于全国平均水平。

二氧化氮年平均浓度由1995年的45微克/立方米下降至2000年的26微克/立方米，并在其后的10多年内均保持稳定，达到国家一级标准；二氧化硫年平均浓度由1995年的28微克/立方米下降至2000年的20微克/立方米，在经过短暂几年的上升后，开始持续下降，自2011年起连续6年达到国家一级标准。（图6-1）

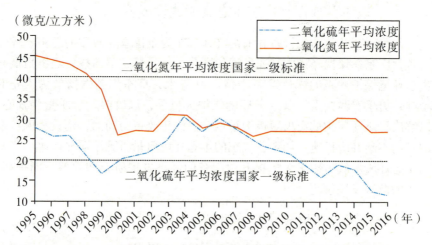

图6-1　1995—2016年广东省二氧化硫及二氧化氮年平均浓度

资料来源：广东省环境保护厅1996—2017年发布的《广东省环境状况公报》，见广东省生态环境厅（公众网）。

自2001年以来，可吸入颗粒物年平均浓度稳中带降，除2003年外，其余年份均达到国家二级标准。2015—2016年，细颗粒物年平均浓度连续两年达到国际二级标准。（图6-2）

第六章 生态文明：从经济优先到生态优先

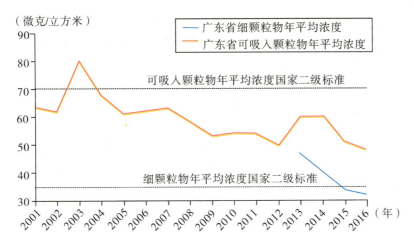

图6-2 2001—2016年广东省可吸入颗粒物及细颗粒物平均浓度

资料来源：广东省环境保护厅2002—2017年发布的《广东省环境状况公报》，见广东省生态环境厅（公众网）。

酸雨问题自2010年后逐渐改善，酸雨频率由2010年的45.9%降至2016年的26.5%，降水pH值由2010年的4.86升至2016年的5.31。（图6-3）

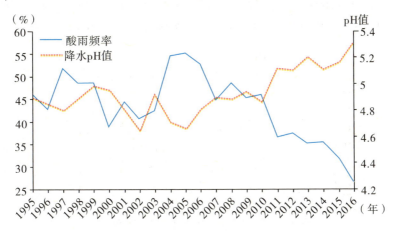

图6-3 1995—2016年广东省酸雨频率及降水pH值

资料来源：广东省环境保护厅1996—2017年发布的《广东省环境状况公报》，见广东省生态环境厅（公众网）。

平均灰霾日数自2007年起明显改善，2008—2009年成果明显，两年降幅高达36.17%。2016年，全省平均灰霾日数已降至28.7天，为1989年以来最低值。（图6-4）

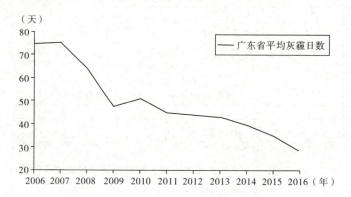

图6-4　2006—2016年广东省平均灰霾日数

资料来源：广东省气象局2007—2017年发布的《广东省气象年鉴》，见广东省气象局网站。

2. 水环境不断改善

在饮用水源方面，饮用水水源水质达标率自2004年起逐渐改善，2011—2015年达标率均为100%，2016年达标率为98.7%。（图6-5）

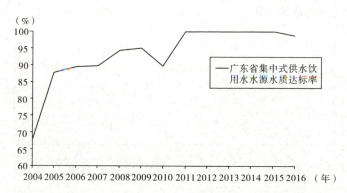

图6-5　2004—2016年广东省集中式供水饮用水水源水质达标率

资料来源：广东省环境保护厅2005—2017年发布的《广东省环境状况公报》，见广东省生态环境厅（公众网）。

第六章 生态文明：从经济优先到生态优先

在江河水质方面，自2003年起，水质状况整体呈好转趋势，水质良好及以上的断面占比持续上升。重度污染的江段得到有效治理，断面数量由2003年的18个降至2016年的11个。断面水质达到水环境功能区水质标准的占比也从2004年的47.7%提升至2016年的77.4%。（图6-6）

图6-6 2003—2016年广东省省控断面水质情况

资料来源：广东省环境保护厅2003—2016年发布的《广东省环境状况公报》，见广东省生态环境厅（公众网）。

3. 主要污染物排放得到有效控制

主要污染物排放增长速度远低于人均GDP的增长。1985—2016年的31年间，广东省人均GDP增长21.56倍，而废水排放量、生活污水排放量、工业废水排放量、二氧化硫排放量和工业废气排放量分别增长了4.81倍、11.78倍、1.04倍、1.24倍、21.71倍。（图6-7）

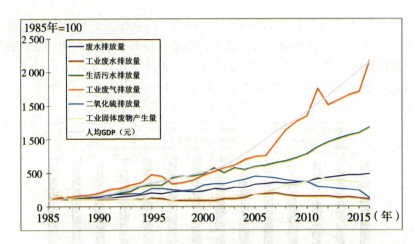

图6-7 1985—2016年经济增长与污染物排放量增长的关系

资料来源：广东省统计局、国家统计局广东调查总队编《广东统计年鉴》（1986—2017年），中国统计出版社1986—2017年版。

部分污染物排放"拐点"先后到来。二氧化硫排放总量在2005年达到了峰值，并在2006年之后步入了稳步下降的区间。按照"十三五"时期人均GDP 7%的增长速度，到2020年广东人均GDP将增长至1.1万美元（2010年美元不变价，就1990年不变价而言，约为7 800美元），到2030年广东人均GDP将增长至1.9万美元（就1990年不变价而言，约为1万美元）。根据发达国家的历史经验，此期属于多数污染物排放的峰值期，意味着多数污染物排放总量有望相继达到峰值，跨越"拐点"步入下降通道。

（二）生态环境承载力不断提升

1. 绿色版图不断扩大

改革开放以来，广东始终把绿化环境工作放在首位。近年来，更是以森林碳汇、生态景观林带、森林进城围城、乡村绿化美化四大重点林业生态工程为载体，构建北部连绵山体森林生态屏障体系、珠江水系等主要水源地森林生态安全体系、珠江三角洲城市群森林绿地体系、道路林带与绿道网生态体系、沿海防护林生态安全体系等五大森林生态体系。森林面积、森林蓄积量、森林覆盖率基本保持了稳定增长。2017年，广东森林面积达1 087.9万公顷，森林蓄积量为5.83亿立方米，森林覆盖率达

第六章 生态文明：从经济优先到生态优先

59.08%。全省森林公园总数达1 516个，湿地公园总数达224个；省级以上生态公益林达到480.8万公顷，占林业用地的44.03%；① 广东省已经有广州、惠州、东莞、珠海、肇庆、佛山、江门七市成功创建国家森林城市，深圳、中山、汕头、梅州、茂名加快了创建步伐，潮州、阳江两市的创建国家森林城市工作已获国家林业局备案。这意味着广东省参与国家森林城市建设的城市数量达到了14个，创建国家森林城市热潮已覆盖一半以上的地级市。全省累计建成绿道逾12 000公里。珠三角绿道网连续获得"中国人居范例奖"和"迪拜国际改善环境最佳范例奖"两项殊荣，"广东绿道"品牌叫响全国，被习近平总书记评价为"美丽中国、永续发展的局部细节"。

图6-8为1975年以来广东历次森林资源清查结果。

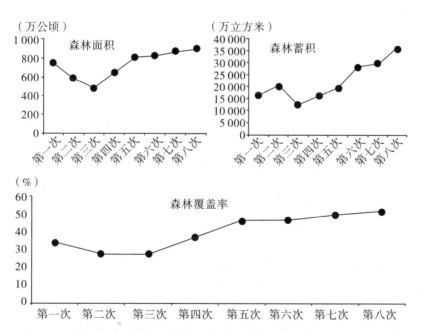

图6-8　1975年以来广东历次森林资源清查结果
数据来源：根据国家林业局森林资源管理司网站上的历次全国森林资源清查结果绘制。

---

① 参见广东省林业局《2017年广东省林业综合统计年报分析报告》，2018年4月23日。

广东省还先后实施了岩溶石漠化地区综合治理工程、沙化耕地整治和沿海防护林工程等。乐昌市、乳源瑶族自治县、阳山县和英德市被列入国家石漠化地区综合治理项目试点县，开展石漠化地区人工造林0.43万公顷、封山育林3.19万公顷，重建和恢复了岩溶地区植被。全省10万公顷沙化土地得到初步治理，占沙化土地总面积的90.7%，有效维护了沿海沙化地区国土生态安全。

2. 城市综合承载能力大幅提高

全省城市基础设施建设进一步加快，投入大幅增加。仅2015年就累计完成基础设施投资额约6 100亿元，占全省年度固定资产投资额约24%。城乡生活垃圾处理基础设施建设取得重大进展。截至2015年年底，基本建成或运营63个生活垃圾无害化处理场（厂）"一县一场"项目；1 049个乡镇全部建成"一镇一站"，约14万个自然村全部建成"一村一点"，基本完成了"一县一场、一镇一站、一村一点"的农村生活垃圾处理设施建设任务，城镇生活垃圾无害化处理率达90.06%。城镇污水处理设施建设明显加快。"十二五"期间，全省共建成污水处理设施460座，日处理能力约2 302万吨，占全国的1/8，连续多年居全国第一位，配套管网2.2万多公里；全省67个县和珠三角地区73个中心镇已全部建成污水处理设施，全省城镇污水处理率约85.5%。

（三）经济发展绿色动能日益增强

1. 能源利用效率不断提升

2015年，广东能源消费总量为3.02亿吨标准煤，全社会用电量5 311亿千瓦时，较"十一五"时期分别下降5.4%和3.2%；单位GDP能耗为0.467吨标煤/万元，"十二五"期间累计降幅达20.98%，超额完成国家下达的下降18%的总目标任务。2005—2015年，广东能源消费总量和能源强度变化呈现"X"形走势，即随着能源消费总量的不断提升，广东能源消费强度呈现了不断下降的态势；广东能源使用效率也处于全国先进水平，2015年广东万元GDP能耗较全国低33%；与相同经济发展水平的省份比也处于较领先地位，分别较天津、上海、山东、江苏、浙江、福建低12.8%、5.4%、23.4%、9.6%、9.6%和18.1%。

图6-9为2005—2015年广东能源消费总量和能源消费强度变化情况。

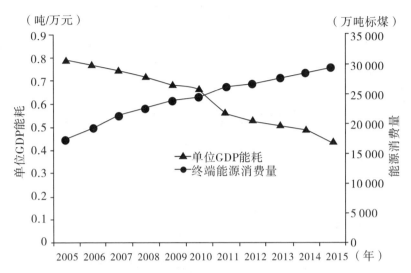

图 6-9　2005—2015 年广东能源消费总量和能源消费强度变化情况

数据来源：广东省统计局、国家统计局广东调查总队编《广东统计年鉴》（2006—2016 年），中国统计出版社 2006—2016 年版。

2. 能源结构持续优化

改革开放 40 年来，广东能源消费结构逐步清洁化，为生态文明建设提供了强大的绿色动力。从一次能源消费来看，原煤消费占比从 1990 年开始持续降低，由 1990 年的 56.5% 下降至 2016 年的 39.7%，降幅达到了 16.8%；原煤在终端能源消费中的比重也大幅降低，由 1990 年的 33.6% 持续降低至 2016 年的 9.8%，降幅达到了 23.8%；原油消费占比从 1990 年开始持续降低，由 1990 年的 56.5% 下降至 2016 年的 39.7%，降幅达到了 16.8%。与此同时，天然气、电力等清洁能源使用占比逐步提升，天然气使用量从 2006 年开始逐步扩张，至 2016 年占比达到了 8.1%；电力及其他能源消费占比从 1990 年的不足 10% 攀升到了 2016 年的 25.6%；在终端能源消费中，电力占比也从 1990 年的 33% 上升至 2016 年的 52.7%。这说明煤炭等非清洁能源在广东省终端消费中的比重逐年下降，清洁能源逐步在广东经济社会发展中占据越来越重要的地位。（图 6-10）

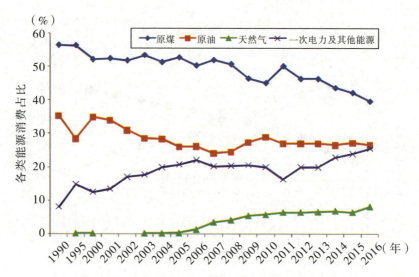

图 6-10 1990—2016 年广东一次能源消费量构成变化

数据来源：广东省统计局、国家统计局广东调查总队编《广东统计年鉴》（1991—2017 年），中国统计出版社 1991—2017 年版。

3. 循环经济有效推进

近年来，广东积极推进循环经济工作，使节约生产、废物利用和循环使用的理念逐渐深入人心。①加强对可再生能源的利用。2016 年全省消费可再生能源（含外购电）比 2012 年增长 73.6%，可再生能源占能源消费总量比重从 2012 年的 13% 上升到 2016 年的 19.9%。其中，2016 年，全省水力发电和风力发电量分别比 2012 年增长 62.3%、87.8%。②加强对高炉煤气、转炉煤气和余热余压的回收利用。2016 年，全省规模以上工业能源回收利用量比 2012 年增长 57.7%。③加强对废弃资源的综合利用。2016 年全省规模以上工业废弃资源的综合利用业增加值比 2012 年增长了 55.5%。

（四）低碳发展领跑全国

1. 碳排放强度得到了有效控制

2015 年，广东二氧化碳总排放量为 58 451.99 万吨，单位地区生产总值二氧化碳排放为 0.845 吨/万元，比 2014 年下降 6.07%，"十二五"期间累计下降率为 24.02%，超额完成国家下达的累计下降 19.5% 的目标，目标完成率为123.17%。① 在2012年、2013年、2014年的国家碳强度年度考核中均被评为优秀等级。

广东省控排企业碳排放总量和强度在2014年、2015年实现双降。其中2014年、2015年企业碳排放量与上一年相比分别下降3%、4.5%，2015年广东省水泥熟料、粗钢、原油加工、机组发电的主要单位产品碳排放较2013年分别下降4.9%、8%、7.2%和2.4%。据统计，超过80%的控排企业实施了节能减碳技术改造项目，超过50%的控排企业实现了碳强度下降。

2. 碳交易试点初见成效

市场交易活跃度和流动性大幅提高。截至2017年4月30日，广东碳交易市场配额累计成交5497.96万吨，总成交额13.71亿元，分别约占全国的35.9%和37.4%，并成为全国首个配额现货交易额突破10亿元大关的试点地区。自2015年3月广东省启动全国首笔线上CCER（核证自愿减排量）交易以来，已累计成交2444万吨，用于抵消企业排放的CCER主要来自贵州、内蒙古、云南、青海等西部欠发达省（自治区），有力推动了全国生态补偿、低碳清洁能源发展等工作。②

碳金融市场规模显著增长。2015年，参与广东省碳市场的机构投资者比2014年增长90%，个人投资者比2014年增长130%。碳金融相关业务产品广受欢迎，其中配额回购业务为控排企业和投资机构双方共撮合了400多万吨的交易业务；配额托管业务涉及配额数量782万吨；广东省成功落地国内第一单碳排放配额远期交易业务之后，累计开20余单，共计交易150余万吨；全国首个绿色金融服务平台"广碳绿金"上线后已征集到16家意向出资方，意向出资总金额达20亿元。

3. 低碳体制创新成效显著

2013年年底，广东正式启动碳交易市场，目前已初步形成全国领先、特色鲜明、规范透明的碳排放管理和交易体系；2015年启动绿色低碳生产生活方式的普惠性工作机制（简称"碳普惠制"）试点，广州、东莞、

---

① 参见《广东省应对气候变化"十三五"规划正式出台》，见广东应对气候变化网（http://www.gdlowcarbon.gov.cn/gew2xgnzx/2017-09/t20170922_4/0988.html），2017年9月22日。

② 参见广东省发展和改革委员会《绿色生态美丽广东——广东省碳排放权交易试点工作综述》，载《中国产经》2017年第6期。

中山、韶关、河源、惠州六市被纳入首批试点城市，并已全面启动试点工作；利用碳排放配额有偿发放收入设立全国首个省级低碳发展基金，专门用于支持企业节能降碳改造和碳市场建设等低碳领域；大力培育碳金融服务市场，已初步形成包括技术研发、咨询服务、第三方核查、绿色融资、碳资产管理在内的低碳产业链。

三、改革开放以来广东生态文明建设经验

改革开放40年来，广东生态文明建设成就的取得，主要得益于坚定的绿色发展理念、改革创新的绿色制度、严格的环境执法和先进的生态文化。

（一）坚持绿色发展，把生态文明建设摆在突出的战略位置

发展理念具有战略性、纲领性和引领性，是发展思路、发展方向、发展着力点的集中体现。习近平总书记指出，理念是行动的先导，一定的发展实践都是由一定的发展理念来引领的，如果发展理念正确，目标任务就容易确定了，政策举措也就跟着容易确定了。伴随着改革开放的进程，40年来，广东绿色发展理念一脉传承、持续探索，走出了一条用理念推升意识、用意识催生创新、用创新指导实践、用实践惠泽民生的生态建设新路径。从被动的生态环境治理到主动求变探索经济发展与生态环境协调发展，广东绿色发展的思路越来越清晰、绿色发展的基础越来越坚实。

"绿水青山就是金山银山"，"生态环境是资源，是资产，是潜在的发展优势和效益"①，"良好生态环境是人和社会经济持续发展的根本基础。蓝天白云、青山绿水是长远发展的最大本钱"②；"保护生态环境就是保护生产力，改善生态环境就是改善生产力"③。正是基于这样的信念，才有了从"十年绿化广东"到"生态立省"，再到"新一轮绿化广东"乃至"率先建设全国绿色生态第一省"的40年坚定不移地绿化广东的坚守。

---

① 习近平：《干在实处 走在前列：推进浙江新发展的思考与实践》，中共中央党校出版社2006年版，第190页。

② 中共中央宣传部编：《习近平总书记系列重要讲话读本》，学习出版社、人民出版社2014年版，第209页。

③ 习近平：《干在实处 走在前列：推进浙江新发展的思考与实践》，中共中央党校出版社2006年版，第186页。

第六章　生态文明：从经济优先到生态优先

"良好生态环境是最公平的公共产品，是最普惠的民生福祉"，"我们要建设天蓝、地绿、水清的美丽中国，让老百姓在宜居的环境中享受生活，切实感受到经济发展带来的生态效益"①，正是基于这样的信念，才坚定了广东向大气污染、水污染、土壤污染宣战的决心。

（二）深化改革和创新驱动，为生态文明建设注入强大动力

生态文明是人类文明发展的新形态。生态文明建设不仅仅是"种草种树""末端治理"，而是发展理念、发展方式的根本转变，涉及政治、经济、文化、社会建设的方方面面，并与生产力布局、空间格局、产业结构、生产方式、生活方式，以及价值理念、制度体制紧密相关，是一项全面而系统的工程，是一场全方位、系统性的绿色变革。实践证明，改革和创新是推动发展的强大动力，也是建设生态文明的真正驱动力。②"先行先试"是广东改革发展的清泉。行大道、常维新，是共产党人的一贯追求。永葆开拓创新的激情、永不停歇奋斗和奉献的脚步，是广东人民的应有姿态，勇于"先行先试"，改革发展才会像渠里的水一样清如许。③

出台全国首个大气污染防治地方政府规章——《广东省珠江三角洲大气污染防治办法》，在珠三角地区建立全国首个区域大气污染防治联席会议制度，在国内发布实施首个面向城市群的大气复合污染治理计划——《广东省珠江三角洲清洁空气行动计划》，率先以改善大气环境质量为目标实施区域联防联控。建成国内领先的区域空气质量监测网络和国家环境保护区域空气质量监测重点实验室，率先按照国家空气质量新标准开展细颗粒物等指标监测并实时发布，及时启动对细颗粒物等重点大气污染物的防控。正是这样的一个又一个"率先"，成就了享誉全国的"广东蓝"。

通过推进生态文明体制改革，努力构建产权清晰、多元参与、激励约束并重、系统完整的生态文明制度体系；通过大力实施创新驱动发展战略，加快实现新旧动能转换，构建科技含量高、资源消耗低、环境污染少的现代产业体系；等等。正是这样敢为人先的勇气和魄力，让广东的生态

---

①　中共中央文献研究室编：《习近平关于全面深化改革论述摘编》，中央文献出版社2014年版，第107页。

②　参见邹钢《用改革和创新为生态文明建设添动力》，载《决策导刊》2015年第4期。

③　参见张培胜《"先行先试"是广东改革发展的清泉》，见南方网（http://opinion.southcn.com/o/2015-12/07/content_138352027.htm），2015年12月10日。

文明建设不断迈上新台阶。

(三) 运用法治思维,强化"从纸面到地面"的刚性执行力

建设生态文明是一场涉及生产方式、生活方式、思维方式和价值观念的革命性变革。实现这样的根本性变革,必须依靠制度和法治。只有以严格的制度形成硬约束,才能够使各地、各部门把生态文明摆在更加突出的位置,像保护眼睛一样保护生态环境,像对待生命一样对待生态环境。党的十九大报告指出,全面依法治国是国家治理的一场深刻革命,是实现国家治理体系和治理能力现代化的必然要求,是中国特色社会主义的本质要求和重要保障。法律是文明的产物,也是维系文明和促进文明的一种手段。法治是最成熟的制度形式,现代法治具有规范性、民主性、稳定性、可预期性和权威性等特征,决定了它在生态文明建设中具有极为重要的地位和作用:①法治的规范性有助于解决推进生态文明建设进程中对文件精神"理解不一致"的问题;②法治的长期稳定性有助于解决生态文明建设中政策易变的问题;③法治的权威性有助于克服有令不行、有禁不止的问题。广东从立法先行、执法从严、追责到底三方面,通过创新地方立法、加强环保执法与司法衔接、实行生态环境损害责任终身追究制等手段,用最严格的制度保护环境,有力地解决了环境的沉疴积弊,为广大人民提供更加良好的生产生活环境。

"天下之事,不难于立法,而难于法之必行。"法规制度落到实处的关键在于执法、追责。广东积极推进环境监管体制改革,建立环境保护督察制度;建立环保、监察、公检法等部门联合的联动执法机制;积极推行环境监察网格化管理,实施"横向到边、纵向到底"的基层监管模式。为落实生态环境保护"党政同责"和"一岗双责",广东制定了《广东省党政领导干部生态环境损害责任追究实施细则》,有力地推动了各级党委、政府落实生态环保责任,守住生态环保底线,推动绿色发展。

(四) 弘扬生态文化,倡导生态文明新风尚

生态文化是人与自然和谐共存、协同发展的文化。生态文化是传承中华民族优秀传统文化与生态智慧、融合现代文明成果与时代精神、促进人与自然和谐共存的重要文化载体。生态文化是一种进步的价值取向,在构建社会主义和谐社会的进程中产生着巨大的文化张力和内生动力。生态文

化源于实践,又对实践产生强大的能动反作用。人民群众一旦具备了高度的环境自觉和生态自信,无疑将会给生态文明的实践活动注入源源不断的信念支撑和精神动力。

目前,广东创建了约1 400家绿色学校、约300个绿色社区、107个环境教育基地,开展了一系列环保征文、环保科技大赛、环境文化节、环境主题宣传活动等,不断加强生态文化载体建设如建设具有特色的森林博物馆、森林公园、森林小镇等,通过积极推进以统筹人与自然和谐发展为核心的生态文化在全社会的宣传普及,引领全社会认识自然规律、了解生态知识,使生态文化深入人心。

第七章　党的建设：从拨乱反正到全面从严治党

党的建设历来同党领导的伟大事业紧密联系在一起。习近平总书记指出："坚持党的领导，全面从严治党，是改革开放取得成功的关键和根本。"① 坚持党的建设与改革开放的有机结合，围绕改革开放的实践全面加强党的建设，是新时期党的建设的一个基本规律，也是广东社会主义现代化建设稳步健康快速发展的基本经验。改革开放40年来，中共广东省委紧密结合不同时期改革开放的实践，紧紧抓住党的先进性建设和执政能力建设这条主线，坚持以改革的精神建设党，不断创新党建工作理论、党建工作机制、党建工作载体，在解放思想中加强党的思想建设，在固本强基中加强党的组织建设，在建设法治强省中加强党的制度建设，在对外开放中加强党风廉政建设，② 形成了具有广东特色的、符合改革开放需要的党建工作格局，交出了率先推进社会主义现代化建设和新时期党的建设新的伟大工程两份优异的答卷。

一、改革开放以来广东党的建设历程

"党要管党，才能管好党；从严治党，才能治好党。"③ 综观过去的40年，广东党的建设紧跟全党解放思想、改革开放的历史步伐，适应党所处

---

① 习近平：《在庆祝海南建省办经济特区30周年大会上的讲话》，载《人民日报》2018年4月14日。

② 参见蒋斌、梁桂全主编《敢为人先——广东改革开放30年研究总论》，广东人民出版社2008年版，第384页。

③ 习近平：《建设一支宏大高素质干部队伍　确保党始终成为坚强领导核心》，载《人民日报》2013年6月30日。

第七章 党的建设：从拨乱反正到全面从严治党

历史方位和肩负历史使命的深刻变化，率先实现了从服从于"以阶级斗争为纲"到服务于以经济建设为中心的重大转变，从领导革命的党的建设到长期执政的党的建设的重大转变，从计划经济体制下的党建工作到社会主义市场经济体制下的党建工作的重大转变，从封闭半封闭条件下的党建工作到对外开放条件下的党建工作的重大转变。党的建设工作一以贯之地解放思想、改革创新，呈现了清晰的发展脉络，具有鲜明的时代特征，生动而具体地体现了改革开放先行一步伟大实践的要求，深化了中国共产党对自身建设工作的规律性认识。回顾40年广东党的建设，主要经历了四个阶段。

（一）历史大转折，党建新起点

党的十一届三中全会是决定中国命运的伟大历史转折，也是广东全面拨乱反正、平反冤假错案的起点。改革开放初期，广东各级党组织依靠解放思想这个锐利的武器，发扬"敢为天下先"的精神，大胆地试、大胆地闯，提出"对外更加开放，对内更加放宽，对下更加放权"的发展思路，带领全省人民，完成了为全国改革开放"杀出一条血路"的重任，使广东成为中国改革开放的窗口、综合改革的实验区和排头兵。在推进改革开放的实践中，广东各级党组织认真贯彻《关于党内政治生活的若干准则》，有计划地开展整党整风活动，积极推进新老干部的交替与合作。1983年年底至1987年上半年，按照中央部署，全省党的基层组织分期分批进行整顿，统一思想、整顿作风、加强纪律、纯洁组织。

（二）体制大转轨，党建新发展

1992年，以邓小平南方谈话和党的十四大召开为标志，我国改革开放和现代化建设事业进入了从计划经济体制向社会主义市场经济体制转变的新阶段。面对新形势、新任务，中共广东省委紧紧围绕经济建设这个中心，从思想上、组织上、作风上全面加强党的建设，逐步形成了总体部署、重点突破、全面推进党的建设的新格局。适应建立和发展社会主义市场经济体制的需要，中共广东省委将"把全省各级领导班子建设成为政治坚定、开拓创新、团结实干、廉洁为民，能够胜任跨世纪历史重任的坚强领导核心"作为党的建设的重点①,把"三学"(学理论、学党章、学楷模)、"六抓"(抓方向、抓纪律、抓服务、抓求实、抓团结、抓廉政)、"三健全"(健全民主集中制、健全规章制度、健全监督机制)作为加强领导班子思想政治建设的重大举措,促使各级领导班子成员特别是"一把手"努力做到"为公、团结、求是、拼搏、实干、学习"。1995年开始,对处于软弱涣散和瘫痪状态的农村基层组织进行为期3年的集中整顿。1996—1998年,在全省党员中广泛开展"学理论、学党章,为基层服务、为群众排忧解难"的"双学双为"活动,94%的基层党委和96%的党员参与了这个活动。通过各种形式的教育培训,各级党组织进一步解放思想,更换脑筋,彻底冲破小农经济思想、传统计划经济观念和旧习惯的束缚,牢固树立建立社会主义市场经济体制的新观念。20世纪90年代中期以后,中共广东省委以实施综合配套改革为突破口,采取扩大公开选拔(简称"公选")、竞争上岗的层次和范围,规范公开选拔、竞争上岗的程序和方法,加大了推进干部制度改革的力度。进一步扩大公示制、"两票制""投票表决制"的试点范围,并逐步向面上推开;继续实行委任制、干部试用期制和部分领导职务聘任制;严格执行定期考核制度、完善实绩考核办法;研究探索领导干部任期制,试行领导干部待岗制,继续加大干部轮岗交流的力度。拓宽选人渠道,加大工作力度,从高等学校、科研院所和大企业集团等单位选拔一批年轻、知识层次较高的优秀人才进入各级党政领导班子。通过认真开展"三讲"教育和"三个代表"重要思想学习教育活动,进一步提高了党员领导干部和农村基层党员干部的政治素质。

(三)经济大腾飞,党建新辉煌

党的十六大以来,中共广东省委坚持以邓小平理论和"三个代表"重要思想为指导,深入贯彻落实科学发展观,以党的执政能力建设和先进性建设为主线,抓灵魂,抓制度,抓基础,抓民心,抓作风,进一步加强和改进党的建设。在全国率先开展了解放思想学习讨论活动,以思想大解放

---

① 参见李长春《以"三个代表"重要思想为指导加快率先基本实现社会主义现代化——在中国共产党广东省第九次代表大会上的报告(二〇〇二年五月二十日)》,见广东省档案馆编《改革开放三十年重要档案文献·广东》,中国档案出版社2008年版,第1295页。

第七章　党的建设：从拨乱反正到全面从严治党

推动广东的大发展。省委理论学习中心组注重理论联系实际，每月举办一期广东学习论坛，每年突出一个主题开展调研，循着"集中学习—分头调研—集中研讨—指导工作"的思路，将调研成果形成重大决策，指导实践。深化干部人事制度改革，普遍推行考察预告、差额考察、票决制、任前公示、试用期制等做法。健全和完善了常委会、全体委员会（简称"全委会"）票决制，省委及全省21个地级以上市和121个县（市、区）党委讨论干部任免均实行常委会票决制，对重要干部的任免实行全委会票决制。加大公开选拔干部和竞争上岗力度，实行省市百名厅处干部联合公选，使优秀人才脱颖而出。开展党代表任期制试点。实施固本强基工程，开展保持共产党员先进性教育活动和"理想、责任、能力、形象"教育活动，教育党员争当"三有一好"、争当时代先锋。组织"十百千万"干部下基层驻农村，排查和整顿一批软弱涣散的后进村党支部。加大社区党建工作力度，社区党组织的覆盖率达到97.3%。建立健全党政领导机关群众接待日、领导干部处理群众来信来访、机关干部到基层锻炼和帮助工作、党政主要负责人联系基层单位和贫困群众等制度机制。积极探索维护群众利益的新措施新办法，努力构建纠正不正之风、解决民生问题的长效机制，将党的群众工作落到实处。按照"为民、务实、清廉"的要求，倡导党员干部在求真务实中干干净净干事，积极探索建立具有广东特色的教育、制度、监督并重的惩治和预防腐败体系。坚持每年突出一个主题，集中一个月在全省党员干部中开展纪律教育学习月活动。坚决纠正和防止不正之风，着力解决群众反映强烈的突出问题。①

（四）改革大突破，党建新飞跃

党的十八大以来，从严管党治党开创新局面。各级党组织切实强化管党治党主体责任，先后扎实开展了党的群众路线教育实践活动、"三严三实"专题教育、"两学一做"学习教育，广大党员"四个意识""四个自信"明显增强。宣传思想和意识形态工作全面加强，"两个巩固"扎实推进。风清气正地完成市县镇换届，领导干部配偶、子女及其配偶经商行为进一步得到规范，"裸官"［指配偶已移居国（境）外或者没有配偶，子

---

① 参见中共中央组织部、全国党的建设研究会编《改革创新铸辉煌：纪念改革开放30周年党的建设和组织工作理论研讨会论文集》，党建读物出版社2009年版，第248～251页。

女均已移居国（境）外的国家工作人员］等干部突出问题得到有效整治。坚持基层党建和基层治理紧密结合，乡镇（街道）领导干部驻点普遍直接联系群众工作深入开展，软弱涣散的基层党组织得到持续整顿。坚决惩治腐败，严格落实《中共中央政治局关于改进工作作风、密切联系群众的规定》（简称"八项规定"）精神，党风廉政建设和反腐败斗争取得明显成效，反腐败斗争压倒性态势已经形成，腐败增量有效遏制、存量明显减少，党风政风明显好转，政治生态明显净化。巡视监督实现全覆盖，管党治党制度规范不断完善。制定《中共广东省委关于深入推进全面从严治党的决定》，坚持思想从严、管党从严、执纪从严、治吏从严、作风从严、反腐从严，推进全面从严治党向纵深发展。

40年来，广东党的建设在创新中与时俱进，全省各级党组织建设和党员队伍建设得到进一步加强，焕发出勃勃生机和活力，在广东全面建成小康社会、加快建设社会主义现代化新征程中充分发挥了战斗堡垒作用和先锋模范作用。

二、在改革开放中全面加强党的建设

习近平总书记指出："从严治党要贯串于改革开放和现代化建设全过程，贯串于党的建设和党内生活各方面。"① 改革开放以来，中共广东省委紧紧围绕党的中心任务，"以思想建设为中心环节，以领导班子建设为重点，以基层组织建设为基础，以制度建设为保证，开展廉政、勤政教育，坚决惩治腐败"②，构筑起系统完备的党建格局，使党建工作、党风和廉政建设取得了新的成果，积累了新的经验。

（一）在解放思想中加强党的思想建设

在思想上建党、在解放思想中统一思想，是共产党治党管党、治国理政的基本经验。广东作为改革开放的"试验田"和"窗口"，在接受不同思想的洗礼和不同观点的争论中，坚持党的解放思想、实事求是、理论联

---

① 中共中央文献研究室编：《习近平关于全面从严治党论述摘编》，中央文献出版社2016年版，第8页。
② 谢非：《为广东二十年基本实现现代化而奋斗——在中国共产党广东省第七次代表大会上的报告（一九九三年五月二十一日）》，见广东省档案馆编《改革开放三十年重要档案文献·广东》，中国档案出版社2008年版，第803页。

第七章　党的建设：从拨乱反正到全面从严治党

系实际的思想路线，坚信实践是检验真理的唯一标准，注重在学习讨论中统一党员干部的思想，认真开展学习型政党建设，抓好领导班子的思想理论建设，抓好党员干部的素质和能力建设。

1. 四次思想解放推动广东率先开放

习近平总书记强调："改革开放的过程就是思想解放的过程。没有思想大解放，就不会有改革大突破。"① 广东改革开放的历程也是思想解放的过程。历届领导班子都将思想解放作为推进改革开放、建设社会主义现代化的关键工作来抓。1993年，谢非同志指出："广东要力争二十年基本实现现代化，思想解放仍然是关键。只有彻底冲破小农经济思想、传统计划经济观念和旧习惯的束缚，才能使改革有大的突破。"② 省委多次召开务虚会，举办各种类型的学习班，通过学习文件，总结经验，不断解决各级领导干部在改革开放中出现的思想认识问题，不断以改革开放的新成果教育党员、干部，让干部在实践中解放思想、增长才干。实践充分证明："解放思想是扫除障碍、引领发展的'法宝'。改革开放以来每一个巨大的变化，无一不是思想解放的结果。"③ 回顾广东40年的改革历程，可以发现广东的每一次大发展都是以解放思想为突破口的。

第一次思想解放以1978年5月开始的真理标准问题大讨论为起端。广东省委从广东毗邻港澳的实际出发，大胆向中央提出广东"先行一步"的要求，使广东成为全国改革开放的示范地。1979年3月，中共广东省委第一书记习仲勋代表省委向中央提出让广东在对外开放中先行一步和建设出口加工区的要求。1979年，《中共中央、国务院批转广东省委、福建省委关于对外经济活动实行特殊政策和灵活措施的两个报告》下达，批准广东的深圳、珠海、汕头设置出口特区。20世纪80年代中前期，广东经济特区大发展过程中的问题逐渐暴露，特区"失败论"一度颇为流行，甚至影响到外商对特区投资的信心。在邓小平同志的支持下，中共广东省委主

---

① 习近平：《在庆祝海南建省办经济特区30周年大会上的讲话》，载《人民日报》2018年4月14日。
② 谢非：《为广东二十年基本实现现代化而奋斗——在中国共产党广东省第七次代表大会上的报告（一九九三年五月二十一日）》，见广东省档案馆编《改革开放三十年重要档案文献·广东》，中国档案出版社2008年版，第803页。
③ 汪洋：《继续解放思想　坚持改革开放　努力争当实践科学发展观的排头兵——在广东省委十届二次全会第一次全体会议上的讲话》，载《广州日报》2007年12月28日。

275

要领导认为,改革是一项崭新的事业,无先例可循,总是在探索中前进的,提倡"敢于试验、积极探索、勇于开拓"的精神。继创办经济特区之后,经中央批准,广东又建立了包括28个市、县的珠江三角洲经济开放区,同时将粤西一些市县列入沿海经济开放区范围,将广州、湛江列入14个沿海开放城市,全省形成了16个市42个县的开放地带,扩展深化了对外开放。

第二次思想解放以姓"社"姓"资"的争论为核心问题。1989年下半年,受海内外政治形势的影响,在姓"社"姓"资"的争论上,"左"倾势力一度甚嚣尘上,有人认为特区是在引进和发展资本主义,应该"收一收"。1992年春天,邓小平南方谈话明确特区姓"社"而不姓"资"。他指出,应该把"是否有利于发展社会主义社会的生产力,是否有利于增强社会主义国家的综合国力,是否有利于提高人民的生活水平"作为判断是非得失的标准。按照"三个有利于"的标准,广东全面深入推进各项改革,切实转变政府职能,加快率先建立社会主义市场经济体制,大力发展以公有制为主体的多种所有制经济,建立现代企业制度,健全社会保障体系,进一步扩大开放,形成全方位、多层次、宽领域的对外开放格局,掀起了新一轮的改革与发展热潮。

第三次思想大解放是关于姓"公"姓"私"的争论,焦点是所有制问题。1996年年底,深圳市委书记厉有为在中央党校学习期间做了题为"关于所有制若干问题的思考"的发言。他谈道:"除了公有制与私有制以外,有没有第三种所有制形式?能否建立一个使多数劳动者占有多数生产资料的社会所有制形式?"由此,在思想理论界掀起了一场关于姓"公"姓"私"的争论。1997年9月,江泽民同志在党的十五大报告中明确提出"公有制为主体、多种所有制经济共同发展是我国社会主义初级阶段的一项基本经济制度","公有制实现形式可以而且应当多样化,非公有制经济是我国社会主义市场经济的重要组成部分"。这场关于姓"公"姓"私"的所有制之争终于告一段落,在正确理解十五大精神的基础上,广东赢得了加快发展的难得机遇。

第四次思想解放以增创新优势、争当实践科学发展观排头兵为主题。在世纪交替之际,随着改革发展在全国的推进,广东的先发优势、地缘优势和政策优势逐渐弱化,一些潜在的问题显现出来。2007年12月,中共广东省委书记汪洋在广东省委第十届第二次全会上的讲话提出,要争当实

第七章 党的建设：从拨乱反正到全面从严治党

践科学发展观的排头兵，首先必须争当解放思想的排头兵，把思想从不适应、不利于科学发展的认识中解放出来，以解放思想为"纲"，以当年改革开放初期"杀开一条血路"的气魄，推动各项工作开展；并决定从2008年1月起，用半年左右的时间，在全省开展"继续解放思想，坚持改革开放，争当实践科学发展观排头兵"学习讨论活动。通过半年的学习宣传、讨论调研和决策部署，深化了对继续解放思想重要性、紧迫性和针对性的认识，形成以新一轮思想大解放推动新一轮大发展的社会共识；初步形成破解科学发展难题的新思路新举措，出台了《中共广东省委 广东省人民政府关于争当实践科学发展观排头兵的决定》等一批政策文件，并及时将其转化为指导推动科学发展的方针、政策举措和制度；逐步探索形成贯彻落实科学发展观的成功做法和长效机制，为深入学习实践科学发展观活动积累了经验。

2. 加强思想建设，提高党员干部素质

只有保持对思想理论的清醒认识，才能保证行动上的坚定。中共广东省委很早就认识到，"从严治党，首先要从加强思想教育入手，着眼于提高党员的政治素质"①。在省委的统一部署下，各级党组织坚持不懈地进行党的基本理论、基本路线、基本方略教育，注重在解放思想中统一思想，在解放思想中加强党的思想建设，以获得谋求发展的理论支撑。经过长期的教育和实践，广大党员干部树立了牢固的实践标准，特别是生产力标准的基本观点，逐步形成了一系列具有广东特色、体现改革开放精神、与社会主义市场经济相适应的新观念，如"时间就是金钱，效率就是生命"的时效观念、"信息就是资源"的信息观念、"在竞争中求生存，在竞争中求发展"的竞争观念、"既要一轮明月，也要满天星斗"的多种经济成分共同发展的观念等，在广大党员干部中铸造起坚强的精神支柱。

（1）深入学习邓小平理论。1982年9月，党的十二大通过了新党章，这是社会主义建设新时期党的建设纲领。1983年3月，中共广东省委在全省党员中开展以学习新党章为主要内容的教育，使每个党员明确党的性质、宗旨、指导思想、最终奋斗目标和现阶段的任务，做一个合格的共产

---

① 林若：《搞好综合改革，推进社会主义现代化建设——在中国共产党广东省第六次代表大会上的报告（一九八八年五月二十日）》，见广东省档案馆编《改革开放三十年重要档案文献·广东》，中国档案出版社2008年版，第584页。

党员。为了统一党内认识，坚定党员干部对改革开放的信心和决心，针对改革中出现的弊端以及资产阶级自由化倾向，中共广东省委在党员干部中开展了马克思主义基本理论、党的基本路线和党的基本知识教育，即"三个基本"的教育；并要求开展各种形式的学习和轮训，联系实际，总结经验，提高认识，提出相应对策。1991年6月，省委出台了《中共广东省委关于加强县以上党政领导班子思想作风建设的通知》，提出要加强领导班子的思想作风建设，把县以上各级党政领导班子建设成为政治上坚定、有马克思主义理论素养、密切联系群众、坚持民主集中制、廉洁奉公、团结战斗的坚强领导核心。该通知明确指出："领导干部政治理论学习的主要内容是马克思主义基本理论、党的基本路线和党的基本知识。"① 1998年6月，中央下发《中共中央关于在全党深入学习邓小平理论的通知》，中共广东省委高度重视，及时制定下发贯彻意见，以组织好党委（党组）中心组学习为主，以实际行动带动各级组织和党员开展理论学习。省委有关部门制定了《关于县以上党委（党组）中心组理论学习检查考核的意见》，举办基层党员干部理论培训班，开展党员学习邓小平理论知识竞赛及大学生读书竞赛等活动。各地在理论学习中还探索了许多好的做法。例如，广州市实施理论武装工作"红棉工程"，着眼于新的实践，建立新的机制，形成了理论学习与理论研究、宣传相互促进的工作格局；江门市着重抓好制订和实施干部理论教育总体方案，抓好中心组学习的检查考核和经验推广；河源市着力抓好健全中心组学习六项制度；茂名市注重开展理论研讨。这些做法有效地推动了理论学习新高潮的形成，收到了较好的宣传教育效果。

（2）兴起学习贯彻"三个代表"重要思想新高潮。2000年2月，江泽民同志在广东考察工作时首次提出"三个代表"重要思想。2000年7月，中共广东省委第八届第五次会议把学习贯彻"三个代表"重要思想作为主要议题，通过了《中共广东省委关于学习贯彻江泽民同志"三个代表"重要思想的决议》。此后，省委有关部门印发了《关于在全省党员中广泛深入开展"三个代表"教育活动的意见》，部署在全省党员中广泛开

---

① 《中共广东省委关于加强县以上党政领导班子思想作风建设的通知（一九九一年六月十一日）》，见广东省档案馆编《改革开放三十年重要档案文献·广东》，中国档案出版社2008年版，第691页。

第七章 党的建设：从拨乱反正到全面从严治党

展"三个代表"教育活动。"三个代表"教育活动围绕江泽民在广东和江苏、浙江、上海考察工作及参加高州市领导干部"三讲"教育大会发表的重要讲话精神，从立党之本、执政之基、力量之源的高度，深入学习和深刻领会"三个代表"重要思想的丰富内涵、精神实质及其重大意义。活动以党员领导干部为教育重点，推动广大党员干部学习"三个代表"的热潮，进一步提高党员干部的思想政治素质；按照"三个代表"要求，有针对性地解决党员队伍在思想上、组织上、作风上存在的不符合甚至违背党的先进性和人民利益的问题，使广大党员真正保持党的先进性，充分发挥先锋模范作用，永远走在时代前列。教育活动采取党校理论培训、党委中心组学习、开好组织生活会、抓好舆论宣传等灵活多样的方式方法，推广典型经验。2003年6月，中共中央下发《关于在全党兴起学习贯彻"三个代表"重要思想新高潮的通知》，广东省遂结合学习党的十六大精神掀起了学习宣传贯彻"三个代表"重要思想的热潮。省委组织10多期市厅和县处级干部学习"三个代表"重要思想研讨班，省委书记亲自做开班动员。省委及各市组织的"三个代表"重要思想宣讲团深入厂矿、社区、村镇、学校开展学习辅导，扩大了学习宣传的覆盖面，使"三个代表"重要思想深入基层、深入群众、深入人心，广大干部群众在融会贯通、全面理解的基础上，把思想认识的提高转化为推动广东加快发展、率先发展、协调发展的精神动力。

（3）深入学习实践科学发展观活动。为使科学发展观和构建社会主义和谐社会思想深入人心，2008年9月到2010年3月，省委在广泛开展"继续解放思想，坚持改革开放，争当实践科学发展观排头兵"学习讨论活动的基础上，开展了深入学习实践科学发展观活动。针对在解放思想学习讨论活动中的薄弱环节，选择最有针对性的内容和最切合实际的方式进行"补课深化"式学习，增强学习实效；通过丰富学习形式，创新学习载体，结合调查研究和主题实践，大力开展"五个一天""四个一次"活动，努力把学习调研引向深入，引向解决实际问题。广东不断开辟新平台，拓宽教育途径，开展形式多样的活动。例如，以"广东学习论坛"为主阵地，创办"岭南大讲坛"，组织"百课下基层"形势政策宣传教育活动，推进各级领导干部深入学习党的十六大以来理论创新的重要成果。通过持续不断地学习，科学发展观和构建社会主义和谐社会的战略思想更加深入人心，走中国特色社会主义道路、实现富民强国日益成为全省人民团结奋斗的共同理想和精神支柱。

（4）推进"两学一做"学习教育常态化制度化。党的十八大以来，我国的改革开放事业进入新时代，习近平总书记在领导全党进行治国理政的实践中发表了系列重要讲话，形成了新思想新理念新战略。2016年2月，中央办公厅印发了《关于在全体党员中开展"学党章党规、学系列讲话，做合格党员"学习教育方案》，推动党内教育从"关键少数"向广大党员拓展、从集中性教育向经常性教育延伸。按照中央要求，广东上下积极部署，扎实推进"两学一做"学习教育，带着问题学，针对问题改，针对党员队伍中存在的思想、组织、作风、纪律等问题掀起了一场党性集体大"回炉"与大"考试"，着力解决突出问题，取得显著成效。在此基础上，2017年3月，中央办公厅印发了《关于推进"两学一做"学习教育常态化制度化的意见》，推进"两学一做"学习教育常态化、制度化。中共广东省委坚持融入日常、抓在经常，扎实推动"两学一做"学习教育常态化制度化落地见效。各级各单位党组织高度重视、精心组织，把"两学一做"学习教育常态化制度化作为加强党的建设的一项长期任务，压实主体责任，坚持问题导向，强化示范引领，加强组织协调，以钉钉子精神持续用力、长期坚持，确保学习教育常态长效。坚持抓常抓长，在"学"和"做"的深化拓展上下功夫；突出抓好"关键少数"，着力抓实基层支部，把标杆立起来、把基础做扎实；联系全面从严治党实践，整体推进党的建设，强功能、抓基本、补短板、重创新，全面提升基层党建工作整体水平。

3. 创办广东学习论坛，搭建理论学习平台

广东在理论学习中，不断创新方式方法，特别是创新中心组学习，创办广东学习论坛，不断提高党员领导干部运用党的基本理论解决实际问题的能力。1991年6月出台的《中共广东省委关于加强县以上党政领导班子思想作风建设的通知》指出："县以上党政领导班子要建立学习中心组，主要领导同志亲自负责。要制订学习计划，建立学习制度。"[①] 1996年11月，省委下发《中共广东省委关于建立和健全各级党委（党组）中心组

---

① 《中共广东省委关于加强县以上党政领导班子思想作风建设的通知（一九九一年六月十一日）》，见广东省档案馆编《改革开放三十年重要档案文献·广东》，中国档案出版社2008年版，第691页。

第七章　党的建设：从拨乱反正到全面从严治党

学习制度的决定》，指出搞好党委（党组）中心组的理论学习是提高领导干部思想政治素质的重要环节，要发挥中心组的表率作用，以带动党员干部的理论学习；强调各市、县党委，以及省、地级市直属机关各单位和各大企事业单位的党委（党组）都必须建立和健全学习中心组。中心组要按照"学马列要精，要管用"的原则，制订学习计划，安排学习内容，尤其是要联系广东实际，学习好中国特色社会主义理论。要切实抓好自学这个环节，健全集中学习研讨制度，建立和健全领导干部理论学习的检查和考核制度。从1996年起，全省各级党委（党组）中心组如雨后春笋般地建立起来。此后，中共广东省委又先后印发4个文件，强调各级党委（党组）中心组要建立健全理论学习制度，逐步建立完善有关学习组织制度、个人自学制度、集中研讨制度、学习考勤制度、学习档案制度、学习通报制度、学习经验交流和学习检查考核制度，形成了比较管用的学习考核标准体系。广东省所有县级以上单位基本设立了中心组。学习中心组制度的建立，为领导干部学习理论提供了平台，提供了制度保障，也提供了学习交流的机会。2003年8月，省委宣传部按惯例就中心组学习调研安排提出初步意见。中共广东省委书记张德江做了一个很长的批示："为提高理论学习效果，我一直想搞一个'广东学习论坛'，一个月搞一次。根据学习的总体安排，分别邀请中央、国家部委负责同志、国内专家来主讲，每次讲半天，听课范围扩大到厅局长。"由此，广东省委中心组每月定期的集中学习变成"广东学习论坛"。经张德江同志倡导，广东省委中心组定期举行理论学习会，注重从理论上、从战略上思考工作，从而与具体的工作研究分开。广东学习论坛是广东省委中心组学习创造的一个品牌。学习论坛坚持每月集中学习研讨一次，以马克思主义理论特别是"三个代表"重要思想、科学发展观为重点，同时注重学习经济、政治、文化、科技、法律、管理等方面的新知识，在知识系统性上不断拓展。学习论坛使理论学习由"虚"转实、由"软"变硬，不断得到强化。通过研究式学习，极大地解放了思想，省委中心组成员以身作则，带头学习，以学习促改革、促建设、促发展，大家认真讨论，互相启发，激越碰撞，理论学习的成果巨大。通过研讨学习，充分地展示了调研成果，省委中心组每年选一两个重大问题展开大型调研，针对班子中存在的倾向性问题，展开整风式学习，查找原因，自觉整改。通过整风式学习，有力地塑造了良好形象，大家在学习中弄清了问题，解决了矛盾，振奋了精神，促进了工作，收到了很好的效果。在广东学习论坛的辐射带动下,全省形成层次分明、功能各异的学习网络,干部群众理论学习蔚然成风,建设学习型政党、学习型社会和学习型组织的热情不断高涨。各市省直厅级党委（组）中心组纷纷办起了自己的学习论坛,"广州讲坛""东莞论坛""潮州学习论坛""工商协会论坛"相继涌现。广东学习论坛作为省委中心组加强理论学习的重要形式,已经成为领导干部了解世界、把握国情的窗口,成为创新观念、启迪思维的土壤,成为互相学习、交流经验的平台,成为研究问题、酝酿决策的阵地。

4. 开展"三有一好"教育

党的思想建设的主体是广大的普通党员。在改革开放过程中始终注重对党员的思想教育,是广东加强党的思想建设的显著特点。中共广东省委在开展保持共产党员先进性教育活动中,结合实际,在全省党员中开展"理想、责任、能力、形象"（"三有一好"）教育活动暨"争创'三有一好',争当时代先锋"主题实践活动,创造党员教育的新载体,产生良好效果,引起强烈反响。2004年12月,省委办公厅转发《省委组织部关于在全省共产党员中开展"理想、责任、能力、形象"教育活动的意见》,全省范围的"理想、责任、能力、形象"教育活动正式开始。从2004年12月起,用3年左右的时间,分学习教育、主题实践和巩固提高三个阶段开展教育活动。2004年12月至2005年3月为学习教育阶段,主要是组织党员学习党章、党的十六大报告、党的十六届四中全会文件和《党员理想、责任、能力、形象教育读本》《我是共产党员》等书籍,观看《郑培民》《张思德》《让党旗更鲜艳》等影视片,重温入党誓词,开展"一名书记讲一次党课"活动；召开一次党支部民主生活会,对照党员标准找差距,开展积极的批评与自我批评；要求党员干部尤其是县处级以上党员领导干部带头学习,撰写学习心得。2005年4月至2006年12月为主题实践阶段,以"争创'三有一好'、争当时代先锋"为主题,以基层党组织为组织者,以党员为主体,开展形式多样、丰富多彩的主题实践活动,覆盖所有基层党组织,使广大党员的先进性在岗位上发光,在社会中闪亮；各个基层党组织联系本地区本单位本行业实际,针对党员不同职业身份的特点,紧扣"争创'三有一好',争当时代先锋"主题,开展了形式多样、党员喜闻乐见的主题教育活动,如组织先进事迹报告会、"七一"表彰会、开展主题鲜明的党日活动、知识竞赛、图片展览、文艺晚会,组织宣讲

第七章 党的建设：从拨乱反正到全面从严治党

团、艺术表演团"送课下乡""送戏下乡"等。2007年1—5月为巩固提高阶段，主要是考评验收，认真"回头看"；以"三个认可"为考评标准，即党员争创"三有一好"，争当时代先锋，保持先进性，党组织认可、党员认可、群众认可；各地在总结经验的基础上，建章立制，建立健全党员学习培训、党员思想教育、党员目标管理、流动党员管理、民主评议党员、党员联系群众等有效机制，把"理想、责任、能力、形象"教育纳入党员日常教育管理工作中，形成长效推进机制；通过开展"理想、责任、能力、形象"教育活动，全省广大党员进一步坚定共产主义理想信念，增强执政为民责任，提高促进发展能力，树立干干净净干事的良好形象，在实际中工作中取得了显著效果，也得到了中央的认同。

（二）在固本强基中加强党的组织建设

"党的基层组织是确保党的路线方针政策和决策部署贯彻落实的基础。"① 高度重视基层党组织建设，把基层党组织建设成为推动改革开放的坚强堡垒，是历届中共广东省委抓好基层党建工作的一贯思想。广东省推进基层党组织建设的突出亮点，就是实施固本强基工程。广东省市场经济发育比较早、比较快，经济社会转型具有非同一般的复杂性，各种利益关系相互作用，流动人口达到4 048万（截至2017年7月10日），社会管理任务繁重，社会矛盾暴露得更早、更充分，对基层党组织服务经济建设、提高社会整合能力、化解社会矛盾、扩大党的影响力、巩固党的执政基础等都提出了新要求。省委审时度势，从2003年起实施了固本强基工程，全面加强各个领域党的基层组织建设。广东在加强党的基层组织建设方面的成功实践和探索主要表现在健全农村党建运行机制、创新国企党建管理方式、社区党建搭建服务平台、拓宽"两新组织"（"新经济组织和新社会组织"的简称）党建领域这四个方面。

1. 20世纪80年代的整党

1983年年底至1987年上半年的3年多的时间中，按照中央部署，全省党的基层组织分期分批进行整顿。这次整党的主要任务是统一思想、整顿作风、加强纪律、纯洁组织。在全面开展整党之前，1983年1月开始，

---

① 习近平：《决胜全面建成小康社会 夺取新时代中国特色社会主义伟大胜利——在中国共产党第十九次全国代表大会上的报告（2017年10月18日）》，人民出版社2017年版，第65页。

广东在省卫生厅和新会等 8 个县及其机关、两个市属部局和 10 个国有企业单位进行整党试点。1983 年 10 月 28 日，省委发出通知，要求全省各级组织立即组织党员认真学习《中共中央关于整党的决定》。1983 年 11 月，省委整党领导小组改为省委整党工作指导小组，全省整党工作正式全面展开。

全省整党工作分 3 期进行。第一期为 1983 年年底至 1984 年年初，用 1 年时间整顿省一级领导机关的党组织；第二期整党于 1985 年 7 月全面铺开，主要是整顿地（市）、县和相当于这两级的企事业单位党组织；第三期整党从 1985 年冬开始，主要是整顿区、乡农村基层组织。这次整党的基本做法是：抓住增强党性、提高党员思想政治素质这一中心环节，认真学习文件，统一思想，对照检查，边整边改；最后进行组织处理和党员登记，纯洁组织。在整党中，各级党委都组织专门力量，清理"三种人"（"文化大革命"期间靠造反起家的人、帮派思想严重的人、打砸抢分子），查处犯有其他错误的党员。通过历时三年半的整党，克服了各种错误思想，提高了对党的十一届三中全会路线的认识，增强了贯彻执行党的路线、方针、政策的自觉性；严肃查处以权谋私和违法犯罪行为，刹住了新的不正之风，促进了党风的进一步好转；注意健全民主集中制，改变党组织的软弱涣散状况，加强了基层组织的管理和教育，增强了党支部的战斗力；认真清理"三种人"，做好组织处理和党员登记工作，对犯有各种错误和严重问题以及不合格的党员进行了处理，消除了隐患，纯洁了组织。

2. 实施固本强基工程

固本强基工程即固为民之本、强执政之基。2003 年 3 月，中共广东省委第九届第三次全会审议并通过《中共广东省委关于实施固本强基工程全面推进党的基层组织建设的决定》，决定从 2003 年 3 月开始，集中 3 年时间，在全省实施固本强基工程，全面推进党的基层组织建设，切实解决存在的突出问题，全面提高基层党组织的创造力、凝聚力和战斗力，使全省基层党组织政治更加坚定、组织更加坚强、作风更加务实、制度更加完善，真正成为"三个代表"重要思想的组织者、推动者和实践者。广东省实施固本强基工程呈现出鲜明特色。①把党员的思想政治教育和加强党的基层组织建设有机地结合起来，不仅党的思想建设有了载体，党的组织建设有了灵魂，还对发挥基层党组织的战斗力和凝聚力、巩固党的执政基础有着直接的意义。②把党员的思想政治教育和干部队伍建设特别是作风建

第七章 党的建设：从拨乱反正到全面从严治党

设有机地结合起来，抓住了基层党组织建设的关键。③把党员的思想政治教育和提高党员联系群众的能力有机地结合起来，能够更好地体现党员教育的目的性，发挥广大共产党员的先锋模范作用。④把党员的思想政治教育和发展经济有机地结合起来，能够更好地把党的基本路线落实到基层，更好地为人民群众谋利益。至2006年，全省各级党组织着力抓基层、打基础，真抓实干、稳扎稳打，通过组织指导农村先进性教育活动，抓好"理想、责任、能力、形象"教育，乡镇党委换届选举，组织"十百千万"干部下基层驻农村等工作，深入推进固本强基工程，取得了显著成效。党的基层组织建设的重点工作扎实推进，薄弱环节得到加强，难点问题取得突破。全省重点排查整顿了598个后进村党支部，选好配强39个重要村、难点村党组织的领导班子，帮助解决突出问题，维护农村社会稳定；共建立党政领导干部固本强基工程联系点22 510个，建立了556个固本强基示范点，以点带面，典型引路，基层党组织的工作方式和活动方式不断改进，活力得到激发，凝聚力和战斗力不断增强，党员队伍整体素质不断提高，在深化改革、促进发展、保持稳定以及抗击重大自然灾害、防控重大疫情、处理突发事件中显示了强大的战斗力。2003年4月，胡锦涛视察广东时高度评价固本强基工程，认为这项工作"看得准、抓得好"。

3. 健全农村党建运行机制

全面建成小康社会重点在农村，难点也在农村。广东把农村基层组织建设视为重中之重，将党建之根牢牢扎进全省农村大地，采取有力措施，扎实推进。①建立选派干部下基层驻农村机制。在实施固本强基工程中，省委决定从2005年起连续3年，每年选派"十百千万"干部下基层驻农村，保证全省每个村都有一名以上干部进驻。固本强基工程和"十百千万"干部下基层驻农村是广东首创，是加强基层组织建设的载体。农村实施固本强基工程中，全省各级挂点单位帮助驻点村规划和落实发展村级集体经济项目6万多个，全省有1 275个贫困村集体经济年纯收入超过了3万元；省直单位驻点村年集体经济纯收入平均5.3万元，增长176.6%；全省农村居民人均纯收入达到5 079.80元，比2005年增长了12.5%，农村基础设施建设较好完善。3年里，各挂点单位紧紧围绕新农村建设的总体规划，充分发挥资金、技术和资源优势，在驻点村的交通、水利、学校、办公楼等基础设施建设方面共投入资金60多亿元，建设硬底化村道8 536公里，整治修建各类水利工程1.2万处，修建文化娱乐、教育卫生场所和美化村容村貌等项目2.5万个。②以"三级联创"为载体的基层组织工作机制。建立市、镇(街)、村"三级联创"目标管理机制,形成了层层落实责任,一级抓一级,层层抓落实的工作格局。例如,增城市(现为广州市增城区)专门成立市委基层组织建设领导小组,制定实施《中共增城市委关于"三级联创"活动的实施意见》,切实加强领导,形成领导小组成员单位充分发挥职能、密切配合、各负其责、联动创建的工作机制,有效地调动了市、镇(街)、村三级党组织的积极性和主动性。③探索村党组织领导的村民自治运行机制。实行村民自治以来,广东制定下发了《广东省村务管理办法(试行)》《广东省村民委员会选举办法》《〈广东省村民委员会选举办法〉实施细则》《广东省村务公开条例》等文件,使村民自治有法可依、有章可循。各地结合具体情况,加快制定和完善村党组织对村的重大问题讨论决策制度、村"两委"联席会议制度、村民代表会议制度、村务公开制度、民主理财制度、民主监督制度等,并指导各村从实际出发,制定可操作性、约束性强的村规民约,逐步实现依法治村、以制治村,用制度规范村干部和村民的行为。同时,对村党支部的选举,因地制宜地实行了"党内推荐、群众推荐、党内选举"("两推一选")的制度;对于村委会的选举,除了严格按照《中华人民共和国村民委员会组织法》的规定程序选举外,还实行选举观察员制度,在全国尚属首创,对选举中的不良倾向和影响正常选举的姓氏宗族等活动起到了威慑作用,促进了村级依法进行换届选举工作的顺利进行。④农村党员联系村务工作责任制。2001年,惠州市小金口街道党工委决定推行"农村党员联系村务工作责任制",规定以党小组为单位,以近邻的亲属为结合点,根据党员的能力和实际情况,有针对性地分配挂钩联系3~8户农户,将发展经济、计划生育、治安调解、环境建设、科普教育、生活宽裕、文明创建、缴纳税费等8项村务工作责任交给农村党员,以此增强农村党员的工作责任感。小金口农村党员联系村务工作责任制为全国首创,得到时任中共中央政治局常委李长春等领导以及中央"三个代表"督查组的充分肯定和好评。小金口街道党工委分别被中组部、广东省委授予"全国先进基层党组织""全国农村'三个代表'重要思想学习教育活动先进集体广东省模范乡镇党委"等称号。⑤建立基层干部任职培训和经常受教育机制。基层干部是各项工作任务的主要贯彻落实者,其素质高低直接影响任务完成情况。广东各地因地制宜,采取多种形式开展基层党员干部培训,不断

第七章 党的建设：从拨乱反正到全面从严治党

提高其素质与能力。例如，广州市番禺区坚持"三个培养"（在能人中培养党员、在党员中培养能人、在党员能人中培养村干部），加强后备干部队伍建设。采取区、镇（街道）、村和培养对象四级联动的方式，切实做好实施"三个培养"工程的一系列工作。梅州市注重创新机制，增强培训活力，推进党校教学方式多样化，利用农村示范服务基地进行实践性培训，依托大中专院校进行提高性培训，利用党员电化教育的载体进行普及性培训。

4. 创新国企党建管理方式

国有企业是国民经济的重要支柱，是党执政的经济基础。加强国有企业党建工作，是更好地以党建促生产、提高国企核心竞争力的迫切需要。改革开放以来，在逐步确立国企市场竞争主体地位的过程中，我国国企的建设经历了由强到弱、由弱到强的发展演变过程。探索适应国有企业特点的党建工作，一直是广东省加强国有企业党建工作的重点。①规范和完善了国企领导体制。加强国企党组织建设，首先必须明确国企党组织的角色定位，而国企党组织的定位又与国企领导体制直接相关。广州市比较早对国企领导体制进行了多方面的探索。中共广州市委早在1994年就根据党的十四届四中全会精神，下发了《关于在建立现代企业制度中加强党的工作的意见》，明确提出建立现代企业领导体制应当遵循的重要原则：坚持企业发展的社会主义方向；坚持党的建设必须服从和服务于企业经济工作大局；充分体现党组织在现代企业中的政治核心地位与政治核心作用；完善企业内部治理结构，依法规范企业内部权力运作；等等。进入21世纪以后，又先后下发了《中共广州市委关于国企改革和发展的若干意见》《关于进一步深化广州市国企领导体制改革的若干意见》等一批规范性文件，对国企领导体制改革提出系列政策要求，对国企领导人的选拔、管理、激励、监督、培训等问题提出明确的政策要求，并按照"双向进入、交叉任职"的办法配备国企领导班子，为国企党组织发挥政治核心作用提供了制度保障。① ②以标准化的工作机制管理党务工作。国有企业规模庞大，党员人数众多，实施标准化管理是推进党建工作科学化规范化的内在需求。例如，广州三汽公司建立党群系统质量管理体系，结合企业现状，

---

① 参见黄克亮《改革开放以来国有企业党建工作的探索与创新研究——以广州为例》，载《探求》2011年第3期。

确定"围绕中心、促进发展、提供保障"的党群工作质量方针，对各项工作制度进行归纳、整理、修订，编制了《管理手册》和9个程序文件，建立起全面、规范、有层次的党群系统质量管理体系文件架构，贯彻"以顾客为关注焦点、领导作用、全员参与、过程方法、管理的系统方法、持续改进、基于事实的决策方法及与供方的互利关系"等八项原则，实现对党群系统所有工作的过程控制、程序管理，提高管理效率，提升管理质量。③以创新激励机制为重点培育支部书记。选好配强党支部书记是做好基层党建工作、发挥支部战斗堡垒作用的关键。广东省国有企业党建注重加强以支部书记为重点的党务干部队伍建设，建设一支有能力、有创新、有作为的党务干部队伍。在实践中，注重建立创新激励机制，对党务干部进行持续有效的激励，增强党务工作创新的动力；提高党务干部创新能力，要求其必须运用创新的思维方法、创新的工作方法，勤于思考，善于改进，敢于创新。④以党员素质教育为抓手培训好党员。将党员人才的优秀素质岗位化、形象化，积淀具有标杆作用的优秀党员行为文化。例如，中国电信广州分公司机关党委把党员素质分为"先锋模范"和"带领群众"两大类，分别列出不同的层级，确定具体的行为指标，提出清晰的实施途径，实现企业党建工作软硬管理的相互融合。通过素质应用中的身份提醒、工作记录，从岗位效能上将党员先进性与企业营收创新融为一体，切实把广大党员的注意力和兴奋点凝聚到带动群众共进步、同发展上来，为企业转型与发展提供精神保障。

5. 社区党建搭建服务平台

加强社区党建工作，有效发挥街道社区党组织在整合社区政治资源和社会资源中的优势，充分调动各方面的积极因素，努力构建社区党建工作的有效运行机制，是新时期加强党的基层组织建设的需要。从广州、深圳、佛山等地开展社区党建的实践经验来看，社区党建搭建服务平台，已经成为广东社区党建工作的突出特点。①构建社区党建工作新格局。社区党建的区域性特点，客观上要求建立起纵横结合、网络联动的社区党建新格局。广东在探索社区党建中，注意调动街道、社区党组织和辖区单位党组织的积极性，寻求街道、社区党组织和辖区单位党组织的结合点，将社区的所有政治资源紧密地连接、整合起来，形成推进社区党建工作的合力。比如，广州市围绕"三年一中变"的任务，各街道党工委积极发动辖区内机关团体和企事业单位党组织和党员，开展以"共产党员奉献在社

第七章 党的建设：从拨乱反正到全面从严治党

区"为主题的系列活动，参与"三年一中变"城市管理、环境整治、小区绿化美化及群防群治等活动，使居民群众感受到社区党组织的活力，增强社区意识，从而踊跃地投入到社区的管理和建设中。②建立党内服务三级网络。为加强对社区党建的指导，提升社区党建服务水平，广州市于2003年8月开始在全市范围推行建立社区党建工作指导员队伍。社区党建工作指导员积极配合各街道党工委加强对社区、"两新组织"的指导，协助基层党组织抓好党员的教育管理工作，积极开展"关爱党员"服务活动，提高对社区党员的服务和管理水平。广州市越秀区党建工作指导员以"一家一站一中心"党内服务三级网络为载体，积极开展接转组织关系、接受党员求助、党员义工服务等多项服务。"一家"即在各社区居委会建立"党员之家"，以服务为纽带，将社区党员维系、团结在社区党组织周围。"一站"即各街道党工委依托社区服务中心建立和完善党员服务站，为辖区内党组织开展党内活动提供阵地，为党员提供就业、职业培训、文化学习、信息交流服务等帮助。"一中心"即区级建立党员管理中心，提供政策咨询、业务指导、组织协调、资源整合、党务服务、扶贫解困、教育培训和管理创新等服务。荔湾区站前街的党建工作指导员对下岗失业人员实行"温暖管理"，既加强思想引导工作，也积极为他们提供就业培训信息，联系就业岗位。① ③推进社区党建标准化建设。社区党建是改革开放以后随着城市基层治理改革而产生的新鲜事物，由于没有统一的规范和标准，存在着社区党组织核心地位不突出、社会组织参与不足、服务群众能力弱、党员作用发挥不突出等问题。为克服这些问题，提升社区党建水平，2015年12月，深圳市出台了《关于推进社区党建标准化建设的意见》，以科学合理地把握党建工作的规律特点，让社区党建工作从以往的树典型、抓示范走向常态化、规范化、制度化。自实施社区党建标准化以来，各区建立了科学、规范、简洁的社区工作职责目录，以社区党委为领导核心，理顺了居委会、工作站、股份合作公司、群团组织、社会组织、业主委员会、物业公司、驻社区单位等积极参与和有序运转的组织架构。社区党委被赋予"四项权力"，即重要事项决策权、人事安排权、领导保障权和管理监督权，突出了领导核心作用。标准化议事决策机制建立起来了，社区重大事项决策按照"四议两公开"程序进行，经过党委提议、班

---

① 参见陈超《广州社区党建工作指导员活跃大街小巷》，载《中国人事报》2007年9月12日。

子商议、会议审议、集体决议、决议公开、实施结果公开的流程,让社区党委切实拥有了重大事项决策权,也让决策更加科学、合理、公开、透明。该文件出台一年里,深圳在全市 645 个社区全面推行党建标准化建设,推进组织建设、党员管理、治理结构、服务群众和工作职责"五个标准化"建设,社区党建能力实现整体提升,基层党组织和党员的内在动力被激发。①

6. 拓宽"两新组织"党建领域

"两新组织"是改革开放条件下形成的新型组织。如何加强"两新组织"党建工作,是广东拓宽党建新领域进行的积极探索。在实际工作中,广东在全国率先组建了全国第一个省级社会组织党工委、第一个律师协会党组织、第一个外资企业党支部、第一个外资企业党委、第一个以流动党员地籍为纽带的"同乡村"型党组织,建设了第一个非公企业党建博物馆,规模以上"两新组织"党组织组建率超过 99%,有 3 名以上正式党员的"两新组织"单独组建党组织率达到了 100%,实现了省委提出的"应建尽建"目标,形成具有广东特色的"两新组织"党建经验。①私营企业党建的"广州经验"。1996 年 4 月,经广州市委批准,市私营企业协会在全国率先成立了私营企业协会党委,正式把私营企业中的党员交给各级工商行政管理部门党组织管理。在私企党建工作中,组织建设是重点,组织管理是难点,广州用"双轨三级制"模式,实现了化难为易:市工商局党委—工商分局党委—工商所党支部和市私营企业协会党委—区、县级市私营企业协会党总支—基层分会党组织管理架构,形成了集中统一的组织体系;先后制定了私营企业党组织组建制度等 11 项制度,使全市私营企业党建工作向着制度化、规范化方向发展。广州立白集团不但建立了党委,党委里设立了纪委,而且成立了广东省民营企业第一家统战部、广州市民营企业第一家武装部,还被评为全国先进党组织。其高层管理人员中,党员超过 40%;虽然党员员工只占全部员工的 10% 左右,但在每年的优秀员工评选活动中,党员员工占到 36%;在日常的实际工作中,党员切实发挥了模范带头作用。②合资企业党建的"广本模式"。与国有企业相比,中外合资企业党建有三个不同特点:党委不能直接参与企业决策,不能设立专职党务机构,一般不能占用生产时间开展党务活动。例如,五

---

① 参见党文婷、严圣禾《深圳:让社区党建更"接地气"》,载《光明日报》2017 年 1 月 8 日。

第七章 党的建设：从拨乱反正到全面从严治党

羊本田公司党委依照企业特点创新合资企业党建工作，探索党的工作工会化，形成了独具特色的党建工作路子：领导体制的兼容化、党务干部的兼职化、党的活动的业余化、活动载体的具体化、党员党性的人格化。党组织充分运用工会这一合法组织进行活动，紧扣企业发展的每一个关键转折阶段和不同时期的经济工作重点，将党建工作更多地与工会工作相结合，"以企业的成功为最高利益"，让外方看到党组织和工会组织的积极作用。"广本模式"在全省乃至全国中日合资企业普遍推行，已经发展成为合资企业党建工作的成功典范。③"两新组织"党建的"珠海范本"。珠海是"两新组织"党建工作发展较早的地区，也是中央党建工作领导小组秘书组在全国建立的10个党建联系点之一。改革开放以来，珠海率先实践探索，锐意改革创新，在健全领导体制和工作机制、推进党的组织和工作覆盖、党组织和党员作用发挥、资源保障体系建设等方面，总结提炼了"扁平化"管理模式、开放式组织生活、党群工作一体化、三纳入双隶属一体化（依托民政部门在社会组织注册登记时，把党建工作纳入前置程序；在社会组织年检年报时，将党建情况纳入年检内容；在社会组织等级评估时，将党建工作纳入考核范围）、园区党建等一批务实管用的经验做法，打造了以受到中组部表彰的全国先进基层党组织汉胜公司党委、珠纤公司党委等为代表的一批先进典型，为加强和改进"两新组织"党建工作提供了"珠海范本"。

（三）在法治强省中加强党的制度建设

制度治党是全面从严治党的题中应有之义，是依法治国在党的建设领域的具体体现。以改革精神建设党，在探索改革中加强党的制度建设，是中共广东省委在改革开放之初就确定的党建思路。改革开放以来，随着社会主义市场经济体制的逐步建立，人民民主和法制建设的逐步推进，党内民主和党内制度建设的实践也随之展开。党的十八大以来，广东在推进思想建党的同时，将制度治党贯串于党建工作的全过程，着力推动党的建设规范化、制度化、科学化；在改革实践中加强党的制度建设，始终贯串于广东改革开放40年党的建设实践，是对广东党建实践创新和理论创新的归纳总结。

1. **建立健全党员学习教育制度**

思想建设是党的基础性建设。加强思想建设、坚定理想信念、牢记党的宗旨，必须常抓不懈地用党的理论创新成果武装全党，必须用制度保障思想建设落到实处。为了使学习教育活动常态化、规范化，广东各级党组织建立了"干部读书日"制度，要求处级以上干部集中读书每年不少于5天、其他干部则不少于3天，引导党员干部爱读书、读好书、善读书。省委、省政府机关开展"读书漂流活动"，省委主要领导带头读书、推荐书目；各地各单位广泛开展了"南国书香节"和"全民读书月"等活动，促使广大党员干部努力把学习当作一种工作方式和生活方式，在勤学善学中优化知识结构、提高综合素质、增强创新能力。

全省各地市和单位的中心组普遍建立了"一把手"抓学习的责任制。根据中共中央办公厅《关于进一步加强和改进党委（党组）中心组学习的实施意见》（中办发〔2008〕17号）精神，县级以上党委（党组）还分别制订了实施意见和检查考核方案。各地各部门还建立了促进和保障学习的检查考核激励机制。广州、深圳、韶关、中山等市相继制定了党委（党组）中心组理论学习考核办法，每两年由市委组织部和宣传部牵头，采取重点考核与集中互评相结合的形式，对辖区所属乡镇以上单位党委（党组）中心组学习开展一次检查考核。对理论学习先进中心组、优秀学习秘书等进行表彰，并在全市"七一"表彰大会上通报，颁发匾额和证书，激励各级党组织和党员干部争创学习型组织、争当学习标兵。全省市、县两级党委中心组学习的积极性和主动性也不断增强，相继举办了学习论坛或讲坛，做到了组织领导到位、学习制度到位、学习活动到位，保证了学习的时间、人员、内容和效果"四落实"。①

党的十八大以来，为进一步推进各级党委（党组）理论学习中心组学习制度化、规范化，推动理论武装工作深入开展，加强领导班子思想政治建设，根据《中国共产党党委（党组）理论学习中心组学习规则》等党内法规，广东省结合实际，制定了《广东省党委（党组）理论学习中心组学习办法》。该文件明确提出，集体学习研讨应当保证学习时间和质量，每年应当集中一定时间学习，每季度不少于1次，每次集中学习时间为半天以上；理论学习中心组成员每年集中学习研讨的请假时间，原则上不得超过当年所学次数（场次）的1/4；党委（党组）理论学习中心组学习专项经费应当列入本地区本部门本单位年度财政预算；等等。省委理论学习

---

① 参见吴克辉《新时期广东党组织对制度建设的探索》，载《党史文苑》2012年第20期。

第七章 党的建设：从拨乱反正到全面从严治党

中心组带头坚持学习制度，做到季度有安排、月月有计划，认真办好广东学习论坛、省委常委会专题学习研讨会等活动，丰富理论学习的内容和形式。凡是对普通党员的学习要求，省委理论学习中心组成员都要首先做到，同时要更进一步、学深一层，充分发挥引领示范作用。在省委的示范引领下，全省各级党委（党组）理论学习中心组学习做到任务明确、措施具体、目标清晰、考核严格，特别是对推进"两学一做"学习教育常态化经常化，做好经常学、长期学的安排部署。例如，广州市将理论学习作为一种政治责任和精神追求，列入重要议事日程，纳入党建工作责任制，纳入意识形态工作责任制，以制度建设为抓手，把学习党章党规、习近平总书记系列重要讲话精神和治国理政新理念新思想新战略融入日常、抓在经常。

2. 创新干部选拔任用机制

政治路线确定之后，干部就是决定的因素。"一定要在选准人上做好做足文章"是中共广东省委贯彻始终的追求。广东省对干部选拔制度公开、民主、科学化的改革探索发端于1986年。1986年，深圳市公开招聘审计局、标准计量局正副局长，广州市公开招聘广州大学校长、市经济贸易委员会副主任等3名局级干部。这种以招聘的方式公开选拔政府较高职位人选的办法，是广东在干部选拔领域进行的"敢为天下先"的尝试。但此后，广东的干部制度改革曾一度滞后，其用人优势已经落在上海、江苏等省市后面。

1998年7月，中组部、人事部召开党政机关推行竞争上岗工作会议，对在全国党政机关推进竞争上岗工作进行部署。中共广东省委书记李长春明确指示，广东省的竞争上岗工作要扩大试点范围，规范做法，取得经验，并将其作为选人用人的一项制度。以此为起点，广东开始从选人用人制度建设层面来考虑和推行竞争上岗试点工作，省委组织部提出的竞争上岗试点方案，范围从党政机关扩大到企业、事业单位和高等院校，职位从中层职位顺延到省财政厅等单位的5个副厅级职位。省委组织部作为试点单位，拿出了10个处级职位进行竞争上岗。试点工作取得成功后，中组部干部调配局于1999年7月在广东召开带有现场会性质的研讨会。

2000年3月，广东省委、省政府机关机构改革拉开帷幕。广东抓住省委、省政府工作部门机构改革的有利时机，大力推进干部选拔制度的创新。除公安和安全等个别部门因工作特殊性外，机关中层干部实行全员竞争上岗，上任的正副处长"全体起立，竞争上岗"。此后，省委又做出决策，结合机构改革，拿出了省委办公厅、省委宣传部等14个重要部门的副职，面向全省进行公开选拔。这次公开选拔主要是探索公开选拔的科学化、民主化和制度化的路子，探索用公选去带动一批、发现一批、考察一批、储备一批、培养使用一批优秀中青年干部的新路子。通过竞争上岗，妥善解决了机构改革当中干部分流的问题，改善了中层干部队伍结构，正副处长平均年龄下降4.5岁，本科以上学历人数提高了9.5%，原有的正副处长中有191人通过竞争上岗平稳地退了下来。

2001年，市、县、乡三级机构改革全面推行。2001年4月，省委组织部在深圳召开了市、县机构改革竞争上岗和公开选拔座谈会，对市、县、镇机构改革中全面推进竞争上岗和公开选拔进行动员部署，公选竞争上岗的工作重点也从种好省直机关自身的"试验田"转向具体组织指导和协调服务好全省全面推开的两项改革。一年多的时间内，除深圳市作为全国干部制度改革试点单位另有安排外，全省各市实行竞争上岗的职位就有3万多个。各地在推行这项改革中，结合实际进一步探索创新。广州除公选部分局级领导干部外，还将市直单位70多个中层职位拿出来公选；佛山采取竞争上岗与公开选拔相结合的办法，分别选拔市直单位领导班子的缺额人选；江门在市直机关开展跨部门的竞争上岗。

2008年6月，广东又面向全国进行省、市联合公开选拔100名厅处级领导干部。这次公选资格初审合格的43 337名报考人员中，全部具有本科以上学历。其中，硕士研究生1 738人，占40.1%；博士研究生699人，占16.1%；博士后171人，占3.9%。平均年龄34.8岁，其中报考省管职位的人员平均年龄37.7岁，最年轻的26岁。报考人员中，女性624人，非中共党员382人；来自省内的2 360人，来自省外的1 960人，来自国（境）外的17人，来自中央国家机关的149人，来自地方党政机关的2 694人，来自国有企业的453人，来自高校、科研院所等事业单位的842人，来自"两新组织"的199人。这次公选把履行领导职位应具备的基本素质和能力作为测试重点，注重考察领导干部应该具备的基本素质，把领导工作内容独立设考，深入考察报考人员的实际领导工作能力；分层次、分类别设考，试题分省管、广州深圳市和地级市管职位两个层次，按党政、高校、企业三个类别分别命题；外语列为考试科目，不计入笔试成绩，但须达到合格分数线，体现了省委的用人导向，有利于行政干部加强对外交流合作吸纳高素质人才。这次联合公选在境内外引起了强烈反响,对继续深化干部人事制度改革起到了积极的推动作用。此外,2008年6月,广东省委第十届第三次全会出台了关于争当实践科学发展观排头兵的决定,要求"建立落实科学发展观的评价体系和考核办法"。随后,省委印发了《广东省市厅级党政领导班子和领导干部落实科学发展观评价指标体系及考核办法(试行)》。这一评价体系和考核办法将广东省21个地级以上市划分为4个区域:都市发展区、优化发展区、重点发展区和生态发展区。在4个发展区域的考核中,经济发展指标都只占30%左右的权重。

通过上述几个阶段的改革,竞争上岗和公开选拔在全省已经形成良好氛围,有了深厚的实践基础。作为新的干部选拔制度,虽仍有不甚完善之处,但从总体实践结果看,已具备基本的制度架构和体系。这集中体现在建立了五个机制:①公正的平等进入机制。凡是符合条件的,都可以平等地报名参加公开选拔和竞争上岗,都有同等的选拔机会,按照同样的选拔程序,打破了"在少数人中选人"的旧格局,体现了公平、公正、公开选人用人的原则。②有序的竞争比较机制。由于引入了竞争机制,变"伯乐相马"为"赛场选马",由"领导点将"走向"制度选人",完全凭真才实学和工作实绩决定干部的升降去留,形成了比工作、比学习的好风气,体现了竞争激励的原则。③科学的择优任用机制。在选拔的各个程序中,只看卷面,不看情面,避免了某个人说了算的情况,体现了民主集中制的原则。④公开的民主监督机制。坚持公开原则,使群众的知情权、参与权、选择权、监督权得到比较充分的体现,打破了"由少数人去选人"的旧格局,体现了群众公认的原则。⑤良性的"能上能下"机制。上来要靠真本事,靠德才条件;实行任期制,5年任期满后经考核合格,才能继续任职,为干部能上能下拓展了新的思维空间和上下渠道。①

3. 探索党代会常任制试点

党代表大会常任制是中国共产党为了把党的民主生活提高到更高水平,多年来不断进行研究和探索的一项重要制度。按照党的十六大报告提出的"扩大在市、县进行党的代表大会常任制的试点,积极探索党的代表大会闭会期间发挥代表作用的途径和形式"的要求,2003年3月,经中

---

① 参见母发荣、力之《从竞争上岗到票决"选官"——广东干部选拔制度改革扫描》,载《中国公务员》2002年第5期。

组部同意,中共广东省委决定在惠州市、深圳市宝安区和阳江市阳东县开展党代表大会常任制试点工作。在试点工作中,惠州市通过建立党代表大会年会制度和党代表提案制度、视察制度、旁听制度、联系制度等,积极探索在试行党代表大会常任制下发挥党代表议党议政作用的途径和形式。惠州市作为全省试行党代表大会常任制的唯一地级市,进行了五个方面的探索与实践。

（1）扩大党代表的覆盖面,保证党代表代表性与广泛性。为了有利于发扬党内民主,确保党代表具有较高的综合素质和较强的代表性与广泛性,在惠州市第八次党代会代表选举中,惠州市既严格遵循党代表选举的基本原则,也注意在执行文件规定与实际结合上下功夫,力求有所创新。全部代表均达到了中学（含中专）以上文化程度,其中具有大专以上文化程度的383名,占90.6%,比上次党代会提高了12.5%;50岁以下的代表327名,占78%,比上次党代会提高了4.5%。

（2）成立党代表联络办公室,负责党代会常任制试点日常工作。惠州市委在2003年3月底,成立了以市委书记为组长、市委副书记为副组长、市委常委为成员的惠州市党代会常任制试点工作领导小组。2003年8月,成立中共惠州市委党代表联络办公室,作为试点工作常设办事机构,具体负责常任制试点日常工作。此后,市委党代表联络办公室创办了《党代表通讯》内部刊物,主要传递市委、市政府的工作信息,反映党代表心声,展示党代表风采,交流工作经验,追踪党代表关注的社会热点,探索新时期党建工作新路子,使之成为推进党内民主和党代表议党议政、交流工作经验的重要平台和园地,成为市委联络党代表的有效载体。

（3）出台整套工作制度,规范代表团和代表活动。惠州市出台了《中国共产党惠州市代表大会常任制制度（试行）》《中国共产党惠州市代表大会闭会期间代表活动制度（试行）》《惠州市党代表意见、建议征集处理制度（试行）》《关于惠州市党代表资格的暂停、消失和代表增补的规定（试行）》《关于市委委员代表、党员、群众联系的制度（试行）》《关于代表大会、全委会、常委会的职责和工作制度（试行）》《中共惠州市委党代表联络办公室职责及工作制度》7份与常任制工作相配套的制度文件。

（4）编辑《党代表手册》,引导党代表履行职责义务。及时编辑《党代表手册》,举行隆重的首发式,向党代表发放,供党代表在学习工作中

第七章 党的建设：从拨乱反正到全面从严治党

参考使用。该手册主要包括工作指引、党建问答、政策法规等三方面的内容，共32万字，收集了党的十六大报告、党章、宪法、常任制工作制度、外地经验和常用党内文件等，内容丰富，指导性、可操作性强，属全国首创，深受党代表和党务工作者欢迎。

（5）探索党代表发挥作用的多种实现形式。2003年，在惠州市委、市政府组织的"万众评公务"活动和市委召开党政领导班子民主生活会前，市委党代表联络办公室向市党代表发放了征求意见表，充分听取党代表对市直窗口单位作风建设和市委、市政府领导班子及其成员在工作作风、执行纪律等方面的意见。组织市直机关、企业部分党代表参加"万众评公务"整改情况的视察活动，督促在"万众评公务"活动中干部群众意见较多的单位搞好整改工作；组织全市10个示范镇党委书记、各县（区）委组织部长和市规划、国土、农业部门领导等党代表，参加以"互动学习、共促发展"为主题的示范镇党委建设情况视察活动。2006年，省委组织部在惠州市举办广东省市、县党代表大会常任制试点工作交流研讨会，对惠州市党代会常任制试点工作的基本做法经验给予充分肯定。除惠州外，深圳市宝安区出台了《代表大会会议制度》等"1+7"制度体系，阳东县出台了《关于加快推进党代表大会常任制试点工作的若干意见》等8项相关配套制度。3个试点单位都坚持以制度为保障，把工作的着力点放在制度建设上，制定出台相关配套制度文件，构筑党代会常任制的基本框架。

4. 积极推进党内民主建设

作为改革开放的前沿阵地，推进党内民主改革是广东的责任，也是广东各项事业不断发展的需要。中共广东省委大胆探索，在民主决策机制、选人用人等方面积极创新，不断完善机制、制度，为进一步扩大党内民主奠定了坚实基础，也为正确把握推进党内民主建设的原则要求创造了良好经验。

（1）不断完善民主决策机制。广东在推进党内民主建设中，注重在制度层面下功夫，确保各项党内民主建设改革成果的稳定性和延续性。2008年，广东省出台了《中国共产党广东省各级代表大会代表任期制实施办法》。2010年，广东省制定了《中国共产党广东省代表大会代表提案暂行办法》《中国共产党广东省代表大会代表提案暂行办法》《中国共产党广东省代表大会代表询问暂行办法》《中国共产党广东省代表大会代表质询暂行办法》，明确规定了各部门对省党代表的提案、提议、询问、质询的硬性答复时限，倒逼各部门落实党代表权利。2012年，中共广东省委率先出台发挥全委会作用的系列文件《关于充分发挥中国共产党广东省各级委员会全体会议作用的暂行规定》《关于充分发挥中国共产党广东省各级委员会全体会议成员作用的意见》《关于充分发挥中国共产党广东省各级代表大会代表作用的意见》，在党内民主体制机制探索上取得了又一新进展。文件系统梳理了全委会、全委会成员、党代表的职能，形成了较全面的针对全委会的专门制度，明晰了全委会与常委会的职责，明确了全委会在重大问题决策、重要干部选拔任用、开展视察调研等方面的具体要求；先行先试，创新性地提出了全委会召开及闭会期间全委会成员发挥作用的途径；积极探索，率先提出党代会代表要充分发挥议党议政、桥梁纽带、民主监督、示范引领四个作用。

（2）坚持实行民主与集中相统一。上述党内民主决策机制充分体现了民主与集中相统一的原则。例如，全委会决定重要问题应充分酝酿讨论再表决，票数接近，除紧急情况应暂缓做出决定；全委会议题不得临时动议；重大决策应征求下级党组织意见；全委会成员可质询同级党委常委会；不得利用全委会成员身份谋求任何私利和特权；党代表在每届任期内应提交两份以上提议；等等。同时，广东还不断扩大选人用人上的民主。例如，2012年3月省委换届之前，广东省委政法委秘书长和广东省直属机关工作委员会（简称"省直机关工委"）、省编办等8个省直委办厅正职超过省委委员继续提名的年龄界限，如何产生接替人选并提名为省委委员人选成了大家关心的问题。广东省委决定大胆探索，在省委换届和用人民主上首次采用组织提名、全委会民主推荐、常委会差额票决的方法，提名产生这部分正厅职干部暨省委委员初步人选，务求保证选人用人制度上的公开、公平、公正，充分发挥民主提名、差额择优的专业性、民主性和适当性，让合适的人选能产生出来，让优秀的干部能到重要的岗位上去。这在用人民主上向前迈出了一大步，不仅省委委员、候补委员可以参与推荐建议人选，一些不是省委全委会组成人员的现职领导干部和党外干部也能够参与其中，通过扩大民主的方式尽可能让最大范围的适合人选进入选人视野。

（3）坚持从实际出发循序渐进。按照中央确定的目标和规划，有组织、有计划、有步骤地扎实推进，保证党内民主健康有序地发展。例如，

第七章　党的建设：从拨乱反正到全面从严治党

在推进党务公开的工作中，广东省委按照"先行试点、分类实施、循序渐进，务求实效"的总体思路，选择了肇庆市委、省财政厅党组、华南师范大学党委、梅州金雁集团公司党委等4种类型10个单位开展试点，为在全省推行党务公开探索经验。在试点取得成功的基础上，才开始在全省各级党组织中全面推行党务公开工作。其他如推进选人用人民主、党代会常任制等党内民主建设都始终坚持积极稳妥的方法，试点先行、逐步扩大推进，保证了党内民主建设有领导、有步骤、有秩序地推进。①

（四）在改革实践中加强党的作风建设

广东由于毗邻港澳，实行对外开放政策，受资本主义思想腐蚀的机会比较多，这就尤其需要加大力度抓好党风建设。1988年5月，广东省第八次党代会提出，通过深化改革，逐步建立起发展商品经济的新秩序，建立和健全党内民主监督制度，以减少滋生不正之风的温床和土壤。要以好的党风来带动社会风气好转，保证省改革开放综合试验任务的完成，使我们各级党组织经受起执政和改革开放的考验。各级党委都要把党风党纪建设列入重要议事日程，一级抓一级。各级领导班子、领导干部要带头端正党风，遵守法纪，以身作则，言传身教，并做到敢抓敢管，带动广大党员群众搞好党风党纪建设。②

1. 紧抓作风建设不放松

作风建设是一项基础工作，关系到党与人民群众的血肉联系，关系到党的形象和战斗力。广东省委在改革开放进程中，一直高度重视加强作风建设，根据各个时期中央要求和广东实践需要，制定实施了系列措施，有针对性地解决了作风方面存在的突出问题。1990年4月，省委制定下发《关于进一步推行办事公开群众监督制度的决定》，指出各级党政领导部门、经济管理部门、监督部门、公用事业部门和政法部门，都要从本地区、本部门、本单位的实际出发，扎扎实实地推行办事公开、群众监督制度；要在调查研究、听取群众意见的基础上，从群众普遍关心、与群众利

---

① 参见楠芳《广东：党内民主全面试点》，载《瞭望新闻周刊》2006年10月23日。
② 参见林若《搞好综合改革，推进社会主义现代化建设——在中国共产党广东省第六次代表大会上的报告（一九八八年五月二十一日）》，见广东省档案馆编《改革开放三十年重要档案文献·广东》，中国档案出版社2008年版，第587页。

299

益最直接相关的问题抓起,从最容易产生权钱交易、发生腐败现象的环节入手,突破重点,逐项展开,逐步深化和完善。1991年6月,省委制定实施了《关于加强县以上党政领导班子思想作风建设的通知》,提出要发扬党的优良传统,加强党和人民群众的联系。该通知要求各级党委坚持实事求是的思想路线,贯彻党的路线、方针、政策,要从实际出发,坚持向上级领导机关负责和向人民群众负责的一致性;要注意深入实际,加强调查研究;要积极疏通和不断拓宽联系群众的渠道;等等。1992年3月,省委、省政府出台关于改进领导作风的决定,提出领导干部要深入实际,多做调查研究。每年要有一定的时间深入基层,了解情况,蹲点调查,解剖"麻雀",总结经验,解决问题。领导机关要强化服务职能,改进工作作风。各级党政领导机关首先是省直各部门要适应改革开放的需要,制定具体措施,简政放权,改进服务态度,减少办事环节,提高办事效率,热心为基层和群众服务。40年来,广东各级党组织在领导改革开放的伟大实践中,不断提高党的建设水平,锤炼了党性,改善了作风,树立了党的良好形象。党的十八大以来,广东深入贯彻落实中央部署要求,强化从严管党治党,扎实开展党的群众路线教育实践活动、"三严三实"专题教育活动和"两学一做"学习教育活动,聚焦"四风"问题整治,不断从实处着力、向细处延伸,作风建设取得显著成效。从强力压缩"文山会海"到大力推进行政审批制度改革,从查处"吃拿卡要""庸懒散拖"到查处逾6.5万宗损害群众利益的案件,再从整治公款送礼、公款吃喝、奢侈浪费到专项治理"裸官"问题等,让干部群众看到了实实在在的效果。

2. 以机关党建带动作风建设

党和国家的各级机关是坚持改革开放、推动科学发展、促进社会和谐的指挥部和参谋部。机关党建作为整个党的建设的重要组成部分,在从严治党、改进作风方面占有特殊重要的地位。用改革创新精神全面加强机关党的建设,以机关党建促进作风建设,形成广东特色的作风建设工作思路。

一是用主题实践活动引领机关党建全面开展。每年开展一个主题实践活动,承载党的思想建设、作风建设、组织建设的主要任务,用主题去覆盖机关党建方方面面的任务。紧紧围绕省委、省政府中心工作,一年一个主题,连续10多年开展党建主题实践活动。比如,2004年开展的"三树立五落实"(树立科学发展观、正确政绩观、科学人才观,从思想、工作、作风、方法、创新五个方面抓落实）主题活动,紧紧围绕落实科学发展观来开展。2006年开展的"三服务一促进"（服务基层、服务群众、服务大局,促进社会和谐）主题实践活动,要求工作重心下移,服务基层、服务群众、服务大局,促进社会和谐。通过服务基层、服务群众,更好地服务发展大局,通过推动科学发展促进社会和谐。2007年开展的以"三个走在前面"为主题的排头兵实践活动,树立排头兵观念,树立排头兵作风,发挥"三个作用",落实到当好"三个排头兵"[党员发挥先锋模范作用,争当岗位排头兵;党支部发挥战斗堡垒作用,争当部门排头兵;党组（党委）发挥领导核心作用,争当全国、全省同行排头兵]。通过开展排头兵实践活动,推动机关党建和机关建设的有机结合,推动党的建设和业务建设的有机结合,推动了党的建设和改革开放的有机结合,把党建工作与其他各项工作拧成一股绳,联动省、市、县工委,形成三级工委上下联动开展排头兵实践活动的格局。

　　二是推动机关党建与改革开放中心工作相融合。机关党建工作任务有很多,但重点是服务中心工作。机关党建围绕中心工作转,领导就会重视,干部就会欢迎,才能有作为、有地位。改革开放以来,广东机关党建紧紧围绕和服务改革开放事业,这是广东机关党建的一条成功经验。多年来,省直机关工委根据中国特色社会主义现代化建设事业的需要,根据广东改革开放时代特点,着眼于推动广东改革开放深化发展,引导和组织基层党组织和广大党员,从思想上、观念上、政策上、制度上、机制上、体制上认真查找阻碍发展、影响改革开放和制约机关服务效能充分发挥的问题,紧紧抓住体制机制和工作上的薄弱环节,采取有力措施,切实加以整改。党的十八大以来,中共中央、国务院持续推进简政放权、放管结合、优化服务改革。省委第十二次党代会报告也明确指出,加快推进服务型政府建设,重塑营商环境广东优势。按照国家和省有关推进"放管服"改革工作部署,省各厅局着力下放权限、简化流程,提高工作质量和效率,积极推进政府采购"放管服"改革工作。省直党政机关各单位创建和完善办事窗口,实行"一个窗口进出、一条龙服务",普遍推行首问责任制、按时办结制、责任追究制,实现了公开透明办事、快捷优质服务。这些举措对解决突出问题、扫除发展障碍、增创发展优势、推动广东开创改革开放新局面发挥了很好的作用。

　　三是用机关党建的创新实践推动科学发展。当前,在"世情""国情""党情"发生深刻变化的新形势下,如何提高党的建设科学化水平已经成为一个重大而紧迫的课题。不断创新载体、创新形式,努力提高机关党建科学化水平,这是近年来广东省直机关工委一直在探索的课题。省直机关工委针对党员干部接受心理的变化而创新推出的大型党课活动——"冼星海与《黄河大合唱》""诗与歌——我们是光荣的排头兵""谁持彩练当空舞"等,深受党员干部欢迎。在建党 90 周年之际获得"全国先进基层党组织"荣誉称号的财政厅直属机关党委坚持把改革创新、开拓进取作为不竭动力,把坚持求真务实、注重实效作为基本要求,不断提高机关党建科学化水平。比如,针对不同年龄的党员干部,有的放矢地开展"学党史、强党性、比贡献"活动,组织党员赴延安调研学习,通过耳闻目睹,接受心灵的洗礼与精神的升华。

3. 狠抓改善民生

坚持富民优先、民生为重,是中共广东省委认真贯彻"发展为了人民,发展依靠人民,成果由人民共享"的精神和落实中央领导集体"以解决人民群众最关心、最直接、最现实的利益问题为重点"的执政兴国新理念的具体部署。把关注民生作为改善党群关系的主要抓手,是广东加强和改进新时期群众工作的基本经验。针对部分群众生产生活仍存在困难的状况,广东省委、省政府从 2003 年起开始实施"十项民心工程",确保全省人民无饥寒。"十项民心工程"包括全民安居、扩大与促进就业、农民减负增收、教育扶贫、济困助残、外来员工合法权益保护、全民安康、治污保洁、农村饮水、城乡防灾减灾等方面内容,基本涵盖了我省群众生产生活中存在的突出问题。"十项民心工程"关系到群众的切身利益,实施"十项民心工程"是坚持立党为公、执政为民的具体行动,是密切党群关系的重要抓手。10 多年来,广东各地各部门按照省委、省政府部署,深入落实以人民为中心的发展思想,突出保障和改善民生,高度重视、周密部署,全力推进、攻坚克难、强化督查、狠抓落实,解决了一批关系人民群众切身利益的热点、难点问题,有力地增强了人民群众的获得感。

(五)在改革开放中加强反腐倡廉建设

改革开放伊始,邓小平同志就清醒地认识到"在改革过程中,难免带

第七章　党的建设：从拨乱反正到全面从严治党

来某些消极的东西"①，"会带来一些资本主义的腐朽东西"②，不对付它，开放、搞活就会走到邪路上去。他反复告诫全党要一手抓改革开放，一手抓惩治腐败，"在整个改革开放过程中都要反对腐败。对于干部和共产党员来说，廉政建设要作为大事来抓"③。中共广东省委对廉政建设高度重视，一直抓得比较紧，在试办特区初期就明确指出"广东三个特区是经济特区，不是政治特区，经济上要特别灵活，政治上要特别严格"④，告诫各级党组织和全体党员干部，"不允许党员和干部搞特权，不允许搞特殊化，不允许有不遵守党纪的特殊党员"⑤。早在1980年12月，省委、省政府就出台了《关于在对外开放中加强反腐蚀斗争的决定》，提出要充分认识反腐蚀斗争的必要性，认真抓好反腐蚀教育，健全规章制度，堵塞各种漏洞，对违法乱纪和犯罪案件要抓紧调查处理等。随着改革开放的深入，又先后提出"两个坚定不移"的发展策略：打击经济领域的犯罪活动，坚定不移；对外开放和对内搞活经济，坚定不移。同时，把提高各级党组织领导经济的能力和提高党员反腐防变能力作为新时期党建工作的两大任务。1993年5月，谢非同志在省第七次党代会上指出："当前反腐保廉的任务十分艰巨，决不能掉以轻心。要下功夫建立一种有效的约束、监督机制，遏制'权钱交易''以权谋私'。这项工作必须采取强化教育、健全法规、加强管理、严厉惩处腐败，以及随着经济的发展逐步实行以俸养廉等综合措施，努力保持为政清廉。"⑥ 为深入、持久、有效地开展反腐败斗争，1995年5月，广东省委、省政府做出进一步加强反腐保廉工作的若干规定；1996年7月，省委召开以"反腐倡廉、依法治省"为主题的常委扩大会议，强调要坚持反腐保廉，依法治省，促进各项工作上新台阶；

---

① 《邓小平文选》第三卷，人民出版社1993年版，第142页。
② 《邓小平文选》第三卷，人民出版社1993年版，第139页。
③ 《邓小平文选》第三卷，人民出版社1993年版，第379页。
④ 翟启运：《越是改革开放　越要反腐倡廉——访广东省纪委书记王宗春》，载《人民日报》1993年8月23日。
⑤ 任仲夷：《经济要调整，政治要安定——在中共广东省代表会议上的讲话（一九八一年一月十六日）》，见广东省档案馆编《改革开放三十年重要档案文献·广东》，中国档案出版社2008年版，第129页。
⑥ 谢非：《为广东二十年基本实现现代化而奋斗——在中国共产党广东省第七次代表大会上的报告（一九九三年五月二十一日）》，见广东省档案馆编《改革开放三十年重要档案文献·广东》，中国档案出版社2008年版，第816页。

1997年5月，广东颁发《关于在全省开展以"讲学习、讲政治、讲正气"为主要内容的党性党风党纪教育》，在全省开展反腐保廉教育。2005年5月，广东在全国较早制发了《广东省建立健全教育、制度、监督并重的惩治和预防腐败体系实施意见》，提出到2007年初步建成具有广东特色的惩治和预防腐败体系基本框架。各地各部门狠抓落实，经过全省上下不懈的努力，广东构建惩防体系工作扎实推进，不断深化，取得了明显效果。2008年9月，省委又通过了《中共广东省委贯彻落实〈建立健全惩治和预防腐败体系2008—2012年工作规划〉实施办法》，提出要坚定不移地推进具有广东特色的惩治和预防腐败体系建设，到2012年建成与科学发展观要求和社会主义市场经济体制基本相适应的具有广东特色的开放、动态、创新的惩治和预防腐败体系基本框架。2014年5月，省委又印发了《关于贯彻落实中央〈建立健全惩治和预防腐败体系2013—2017年工作规划〉实施办法》，部署全省2013—2017年的惩治和预防腐败工作，为惩治和预防腐败工作指明了方向、明确了任务。2015年5月，省委出台《中共广东省委关于加强纪律建设推进全面从严治党的意见》，从四个方面明确了加强纪律建设的要求，成为今后一段时期全省纪律建设的纲领性文件。40年来，经过积极探索实践，广东已走出一条将反腐倡廉建设与经济社会发展同部署、同落实、同检查、同考核的具有广东特色的反腐倡廉建设的路子。

1. 夯实思想教育基础

（1）教育制度化不断提升。省委每年安排一次以反腐倡廉为主题的学习论坛，把反腐倡廉理论作为党委中心组学习的重要内容，各级党政主要负责人坚持讲廉政党课，省委党校编写反腐倡廉教育教材并纳入教学计划，省人事厅规定将"依法行政""廉政建设"作为公务员强制培训的必修课，等等，这些举措都被作为制度确定下来。自1992年起，连续26年开展全省纪律教育月活动。自2002年起，连续16年开展领导干部党纪政纪法纪教育培训班。2010年首次举办针对市纪委书记、组织部长、法院院长、检察院检察长、公安局局长的"五长"反腐倡廉教育培训班。各地各单位不断创新反腐倡廉宣传教育机制，运用展览、演讲、知识竞赛、文艺表演、专题讲座、征集廉政警言等形式，增强廉政教育感染力。

（2）形成大宣传教育格局。积极开展廉洁从政教育，用鲜活反腐案例教育党员干部，弘扬"南粤清风"廉洁文化，推进廉洁城市建设。进入

第七章 党的建设：从拨乱反正到全面从严治党

21世纪以来，省委进一步提高对党风廉政宣传教育工作重要性的认识，建立党风廉政宣传教育联席会议制度，构建宣传教育工作大格局；以党员领导干部为重点，省纪委每年都编印纪律教育读本下发给全省党员作为纪律教育的基本教材，运用正反两方面典型，强化示范教育和警示教育；选取勤廉兼优的优秀共产党员典型，拍摄成系列电视片，制作VCD，发各地认真组织观看。在2005年廉政文化"五进"示范点的基础上，2006年全省21个地级以上市参照省的做法，选择各类教育示范点，以点带面推动全省反腐倡廉教育活动。省纪委还与南方日报社联合推出《防腐前沿》专栏，重点介绍广东构建惩防体系，全面推进党风廉政建设和反腐败工作的经验与探索，营造反腐倡廉的良好氛围。

2. 抓紧制度建设

制度建设是构建惩防体系工作不断深入的集中体现和保证。近10年来，广东先后制定与完善反腐倡廉各项制度1 000多项，并逐步从各层次、各领域单项制度建设向构建惩防体系转变，有的工作走在了全国前列。省和部分地市建立实时在线预算监督系统，在省和各地各部门建立行政审批电子监察系统，统一公务员岗位津贴，清理党政机关事业单位经营性资产，建立农村征地补偿最低标准、农民征地款折资参股，探索第三方介入管理村级财务，等等，成效明显。广东省制定实施了《关于健全重大决策议事规则和程序的意见》《国有企业领导人廉洁自律实施办法》《进一步加强农村基层党风廉政建设的意见》等。各地各单位突出围绕权力运行的监督和制约，进一步深化制度建设，着重在干部人事制度改革、行政审批制度改革、财政管理体制改革、投资管理体制改革、运用市场配置资源的机制等方面加强和完善了配套制度建设。

党的十八大以来，广东始终把贯彻落实中央出台的相关党内法规作为推进制度治党的根本途径。中央政治局关于改进工作作风、密切联系群众的"八项规定"印发后，广东先后出台《广东省贯彻落实〈十八届中央政治局关于改进工作作风密切联系群众的八项规定〉实施办法》《广东省党政机关厉行节约反对浪费实施细则》《关于建立健全防治庸懒散奢等不良风气常态化制度的意见》等相关文件，并把落实中央"八项规定"精神与抓好具体工作紧密结合起来，在干部因公出国（境）管理、公务用车管理、楼堂馆所建设管理、审计监督等方面制定出台了一批规范性制度。党的十八大以来，广东认真贯彻落实廉洁自律准则、新形势下党内政治生活的若干准则、纪律处分条例、地方党委工作条例、党组工作条例、问责条例、党内监督条例等，制定实施了《广东省委员会工作规则》《广东省关于推动构建新型政商关系的若干意见》《广东省党的问责工作实施办法》《关于建立市县党委巡察制度的指导意见（试行）》等党内法规和规范性文件，确保中央出台的相关党内法规在广东能落实落地。

3. 完善监督机制

（1）监督是构建体系的关键环节。广东各级纪检监察机关突出对权力运行的制约监督，发挥整体监督作用。监督职能进一步明确，省纪委对派驻纪检监察机构实行统一管理，制定并实行统一管理的实施意见和办法。2006年5月，省纪委、省委组织部联合印发了《关于对党员领导干部进行诫勉谈话和函询的实施细则》和《关于党员领导干部述职述廉的实施办法》。为了保障监督落实，广东还构建了常态化监督检查机制。建立暗访机制，发现并通报曝光一批违反"八项规定"的作风问题；建立举报机制，建成全国首个集举报、受理、督办、监督、通报等功能于一体的作风举报网；建立廉政风险防控机制，针对近些年重大工程建设领域腐败案件易发多发这一突出问题，广东在港珠澳大桥、广州新白云机场扩建、全省高速公路建设等重大工程项目中实施"廉洁风险同步预防"措施。目前，已经初步形成了对权力监督制约全面、系统、高效的机制。

（2）监督覆盖面不断扩大。中共广东省委历来高度重视巡视工作。2004年3月，根据中央的统一部署，成立巡视机构，开展巡视工作；2007年5月，探索实行"一年一巡视、一年一评议、一年一谈话"制度。省委巡视组对地级以上市、部分高校省属国有企业和县（市）开展了巡视。从实践看，巡视工作逐渐成为加强党内经常性和系统性监督的重要抓手，对关口前移、预防腐败、深入推进党的建设和经济社会又好又快地发展发挥着越来越重要的作用。继续深化和探索政务、村务、厂务公开的有效办法。省、市普遍设立了"12380"跑官要官专用举报电话；行风政风热线在各地逐步"走红"，省纪委、省监察厅与广东人民广播电台开通了"民声热线"直播节目。党的十八大以来，广东注重建好"笼子"管束权力，构建规范统一的网上办事大厅，设立全省统一的公共资源交易平台，通过信息化手段、标准化运作、阳光化行政，将行政审批权关进制度的"笼子"，大力推进简政放权。

（3）监督的手段更加科学有效。省和9个地级以上市建立了实时在线

第七章 党的建设：从拨乱反正到全面从严治党

财政预算监督系统。深圳推行的行政监察电子监察系统对全市31个部门保留的239项行政许可项目加强监督，取得了明显效果。2003年5月，省纪委、省人民检察院等五家单位联合下发了《关于开展征用农民集体土地和土地征用款专项执法监察的通知》，广东首次大动作、多部门联合进行土地方面的执法监察。2008年5月，出台了《广东省行政审批监察电子监察系统建设工作实施方案》，推进省直机关和珠三角地级以上市行政审批电子监察系统建设。深圳、广州等市积极探索对重大投资项目、政府采购以及行政执法等试行实时在线电子监察。2009年12月，广东省改革创新党风廉政建设责任制考核办法，实现了三个"第一次"：省委、省人大、省政府三位"一把手"同时出马，亲自带队考核党风廉政建设；群众对党风廉政建设情况直接"判卷"，社会问卷调查成为考核方式的一种；党员干部民主评议和民意调查结果相结合，把21个地级以上市进行大排名。这意味着党风廉政建设成绩不再仅仅由党内领导干部说了算，广大群众也能参与打分，增强了考核公信力，增加了领导干部抓好党风廉政建设的责任感。

4. "苍蝇""老虎"一起打

查处大案要案是反腐败斗争和党风廉政建设的重中之重。全省各级党委、政府和执法执纪机关始终把查处违法违纪案件，特别是查处经济领域内违法违纪的大案要案作为反腐败的中心环节来抓。查处了陈同庆、曹秀康、欧阳德、谢鹤亭、牛和恩等一大批腐败分子，有效遏制了腐败现象的蔓延，维护了市场秩序，保证了改革开放的健康发展。

党的十八大以来，中共广东省委坚决落实中央决策部署，始终把党风廉政建设和反腐败斗争摆在更加突出的位置。2013年2月，中共广东省委书记胡春华指出："要坚持'老虎'和'苍蝇'一起打，既严肃查处发生在领导机关和领导干部中的大案、要案，也注重解决发生在民众身边的腐败问题。"此后，广东的反腐风暴来临。到2013年年底，广东落马的厅局级官员达38人；2014年，落马的厅局级官员高达95人，在全国31个省（自治区、直辖市）中排名第一。从党的十八大至2017年3月15日，广东各级纪检监察机关共立案51 194件，超过前10年立案数总和；查处地厅级干部470人，是前10年查处人数的1.6倍。查处的省管干部覆盖21个地级市，起到了强烈的震慑作用。在反腐高压态势之下，2016年，广东省纪检监察机关受理信访举报量下降10.3%，涉及省管干部的初次举报下降3.9%，巡视发现涉及领导干部严重违纪违法问题线索也大幅度下降，减存量、遏增量取得明显成效。

同时，大力整治"裸官"。2012年1月，广东省第十届委员会第十一次全会通过了《中共广东省委关于加强市、县领导班子建设若干问题的决定》，规定："对配偶、子女均已移居国（境）外的，原则上不得担任党政正职和重要敏感岗位的领导职务。"这是目前国内各地、各级部门针对"裸官"问题出台的诸多文件中最为严厉的。按照工作部署，广东在2014年开展了对"裸官"的摸查和治理工作。截至2014年8月，全省"裸官"任职调整工作已基本完成，共对866名干部做出了岗位调整处理，其中市厅级9名、处级134名、科级及以下723名。

总之，改革开放以来特别是党的十八大以来，广东各级党组织管党治党主体责任意识明显增强，中央"八项规定"精神得到坚决落实，党的纪律建设全面加强，腐败蔓延势头得到有效遏制，标本兼治工作持续推进，反腐败斗争压倒性态势已经形成，"不敢腐"的目标初步实现，"不能腐"的制度日益完善，"不想腐"的堤坝正在构筑，党内正气在上升，社会风气在上扬，党风廉政建设推动了全面从严治党，促进了全省改革发展稳定各项工作，赢得了广大干部群众和社会各界的支持拥护。①

三、改革开放以来广东党的建设经验

40年来，广东党的建设发展历程表明，改革开放的伟大事业是党的建设工作创新发展的根本动因和强大动力，党的建设工作的与时俱进是改革开放伟大事业的有力支撑和坚强保证。40年来，广东改革开放为全国改革开放探索了新路，积累了经验；同样，在先行先试的探索中，广东党的建设也积累了丰富的经验，为全国党的建设贡献了智慧和启示。

（一）在改革开放中一刻都不能放松加强党的建设

始终服从和服务于党的政治路线和中心任务，是党的建设的一条基本原则。只有正确执行党的纲领和路线，紧紧围绕党的中心任务加强党的建设，党的建设才能取得实效，党才能得到巩固和发展；同时，党的正确纲

---

① 参见张浩《中共十八大以来广东推进全面从严治党的实践经验研究》，载《党史与文献研究》2017年第9、10期。

第七章　党的建设：从拨乱反正到全面从严治党

领和路线的制定与贯彻执行、党的中心任务的完成也有赖于党的思想上的成熟、组织上的巩固和党风的端正，有赖于全体党员、党的干部和党的各级组织为党的政治路线和中心任务而努力奋斗。如果不抓好党的建设，不抓好反腐倡廉工作，不时时向各级党员干部敲敲警钟，一些意志薄弱者、党性不强者就难免失足而犯错误。这既会侵蚀、损害党的组织，也会影响改革开放大业的顺利推进。邓小平同志对此非常清醒，他曾一针见血地告诫全党："经济建设这一手我们搞得相当有成绩，形势喜人，这是我们国家的成功。但风气如果坏下去，经济搞成功又有什么意义？会在另一方面变质，反过来影响整个经济变质，发展下去会形成贪污、盗窃、贿赂横行的世界。"[①] 深化改革能否顺利进行，经济能否持续健康发展，中国特色社会主义事业能否沿着正确航向，除了各种条件以外，党的建设一刻也不可缺少。

　　党的十一届三中全会以来，党在认真总结中华人民共和国成立后社会主义建设的历史经验教训的基础上，确立了社会主义初级阶段的基本路线，为建设中国特色社会主义提供了理论和实践的总纲。党始终坚持这条基本路线不动摇，牢牢扭住经济建设这个中心不放松，把促进发展作为第一要务，聚精会神搞建设，一心一意谋发展，不断解放和发展生产力，不断推进党的建设这一新的伟大工程。党高度重视围绕政治路线和中心任务加强党的建设，按照基本路线的要求推进党的各项建设，认真研究和解决自身建设中出现的新矛盾、新问题，从而使党的领导得到切实加强和改善，党的领导核心的地位和作用得到进一步巩固和发挥。尤其是党的十八大以来，以习近平同志为核心的党中央，着眼进行具有许多新的历史特点的伟大斗争，坚持治国必先治党、治党务必从严，坚定推进全面从严治党，勇于面对党面临的重大风险考验和党内存在的突出问题，以顽强的意志品质正风肃纪、反腐惩恶，消除了党和国家内部存在的严重隐患，党内政治生活气象更新，党内政治生态明显好转，党的创造力、凝聚力、战斗力显著增强，党的团结统一更加巩固，党群关系明显改善，党在革命性锻造中更加坚强，焕发出新的强大生机活力，为党和国家事业的发展提供了坚强的政治保证。

　　抓党的建设是为了加强和改善党的领导。坚持党的领导是四项基本原

---

① 《邓小平文选》第三卷，人民出版社1993年版，第54页。

则的核心，是基本路线的重要内容。因此，加强党的建设是贯彻党的基本路线的题中应有之义，也是在新形势下进一步提高党的领导水平、更好地为经济建设服务的必然途径。在推动党的思想解放的同时，广东党的建设取得的成绩极大地推动了各项事业的进一步发展。例如，没有领导班子建设改革，就没有顺德模式；没有党的干部人事制度改革，就不可能有全国人才"孔雀东南飞"的盛况。事实表明，越是改革开放，越是要加强党的建设；党的建设一旦成为先导，改革开放就形成万马奔腾之势。习近平总书记指出，从严治党是一个永恒课题，党要管党丝毫不能松懈，从严治党一刻不能放松。在参加2018年3月7日的第十三届全国人大第一次会议广东代表团审议时，习近平总书记又指出，要认真落实新时代党的建设总要求，努力把各级党组织锻造得更加坚强有力。在广东以习近平新时代中国特色社会主义思想为指引，按照"三个定位、两个率先"和"四个坚持、三个支撑、两个走在前列"的实践中，党的建设将面临前所未有的新情况新问题，只有坚持改革创新精神，全面推进党的建设新的伟大工程，全省各级党组织才能担当起领导重任，才能充分发挥领导核心和战斗堡垒作用，为广东新时代发展提供坚强的政治保证和组织保证。

（二）坚定不移地坚持立党为公、执政为民

立党为公、执政为民是共产党执政的最终目的和根本要求。共产党与其他政党的区别就在于它所代表的利益与其他政党不同。我们党从马克思主义的唯物史观出发，认为人民是历史的创造者，党只是人民在特定历史阶段实现特定历史任务的工具。党除了工人阶级和最广大人民群众的利益，没有自己特殊的利益。马克思、恩格斯在《共产党宣言》中指出："过去的一切运动都是少数人的，是为少数人谋利益的运动。无产阶级的运动是绝大多数人的，是为绝大多数人谋利益的独立的运动。"[①] 毛泽东同志指出："全心全意地为人民服务，一刻也不脱离群众；一切从人民的利益出发，而不是从个人或小集团的利益出发；向人民负责和向党的领导机关负责的一致性；这些就是我们的出发点。"[②] 立党为公是共产党人的价值取向和奋斗目的，全心全意为中国人民谋利益是我们党的立党之本和

---

① 马克思、恩格斯：《共产党宣言》，人民出版社2014年版，第39页。
② 《毛泽东选集》第三卷，人民出版社1991年版，第1094～1095页。

第七章　党的建设：从拨乱反正到全面从严治党

唯一宗旨。进入 21 世纪，"世情""国情""党情"都发生了重大变化。我们党坚持立党为公、执政为民，必须经受执政、改革开放和发展社会主义市场经济的考验，切实解决好提高党的领导水平和执政水平、提高拒腐防变和抵御风险能力这两大历史性课题。

在改革开放和发展社会主义市场经济条件下，坚持立党为公、执政为民，着力解决好三个方面的问题。①做好利益协调工作，为大多数人谋利益。利益协调是执政党的基本职能。在市场经济条件下，随着经济成分的变化和经济结构的调整，利益关系日益多样化。在这种情况下，实现执政为民必须妥善处理各方面的利益关系，把一切积极因素充分调动和凝聚起来。广东各级党组织在做决策时，都能正确反映并妥善处理各种利益关系，认真考虑和兼顾不同阶层、不同方面群众的利益，首先考虑并满足最大多数人的利益要求；同时，注意处理好尊重市场经济规律同维护大多数群众利益的关系，使不同群体在市场经济中都能找到自己的利益所在，努力形成全体人民各尽其能、各得其所而又和谐相处的局面。②完善政治参与制度，实现人民当家做主。人民是我们国家的主人，共产党执政就是领导和支持人民当家做主。坚持立党为公、执政为民，必须从制度和机制上增强人民群众自己当家做主的获得感。改革开放以来，中共广东省委积极稳妥推进政治体制改革，扩大社会主义民主；健全民主制度，丰富民主形式，扩大公民有序的政治参与，保证人民依法实行民主选举、民主决策、民主管理和民主监督；不断加强党对企业、社区和农村基层民主建设的领导，扩大基层民主，积极推动职工参与企业民主管理、市民参与社区自治管理、村民参与村务管理，建立推进基层民主政治建设的长效机制。③加强党的作风建设，坚决克服消极腐败现象。消极腐败现象与执政为民是完全背离的。执政党掌握着全国政权，各级领导干部手中有了各种各样的权力，面临着被侵蚀的危险。中共广东省委一直坚持全面从严治党，特别是加强对党员领导干部的严格要求、严格管理和严格监督，加强马克思主义权力观教育，建立结构合理、配置科学、程序严密、制约有效的权力运行机制，从决策和执行等环节加强对权力的监督，保证把人民赋予的权力真正用来为人民谋利益。

(三) 持续不断地保持和发展党的先进性

党的先进性是马克思主义政党性质的集中体现。马克思主义政党从诞生的第一天起，就把工人阶级作为自己的阶级基础，由此决定了马克思主义政党的性质。但马克思主义政党的性质不仅仅体现在它的阶级性上，还进一步体现在党的理论和纲领是不是马克思主义的、是否代表了社会发展的正确方向上。列宁的"先锋队"理论和毛泽东"着重从思想上建设党"的思想及其实践表明，同阶级性相统一的先进性才是马克思主义政党的根本特征，是马克思主义政党性质的集中体现。"三个代表"重要思想指出，党要始终代表中国先进生产力的发展要求，代表中国先进文化的前进方向，代表中国最广大人民的根本利益。只有始终坚持"三个代表"重要思想，才能从根本上解决工人阶级政党能否生存发展和如何生存发展这一历史性课题。习近平总书记强调："我们党是执政党，党的先进性和纯洁性、党的形象和威望不仅直接关系党的命运，而且直接关系国家的命运、人民的命运、民族的命运。"① 工人阶级政党作为同社会化大生产相联系的先进阶级的政党，尽管具有其他政党没有的先进性，但是这种先进性既不是自发形成的，也不是永恒的，必须通过党不断加强自我建设才能形成和发展。一个政党过去先进，不等于现在先进；现在先进，不等于永远先进。党的先进性有一个"建设"的问题，而且重在建设。

实践表明，党能不能具有先进性至少体现在三个方面：①体现在党的理论、路线、方针、政策的正确并能够始终坚持与时俱进。马列主义建党学说历来认为，工人阶级不可能自发地产生社会主义意识；没有革命的理论，就不会有坚强的社会主义政党。加强党的先进性建设，首先就是要使党的理论和路线、方针、政策顺应时代发展的潮流和我国社会发展进步的要求，反映全国各族人民的利益和愿望。②体现在各级党组织的坚强上，形成充满活力的制度机制和朝气蓬勃、奋发有为的领导层。加强党的先进性建设，就是要使党组织不断提高创造力、凝聚力、战斗力，始终发挥领导核心作用和战斗堡垒作用。党的组织和制度建设是党的建设的重点，党的领导干部的素质和能力建设是党的建设的关键。③体现在广大党员的先

---

① 习近平：《时时铭记事事坚持处处上心　以严和实的精神做好各项工作》，载《人民日报》2015年9月13日。

第七章 党的建设：从拨乱反正到全面从严治党

锋模范作用上。党员是党的肌体的细胞和党的主要活动主体。党员的先进性如何、先锋模范作用发挥得如何，无论对党在群众中的形象，还是对党的战斗力都有直接的影响。改革开放以来，中共广东省委牢牢把握加强党的执政能力建设和先进性、纯洁性建设这条主线，坚持以思想建党为根本、以从严治吏为重点、以改进作风为突破、以反腐肃贪为要务、以制度治党为保障，不断加强党的先进性建设，使广大党员不断提高自身素质、始终发挥先锋模范作用。

（四）以改革的精神加强和改进党的建设

以改革的精神加强和改进党的建设，是改革开放以来广东党的建设的一个显著特点和重要经验。领导改革的党自身就应该是一个充满改革精神的党。这个改革精神不仅应该贯串于党的各项工作和事业，也同样应该贯串于党的自身建设。1992年6月，在党的十四大召开前夕，江泽民同志在中央党校的讲话中指出："现在历史条件变了，社会环境变了，党肩负的任务变了，因此党的建设和党的领导的方式、方法，也必须相应地加以改变或改进。过去党的建设的成功经验，应结合新的实际继续运用和发展，但光靠老经验老办法是不够的，必须有新的创造。"党的十四届四中全会通过的《中共中央关于加强党的建设几个重大问题的决定》明确规定："必须用改革的精神研究新情况、解决新问题，运用已有的成功经验并进行革新和创造，改进基层党组织的活动内容和工作方式。"改革是新时期党和国家最鲜明的特征之一。党是改革的领导者和组织者，党要领导改革，党自身当然也要改革。一个安于现状、暮气沉沉、因循守旧、不思进取的党是不可能担当起改革的重任的。只有充满朝气和活力的党、具有强烈的改革意愿和改革精神的党，才能始终走在改革的前列。党的历史责任决定了党必须具有改革的精神，必须以改革的精神推进党的建设。

坚持用改革的精神建设党，既要在党建理论上有新建树，也要在实践上鼓励大胆探索，努力在思想、作风、组织建设上寻找和创造新的办法，积累新的经验。改革开放以来，广东党的建设充分体现了勇于改革的精神。①大力加强党的建设理论探索和研究。在新的历史条件下，党的建设面临着新的环境、新的任务和新的挑战。中国共产党已经从一个领导人民为夺取全国政权而奋斗的党，成长为一个领导人民掌握着全国政权并长期执政的党；已经从一个在受到外部封锁的状态下领导国家建设的党，成长为在全面改革开放条件下领导国家建设的党。这两个变化向党的建设提出了许多新的课题。广东各级党组织着眼于改善党的领导，改进党的建设，认真研究新形势下党的建设面临的理论和实践问题，以广东省中国特色社会主义理论体系研究中心为平台，组织省内社科专家编写出版了"邓小平理论与广东实践研究丛书"（2辑，共23本）、"与时俱进的社会主义研究丛书"（10本）、"科学发展观与广东现代化建设研究丛书"（9本）等，深化了对共产党执政规律、社会主义建设规律和人类社会发展规律的认识，更好地推进党的建设。②党的建设始终与时俱进，不断开拓创新。我们党在长期发展中积累了丰富的经验，形成了自身建设的一系列基本制度、基本形式、基本方法、基本要求。这些都是我们的宝贵财富，必须继承和弘扬。但是，时代在不断发展变化，党的建设也要与时俱进。广东党建在实践的基础上，顺应改革开放的要求，勇于发扬改革精神，勇于在党的建设领域进行改革的试验和探索，大胆破除旧的过时的东西，创新发展了许多好的做法，如农村党建"四民工作法"、合资企业党建"五羊本田模式"、社区党建"双挂"经验、"两新组织"党建珠海范本等，丰富和发展了新时期党的建设理论。

第八章 未来展望：在全面建成小康社会和现代化建设新征程中走在前列

广东过去40年的快速发展靠的是改革开放，未来发展也必须坚定不移地依靠改革开放。习近平总书记指出："改革开放只有进行时没有完成时。"① "在整个社会主义现代化进程中，我们都要高举改革开放的旗帜，决不能有丝毫动摇。"② 当前，中国特色社会主义已进入新时代，全面深化改革开放任重道远。在新的发展时期，广东应当抓住面对历史担当的责任点，传承弘扬40年改革开放中前辈们倡导的"杀出一条血路"的气魄胆略，以及"敢为天下先"的勇气担当和开拓创新精神，以更大的勇气和智慧、更有力的措施和办法掀起新一轮改革开放大潮，奋力开创广东工作的新局面，在全面建成小康社会和现代化建设的新征程中走在前列。

一、广东深化改革开放的未来发展环境

展望未来，经济发展正在向形态更高级、分工更优化、结构更合理的阶段演化，社会结构深刻变动，人口结构、消费需求和利益格局将呈现一系列新特征。面对新形势、新任务、新要求，广东在未来的发展进程中，必须认真研究深化改革开放的未来发展大环境。总的来说，当前世界正处于大发展、大变革、大调整时期，世界多极化、经济全球化、社会信息

---

① 中共中央文献研究室编：《习近平关于全面深化改革论述摘编》，中央文献出版社2014年版，第4页。

② 中共中央文献研究室编：《习近平关于全面深化改革论述摘编》，中央文献出版社2014年版，第10页。

化、文化多样化深入发展，全球治理体系和国际秩序变革加速推进。① 我国经济正处在转变发展方式、优化经济结构、转换增长动力、提高发展质量的攻关期，国内外形势正在发生深刻而复杂的变化，机遇前所未有，挑战前所未有，机遇大于挑战。

（一）国际环境

当前，世界正处于深刻变化和向多极格局过渡的时期，但总体上保持和平稳定。随着中国在世界上的地位日益突出，特别是命运共同体的提出更得到大多数国家的认同，我国继续发展的外部条件十分有利。同时，当今世界正处在科技创新和新产业革命的突破前夜，全球将掀起人类科学技术史上一场前所未有的革命浪潮。"科技创新链条更加灵巧，技术更新和成果转化更加快捷，产业更新换代不断加快，使社会生产和消费从工业化向自动化、智能化转变，社会生产力将再次大提高，劳动生产率将再次大飞跃。"② 这些将使全球性的竞争更加激烈，加上国际金融危机深层次影响在相当长时期内依然存在，外部环境不稳定、不确定的因素增多。

1. 和平与发展仍然是当今时代的主题

目前，尽管霸权主义、强权政治和军事干涉主义依然存在并有新的发展，但各国人民要和平、求稳定、谋发展的呼声日益高涨，反对霸权主义、强权政治的和平力量持续壮大，国际局势总体上继续趋向缓和。这必将继续为我国的发展提供相对稳定的外部环境。

一是世界多极化和经济全球化整体趋势没有改变。世界多极化趋势深入发展，发展中国家群体力量继续增强。据国际货币基金组织（IMF）预测，到2020年，新兴市场和发展中国家国内生产总值占全球比重将大幅提高，这有利于推动国际治理平等化、民主化。世界各国经济联系不断加深，经济全球化已呈现不可阻挡之势，其结果必将进一步推动商品、技术特别是资本在全球范围的自由流动和配置，国家间的经济依存性不断增强；由于发达国家高新技术产业的兴起，一些传统产业正在向其他国家转

---

① 参见中共中央宣传部编《习近平新时代中国特色社会主义思想三十讲》，学习出版社2018年版，第3页。

② 习近平：《为建设世界科技强国而奋斗——在全国科技创新大会、两院院士大会、中国科协第九次全国代表大会上的讲话》，载《人民日报》2016年5月30日。

第八章 未来展望：在全面建成小康社会和现代化建设新征程中走在前列

移。这就为包括我国在内的发展中国家参与世界分工、吸引外资、引进技术并获取比较利益提供了一定的机遇。

二是新一轮科技革命和产业变革蓄势待发，新产业、新技术、新业态层出不穷。作为"构成21世纪的最强大力量之一"的信息技术已跨越其产业边界，向政治、经济、文化、教育、社会、军事等各个领域渗透，并通过商业化不断开拓新的世界市场，引发巨大的新的市场需求。全球范围内的科技进步浪潮为我国在技术跨越的基础上实现生产力的跨越式发展提供了现实的可能性。

三是文化多样化受到更多尊重，各国坚持探索自身发展道路，展现更多制度和文化自信，发展模式多元化态势增强。

2. 我国发展面临的不利影响和挑战上升

国际金融危机隐含的深层次矛盾还没有根本解决，产生的深层次影响还在持续显现。

一是经济低迷成为全球经济新常态。经过恢复发展，世界经济虽已逐步走出衰退的阴影，但全球经济的结构性调整仍在不断深化，新经济增长点的培育仍有待时日，世界经济将在较长一段时间内保持中低速增长态势。发达经济体"债务去杠杆"等问题没有完全解决，政策刺激又产生和积累新风险。新兴经济体受自身结构性问题和发达国家政策外溢影响，风险增多，处境艰难。世界经济贸易增长低迷，各国竞争加剧，保护主义抬头，外部需求不足的状况不会有明显起色。广东是遭受贸易保护主义伤害最严重的地区之一，一些在国际上竞争力优势较大的产业正面临着国际贸易保护主义的巨大压力，并受到严重损害。

二是技术和产业大变考验国家竞争力。在全球经济再平衡和产业格局再调整的背景下，各国资源要素禀赋优势和全球供需结构正在发生深刻变化。特别是随着中国等传统制造业大国劳动力、资源成本上升，劳动力密集型产业出现向东南亚、南亚等劳动力成本更低地区的转移趋势，进而推动这些国家在全球和区域产业链位势的新一轮调整，提升区域专业化分工和融合水平。此外，在世界经济增长乏力的情况下，各国普遍把新能源、生物技术等产业作为新的经济增长点重点培育，全球新兴产业如雨后春笋，呈加速发展之势。我国既面临迎头赶上的机遇，也不排除因发达国家技术优势强化而与之差距拉大、传统产业面临技术性淘汰的风险。同时，发达国家主导世界经贸新规则的制定，提高知识产权、劳工、环境保护、政府采购等方面的标准,并向服务贸易和跨境投资拓展,将对全球贸易投资发展格局产生深刻影响。新兴经济体面临参与全球经济治理和规则制定的难得机遇,但由于自身能力总体偏弱,在全球经济治理中仍处于不利地位,短期内提升实质性话语权面临突出挑战。

三是各类安全威胁增加。一些国家贫富差距、失业等问题严重,民族主义、民粹主义抬头,引发社会动荡和国家间冲突,有可能产生较大外溢作用,给所在地区乃至更多区域带来严重冲击。同时,传统安全威胁和非传统安全威胁交织,能源资源、粮食、公共卫生、气候变化等全球性问题更加突出,民族分裂主义、宗教极端势力、暴力恐怖主义等非传统安全因素上升,都会对我国经济社会发展产生潜在威胁。在新的历史条件下,我国文化安全也面临着十分严峻的挑战。

四是大国合作竞争关系更为复杂。主要国家和地区在政治、经济、文化、安全等方面全方位较量加强,大国关系在动态博弈中角力制衡,新干涉主义持续上升,地缘政治关系复杂多变,热点问题持续发酵。随着我国国际地位发生变化,一些国家对我国遏制和施压等不利因素可能上升,我国发展面临的外部安全形势更趋复杂。

(二)国内环境

经过改革开放 40 年的快速发展,中国已经成为世界第二大经济体、制造业第一大国和货物贸易第一大国。同时,我们也要清醒地认识到,经济发展新常态下出现了明显的趋势性变化,中期存在一些不容忽视的风险挑战,国民经济将经历调整转型的严峻考验。

1. 经济长期向好基本面没有改变

从国内形势看,支撑过去 40 多年经济高速增长所依托的一些基本面因素已经发生重要改变,我国经济发展已步入以速度变化、结构优化、动力转换为特征的新常态,经济增长速度从高速增长转向中高速增长。在潜在增长率下降、增长阶段转换的同时,经济结构和增长动力也正在发生显著变化。从目前来看,在经历了连续 7 年的增长回落以后,中国经济虽然仍面临一定下行压力,但已经非常接近底部,一旦完成触底便将进入一个中速平稳可持续的增长期,提质增效、转型升级的要求更加紧迫,向形态更高级、分工更优化、结构更合理阶段演化的趋势更加明显。但总的来看,我国经济长期向好基本面没有改变。

一是我国产业体系、基础设施等物质技术基础比较完备，人力资源丰富，总储蓄率持续处于较高水平，具有进一步推动发展的条件和雄厚基础。

二是我国"大国经济"的韧性、潜力和回旋余地巨大，有 13 亿多人口的内需市场。我国正处于新型工业化、信息化、城镇化、农业现代化同步发展阶段，中等收入群体正在崛起，消费结构升级孕育巨大需求，城乡和区域发展不平衡存在可观的发展空间，有利于培育形成发展的强大动力。

三是中国特色社会主义具有更加明显的制度优势，全面深化改革、全面依法治国和全面从严治党将不断释放更多的制度红利和发展潜力，宏观调控体系持续完善调控能力进一步增强，能够有效应对发展过程中碰到的各种困难和挑战。

2. 经济发展方式转变的压力更加明显

当前，我国经济发展处于传统动力弱化而新动力生成的调整期，面临经济下行和转型升级双重压力，周期性和结构性双重矛盾特征突出，加快转变经济发展方式，促进经济结构调整升级，解决发展不平衡、不协调、不可持续问题已经迫在眉睫。

一是原有低成本要素优势逐步减弱。过去 40 年经济高速增长，是充分利用劳动力、土地等低成本要素优势在经济全球化的背景下有效发挥后发优势的结果。当前和今后的一段时期里，人口老龄化加剧，劳动年龄人口总量持续下降，劳动力和土地等要素成本将不断上升，依赖低成本要素大规模投入的粗放发展模式已经难以为继，塑造新要素竞争优势的紧迫性大大增强。

二是结构性矛盾更加突出。随着经济发展进入新常态，创新能力不强、技术进步对经济发展带动力偏弱等问题凸显，产业结构不合理、产能过剩问题突出，城乡与区域发展还不够平衡。这些结构性矛盾已经开始影响经济发展，并将制约经济持续发展的后劲，埋下经济风险隐患。

三是区域竞争加剧。随着"一带一路"、京津冀协同发展、长江经济带、粤港澳大湾区城市群建设等规划深入推进，区域发展由偏重东部转变为东中西部均衡发展。东中西各省竞相发力将使区域竞争更加激烈，广东将面临更严峻的挑战。

四是资源环境约束趋紧。我国能源资源瓶颈制约加剧，主要能源和矿产资源对外依存度持续提高，水资源短缺等问题不断显现。生态环境恶化趋势没有得到根本扭转，城市空气质量不达标，水和土壤污染加剧，地面沉降、水土流失、土地沙化、草原退化等生态问题严重，自然灾害频发，生态环境承载能力已经达到或接近上限，人民群众对良好生态环境的要求更加迫切。

五是经济运行潜在风险增多。经济增速换挡，下行压力加大，使经济运行中的矛盾和风险逐步显现。企业经营效益下滑，财政收支压力加大，地方政府及产能过剩行业等债务大幅增加，银行不良资产上升，亏损企业的退出带来失业压力加大，一些区域和行业面临困难增多，都增加了未来经济社会发展的不确定性。

六是社会事业发展和社会治理能力建设相对滞后。经济社会发展不协调问题仍然突出，基本公共服务供给不充分、社会保障体系有待继续完善、收入差距较大、消除贫困任务艰巨等问题突出。在社会结构和利益格局深刻变动、社会管理环境深刻变化的新背景下，社会矛盾和冲突易发多发，加强和创新社会治理、实现共享发展的紧迫性大大增强。此外，人们文明素质和社会文明程度有待提高、法治建设有待加强、领导干部思想作风和能力水平有待提高等，也是制约我国未来发展的重要因素。

二、广东深化改革开放的优势、挑战和发展目标

面对当前的国际国内环境，广东在未来全面建成小康社会和现代化建设新征程中要继续发挥引领和示范作用，必须深刻地把握面临的新形势新变化。应当清醒地意识到，战略机遇期的内涵已发生深刻变化：它不再是依靠原有要素低成本优势、依赖规模扩张外延发展的机遇，而是通过提升教育和人力资本素质、实施创新驱动发展的机遇；不再是单纯依靠扩大出口、吸引外资加快发展的机遇，而是扩大内需、实现结构优化和动力转换的机遇；不再是依靠简单加入全球产业分工体系发展的机遇，而是发挥大国影响力、积极参与全球治理和规则制定、保护和拓展我国发展利益主动发展的机遇。从总体上看，当前国际国内环境的变化对广东来说既有动力，也有压力。我们必须深刻认识和准确把握战略机遇期的这些变化，既增强信心，坚定不移地执行既定的长期发展战略，也主动适应环境变化，及时主动地进行必要的策略调整，开拓进取，努力将机遇和潜力化为现实，将风险和挑战化为动力，不断增创发展新优势、开拓发展新境界。

第八章　未来展望：在全面建成小康社会和现代化建设新征程中走在前列

（一）发展优势

科学认识广东发展的优势，必须从历史的角度重新进行考量。

一是政策优势。改革开放之初，得益于中央的政策，广东成为"改革开放综合试验区"，确立了广东的政策优势。这种优势实际上是中央赋予广东的一个政策放宽放活的优势，通过广东自身的创造力和积极性，使中央的大政策在广东形成了强大的"放大"效应。随着改革开放的不断推进，这种政策优势始终是广东发展的动力源。在进入全面深化改革开放的新时期，习近平总书记对广东寄予厚望，提出了新的要求；中央提出的"一带一路"倡议以及批准广东自贸试验区的设立等都表明广东在"先行先试"上仍然具有极大的政策优势。

二是地缘、人缘优势。广东具有毗邻港澳、联系海外的区位特点和华侨众多的优势。这种客观优势可以追溯到海上丝绸之路的开创之时，以及近500年来广东拥有国内唯一从未间断的对外开放口岸。中央在确定广东为"改革开放综合试验区"的时候，这个地缘、人缘优势是重要的政策依据。广东的改革开放具有与地缘、人缘优势相关的以开放促改革的特色，外向带动成为经济增长的强有力支柱。在反映开放水平的出口贸易、实际利用外资和对外非金融类直接投资额的总量上，广东长期居国内各省区之首。在港澳同胞和海外华侨华人中，原籍为广东的人是最多的。在中国改革开放初期，来自港澳同胞和海外华侨华人的投资或捐资在广东开放中发挥了很重要的历史性作用。改革开放以来，海外侨胞、港澳同胞累计在广东直接投资1 200多亿美元，创办企业近4万家，占广东全省实际吸收外资总量的近70%。粤港澳合作是广东改革开放的独特优势。改革开放之初，港澳企业将劳动密集型加工制造业大量向广东转移，成为广东改革启动、经济社会发展起飞的触发器。改革开放40年来，粤港澳三地企业以市场为导向，通过功能优化组合，已经形成产业分工优化、合作紧密高效的市场合作机制。随着粤港澳三地政府间合作机制的逐步建立与完善，目前，已设立粤港、粤澳合作联席会议制度，三地各政府职能部门的合作对话不断加强，2010年《粤港合作框架协议》和2011年《粤澳合作框架协议》相继签署，全面涵盖经济、社会、文化等合作领域，提出具体、务实、可操作的合作举措，标志着粤港澳合作进入协议规范的新阶段。三地以企业为主体，以各级政府紧密协调、规范发展为引导，以民间力量为助力的合作机制不断完善，合作能量不断聚变，合作空间不断拓展，将持续成为我国推进对外开放的重要力量。

三是物质技术优势。经过40年的改革发展，广东已经积累了雄厚的物质技术基础。经济总量不断发展壮大，经济质量不断提高，产业结构日趋合理，已具备体系配套、富有竞争力的产业体系，这是广东进一步深化改革开放的坚实基础和优势条件。广东作为领先全国的制造业大省，已形成以电子信息、电器机械、汽车、石化、轻纺等为主体，各具特色、优势明显的产业发展格局。经过多年的产业结构调整，高新技术产业、先进制造业、现代服务业以及战略性新兴产业均在稳步向前推进，产业结构正向高级化迈进。随着创新要素的逐步积累，人力资本和科技创新对经济增长的贡献将逐步提高，互联网、云计算、新材料等新兴行业的加快发展并与传统产业紧密融合，对生产率的促进效应将不断体现。

四是文化优势。文化优势是广东最具历史积淀的独特优势。岭南文化的主要特色是"务实、包容、灵动"。广东的务实是立足实际、追求实效，不在乎别人怎么看，也不在乎别人怎么说；而且特别重视多干少说、只干不说，这对人们在改革开放初期放开手脚、避免不必要的争论是十分有意义的。广东的包容是对各方人士、各种文化能够兼容而不排外，大度地应对合作伙伴，能够在体制转换中较快地吸收各种要素；在市场竞争格局中，广东本土经营者在相互关系上还善于"和平共处"，使广东的企业集群发展能够走在全国前列。广东的灵动使之成为历史上"得开放风气之先"的地区，成为在改革开放中能够积极发现机遇和抓住机遇的地区，成为市场竞争比较充分、市场发育度高且企业比较善于应对市场变化的地区。这种人文优势在40年的改革开放中已经发挥了很大的作用。面向改革开放新征程，广东人民正站在新的历史起点上，以在改革开放中积淀的"厚于德、诚于信、敏于行"精神为依托，必将继续引领中国改革开放和现代化建设的风气。

（二）薄弱环节

40年的改革开放，广东在长期的高速发展中，一些深层次、结构性问题仍未得到根本解决，前进道路上还存在许多困难和挑战。

一是产业结构调整和转型升级任务艰巨。产业整体水平不高，低端产业仍占较大比重，新产业还不能挑起经济发展的大梁。尤其是产业同质化

第八章 未来展望:在全面建成小康社会和现代化建设新征程中走在前列

的现象十分突出,在珠三角地区,城市产业同质化程度高达80%;产业配套与协作也有待加强,主要表现在装备制造产业链中缺乏高端优势企业的支撑和带动,整体产业链竞争力和抗风险能力不强。经济发展方式仍较粗放,拥有自主核心技术少且处于产品价值链低端,广东企业生产的规模和品牌还受制于跨国公司,生产环节还基本处于产品价值链低端。在广东各类企业中,拥有自主核心技术的不足10%,绝大部分依靠引进技术。资源环境约束趋紧,部分地区水污染等环境问题比较严重。

二是区域发展不平衡问题突出。粤东西北地区产业基础薄弱、内生发展动力不强的状况尚未根本改变;城镇化水平较低,中心城区辐射带动力较弱,县域经济落后;各区域内部、各区域之间缺乏紧密的经济联系,各自为政、重复建设的现象较为严重,地区间经济趋同现象突出,制约了整体优势的发挥。农村发展严重滞后。农业经济效益不高,农民持续增收难度加大,土地确权等农村基础工作进展缓慢,农村基础设施较缺乏,村居环境脏乱差现象突出。

三是协调发展任重道远。改革开放以来,广东在经济持续高速发展的同时,发展方式、创新能力、经济结构、地区结构、资源环境、生活品质等方面的问题也日益凸显。实现速度与效益、质量相统一,区域之间发展相对协调,经济发展与环境保护相一致,仍需要探索新的路子。与此同时,广东人均GDP已超过3 000美元,这是一个社会矛盾和问题相对集中的阶段。如何按照以人为本的发展观,把握发展规律,创新发展理念,转变发展方式,破解发展难题,推进广东经济增长与结构、效益和质量,经济发展与社会发展,经济发展与人口、资源和环境的协调发展,是亟待研究和解决的重大现实问题。

四是社会治理任重道远。民生社会事业存在不少短板。教育、医疗、文化、体育等公共服务规模不足、水平不高,城乡区域间资源配置不均衡,服务水平差异大;社会保障全省统筹不足,社会救助和社会福利体系不完善。社会矛盾纠纷仍然多发。涉农、涉地、涉劳资、涉环保等的矛盾依然突出,特定利益群体诉求解决难度大,各类新型违法犯罪不断出现,公共安全、食品安全、生产安全还存在不少隐患。城乡基层多年积累的问题没有得到根本解决,发展过程中新旧矛盾交织叠加,社会矛盾容易激化。

五是营商环境优势相对弱化。市场经济体系还不够完善,部分基础性、关键性改革不到位，政务服务不够规范，营商成本偏高，对人才等高端要素吸引力减弱，企业和群众办事难问题仍然突出。

以上困难和问题对广东深化改革开放已经形成了极大的障碍，必须正视这些问题，采取得力措施加以解决。

（三）未来发展目标

2017年4月4日，习近平总书记对广东的工作做出重要批示，充分肯定广东在党的十八大以来取得的成绩，要求广东总结经验、明确方向、发挥优势、弥补不足，希望广东坚持党的领导、坚持中国特色社会主义、坚持新发展理念、坚持改革开放，为全国推进供给侧结构性改革、实施创新驱动发展战略、构建开放型经济新体制提供支撑，努力在全面建成小康社会、加快建设社会主义现代化新征程上走在前列。2018年3月7日，习近平总书记在参加第十三届全国人大第一次会议广东代表团审议时指出，广东是改革开放的排头兵、先行地、实验区，在我国改革开放和社会主义现代化建设大局中具有十分重要的地位和作用，要求广东要进一步解放思想、改革创新、真抓实干、奋发进取，以新的更大作为开创广东工作新局面，在构建推动经济高质量发展体制机制、建设现代化经济体系、形成全面开放新格局、营造共建共治共享社会治理格局上走在全国前列。2018年10月22—25日，改革开放40周年之际，习近平总书记亲临广东视察指导并发表重要讲话，要求广东高举新时代改革开放旗帜，以更坚定的信心、更有力的措施把改革开放不断推向深入，并对广东深化改革开放、推动高质量发展、提高发展的平衡性和协调性、加强党的领导和党的建设等四个方面提出了具体要求。广东未来的发展要在以习近平同志为核心的党中央坚强领导下，高举中国特色社会主义伟大旗帜，全面贯彻党的十九大精神，以习近平新时代中国特色社会主义思想为指导，深入贯彻习近平总书记重要讲话精神，统筹推进"五位一体"总体布局和协调推进"四个全面"战略布局，牢牢把握稳中求进工作总基调，把握新机遇、应对新挑战，奋力开创广东发展新局面，把广东建设成为践行习近平新时代中国特色社会主义思想、向世界展示我国改革开放成果的重要窗口，国际社会观察我国改革开放的重要窗口。

要坚定不移地突出"四个坚持"。坚持党的领导，就必须坚决维护以习近平同志为核心的党中央的权威，确保中央政令在广东畅通；必须坚定

第八章　未来展望：在全面建成小康社会和现代化建设新征程中走在前列

不移地按照中央要求做好广东工作，坚定不移地推进全面从严治党，使党始终成为我们事业的坚强领导核心。坚持中国特色社会主义，就必须坚持和发展中国特色社会主义，增强道路自信、理论自信、制度自信、文化自信，谱写中国特色社会主义事业的广东新篇章。坚持新发展理念，就要率先进入经济发展新常态，要破解发展面临的深层次问题，必须崇尚创新、注重协调、倡导绿色、厚植开放、推进共享，努力实现更高质量、更有效率、更加公平、更可持续的发展。坚持改革开放，就要进一步解放思想、开拓创新，增创体制机制新优势，提升参与全球资源配置的能力，向深化改革开放要动力、要空间，始终当好改革开放的排头兵。

要切实发挥"三个支撑"的作用。坚决把经济工作重心转到供给侧结构性改革上，持之以恒地推动结构调整、转型升级；坚持以创新引领发展，提升自主创新能力，聚焦产业发展，突出成果转化，推动新旧动力加快转换；加快发展高层次开放型经济，构建与国际投资和贸易通行规则相衔接的制度体系，以扩大开放带动创新、推动改革、促进发展，当好国家参与全球竞争与合作的主力军。

要奋力实现"两个走在全国前列"和"四个走在全国前列"。"四个走在全国前列"是对"两个走在前列"的深化和具体化，进一步明确了新时代广东工作的主要任务和工作抓手。要通过构建推动经济高质量发展体制机制、建设现代化经济体系、形成全面开放新格局、营造共建共治共享社会治理格局，推动广东在全面建成小康社会、加快建设社会主义现代化新征程上走在前列。要把广东建设成为富裕经济体，经济总量在全球经济体中处于前列，人均收入达到高收入经济体水平，产业结构达到高收入经济体的较低水平，环境质量跃升至中高收入经济体的中等水平。要将广东建设成为创新高地，形成更加开放、更加包容、更加成熟的区域创新体系，高技术制造业占比高于西方七大工业国的平均水平，现代创新型文化高地基本形成，率先建成具有全球影响力的科技产业创新中心，成功跻身创新型地区前列。要构建高水平全面开放格局，对外贸易保持稳定增长，对外贸易结构明显改善，利用外资的数量和质量均明显提升，对外投资体系基本形成。要建成共建共治共享社会，基本实现基本公共服务均等化，推进治理体系和治理能力现代化，全体人民共同富裕迈出坚定步伐。

三、未来引领广东改革开放的路径选择

积极适应和引领新常态是当前和今后一个时期我国经济发展的大战略,也是对广东经济发展的重大考验。广东要率先全面建成小康社会,必须深入贯彻落实习近平总书记对广东提出的新要求,不忘初心、牢记使命,始终坚持以经济建设为中心,坚持以新发展理念引领经济发展新常态,加快推进新时代全面深化改革,努力在社会主义现代化建设新征程上走在前列,开创广东改革新局。

(一)坚持社会主义市场经济改革方向,充分发挥市场在资源配置中的决定性作用

加快完善社会主义市场经济体制,是推进经济平稳较快发展的必然要求。广东改革开放先行一步,市场经济起步较早,但仍存在市场体系不完善、政府干预过多和监管不到位等问题。为此,必须坚持社会主义市场经济改革方向,使市场在资源配置中起决定性作用,大幅度减少政府对资源的直接配置。

坚持和完善基本经济制度,激发市场主体活力。进一步健全归属清晰、权责明确、保护严格、流转顺畅的现代产权制度,保护各种所有制经济产权和合法利益。鼓励更多国有经济和其他所有制经济发展成为交叉持股、相互融合的混合所有制经济。打好国有企业改革攻坚战,分类推进国有企业改革,坚持有进有退,调整优化国有资本布局结构,不断增强国有经济活力、控制力、影响力。坚持权利平等、机会平等、规则平等,消除对非公有制经济主体的差别待遇,在资金、土地、技术、人才等方面实行与公有制企业同等政策,激发非公有制经济活力和创造力。

完善现代市场体系,建立公平、开放、透明的市场规则。大力推进工商注册制度便利化,由先证后照改为先照后证,把注册资本实缴登记制改为认缴登记制;实行企业主体登记与经营项目审批相分离,进一步清理、合并和压减工商登记前置和后置行政审批事项。积极探索建立负面清单管理方式,实行统一的市场准入制度,允许各类市场主体依法平等进入清单之外领域,按照"非禁即入"原则,消除隐性准入障碍。推进市场监管体系和社会信用体系建设,建设统一开放、竞争有序的市场体系,实行统一的市场监管,建立健全的社会征信体系,褒扬诚信,惩戒失信。

第八章 未来展望：在全面建成小康社会和现代化建设新征程中走在前列

加快转变政府职能，重塑营商环境广东优势。加快推进服务型政府建设，努力打造服务效率最高、管理最规范、综合成本最低的营商环境高地。深化行政审批制度改革，系统推进商事制度改革，推广实施企业投资项目承诺制，推动强市放权，加强放权协同配套。强化事中事后监管，加强政府部门监管职能，推进综合行政执法改革，健全社会信用守信激励和失信惩戒机制。优化政府服务，完善"一门式、一网式"政务服务模式，破除行政审批中介服务垄断，规范行政审批的中介服务行为。依托互联网和大数据技术，推进行政审批、监管和政务服务标准化，减少和规范行政自由裁量权。健全统一规范、公开透明的营商法规体系，用透明的法治环境稳定市场主体预期。继续发挥经济特区在制度创新和对外开放方面的引领示范作用，率先建立市场化、法治化、国际化的营商环境。

（二）推进供给侧结构性改革，促进产业转型升级

供给侧结构性改革是经济社会发展的根本性战略，是调整经济结构、转变经济发展方式的治本良方。要坚定不移地把供给侧结构性改革作为经济工作的主线，注重用改革的办法破解深层次结构性问题，不断提高供给体系的质量和效率，努力实现社会生产力水平的整体跃升。

推动产业结构调整和转型升级。深化供给侧结构性改革，关键在于在产业结构调整上取得实质性突破。坚决淘汰落后产能，深入推进"三去一降一补"，严格执行环保、能耗、质量等法律法规和标准，推动落后产能市场出清。大力改造提升传统产能，深入推进新一轮技术改造，提高产品质量和附加值。贯彻落实国务院于2015年5月19日发布的《中国制造2025》规划部署，坚持把智能制造作为主攻方向，大力实施广东智能制造发展规划，大规模应用机器人，建设智能工厂。提升珠江东岸电子信息产业带，壮大珠江西岸先进装备制造产业带。围绕先进制造业发展生产性服务业，推动"广东制造"向"广东智造""广东创造"转变。加快培育新动能，深入实施"互联网+"行动计划，推动共享经济等商业模式创新，积极培育发展新一代信息技术、高端装备制造、绿色低碳、生物医药、数字创意、新材料等战略性新兴产业，争取再形成若干个万亿级产业新支柱。建设海洋经济强省，打造沿海经济带，拓展蓝色经济空间。

大力振兴实体经济。坚持制造业立省不动摇，完善制造业产业链条，强化综合制造能力优势，避免制造业过快向外转移，保持制造体系完整

性。深化国资国企改革,做强做优做大国有企业。巩固提升民营经济发展优势,培育一批根植性强的本土大型民营企业,力争使更多企业进入中国500强、世界500强。支持"专精特新"型中小微企业发展,更好地发挥外资企业对实体经济发展的重要作用。依法保障各种所有制经济组织和公民财产权,尊重企业家创造社会财富的贡献,客观看待和依法妥善处理改革开放以来企业经营过程中存在的不规范问题,进一步保护和激发企业家精神。高度警惕和防止经济脱实向虚,发展和完善多层次资本市场,疏通金融进入实体经济的管道,加强金融监管,防范和化解金融风险。加大力度减轻实体经济负担,深入推进水、油、气、电路等领域价格改革,全面放开竞争性领域商品和服务价格。改善人力资源供给,实施制造业劳动力技能提升计划,培养现代产业工人队伍。扎实推进质量强省战略,开展质量品牌提升行动,建设先进标准体系,打造一批"百年老店",培育更多的"南粤工匠"。

推进农业供给侧结构性改革。以土地确权为突破口推进农村集体产权制度改革,全面完成农村土地承包经营权确权登记颁证,引导土地经营权有序流转。加强高标准农田建设,严守耕地保护红线。加强水利基础设施建设,提高防灾减灾能力。培育发展专业合作社、农业龙头企业等新型农业经营主体,推进农业适度规模经营。调整优化农业结构,适应日益增长的高品质农产品需求。大力发展特色优质高效现代农业,加强农业科技创新和推广应用,加强绿色农产品供给,扶持发展"一村一品""一镇一业",狠抓农产品标准化生产、品牌创建、质量安全监管。大力发展农产品精深加工和农业生产服务业,以乡村旅游为重点发展全域旅游,培育壮大农村电商、休闲农业等新业态,促进第一、第二、第三产业融合发展。

建设面向未来的现代化基础设施。加快建设覆盖全省、通达全国、连通世界的现代化综合交通运输体系。建设高速公路大通道,形成"十纵六横两环"高速公路骨干网。打造"五纵两横"高速铁路网,实现市市通高快速铁路,加快发展城市和城际轨道交通。适应航空客运大众化、公交化的需要,推进民用机场和通用航空项目建设,强化广州白云机场枢纽地位,提升深圳宝安机场国际化水平,形成珠三角地区五大干线机场、粤东西北地区四大支线机场协同发展的世界级机场群。以广州港、深圳港为龙头,优化全省港口资源配置,强化港口集疏运体系建设,打造两大世界级枢纽港区。推进电力体制改革,加强电力基础设施建设。超前布局下一代

第八章 未来展望：在全面建成小康社会和现代化建设新征程中走在前列

互联网，加快建设新一代信息基础设施，大力推进智慧城市建设，建成国际信息网络枢纽中心。适应无人驾驶、新能源汽车、量子通信等重大技术和产业变革的需要，加快构建新型基础设施。

（三）深入实施创新驱动发展战略，培育壮大发展新动能

创新是引领发展的第一动力。破解广东发展深层次结构性问题，最根本的是要转换发展动力，实现从要素驱动向创新驱动、从跟随式发展向引领型发展的转变。我省新旧发展动力转换的进程已经开启，要坚定不移地把创新驱动发展战略作为经济社会发展的核心战略和经济结构调整的总抓手，持续深入推进高新技术企业培育等8项重大举措，进一步聚焦产业发展，突出科技支撑，强化技术转化，使新动力尽快超过旧动力，加快形成以创新为主要引领和支撑的经济体系和发展模式。

建设国家科技产业创新中心。这是国家赋予广东创新发展的总定位。要推动创新资源集聚，强化转化能力优势，把更多科技成果转化为先进生产力，把创新落到发展上。要推动科技与产业、市场、资本高效对接，强化企业创新主体地位，全面深化产学研协同创新，积极建设新型研发机构、科技企业孵化器等转化平台，形成转化应用的快速通道。加大力度培育高新技术企业，坚持数量扩张与质量提升并举、壮大规模与提高创新能力并重。以创新引领产业转型升级，推动科技创新、产品创新、管理创新，催生更多新产业、新业态，推动产业向中高端跃升。大力推动传统产业转型升级，通过增资扩产、设备更新、智能化改造等途径，把一批传统企业改造成为高新技术企业。在培育更多掌握核心技术、处于行业领先地位的大型骨干企业的同时，采取有力措施，进一步激发中小微企业的创新潜力，更好地鼓励大众创业、万众创新。

厚植创新优势，加快形成产业新体系和区域创新体系。围绕建设产业新体系，聚焦先进装备制造、智能制造、"互联网+"、绿色低碳循环等高端产业发展，加快形成新的经济增长点。用好"珠三角国家自主创新示范区和全面创新改革试验试点省"两个抓手，扎实推进区域创新体系建设，加快构建以深圳、广州为龙头，珠三角各市分工互补的"1+1+7"创新发展格局。完善区域协同创新体制机制，打造广深科技创新走廊，推动重大科技平台和基础设施共享，促进人才、技术、资金、信息等创新要素自由流动、深度融合。粤东西北地区要借力珠三角国家自主创新示范区创新

资源，集中力量抓高新区建设，实现国家级高新区地市全覆盖，以点上突破带动面上创新发展。

提升创新能力，加快形成自主创新的科技支撑体系。采取有力措施，加强科研院所和高水平大学建设，把科研机构建成技术创新的策源地，进一步建设新的广东省科学院，实施重点实验室倍增计划，继续鼓励支持新型研发机构发展。大力推进面向经济主战场的科技创新，瞄准前沿和高端，组织实施一批重大科技专项和重大技术攻关，突破掌握一批核心关键技术，研发推广一批重大战略产品。发挥广东市场化程度高的优势，大力推进重大科技成果转化，把更多科研成果转化成有市场竞争力的产品，转化为现实生产力。积极推动开放创新，吸引跨国公司、知名研发机构和高校来粤设立研发中心，支持企业走出去，利用境外创新资源，深度融入全球创新网络。

打造创新人才高地。创新驱动实质上是人才驱动，必须牢牢抓住人才这个根本。要优化实施各类人才培养计划，面向创新发展需要，突出培养一线创新人才、青年科技人才和高技能人才。大力引进国内外高层次人才，抓住全球人才流动加速和大量留学人员回国创业的机遇，引进一批站在行业科技前沿的领军人才，力争5年内实现研发人员中博士研究生数量翻番。加大人才政策支持和投入力度，切实解决入户、住房、子女教育、医疗等实际问题，为各类人才安居乐业创造条件。加快建设全国人才管理改革试验区，完善人才管理体制，健全评价、流动、激励机制，促进人才在企业与高校、科研机构间双向流动，直接投身发展一线创新创业。

营造良好的创新生态。实施创新驱动发展战略，需要以良好的创新生态集聚创新资源、激发创新活力。要深化科技体制改革，完善科研项目管理、科技成果收益分配等机制，最大限度地调动科技人员创新积极性。打造国际风投创投中心，大力发展天使投资、创业投资，促进技术与资本深度融合。打造全国知识产权交易中心，完善知识产权发现、评估、转化运营机制，建设一批具有国际影响力的运营平台，在强化运用中提升保护水平，汇集更多创新成果到广东转化。培育有利于自主研发新技术、新产品、新装备推广应用的市场环境，形成技术研发与转化应用相互促进的良性循环。营造鼓励创新、宽容失败的社会氛围，形成大众创业、万众创新的生动局面。

第八章　未来展望：在全面建成小康社会和现代化建设新征程中走在前列

（四）加快粤港澳大湾区和广东自贸试验区建设，不断提升开放型经济水平

对外开放是广东最大的优势，必须始终坚持、不断巩固。要提高把握国内、国际两个大局的自觉性，加快构建具有更强竞争力和自主性的开放型经济新体制，以对外开放的主动赢得经济发展的主动、赢得国际竞争的主动。

创新对外开放体制机制。加快与国际通行规则相衔接，在促进双向投资、推动贸易便利化、构建新型合作模式、搭建多元合作平台等方面积极探索。完善以负面清单为核心的外商投资管理体制，提升投资管理的规范性和透明度。完善以备案制为主要方式的境外投资管理制度，为企业有序高效地走出去提供支持。深化贸易监管服务改革，加快国际贸易"单一窗口"建设，促进通关便利化。探索国际交流合作新机制，创新港口联盟、国际论坛、离岸经济等合作模式，依托境外合作园区建设对外合作平台和支点，提高广东在国际交流合作中的话语权和影响力。

加快外贸转型升级。进一步把外贸工作重点从规模扩张转到"稳份额、调结构、增效益"上，推动对外贸易向优进优出转变。稳定国际市场份额，完善进出口促进体系，健全贸易摩擦应对机制，充分发挥广交会、高交会、海丝博览会、文博会等展会平台的作用，积极发展外贸新业态，巩固传统市场，开拓新兴市场。调整优化外贸结构，大力发展一般贸易，加快发展服务贸易，支持民营企业开拓国际市场，促进形成以一般贸易和民营企业为主导的外贸格局，增强开放型经济根植性。加工贸易和外资企业是我省开放型经济不可或缺的重要组成部分，要一如既往地支持发展、提高水平。从供给侧入手增进外贸效益，支持出口生产企业加大研发投入、发展自主品牌，形成以技术、品牌、质量、服务为核心的综合竞争新优势。

构建以"一带一路"为重点的对外开放新格局。充分利用我省对外经济联系紧密和有利的地缘人缘条件，深度参与"一带一路"建设，巩固战略枢纽、经贸合作中心和重要引擎的地位，在服务国家战略大局中拓展对外开放空间、赢得新的发展机遇。要推动与沿线国家和地区开展交通基础设施、能源资源、经贸产业、人文科技等领域务实合作，支持企业进行国际化布局，以对外投资带动装备、技术、标准、服务走出去。拓展与太平

洋岛国的交流合作。深入挖掘广东在"一带一路"中的历史文化资源，推动经济合作与人文交流互促互进。瞄准欧美发达国家，加大引资、引技、引智力度，建设一批高水平对外合作平台，吸引优质外商投资项目落户。支持企业通过兼并重组获取技术、品牌和销售渠道。健全引进来、走出去服务保障体系，设立更多境外经贸办事处，培育发展涉外投资贸易服务机构，利用好驻粤领事馆、国际友城、海外行业协会商会和华侨华人力量，形成直接联系主要投资贸易伙伴的经贸网络。

高标准建设广东自贸试验区。统筹3个自贸片区建设，加快建立与国际投资贸易通行规则相衔接的高水平的制度框架体系，推动面向世界的全方位高水平对外开放。对标国际一流城市，把南沙建设成承载门户枢纽功能的广州城市副中心，把前海、横琴建设成粤港澳深度合作示范区和城市新中心。整合自贸片区功能，建设国际航运中心、贸易中心、金融中心，提升国际航运服务能力，强化国际贸易功能集成，形成强有力的金融服务支撑。建设与自贸试验区功能定位相匹配的现代产业体系，大力引进国际业务总部、窗口企业和涉外专业服务机构，为新一轮高水平对外开放提供支撑。构建与国际接轨的投资、贸易、商事服务、人才管理、城市管理等体制机制，在探索开放型经济新体制上先行一步。

深化粤港澳合作。长期以来，我们通过与港澳合作，引进了大量资金、技术，接入了国际市场。面向未来，要把合作重点拓展到共同走向世界、开拓国际市场上。落实粤港、粤澳合作框架协议，建立更紧密的经济联系，支持港澳长期繁荣稳定发展。携手港澳共同建设粤港澳大湾区，畅通三地人流、物流、资金流和信息流，发展具有全球影响力和竞争力的湾区经济。共同建设更多国际合作平台，将广东的制造业优势与港澳的国际化优势充分结合起来，一起迈向国际分工体系高端。

（五）统筹推进城乡区域协调发展，构建全省一体化发展新格局

广东已经发展到了"先富帮后富、最终实现共同富裕"的关键阶段。经过多年持续努力，珠三角辐射带动能力不断增强，粤东西北地区发展条件显著改善，全省一体化发展的时机已经成熟。必须乘势而上，按照全省一盘棋的思路，统筹全省生产力和人口布局，提升珠三角以带动粤东西北，促进城乡融合发展，加快形成全省一体化发展新格局。

第八章 未来展望：在全面建成小康社会和现代化建设新征程中走在前列

充分发挥珠三角辐射带动作用。珠三角率先发展起来，必须把先发优势转化为先行责任，为全省一体化发展提供强有力的支撑。强化珠三角全球重要现代产业基地地位，加快发展先进制造业和现代服务业，形成以珠三角为龙头的全省产业协作新体系。增强珠三角区域服务功能，加强对粤东西北科技、金融、商务、信息等领域的服务。坚持把对口帮扶作为全省一体化发展的重大战略举措，健全帮扶机制，强化责任担当，突出产业帮扶、民生帮扶，充分发挥珠三角的辐射带动作用。

完善珠三角联通粤东西北的交通网络。要以快速便捷的交通为纽带，把粤东西北与珠三角更紧密地连接起来。推进高快速交通网络建设，进一步缩短粤东西北与珠三角的时空距离，形成以珠三角核心城市为中心的全省2小时经济圈。落实珠三角交通一体化规划，推动城际交通公交化发展，密切珠江口东西两岸交通联系，加强跨区域路网衔接，打通市域"断头路"，构建珠三角1小时生活圈。粤东西北地区要完善高速公路主干道与产业园区、城市新区的连接，加强县、镇与中心城区的快速交通联系，推动城镇客运班线与城市公交、镇村公交对接，密切城乡联系。

深化珠三角与粤东西北地区产业共建。必须把握推进产业共建的窗口期，把粤东西北地区打造成珠三角产业拓展首选地和先进生产力延伸区，打牢产业基础，做大经济总量。狠抓产业共建龙头项目，探索推广"总部＋基地""研发＋生产"等共建模式，发挥龙头企业牵引和行业协会商会组织带动作用，推动产业链跨区域布局，力争每年都有一批重大优质项目在粤东西北地区落户。高水平建设共建产业园，完善基础配套设施，推动优质产业和优秀企业加快向园区集聚。强化政策协调，推动行政审批、企业资质、社会保险等全省通办、对接互认。珠三角各市要制定激励企业向粤东西北拓展的政策，加大支持力度；粤东西北地区要降低制度性交易成本，确保综合营商成本不高于珠三角地区。

推进珠三角城市更新和粤东西北城市扩容提质。珠三角地区在快速发展过程中形成了大量低效无序的旧城镇、旧厂房、旧村庄，既制约了产业升级，也存在许多社会管理隐患。要以"三旧"改造为抓手推动城市更新，带动珠三角转型升级。完善"三旧"改造规划，落实与用地计划指标挂钩政策，破解政策配套、利益分享等难题，充分调动各方力量参与，力争每年都有突破性进展。制定实施珠三角全域规划，提升城市建设现代化水平，打造珠三角世界级城市群。坚定不移推进粤东西北地级市中心城区扩容提质，集中力量建好新区起步区，集聚更多本地人口，提高中心城区在区域发展中的首位度。大力发展县域经济，做大做强一批县城和重点镇，培育一批特色小镇，构建大中小城市和小城镇协调发展的城镇化新格局。大力推进以人为核心的新型城镇化，促进有能力在城镇稳定就业和生活的常住人口有序实现市民化。

加快新农村建设。按照城乡一体化发展要求，创新投融资机制，集中资源、高强度投入，加快补齐农村基础设施建设短板，缩小城乡基本公共服务差距，从根本上改变农村落后面貌。突出抓好县乡公路、村道巷道、污水垃圾处理、光纤网络、农村电网等基础设施建设，推动社会服务网络向农村覆盖，促进城乡基础设施互联互通，实现公交、光纤、快递、自来水村村通。调动农民参与新农村建设的积极性，推进农村人居环境综合整治，加强乡村规划，优化村庄布局，彻底解决"人居泥砖房"问题。保护传统村落民居和历史文化名镇名村，建设岭南特色美丽乡村。

（六）加快生态文明建设，推动全省经济社会绿色发展

广东正处于环境质量由局部趋好向全面改善的攻坚期，必须把生态文明建设放在更加突出的战略位置，协同推进新型工业化、城镇化、信息化、农业现代化和绿色化，加快建成珠三角国家绿色发展示范区，促进粤东西北地区绿色崛起，推动全省经济社会迈进绿色发展新轨道。

构建绿色发展空间格局。以"既要金山银山，又要绿水青山"的理念保护生态环境。根据广东各地资源环境承载能力差异较大的特点，要科学布局城镇空间、农业空间、生态空间，优化国土开发格局，把生态优势转化为发展优势。以主体功能区规划为基础，实行差别化的发展政策和各有侧重的绩效考核，珠三角坚持环境优先优化发展，东西两翼坚持在发展中保护，粤北生态区坚持在保护中发展，推动形成适宜的产业结构、城镇化水平和生态安全格局。统筹推进"多规合一"，划定并严守生态保护红线。加强生态保护修复，深入开展新一轮绿化广东大行动，增强粤北环形生态屏障、珠三角外围生态屏障功能，建设珠三角国家森林城市群和绿色生态水系，扩大森林、湖泊、湿地面积，实现生态财富的积累增值。科学开发海洋资源，强化自然岸线保护和修复，建设美丽海湾和贯通东西两翼的滨海旅游公路，建成富有魅力的蓝色海洋景观带。

坚决打好污染防治"三大战役"。要强化综合治理、精准治理，采取

第八章 未来展望：在全面建成小康社会和现代化建设新征程中走在前列

更加有力措施推进水、大气、土壤等环境质量根本性改善。突出抓好水污染治理，全面落实河长制，重点整治广佛跨界河、茅洲河、练江、淡水河、石马河、小东江等严重污染河流，基本消除城市建成区黑臭水体，确保优良水体水质和城乡居民饮用水安全。巩固空气质量持续向好态势，全面开展城市空气质量达标管理，加强火电、石化、陶瓷、水泥等高排放行业污染治理，协同控制细颗粒物和臭氧浓度，基本消除重污染天气，保持大气质量全国领先。实行土壤环境分级分类管控，优先保护耕地土壤环境，加强工业污染场地治理修复，确保土壤安全。加快建成覆盖城乡的环保基础设施，重点加强城乡污水管网和农村垃圾收运处理体系建设，实现生活污水和生活垃圾全收集、全处理，确保危险废物得到安全处理和管理。用最严格的制度保护环境，推进省级环保督察，严格环境监管和执法，促进环境质量逐年提升，让人民群众切实感受到身边环境的改善。

加快推动工业绿色化发展。坚决推行能源和水资源消耗、建设用地等总量和强度双控行动，以绿色为标尺引领产业加快转型升级，从源头上减少污染排放。大力发展绿色制造，重点提高有色、化工、建材等行业绿色制造水平，培育壮大节能环保、绿色建筑、新能源、生态有机农林业等绿色产业；对标国际先进节能环保标准，强化节能减排和环保准入，开展工业污染源全面达标排放治理和绿色化改造，依法淘汰落后产能。实施清洁能源发展工程。实施新能源汽车培育工程，在全省公交领域全面推广使用新能源汽车，打造具有领先优势的产业发展新高地和规模化应用示范区。

倡导绿色生活方式。要形成勤俭节约、绿色低碳、文明健康的生活方式。培育绿色消费，强化资源有价、污染付费的观念，积极引导消费者购买低碳节能可回收环保产品，减少一次性产品消费。在珠三角地区城市城区先行实施生活垃圾强制分类。加强城市绿道等公共慢行系统建设，鼓励全民低碳出行。

（七）坚持以人民为中心的发展思想，全力共建共享美好生活

要坚持以人民为中心的发展思想，提升公共服务水平，补齐民生社会事业发展短板，确保如期高质量全面建成小康社会，让人民群众过上更加富裕、更加健康、更有保障、更有发展的美好生活。

持续提高城乡居民收入。制订实施城乡居民增收行动计划，实现居民

收入增长与经济增长同步。以就业创业带动增收，完善就业创业服务体系，提升劳动者技能，实现更加充分更高质量的就业。拓宽居民增收渠道，增加财产性收入来源，积极培育新型职业农民，提高农民经营性收入水平。深化收入分配制度改革，健全工资正常增长机制，完善工资支付保障机制，实施重点群体差别化收入分配激励政策，扩大中等收入群体，缩小收入差距。

大力提升公共服务水平。制订实施公共服务提升行动计划，加大政府统筹和投入力度，让人人享有更高水平的公共服务。推进"健康广东"建设，加强疾病防控，突出加强基层医疗卫生服务能力建设，重点建设县级综合性医院，通过医联体等方式推动医疗资源下沉。全面推进公立医院综合改革，促进"三医"联动，做好基本药物目录与医保药品目录衔接，完善分级诊疗制度，大力发展中医药，有效解决"看病难、看病贵"问题。实行最严格的食品药品安全监管制度，打造全国食品药品质量安全示范区。提升教育发展质量，深化教育领域综合改革，全面推进教育现代化，推动义务教育优质均衡发展，大力发展普惠性学前教育，适应产业需要，优化职业教育结构，推动广东高等教育水平迈入全国前列。提高住房保障水平，坚持"房子是用来住的，不是用来炒的"，建立促进房地产市场平稳健康发展的长效机制，完善购租并举的住房制度，加强人才公寓、保障性住房建设，以多层次供给满足多元化需求。

提高社会保障水平。深化社会保险制度改革，实现职工养老保险基金省级统筹，扩大社保覆盖面，稳步提高社保待遇水平。积极应对人口老龄化，加强养老基础设施建设，推动医养结合，全面建设多层次多样化养老服务体系。落实政府兜底保障责任，健全社会救助体系，加强对残疾人、困境儿童、特困供养人员、低保户、流浪乞讨人员等特殊困难群体的保障和救助。大力发展社会福利和慈善事业，加强妇女、儿童、老年人关爱保护服务。做好离退休干部工作。大力支持国防和军队改革，建立健全复退军人管理服务保障体系。

坚决打赢脱贫攻坚战。小康路上一个都不能掉队。坚持一户多策、一人一策精准帮扶，压实工作责任，深化对口帮扶，确保高质量完成脱贫攻坚任务。统筹推进扶贫开发与新农村建设，把贫困村建成新农村示范村。加强农村低保与扶贫开发两项制度有效衔接，把符合条件的贫困人口全部纳入低保范围，实现应保尽保、应扶尽扶。加大对原"中央苏区"县、欠

第八章　未来展望：在全面建成小康社会和现代化建设新征程中走在前列

发达革命老区和少数民族地区的支持力度。坚决贯彻中央决策部署，扎实推进东西部扶贫协作和对口支援，践行落实"两个大局"战略思想的责任担当。

（八）以提高公民素质为核心促进人的现代化，建设现代文明社会

丰富人民群众精神文化生活。积极培育和践行社会主义核心价值观，广泛开展群众性精神文明创建活动，塑造社会文明新风尚，汇聚实现中国梦的强大力量。弘扬中华优秀传统文化，传承和创新岭南文化，加强文化遗产保护及合理利用。加快基层公共文化设施建设，创新文化供给模式，开展"互联网＋公共文化服务"行动，构建现代公共文化服务体系，扩大文化惠民。繁荣哲学社会科学，实施文化精品创作工程，积极培育文化名家。促进文化产业跨界融合发展，培育新型文化业态，做强一批文化龙头企业。普及健康生活方式，建设更多居民身边的公共活动场所，广泛开展全民健身运动，不断增强人民体质。

以前瞻性战略谋划数字时代的文化发展。实施数字化战略，开辟广东文化崛起的新的主战场。在对传统岭南文化进行创造性转化、创新性发展的同时，更加注重围绕数字化时代的文化发展谋篇布局，让数字化形态的新型文化产品、文化载体主要由广东产生、在广东实现，数字化形态下的文字资源要素主要向广东汇集。实施平台化战略，打造最佳创新创意生态圈。实施IP化战略，抓住撬动广阔市场的关键资源。实施国际化战略，立足全球视野配置全球资源。

提升文化政策的精准性。要改变传统的微观选择性扶持思维，通过创新内容管制预期、版权交易机制、风险投资和金融创新等宏观制度，在机制和制度上确保可以稳定地发掘畅销作品，把微观的不确定性变为宏观的确定性。尊重消费者主权。更加注重文化生产者与消费者的互动，让公众参与到文化的治理网络中来。着力培育文化多样性，扶持向个体和中小微机构倾斜。通过倡导开放包容的文化氛围、扶持个体或中小微文艺机构、降低创新创业成本等方式，为艺术家和创意群体提供低成本的生活工作空间和地域归属感。

推进具有强大撬动力的重点工程。以重点工程为抓手，推动文化战略和文化政策的落地。实施粤港澳大湾区"海丝文化小镇群"工程，建设一

批国家级的集旅游商贸文化于一体的"海丝影视文化国际交流小镇",打造中国文化海外传播交流的南方基地。抓紧培养高素质和新兴业态文化人才。完善文化专业技术人才评价体系,探索高层次文化人才协议工资制和项目工资制等多种分配形式,健全以政府奖励为导向、以用人单位和社会力量奖励为主体的人才奖励体系。加大对理论研究专项财政资金的支持力度,同时通过税收优惠等政策鼓励更多企业和民间机构投入学术理论和智库建设。在注重领军人物和一线专家学者塑造培育的同时,更加关心青年社科人才的成长,在项目立项、评奖、出席论坛等方面为青年社科工作者提供平台、条件和机会。

(九)大力推进全面依法治省,高标准建设法治社会

依法治国是党领导人民治理国家的基本方略。广东正处于发展转型的关键时期,必须更好地发挥法治的引领和规范作用,更好地统筹社会力量、平衡社会利益、调节社会关系、规范社会行为、维护公平正义,全面提升法治政府、法治社会、法治广东建设水平,使社会在深刻变革中既生机勃勃又井然有序。

坚持党对全面依法治省的领导。坚持党的领导、人民当家做主、依法治国有机统一,坚定不移地走中国特色社会主义法治道路。健全党领导法治建设的制度和机制,加强党对法治建设的统一领导、统一部署和统筹协调。完善党委对立法重大问题的决策机制,确保党的主张通过法定程序成为人民的共同意志。

把党委政府工作纳入法治化轨道。各级党委政府要坚决维护宪法和法律权威,自觉运用法治思维和法治方式深化改革、推动发展、化解矛盾、维护稳定。全面贯彻落实法治政府建设实施纲要,健全依法决策机制,加大政务公开力度,推进审计监督全覆盖,强化对行政权力的制约与监督,高标准建设法治政府。推进市场监管、环境保护、城市管理等领域综合行政执法改革,强化行政执法与刑事司法衔接,促进严格规范公正文明执法。

支持司法机关依法独立公正行使职权。着力完善司法管理体制和司法权力运行机制,解决影响司法公正、制约司法能力的深层次问题,确保依法独立公正行使审判权和检察权。深入推进司法体制改革,完善以审判为中心的诉讼制度,统筹公安、国家安全机关和司法行政改革,优化司法职

第八章　未来展望：在全面建成小康社会和现代化建设新征程中走在前列

权配置，落实司法责任制，完善司法管辖制度，切实提高司法的质量、效率和公信力。

推动全民尊法学法守法用法。全面开展法治城市、法治县（市、区）、法治乡镇（街道）、法治村（社区）"四级同创"活动，引导全民自觉守法、遇事找法、解决问题靠法，全面提升社会治理法治化水平。提供更多优质便捷经济的公共法律服务，落实好一村（社区）一法律顾问制度，加大法律援助和司法救助力度，打造覆盖城乡的半小时公共法律服务圈。

依法维护社会和谐稳定。全面防控经济、网络、安全生产等各类风险，更加注重主动治理、源头治理、系统治理，加快构建矛盾纠纷多元化解法治框架，健全社会矛盾纠纷滚动排查化解机制，突出治理涉农、涉地、涉劳资、涉环保、涉金融、涉房地产等问题，依法妥善处置群体性事件。深入推进社会治安综合治理，创新完善立体化、信息化社会治安防控体系，健全公共安全风险隐患排查治理和应急处置机制，严密防范和严厉打击暴力恐怖活动，始终保持对违法犯罪的严打高压态势，深入推进全民禁毒工程，努力建设平安广东。

（十）坚持全面从严治党，营造风清气正和干事创业的发展环境

全面从严治党是深化改革开放的坚强保障。要牢固树立"四个意识"，坚决维护以习近平同志为核心的党中央权威。切实把思想政治建设摆在首要位置，着力解决干部队伍、基层组织和党风廉政建设存在的突出问题，把党建设得更加坚强有力，以更好地带领全省人民完成"四个坚持、三个支撑、两个走在前列"的历史重任。

坚持用习近平新时代中国特色社会主义思想统一全省党员干部思想。要坚持用马克思主义中国化最新成果武装头脑，把深入学习贯彻习近平新时代中国特色社会主义思想作为首要政治任务，自觉在政治立场、政治方向、政治原则、政治道路上同以习近平同志为核心的党中央保持高度一致。要进一步坚定理想信念，推动广大党员干部把维护核心的要求转化为思想自觉、党性观念、纪律要求和实际行动。

打造忠诚干净担当的高素质干部队伍。要坚持党管干部原则，树立正确的选人用人导向，大力选拔信念坚定、为民服务、勤政务实、敢于担当、清正廉洁的好干部。加强领导班子建设，选优配强党政正职。加强干

部选拔任用责任追究，完善纪检、组织、信访、审计、巡视信息共享机制，防范和纠正选人用人不正之风。大力整治为官不为，坚持暗访、查处、追责、曝光"四管齐下"，坚决整治干部"庸懒散"和"乱作为"的现象。

扎实做好抓基层打基础工作。强化县（市、区）党委抓基层党建的主体责任，县（市、区）党委要把基层党建和中心工作放在同等重要位置一起谋划、一起部署、一起考核，充分发挥好基层党建"一线指挥部"作用。加强乡镇（街道）党组织建设和村（社区）基层组织建设，深化乡镇（街道）领导干部驻点普遍直接联系群众制度，及时解决群众诉求，密切党群干群关系。深入推进基层治理，持续开展基层腐败、涉农领域职务犯罪、农村黑恶势力违法犯罪等突出问题专项治理，着力化解历史遗留问题，深化党务、村务、财务公开，以基层治理促进基层党建，以基层党建引领基层治理。

坚定不移地推进正风反腐。要建设良好的政治生态，坚持把纪律挺在前面，深化政治巡视巡察，始终保持惩治腐败高压态势。推动惩治腐败向基层延伸，严肃查处群众身边的不正之风和"微腐败"。认真落实中央关于国家监察体制改革决策部署，构建党统一领导下的反腐败工作体制。健全改进作风长效机制，推动作风建设从集中整治向常态治理深入，从解决面上问题向解决深层次问题延伸，以党风政风的持续好转取信于民。进一步健全鼓励激励、容错纠错、能上能下"三项机制"，推动全省上下形成敢于担当、比学赶超、奋发作为的浓厚氛围。坚持制度治党、依规治党，把管党治党好的做法制度化，加大党内法规制度执行力度，为全面从严治党提供制度保障。

参考文献

[1] 蔡兵,等. 改革开放先行区[M]. 广州：广东人民出版社,2016.

[2] 陈文通. 改革开放30年之基本经验[J]. 中国特色社会主义研究,2008(6).

[3] 陈锡添. 深圳特区报头版全文重新刊发《东方风来满眼春》[N]. 深圳特区报,2012-02-02.

[4] 邓小平文选：第二卷[M]. 北京：人民出版社,1994.

[5] 董小麟. 广东优势与优势广东：关于广东改革开放若干优势的辩证思考[C]//先行一步到先行先试：广东纪念改革开放30周年理论研讨会论文集. 广州：广东人民出版社,2009.

[6] 逢锦聚. 改革开放的伟大历程和基本经验：纪念我国改革开放30周年[J]. 南开学报（哲学社会科学版）,2008(2).

[7] 傅高义. 先行一步：改革中的广东[M]. 广州：广东人民出版社,2008.

[8] 傅高义. 邓小平时代[M]. 北京：生活·读书·新知三联书店,2013.

[9] 罗纳德·哈里·科斯,王宁. 变革中国：市场经济的中国之路[M]. 徐尧,李哲民,译. 北京：中信出版社,2013.

[10] 李成. 对表中央精神 突出广东特色 稳步推进国有企业改革发展[J]. 广东经济,2017(3).

[11] 李龙. 广东乡镇企业发展的几个特色及其理论思考[J]. 中山大学学报（社会科学版）,1993(1).

[12] 李正华. 中国改革开放的三条重要成功经验[J]. 安徽史学,

2008（6）．

［13］林德荣．可怕的顺德：一个县域的中国价值［M］．北京：机械工业出版社，2009．

［14］刘世锦，余斌，陈昌盛．金融危机后世界经济格局调整与变化趋势［J］．中国发展观察，2014（2）．

［15］刘筱，阎小培．九十年代广东省不同经济地域差异分析［J］．热带地理，2000，20（1）．

［16］刘炜．农村集体经济产权的股份制改革及其优化［J］．华南农业大学学报（社会科学版），2006（3）．

［17］刘元春．论供给侧结构性改革的理论基础［N］．人民日报，2016-02-25．

［18］卢荻．广东改革开放的三个发展阶段及主要成就［J］．特区经济，2001（7）．

［19］陆景奎．广州市价格闯关记忆［C］//易振求，周林生，等．亲历广东改革．广州：广东人民出版社，2015．

［20］罗木生，王琢，李美清．广东改革开放"先走一步"的由来与初期探索［J］．广东经济，1988（44）．

［21］郑年胜．迈向行政管理现代化：顺德行政体制改革实践［M］．广州：广东人民出版社，2002．

［22］马经．广东金融发展：历程回顾与横向比较［J］．南方金融，2007（1）．

［23］师春苗．从"放权让利"到"两权分离"：浅谈广东改革开放初期的企业改革（1978—1992年）［J］．红广角，2015（6）．

［24］舒元，等．广东发展模式：广东经济发展30年［M］．广州：广东人民出版社，2008．

［25］王寿林．论我国改革开放的基本经验［J］．当代马克思主义研究，2008（6）．

［26］王卫平．广东社会保险制度改革回顾与展望［J］．开放时代，1996（1）．

［27］王业兴．广东非公有制经济发展的历史变迁及其影响［J］．华南理工大学学报（社会科学版），2009（5）．

［28］《习仲勋主政广东》编委会．习仲勋主政广东［M］．北京：中

共党史出版社，2007.

［29］赵祥. 产业集聚、扩散与区域经济协调发展［M］. 广州：广东人民出版社，2013.

［30］郑红亮. 以开放促改革：一个中国成功发展的经验［J］. 深圳大学学报（人文社会科学版），2017，34（3）.

［31］郑晶，李艳. 广东省外向型经济发展特征分析［J］. 企业经济，2006（3）.

［32］朱玉. 对外开放的第一块"试验田"蛇口工业区的创建［J］. 中共党史研究，2009（1）.

［33］钟坚. 深圳经济特区改革开放的历史进程与经验启示［J］. 深圳大学学报（人文社会科学版），2008，25（4）.

［34］周溪舞. 深圳经济特区初期的经济体制改革回顾［J］. 特区实践与理论，2006（4）.

后 记

2018年是中国改革开放40周年。广东作为改革开放的先行地区，在党中央的正确领导下，改革开放和现代化建设一直走在全国前列。为系统总结广东改革开放的成就和经验，为进一步全面深化改革与扩大开放提供理论和实践指导，中共广东省委宣传部策划了"广东改革开放40年研究丛书"，涵盖总论、经济、行政管理、文化、社会、生态文明、教育、科技、依法治省、区域协调、对外开放、经济特区、海外华侨华人、从严治党14个方面，为14本书。《广东改革开放40年研究总论》就是其中的一本。

《广东改革开放40年研究总论》一书由广东省社会科学院负责编撰，蒋斌（中共广东省委宣传部副部长、广东省社会科学院党组书记）、王珺（广东省社会科学院院长、教授）担任主编，邓智平（广东省社会科学院现代化战略研究所所长、研究员）负责具体联络工作。本书各章节撰写分工如下：引言，柯锡奎；第一章，刘炜；第二章，曹佳斌；第三章，张金超；第四章，罗忱；第五章，邓智平；第六章，石宝雅；第七章，张造群；第八章，左晓安、柯锡奎。全书由邓智平负责统稿，由蒋斌、王珺定稿。

本书的结构按照总—分—总的逻辑展开。首先梳理了广东改革开放40年的历史进程和伟大成就，然后从经济、政治、文化、社会、生态、党建等具体领域进行阐述，最后面向"两个一百年"目标对未来进行展望。每章原则上按照主要历程、伟大成就、丰富经验三大部分来展开，既比较全面地印记了广东改革开放40年的历史轨迹，又系统地呈现了40年来广东发生的翻天覆地的变化，还试图揭示背后的经验规律或深层机理。当然，

后 记

由于编撰人员的水平及时间有限,难免存在某些问题和纰漏,恳请读者提出宝贵意见。

本书编撰出版的工作量较大,感谢中共广东省委宣传部、广东省社会科学院,以及广东省相关部门在资料搜集和编撰出版过程中给予的大力支持、帮助,感谢中山大学出版社工作人员的辛勤劳动!

编 者

2018 年 11 月 12 日